Alice Selinger

Frankfurt am Main
Stadtführer · Geschichte · Kultur

Alice Selinger

Frankfurt
am Main
Stadtführer · Geschichte · Kultur

Waldemar Kramer

Bibliografische Information der Deutschen Nationalbibliothek: Die Deutsche Nationalbibliothek verzeichnet diese Publikation in der Deutschen Nationalbibliografie; detaillierte
bibliografische Daten sind im Internet über
http://dnb.d-nb.de abrufbar.

Alle Rechte vorbehalten

Es ist nicht gestattet, Texte und Bilder dieses Buches zu scannen, in PCs oder auf CDs zu
speichern oder mit Computern zu verändern oder einzeln oder zusammen mit anderen
Bildvorlagen zu manipulieren, es sei denn mit schriftlicher Genehmigung des Verlages.

Copyright © by Waldemar Kramer marixverlag GmbH, Wiesbaden 2011
Covergestaltung: Nicole Ehlers, marixverlag GmbH
Bildnachweis Covermotive:
oben: Frankfurter Tourismus + Congress GmbH, Frankfurt am Main, Foto: Holger Ullmann
unten: mauritius images GmbH, Mittenwald/imagebroker/Michael Nitzschke
Stadtplan Frankfurt am Main im Vor- und Nachsatz:
© Copyright –Kartografie: WAY OK…wegweisend, Stuttgart www.way-ok.de
Der ausführliche Bildnachweis steht auf den Seiten 281 ff.
Lektorat:
Stefanie Evita Schaefer, marixverlag GmbH, Dietmar Urmes, Bottrop
Satz und Bearbeitung: Medienservice Feiß, Burgwitz
Der Titel wurde in der Gill Sans gesetzt.
Gesamtherstellung: GGP media GmbH, Pößneck
Printed in Germany

ISBN: 978-3-86539-383-9

www.marixverlag.de/Waldemar_Kramer

Inhalt

Vorwort		9
I.	Eine kurze Geschichte der Stadt	12
	Exkurs: Die Frankfurter Messen	25
II.	Auf den Spuren des Mittelalters: Der Römerberg	28
	Die Kaiserkrönungen	30
	Rathaus und Wahrzeichen: Der Römer	33
	Das letzte seiner Art: Haus Wertheim	37
	Vom Salzhandel zum Schuldnergefängnis: Das Salzhaus am Römerberg	38
	Bürgerhaus, Warenlager und zahlende Zuschauer: Das Steinerne Haus	40
	Warenlager, Gefängnis, Kaserne und Komische Kunst: Das bewegte Leben des Leinwandhauses	43
	Exkurs: Museum Caricatura	44
III.	»Ora et labora«: Klöster in Frankfurt	47
	Mönche in der City: Das Kapuzinerkloster Liebfrauen	48
	Fresken, Archäologie und ein Schmierentheater: Das Karmeliterkloster	50
	Ein begrabenes Herz und die Hunde des Herrn: Das Dominikanerkloster	54
	Spital, Wohnung der Könige und Ikonenmuseum: Das Deutschordenshaus	57
IV.	Das fromme Frankfurt: Die Kirchen in der Innenstadt	60
	Der Dotationsvertrag	61
	Der »Kaiserdom« St. Bartholomäus	62
	Ein Arm, ein Bücherlager und das älteste erhaltene Gotteshaus: Die Leonhardskirche	69
	Posaunen, Glasfenster und ein Almosen: Die Nikolaikirche	73
	Rockkonzerte und Streetball: Die Peterskirche	77
	Wo Goethe betete: Die Katharinenkirche	79
	Der »Sachsenhäuser Dom«: Die Dreikönigskirche	80
	Vom Barfüßerkloster zum nationalen Denkmal: Die Paulskirche	82
V.	Das wehrhafte Frankfurt: Landwehr, Warten und Türme	91
	Die mittelalterlichen Warten	92
	Der Wilddieb Hans Winkelsee im Eschenheimer Turm	94

	Der Schriftsteller Fritz von Unruh im Rententurm am Eisernen Steg	95
	Der Komponist Paul Hindemith im Kuhhirtenturm in Sachsenhausen	97
VI.	Galgen und Brickegickel: Hinrichtungen in Frankfurt	100
VII.	Jüdisches Leben in Frankfurt	103
	Die Judengasse	104
	Der Fettmilch-Aufstand	106
	Das große Feuer	106
	Das Museum Judengasse	107
	Stifter und Mäzene	108
	Das Jüdische Museum	110
	Gedenkstätte Neuer Börneplatz	111
	Der Alte Jüdische Friedhof	112
	Jüdischer Friedhof Rat-Beil-Straße	114
	Der Neue Jüdische Friedhof	115
	Synagoge Westend	116
	Der Bunker Friedberger Anlage	117
	Die Rothschilds	118
	Das Philantropin	121
VIII.	Goethe in Frankfurt	123
	Goethe-Haus und Goethe-Museum	124
	Die Gerbermühle und Marianne	128
	Das Willemer Häuschen auf dem Sachsenhäuser Mühlberg	131
	Goethe-Denkmal auf dem Goetheplatz	131
IX.	Frankfurt wird erwachsen: Prestigebauten des 19. Jahrhunderts	137
	Der Eiserne Steg	138
	Die Alte Oper	139
	Der Frankfurter Hauptbahnhof	141
X.	Drei Berühmte Frankfurter und ihre Museen	144
	Arzt, Naturwissenschaftler und Stifter: Johann Christian Senckenberg	144
	Senckenberg-Naturmuseum	146
	Irrenarzt und Bestsellerautor: Heinrich Hoffmann und das Irrenschloss	147
	Mundartdichter und Revolutionär: Friedrich Stoltze	150
XI.	Spaziergang zu Kunst und Geschichte in den Wallanlagen	153
	Wege zur Kunst in den Wallanlagen	155

		Das Nebbiensche Gartenhaus	168
XII.		Frankfurter Oasen	**178**
		Stille, Eichhörnchen und verwunschene Orte: Der Hauptfriedhof	178
		Der Garten des Himmlischen Friedens	183
		Der Bethmannpark	186
		Exkurs: Die Familie Bethmann	186
		Der Grüneburgpark	188
		Der Palmengarten	191
		Der Botanische Garten	193
		Sommerzeit im Günthersburgpark	195
		Erholung für die Arbeiter: Der Ostpark	197
		»Nizza am Main«	198
		Im »Bonobo-Land«: Grzimeks Zoo	200
		Auf dem Lohrberg	202
		»Frankfurt am Meer«: Die Schwanheimer Düne	204
		Grün im Industriegebiet: Der Schwedler See	205
		Baden in Licht- und Luft: Das »Lilu« in Niederrad	206
		Wo Goethe ruhte: Der Goetheturm	207
XIII.		Ernst May und das Neue Frankfurt	**209**
		Die Frankfurter Küche	212
		Das Ernst-May-Haus	214
XIV.		Vom Weltkonzern zum Campus: Das I.G.-Farben-Haus	**215**
		Moderne Monumentalität: Das I.G.-Farben-Haus	215
		Die I.G.-Farben im Nationalsozialismus	217
		Hauptquartier der Amerikaner	218
		Campus Westend	220
XV.		Das Frankfurter Museumsufer	**222**
		Museum Giersch	222
		Das Liebieghaus	224
		Städel Museum	225
		Museum für Kommunikation	228
		Das Deutsche Architekturmuseum	231
		Das Deutsche Filmmuseum	233
		Das Museum der Weltkulturen	234
		Das Museum für Angewandte Kunst	237
XVI.		Zeitgenössische und moderne Kunst in Frankfurt	**240**
		Kunsthalle Schirn	240
		Museum für Moderne Kunst	242
		Frankfurter Kunstverein im Steinernen Haus	243

Der Portikus an der Alten Brücke 243
Wo Kunst entsteht 244

XVII. Ausflug nach Höchst **246**
Die Justinuskirche 247
Das Porzellanmuseum im Kronberger Haus 248
Bolongaropalast und Bolongarogarten 250
Der Peter-Behrens-Bau 252

XVIII. Theater in Frankfurt **256**
Schauspiel Frankfurt 256
Das Schumanntheater 258
Das Künstlerhaus Mousonturm 259
Gallustheater in den Adlerwerken 261
Kellertheater Frankfurt 262
Frankfurter Volkstheater 263
Michael Quasts Fliegende Volksbühne im Paradieshof 264
Theater Willy Praml 265
Die Käs 266
Fritz Rémond Theater 267
Die Komödie 268
Stalburg Theater 268
Die Schmiere 269
The English Theatre 269
Internationales Theater 270
Antagon TheaterAKTion 270
Die dramatische Bühne 271
Freies Schauspiel Ensemble 272
Die Katakombe 272
Landungsbrücken Frankfurt 273
Frankfurter Autoren Theater 273
Tigerpalast 274
Neues Theater Höchst 275

Literaturverzeichnis **277**
Bücher 277
Zeitschriften 279
Internet 279

Bildnachweis **281**

Vorwort

>*»Gesundes Klima. Schöne Gegend. Annehmlichkeiten großer Städte. Besseres Lesezimmer. Das Naturhistorische Museum. Besseres Schauspiel, Oper und Konzerte. Mehr Engländer. Bessere Kaffeehäuser. Kein schlechtes Wasser. Die Senckenbergische Bibliothek. Keine Überschwemmungen. Weniger beobachtet. Die Freundlichkeit des Platzes und seiner ganzen Umgebung [...]. Ein geschickter Zahnarzt und weniger schlechte Ärzte. Keine so unerträgliche Hitze im Sommer.«*[1]

Stadt der Banken, die berühmte Skyline, die umsatzstärkste Einkaufsmeile Deutschlands, die Messe mit ihrem allseits bekannten Turm – Frankfurt ist ein Symbol der Moderne und international bekannt für seine Nachkriegsarchitektur. Wer einmal vor dem Modell der zerbombten Altstadt im Historischen Museum stand, begreift, welche unglaubliche Leistung der Wiederaufbau dieser zertrümmerten Stadt darstellt. Doch überlagert von Wolkenkratzern und Kaufhauspalästen haben in Frankfurt trotz der Zerstörung viele Jahrhunderte ihre Spuren auf flächenmäßig engstem Raum hinterlassen. Durch Geschichten

Hammering Man von Jonathan Borofsky, Messeturm (Abb. 1)

über ungewöhnliche Menschen, lebendige Schilderungen historischer Bauwerke und vielfältige Einblicke in mehr als ein Jahrtausend Frankfurter Kulturgeschichte soll dieses Buch die Neugierde auf die verborgenen Schichten unter der »Stadt aus Glas und Stahl« wecken.

Schon das mittelalterliche Frankfurt war bedeutend – eine Stadt mit Klöstern und Kirchen, wimmelnden Märkten und internationalen Messen, sowie der düsteren Judengasse, dem ersten Ghetto in Deutschland. Im Dom wurden Jahrhunderte lang die deutschen Kaiser gekrönt. Wo heute das Bahnhofsviertel ist, stand einst ein Galgen. An der Hauptwache erlebte Goethe die Hinrichtung der Susanna Margareta Brandt, die ihm als Vorbild für die Gretchentragödie diente, von der Alten Brücke stürzte man Verbrecher in den Fluss. Zinnenbewehrte Türme und Befestigungsanlagen schützten die wohlhabende Freie Reichsstadt vor den Angriffen

---

1 Arthur Schopenhauer, notiert auf dem Deckel eines Rechnungsbuches, 1833.

ihrer Nachbarn. In Frankfurt rief Bernhard von Clairvaux die Fürsten des Reichs zum Kreuzzug auf, fünfhundert Jahre später predigte Hartmann von Ibach für die Reformation.

Einzigartig an Frankfurt war und ist die Spendenfreudigkeit seiner Bürger. Wie viel verdankt diese Stadt, vom Mittelalter bis heute, dem Engagement ihrer Bewohner. Viele bedeutende Bauten, kulturelle, wissenschaftliche und wohltätige Institutionen wurden von ihnen finanziert. Die Alte Oper bauten die Frankfurter gleich zweimal auf.

Frankfurt ist auch eine Stadt der grünen Oasen. Die Landsitze und prächtigen Gärten der wohlhabenden Patrizier bildeten die Grundlage für viele Parks und Grünanlagen. Eine Besonderheit und einer der großen Vorzüge der Stadt sind die ehemaligen Wallanlagen, ein breiter grüner Gürtel, der um die Innenstadt verläuft. Seit 1806 durfte hier nicht gebaut werden, eine Bestimmung, die bis heute gilt und sicherlich eine der besten Entscheidungen der Stadtpolitik überhaupt war.

Frankfurt hat zudem das große Privileg, dass es an einem Fluss liegt. Die Stadt wusste sich dies zu Nutzen zu machen und erlöste vor einigen Jahren das Mainufer auf beiden Seiten aus seinem einbetonierten Schattendasein. Nun findet man hier ein grünes Refugium mit Biergärten und prächtigen Bepflanzungen, mit romantisch verwucherten Abschnitten und langen Radwegen vor. Im Sommer ist das Mainufer einer der lebendigsten Orte der Stadt und es wird noch weiter entwickelt, der Ost- und der Westhafen werden neu gestaltet.

Nicht nur das Mittelalter und die Goethezeit mit ihren englischen Landschaftsgärten und klassizistischen Bauten hinterließen Spuren, auch das *Neue Frankfurt* mit den einst wegweisenden Siedlungen von Ernst May aus dem frühen 20. Jahrhundert prägte die Stadt. Der Campus Westend, heute eine der schönsten Universitäten Europas, residiert in und um den berühmten Bau von Hans Poelzig, das ehemalige I.G.-Farben-Haus von 1928.

Viele dramatische Geschichten haben sich in Frankfurt abgespielt, viele berühmte Namen sind eng mit der Stadt verknüpft: Karl der Große, die Bethmanns und die Rothschilds, Goethe und Ludwig Börne, Heinrich Hoffmann – nicht nur Autor des weltberühmten *Struwwelpeter*, sondern auch ein engagierter Psychiater – die Geistesgrößen der *Frankfurter Schule* um Adorno und Marcuse, Max Beckmann als Lehrer am Städel, die Karikaturisten der *Neuen Frankfurter Schule* – man könnte zahlreiche Bücher über Frankfurts Kunstgeschichte schreiben. Kaiser, Patrizier, Bankiers, Architekten, Literaten und Künstler gestalteten die kulturelle

Entwicklung der Stadt. Doch nicht nur die Kultur vergangener Jahrhunderte fesselt – Frankfurt ist eine lebendige Stadt der Museen, der Künstlerateliers und Galerien, der Theater und Literaturveranstaltungen, die Stadt mit der bedeutendsten Buchmesse des Landes.

Die Frankfurter City, das Bankenviertel und die Zeil, sind vielleicht der seelenloseste Teil der Mainmetropole. Im Bankenviertel wird viel gearbeitet und sehr viel Geld verdient, auf der Zeil wird es wieder ausgegeben. Doch die Frankfurter leben dort nicht, sie leben in ihren Stadtteilen: im gediegenen Westend mit seinen prächtigen Villen oder in Sachsenhausen mit seinen verwinkelten Gassen und Apfelweinkneipen, im multikulturellen Gallusviertel, in den begehrten Wohnvierteln Bornheim mit der Berger Straße und dem angrenzenden Nordend oder im ehemaligen Univiertel Bockenheim.

Alle Frankfurter und alle Frankfurtbesucher lade ich herzlich ein, mit diesem Buch auf Spurensuche zu gehen und dabei in die zahlreichen Gesichter dieser faszinierend eigenwilligen Stadt zu blicken.

Alice Selinger im August 2011

I. Eine kurze Geschichte der Stadt

> »Als König Karl von den Sachsen geschlagen floh und zum Main kam, wussten die Franken die Furt nicht zu finden, wo sie über den Fluss gehen und sich vor ihren Feinden retten könnten. Da soll plötzlich eine Hirschkuh erschienen sein, ihnen vorangegangen und eine Wegweiserin geworden sein. Daher gelangten die Franken über den Main, und seitdem heißt der Ort Frankenfurt.«[2]

Der Kern von Frankfurt war der Domhügel mit dem heutigen Römerberg. Der Domhügel war einmal eine Insel, im Süden fließt der Main, im Norden floss früher einmal die Baubach, ein Seitenarm, der im Mittelalter trocken gelegt wurde. Da der Hügel Schutz vor Hochwasser bot, war er schon in der Jungsteinzeit besiedelt. Man fand zudem Spuren der Kelten. In der römischen Zeit war hier eine Siedlung, mehrere Römerstraßen führten durch die Furt über den Main südlich der Dominsel.

Zwischen Schirn und Dom liegt heute der archäologische Garten, der an die frühe Siedlungszeit erinnert. Einige Stufen führen hinab zu dem Gelände, in dem Reste römischer Bauten und einer karolingischen Kaiserpfalz aus dem Jahr 802 freigelegt wurden. Die Römer waren um 260 nach dem Fall des Limes abgezogen und Alamannen siedelten in den Ruinen.

Die erste Pfalz auf dem Domhügel erbauten die Franken, die um das Jahr 500 die Region besiedelten; es entstand ein merowingischer Königshof. Von den Franken und der Furt im Fluss leitet sich der Stadtname ab. Da die Merowinger christlich waren, gab es vermutlich eine Pfalzkapelle, doch fand man bis heute keine Spuren. Entdeckt wurden jedoch die Fundamente eines Steinbaus, der auf 680 datiert wird. In ihm fand man das üppig ausgestattete Grab eines Mädchens, die wahrscheinlich die Tochter eines Königs oder zumindest eines hohen Adligen war. Die Stelle, an der das Grab entdeckt wurde, befindet sich heute im Dom.

Den Winter 793/94 verbrachte Karl der Große in dem bis dahin noch unbedeutenden Ort Frankfurt, die erste urkundliche Erwähnung stammt aus dieser Zeit. 794 rief Karl der Große die geistlichen und weltlichen Würdenträger des Frankenreichs, zu dem Germanien, Gallien und Italien gehörten, zu der Synode von Frankfurt. Man diskutierte über Glaubensfragen, alle Bischöfe des Reichs waren erschienen. Karls Sohn Ludwig der Fromme ließ die Frankfurter Pfalz vergrößern, weil er sie zu seinem

---

2 *Deutsche Sagen*, Berlin 1816–1818.

Wohnsitz auserkoren hatte. Mauern und Gärten sollen sie umgeben haben. Die Salvatorkirche wurde 852 geweiht, ihr Grundriss prägte alle folgenden Dombauten (s. S. 63).

Ab 919 herrschten nach dem Tod des letzten karolingischen Königs die Ottonen und auch ihre Kaiser residierten oft in Frankfurt. Doch die folgende Dynastie der Salier wählte andere Städte als Wohnorte und die Frankfurter Pfalz verfiel. Erst ab Mitte des 12. Jahrhunderts, unter den Staufern, war Frankfurt wieder Residenz der Kaiser und erwachte zu neuem Leben. Friedrich I., Barbarossa, wurde 1152 im Frankfurt Dom zum Kaiser gewählt. Ein neuer Palast, der Saalhof, wurde am Mainufer errichtet, mit der noch heute erhaltenen Saalhofkapelle. Die Reste des Saalhofs sind heute Teil des Historischen Museums. Zu dieser Zeit werden auch die ersten Juden in Frankfurt erwähnt (s. S. 103).

Die Stadt erweiterte ihr Gebiet und die Staufenmauer schützte ab 1180 die Altstadt.

Frankfurt wurde 1372 Freie Reichsstadt im Heiligen Römischen Reich Deutscher Nation. Es unterstand unmittelbar dem Kaiser und regelte interne Angelegenheiten weitgehend eigenständig, die Stadt verwaltete sich selbst, hatte eine eigene Justiz und Finanzhoheit. Steuern mussten direkt an den Kaiser abgeführt werden. Noch nach dem Wiener Kongress von 1815 blieb Frankfurt bis zur Besetzung durch Preußen im Jahr 1866 *eine* von lediglich vier verbliebenen Reichsstädten. In Auseinandersetzungen zwischen Kaiser und Papst war Frankfurt dem Kaiser verpflichtet. Ab 1330 begann die zweite Stadterweiterung und die Neustadt, die bis zu den heutigen Wallanlagen reichte, entstand. Eine zweite Mauer umschloss dieses Gebiet (s. S. 91). Zwanzig Jahre später hatte die Stadt zehntausend Einwohner, erst im 16. Jahrhundert wurde diese Bevölkerungszahl wieder erreicht.

Um Ostern 1349 wütete die Pest in der Stadt. Der Frankfurter Chronist Caspar Camentz schrieb: *»Im gleichen Jahr herrschte vom Magdalenentag bis Mariä Heimsuchung überall der Tod. Innerhalb von 72 Tagen starben über 2000 Menschen. Am Morgen eines einzigen Tages begrub man 35 Personen ohne Glockenläuten Kerzen und Priester.«*[3] Wie auch in vielen anderen Städten machte man in Frankfurt die Juden für die Pest verantwortlich.

Die Macht in der Stadt besaßen jahrhundertelang die patrizischen Ratsherren, die nicht dem Adel angehörten, sondern sich aus wohlha-

---

3 Klaus Bergdolt: *Der schwarze Tod in Europa*. München: C.H. Beck 1994.

benden Grundbesitzern und Kaufleuten zusammensetzten. Im Rat der Stadt stellten sie die größte Gruppe, die Zünfte waren ihr untergeordnet. Die Frankfurter Patrizier waren in so genannten »Stubengesellschaften« miteinander verbunden. Dort wurden wichtige Entscheidungen getroffen und Ämter vergeben, zudem betrieb man Heiratspolitik, um die Macht der Familien zu sichern. Auch wurden stets die Ämter an die eigenen Kinder weitergegeben. Nach außen schottete man sich ab, selbst sehr vermögende Kaufleute, die neu nach Frankfurt kamen, hatten kaum Aussichten, aufgenommen zu werden. Benannt waren die Gesellschaften nach den Trinkstuben, in denen die Treffen abgehalten wurden: Die Vereinigung der »Alten Limpurger« wurde 1357 gegründet, die der »Frauensteiner« im Jahr 1382. Sie waren die beiden bedeutendsten Patriziergesellschaften in Frankfurt. Im 14. Jahrhundert kam es zu Auseinandersetzungen zwischen den Patriziern und den Zünften. Eine neue Zunftordnung war das Ergebnis, die 1377 die in Zünften organisierten Gewerbe in Frankfurt aufzählt: Es gab die Metzger-, die Bäcker- und die Fischerzunft, die Zunft der Schiffleute, der Schneider, der Wollweber und Kürschner, sowie die Schuhmacher-, Lohgerber-, Steinmetz-, Zimmerleute-, Gärtner-, Fassbinder-, Steindecker- und Schmiedezunft.

Durch die Goldene Bulle wurde Frankfurt 1356 zur Wahlstadt der deutschen Könige (s. S. 31), was ihren Aufschwung förderte. Die Raubritter der Umgebung zog es jedoch auch in die wohlhabende Stadt und immer wieder überfielen sie Kaufleute oder stahlen Vieh. Ab 1393 entstand daher eine schützende Landwehr (s. S. 91).

Wer in früheren Jahrhunderten durch Frankfurt lief, watete durch Mist oder Matsch. In vielen Häusern hielt man Schweine, deren Dreck auf Misthaufen in den Gassen landete. Die erste kleine Straße, die in Frankfurt gepflastert wurde, war im Jahr 1399 die Allerheiligengasse. Ansonsten ließ der Rat der Stadt auf verschlammte und löchrige Wege lediglich Sand, Stroh oder kleine Steine schütten und es dauerte noch lange, bis weitere Straßen befestigt wurden.

Bis Ende des 14. Jahrhunderts konnten sich die Frankfurter in ungefähr 15 Badehäusern säubern. Doch um das Jahr 1500 wütete die Syphilis in der Stadt. Der Rat ließ die Badestuben schließen, nicht aber die Bordelle. Im 16. Jahrhundert ist nur noch von zwei Badestuben in der Stadt die Rede, eine davon ist die »Rote Badestube« in der Fahrgasse, die von 1356 an beinahe fünfhundert Jahre existierte.

Schweine in der Altstadt
Noch im Spätmittelalter hielten viele Frankfurter Schweine, weil damals sehr viel Schweinefleisch verzehrt wurde. Die frei in der Altstadt herum streunenden Tiere richteten jedoch Schäden an und ihre Hinterlassenschaften stanken zum Himmel. Der Rat der Stadt erließ deshalb 1421 eine Verordnung, nach der Schweine nur noch im Haus oder im Hof gehalten werden durften. Nur, um sie zur Tränke oder aufs Feld zu treiben, durften sie noch die Gassen betreten. Ansonsten wurden alle Schweine, die man in den Gassen entdeckte, eingefangen und ihre Besitzer mussten mit einer Geldbuße rechnen. Da diese Verordnung nicht die gewünschte Wirkung erzielte, verbot der Rat im Jahr 1481 die Haltung von Schweinen in der Altstadt ganz. Nur noch in Ställen in der Neustadt und in Sachsenhausen war die Schweinehaltung erlaubt. Wurde in der Altstadt ein Schwein entdeckt, drohte dem Eigentümer nun eine hohe Geldstrafe. Zudem musste er das Futter für sein Schwein bezahlen. Wurde ein eingefangenes Tier nicht abgeholt, übergab die Stadt es dem Heiliggeisthospital. Nur zwei bis drei Wochen vor der Schlachtzeit durften Bewohner der Altstadt noch Schweine in ihren Häusern oder Ställen mästen. Immer wieder setzten sich die Bewohner der Altstadt jedoch über das Verbot hinweg.

In der Altstadt standen die wichtigen Gebäude wie das Rathaus, das Leinwandhaus, das Salzhaus, die Stadt- und die Mehlwaage, die Häuser der Zünfte, die Klöster und Kirchen sowie die Wohnhäuser der Patrizier. Seidensticker und Hutmacher, Kürschner und Apotheker, Maler und Schreiber, Bierbrauer und Feinbäcker, Stuhlmacher und Glaser boten dort ihre Dienste und Produkte an. In der Neustadt hingegen gab es landwirtschaftliche Höfe, Felder und Gärten. Dort waren Berufe wie Gärtner, Weingärtner und Hirten vertreten, Hufschmiede, Wagner, Seiler und Sattler siedelten sich an. Außerdem lebten in der Neustadt die armen Tagelöhner, die vom Land kamen und versuchten, in der Stadt ihr Auskommen zu finden. In Sachsenhausen lag der Schwerpunkt auf der Fischerei und den Tätigkeiten, die mit dem Wald zu tun hatten, es gab dort Besenbinder, Korbmacher, Säger, Vogelfänger und Forstarbeiter.

Stiftungsgelder vermögender Patrizier für Kirchen und Klöster flossen in den Jahrzehnten um 1500 reichlich, Künstler wie Albrecht Dürer, Hans Holbein d. Ä. oder Matthias Grünewald erhielten Aufträge für Altargemälde. Im Jahr 1533 wurde Frankfurt lutherisch. Viele Frankfurter Patrizier standen schon länger dem Humanismus nahe, einige pflegten Kontakte mit Ulrich von Hutten und Philipp Melanchthon. Bald danach entwickelte sich Frankfurt zu einem Zentrum des Buchdrucks, in dem zahlreiche reformatorische Schriften produziert wurden. Der Frankfurter Verlag von Sigmund Feyerabend (1528–1590), in dem Bücher zu allen humanistischen Wissenschaften erscheinen, wurde einer der bedeutendsten seiner Zeit.

Unter dem Einfluss des Protestantismus schloss die Stadt ihre Bordelle und untersagte Prostituierten, zur Messezeit nach Frankfurt zu kommen. Damit wurde die Prostitution in die Illegalität gedrängt.

Bulle und Bär von Reinhard Dachlauer, Börsenplatz (Abb. 3)

Im 16. Jahrhundert prosperierte die Stadt. 1585 wurde die Frankfurter Börse gegründet und man bestimmte feste Wechselkurse, um den Betrügereien vorzubeugen, die besonders zu Messezeiten, wenn viele Währungen in der Stadt im Umlauf waren, blühten. Doch erst ab 1694 erhielt die Börse ein festes Domizil, sie mietete das »Haus Braunfels« auf dem Liebfrauenberg.

Der Frankfurter Rat hatte bereits im Jahr 1520 eine staatliche Lateinschule gegründet. Dadurch sollte das Bildungsmonopol der katholischen Stiftsschulen durchbrochen und humanistisches Gedankengut vermittelt werden. Auch Martin Luther besuchte den Unterricht auf seinem Weg zum Reichstag in Worms. Fast drei Jahrhunderte hindurch blieb die Schule in dem Gebäude des ehemaligen Barfüßerklosters (s. S. 47). Es gab zu dieser Zeit bereits eine Art »Schuluniform«, denn die Söhne der Patrizier trugen rote, die der Bürger blaue Mäntel.

Um 1550 hatte die Stadt ungefähr zwölftausend Einwohner. Französisch sprechende Glaubensflüchtlinge aus Flamen und Wallonen suchten in den nächsten Jahren Zuflucht in der Stadt, auch aus England und den spanischen Niederlanden kamen Protestanten. Die Flüchtlinge brachten neue Techniken zur Seidenfärberei, Glasherstellung, zum Schleifen von Diamanten oder zur Salz- und Seifensiederei mit. Sie belebten auch das Textilgewerbe.

Auch das kulturelle Leben in Frankfurt erlebte zu jener Zeit einen Aufschwung: Zwischen 1580 und 1600 soll es beinahe siebzig Malerwerkstätten in der Stadt gegeben haben. Der Niederländer Lucas von Valckenborch (1535–1597) betrieb ab 1594 eine Malerwerkstatt, sein Gehilfe war Georg Flegel (1566–1638). Der Maler Adam Elsheimer wurde 1578 in Frankfurt geboren. Im Jahr 1616 kam Matthäus Merian (1593–1650) nach Frankfurt, von dem viele Stadtansichten stammen.

Ab 1691 sammelte der Stadtbibliothekar J.M. Waldschmidt Kunstwerke im Auftrag der Stadt, darunter Porträts, Münzen, Kunsthandwerk, Naturalien und Instrumente. Für die Sammlung wurde aber noch nicht gezielt nach Objekten gesucht, sie entstand vielmehr eher zufällig und auch begünstigt durch Schenkungen von Frankfurter Bürgern.

Im Dreißigjährigen Krieg, in dem Frankfurt neutral blieb, wütete in der Stadt noch einmal die Pest. Wie eine Ratsverordnung von 1665 erahnen lässt, waren die hygienischen Zustände noch sehr mittelalterlich: *»Demnach auch die Färber, Kürschner, Löher, Sattler, Branntweinbrenner, Sauerkrautverkäufer und dergleichen ihren Satz, Beitz, Schabsal, Schwärze, stinkende Brühe und Abgang vor ihren Türen und in die Straßen zu schütten pflegen, daran ein Ekel und Infektion sehr leicht entstehen kann, sollen sie solches fürderhin unterlassen [...].«*[4]

Knapp einhundert Jahre später war das Abfallproblem noch immer nicht gelöst: *»Als ergeht hiermit die nochmalige ernstliche Verordnung, dass sich niemand [...] unterstehen solle, einigen Kummer, Kerschel, Sand und andern Unrat, absonderlich bei starkem Platzregen, in die Flößer und Antauchen, zu deren und der Stadtgräben schädlichen Verstopfungen, noch auf die öffentlichen großen Plätze, Ecken und sonst auf die Gassen zu schütten, sondern vielmehr den Kerschel und andern Unrat vor das Tor bringen zu lassen.«*[5]

Erst mit dem Bau einer Kanalisation in der zweiten Hälfte des 19. Jahrhunderts verbesserten sich die hygienischen Verhältnisse nachhaltig.

Trotz des blühenden Handels blieb auch in Frankfurt ein relativ großer Anteil der Bevölkerung arm. Gegen Bettler ging der Rat der Stadt hart vor. 1679 richtete er ein Waisen-, Armen- und Arbeitshaus ein. Patrouillen zogen durch die Stadt, griffen Bettler auf und brachten sie mit Gewaltanwendung dorthin. Sie mussten harte Zwangsarbeit verrichten oder wurden gegen ihren Willen als Soldaten rekrutiert. Auch Waisenkinder, die in den Armenhäusern unterkamen, mussten viele Stunden täglich hart arbeiten.

Das Ende des Reichs kam 1792, dem Jahr der Krönung des letzten Kaisers Franz II. Im Oktober wurde Frankfurt erstmals von französischen Truppen besetzt und schließlich siegte Napoleon über die deutschen

---

4 www.frankfurt.frblog.de/als-die-stadt-zum-himmel-stank.
5 Ratsverordnung vom 19. September 1743.

Länder. 1806 verlor die Stadt dann ihre Selbstständigkeit. Im selben Jahr überantwortete Napoleon Frankfurt an den Mainzer Erzbischof Carl Theodor von Dalberg. Ab 1810 war es die Hauptstadt des neuen Großherzogtums Frankfurt. Dalberg war ein gebildeter Humanist, der im Sinne der Aufklärung regierte. Er stärkte die Rechte der Juden, führte das französische Straf- und Zivilrecht ein und reformierte die mittelalterliche Ratsordnung der Stadt. Für Frankfurt war er ein Glücksfall und unter ihm begann auch die Begrünung der Wallanlagen (s. S. 153). Doch bereits 1813 war Frankfurt wieder Freie Stadt, nachdem Napoleon in der Völkerschlacht von Leipzig besiegt worden war. Seit dem Wiener Kongress 1815 bestand der Deutsche Bund, zu dem Preußen, Österreich, mehrere kleine Königreiche und Fürstentümer sowie einige Freie Städte gehörten.

Die Zeil

Im Mittelalter fand auf der Zeil der Viehmarkt statt. Doch im 18. Jahrhundert wurde sie zu einer repräsentativen Straße mit Luxushotels wie etwa dem »Römischen Kaiser«, in dem Karl VII., Maria Theresia und Joseph II. übernachteten. Goethes Mutter zog nach dem Verkauf ihres Hauses am Hirschgraben an den Roßmarkt und Arthur Schopenhauer nahm im »Englischen Hof« siebenundzwanzig Jahre lang seine Mahlzeiten zu sich.

Eindrücklich dokumentiert diesen luxuriösen Lebensstil 1839 der Übersetzer und Sprachwissenschaftler Karl Simrock (1802–1876): »*Die Zeil vereinigt jetzt die großartigsten öffentlichen Anstalten – die glänzendsten Gasthöfe und die geschmücktesten Läden. Um vor dem Umfang, dem äußern Gepränge und der kostbaren innern Einrichtung der Gasthöfe nicht zu stutzen, muss man sich erinnern, dass sich in dieser Stadt die Hauptstraßen Deutschlands, mithin der Welt, sowohl nach der Länge als nach der Breite durchkreuzen, und daher nicht leicht anderswo ein so bedeutender Reiseverkehr gefunden wird. Das Fremdenblatt zählt ihrer jährlich an sechzigtausend, die wenigstens eine Nacht in der frein Stadt zugebracht haben. Und wie viele bleiben wochen- und monatelang! Dafür ist man auch nirgend besser bedient, speist und schläft nirgend üppiger und schwelgerischer als in den Gasthöfen Frankfurts, welche schon längst für die hohe Schule der deutschen Kellner und Wirte bekannt sind.*

Auch den schimmernden Läden, welche sich neben ihnen angesiedelt haben, sind die Schwärme dieser Zugvögel willkommen, sie bieten alle blendenden Reize auf, einen oder den andern einzufangen, und selten zieht wohl einer ungerupft von dannen, und dieser ist noch dazu sicher, zu Hause gescholten zu werden, denn in Frankfurt, glaubt man aller Enden, müsse alles aus erster Hand, mithin wohlfeiler und besser als anderswo zu haben sein.[6]

---

6 www.frankfurt.frblog.de.

Hauptwache (Abb. 2)

Knapp zwanzig Jahre nach Gründung des Deutschen Bundes kam es zu einem Ereignis, das als »Frankfurter Wachensturm« in die Stadtgeschichte einging. Die barocke Hauptwache diente auch als Gefängnis, wobei im Erdgeschoss die Stuben für die Wachen lagen. Im Keller sperrte man Schwerverbrecher ein, auch der »Schinderhannes« – der Räuber Johannes Bückler, der 1803 für seine einhundertdreißig Straftaten hingerichtet wurde – schmorte hier ab 1802. Übeltäter aus gehobenen gesellschaftlichen Kreisen waren hingegen in den Mansarden bequemer untergebracht.

Burschenschafter aus Heidelberg und Würzburg sowie einige polnische Offiziere gehörten zu den etwa fünfzig Aufständischen, die 1833 zwei Polizeiwachen in der Stadt stürmten. Im Jahr zuvor hatten Redner auf dem Hambacher Fest Bürgerrechte und die nationale Einheit gefordert. In Frankfurt saß der Bundestag, das einzige Organ, das für den gesamten Deutschen Bund zuständig war und aus Abgeordneten aller 39 Einzelstaaten bestand. Nach Auffassung fortschrittlicher Kreise unterstützte er jedoch die rückwärtsgewandte Politik der deutschen Fürsten. Bei dem Sturm auf die Hauptwache und die Konstabler Wache wollten die Studenten die Waffen und die Kasse des Deutschen Bundes erobern und hofften, mit dieser Aktion das Signal für einen nationalen Aufstand zu geben. Sie vertrauten darauf, dass Bauern und Bürger sie unterstützten. Der Plan wurde verraten, was die Aufständischen jedoch noch rechtzeitig erfuhren. Zu ihrem Unglück hielten sie dennoch an ihrem Vorhaben fest, nichts ahnend, dass das Militär sie bereits erwartete. Neun Tote und zwei Dutzend Verletzte waren die Folge. Bei strömendem Regen nahmen an dem Wachensturm letztlich nicht mehr als fünfzig Personen teil. Obwohl die Bevölkerung mit den Studenten sympathisierte, hatte sich kaum jemand dem Aufstand angeschlossen und der Bundestag verfolgte die Verschwörer energisch. Eine Kommission leitete in den nächsten Jahren Verfahren gegen 1800 Personen ein. Die Pressefreiheit wurde noch stärker eingeschränkt. Viele Burschenschafter flohen ins Ausland. Österreichisches und preußisches Militär wurde in Frankfurt stationiert, die Eigenständigkeit der Stadt gravierend beschnitten.

In der Paulskirche versammelte sich die erste Deutsche Nationalversammlung im März 1848 (s. S. 82). Sie erstellte eine deutsche Verfassung, die jedoch nie in Kraft treten sollte. Der große Traum von der nationalen Einheit zerschlug sich. Schon die Frage, welche Staaten zur deutschen Nation gehören sollten, war heftig umstritten. Überdies kam es in Frankfurt zu gewalttätigen Ausschreitungen, weil Preußen und Dänemark nach der dänischen Besetzung Schleswigs einen Vertrag schlossen, ohne die gerade tagende Nationalversammlung darüber zu informieren. Zu alldem kam hinzu, dass Kaiser Friedrich Wilhelm IV. unnachgiebig auf dem Gottesgnadentum beharrte und das Angebot einer konstitutionellen Monarchie vehement ablehnte. Damit war der Versuch, einen demokratischen Nationalstaat zu gründen, gescheitert.

Clothilde Koch-Gontard (1813–1869), die einer wohlhabenden Frankfurter Bankiersfamilie entstammte und in deren Haus Mitglieder der Nationalversammlung wohnten, hinterließ uns in ihrem Tagebuch eine plastische Beschreibung der dramatischen Wochen von 1848: *»Eine furchtbare Nacht liegt hinter uns. […]. Der Senat deklarierte, die Ruhe nicht mehr aufrechterhalten zu können, und übergab den Schutz der Stadt dem Reichsverweser. Peucker hatte schon in der Nacht Preußen aus Mainz holen lassen.*

Am Morgen den 18. waren die Straßen voll aufgeregter Menschen, und das Volk hatte bereits den Versuch gemacht, die Nationalversammlung durch Eindringen zu stören. […] Es wurden schon im Lauf des Morgens an einzelnen Straßen und Plätzen Barrikaden zu bauen begonnen. Die Sache gestaltete sich von Stunde zu Stunde ernster, und der Kampf begann an einzelnen Stellen. Die ängstlich aus Mainz und Darmstadt erwarteten Truppen rückten ein, letztere mit schwerem Geschütz versehen, und es begann ein furchtbarer und blutiger Kampf.

In der Fahrgasse und den kleinen Straßen besonders gab es viel Verwundete und Tote. […] Das arme Volk ist auf's höchste fanatisiert worden […].

So brach dieses Meer von Leidenschaft in seiner ganzen Kraft gegen uns los. Auf die Soldaten wurde schon beim Einziehen von den Fenstern aus geschossen und mit Steinen geworfen. [...]. Als um 5 Uhr die Artillerie kam, war der Sieg bald errungen! Es wurde kräftig auf die Barrikaden geschossen und kanoniert, und bis zum Abend war das Militär Sieger! Viele Menschenleben sind das Opfer, und eine Masse von Verwundeten ist in unseren Mauern! [...].«[7]

1866 wurde Frankfurt von den Preußen besetzt. Dessen ungeachtet entwickelte es sich im 19. Jahrhundert zur Großstadt und gelangte zu wirtschaftlicher und kultureller Blüte. Die strengen Zunftordnungen wurden abgeschafft, die Macht der Patrizier beschnitten. Das Bürgerrecht galt nun für jeden, der in Frankfurt wohnte. Die Bürger wählten ihre Stadtverordnetenversammlung. Industriebetriebe siedelten sich an, bedeutende Firmen wie *Hoechst*, *Casella* oder *Degussa* belebten die Wirtschaft. Vermögende Unternehmer, darunter viele Juden, betätigten sich als Mäzene. Fünfzehn Vororte, darunter Bornheim, Bockenheim, Seckbach, Oberrad und Niederrad, wurden um die Jahrhundertwende eingemeindet, das Nordend und das Ostend bebaut.

Oberbürgermeister Franz Adickes gelang es, ab 1890 das gewaltige Wachstum zu strukturieren. Es ist seinen Bemühungen zu verdanken, dass in Frankfurt keine heruntergekommenen Armenviertel entstanden. 1891 begann der Ausbau der Kaiserstraße zu einer breiten Flanierstraße mit eleganten Geschäften und Bäumen. Zehn Jahre später lösten elektrisch betriebene Straßenbahnen die Pferdebahnen ab. Allerdings war die Fahrt noch sehr strapaziös, denn die Bahnen fuhren auf Holzrädern und waren kaum gefedert, hin und wieder sprangen sogar die Wagen von den schmalen Gleisspuren. Die Frankfurter bezeichneten sie deshalb mit bitterem Humor als »Knochenmiehl«.

»Es geht um die Wurst«

Wilhelmine Völsing, Tochter eines Kolonialwarenhändlers, und der Metzgermeister Karl Gref gründeten 1894 am Tag ihrer Hochzeit die Metzgerei Gref-Völsing. Ihr einziges Produkt war zunächst eine gebrühte Rindswurst, für die sie auf Ausstellungen warben. Sie war vor allem für die jüdischen Bewohner Frankfurts gedacht, die kein Schweinefleisch konsumierten. Die legendäre Rindswurst enthält neun Zehntel Fleisch

---

7 Tagebucheintrag vom 19. September 1848. In: *Clotilde Koch-Gontard an ihre Freunde 1843–1869. Briefe und Erinnerungen aus der Zeit der deutschen Einheitsbewegung*. Frankfurt am Main: Waldemar Kramer 1969.

und nur ein Zehntel Fett. Völsing und Gref hatten ihr Geschäft in der Nähe des Römers im Haus »Zum Goldenen Kalb.« Das Geschäftshaus an der Hanauer Landstraße, das heute noch existiert, bauten sie 1913. Damals lag es noch weit außerhalb der Stadt. Das Unternehmen wird heute in der fünften Generation von der Familie geführt. Allein der Imbiss in der Hanauer Landstraße verkauft täglich etwa tausend Rindswürste.

Eine der größten Reitbahnen Deutschlands entstand 1898 an der Kennedyallee: das »Frankfurter Hippodrom«, welches der Architektur des römischen Zirkus nachempfunden war. Nahezu dreitausend Besucher fanden hier Platz, etwa die Hälfte davon auf Sitzen in den Logen, die anderen mussten stehen. 1906 fand ein Reiterfest mit 200 Pferden und 700 kostümierten Darstellern statt. Auch Konzerte und Varietéveranstaltungen konnten die Frankfurter hier erleben. Nach dem Krieg wurde die Ruine abgerissen.

1909 war die Festhalle, deren Architektur sich am Vorbild byzantinischer Kuppelbauten orientierte, auf dem heutigen Messegelände fertig gestellt. Eine Eisenkonstruktion überspannte sechstausend Quadratmeter Grundfläche. Im folgenden Jahr wurden Rödelheim, Heddernheim, Niederursel, Ginnheim, Eschersheim, Eckenheim, Preungesheim, Praunheim, Bonames und Berkersheim eingemeindet. 1912 wurde der Osthafen eingeweiht, 1914 die Universität eröffnet. Rosa Luxemburg hielt im Bockenheimer Kino *Titania* eine flammende Rede gegen den zunehmenden Militarismus.

Vom Ersten Weltkrieg war Frankfurt nur indirekt betroffen, es kam in der Stadt nicht zu Zerstörungen, doch viele Frankfurter starben an der Front. Zudem litt Frankfurt unter den Folgen des Krieges, der hohen Arbeitslosigkeit, der Inflation und einer dramatischen Wohnungsnot. Mitte des 18. Jahrhunderts lebten in Frankfurt dreißigtausend Menschen, in der zweiten Hälfte des 19. Jahrhunderts waren es hunderttausend. Dann stieg die Einwohnerzahl mit einem Mal rasant an, so dass sie sich zu Beginn des Zweiten Weltkriegs schließlich verfünffacht hatte.

In den 1920er Jahren stellte Oberbürgermeister Ludwig Landmann den Architekten Ernst May als Stadtbaurat ein und initiierte ein einzigartiges Wohnungsbauprogramm (s. S. 209). Die Großmarkthalle (heute EZB) an der Hanauer Landstraße wurde von Martin Elsässer erbaut. Die Frankfurter nannten sie wenig beeindruckt »Gemieskirch«.

1925 war die Einweihung des Waldstadions, wobei die Bauarbeiten auch Teil eines Arbeitsbeschaffungsprogramms waren. Ein knappes Jahr später wurde der Flughafen Rebstock eröffnet. 1928 gliederte man Fechenheim, Sossenheim, Schwanheim, Griesheim, Höchst, Nied, Sindlingen, Zeilsheim und Unterliederbach ein.

Auch das Geistesleben in Frankfurt erfuhr in den 1920er Jahren viele wertvolle Impulse: Martin Buber (1878–1965) lehrte ab 1923 jüdische Religionswissenschaft an der Universität und das legendäre Institut für Sozialforschung wurde als private Stiftung des Mäzens Felix Weil 1924 eingeweiht. Ab 1931 leitete es Max Horkheimer, seit 1930 war Erich Fromm Mitglied. In der Nazizeit wurde das Institut nach Genf verlegt. Aus der Einrichtung ging auch die *Frankfurter Schule* hervor, die dann in den 1960er Jahren großen Einfluss gewann.

Der Freud-Schüler Karl Landauer war der erste Direktor des 1929 gegründeten Instituts für Psychoanalyse in Frankfurt. Bereits vier Jahre später ließen die Nationalsozialisten es jedoch wieder schließen und Landauer starb im KZ Bergen-Belsen. Das 1960 ins Leben gerufene Sigmund-Freud-Institut versuchte unter Alexander Mitscherlich (1908–1982) Landauers Arbeit fortzuführen.

Die Weltwirtschaftskrise bremste ab 1929 auch in Frankfurt das Wachstum. In ihrem Gefolge gewannen die Nationalsozialisten Zuwachs. Das fünfzigjährige Bestehen des Opernhauses feierte man im Jahr 1930 mit einer Festwoche, bei der auch ein Stück von Bertolt Brecht und Kurt Weill auf dem Programm stand: *Aufstieg und Fall der Stadt Mahagonny*. Anhänger der Nationalsozialisten versammelten sich vor der Oper und brüllten »Deutschland erwache« und »Nieder mit Mahagonny, dem Dreckstück.«. Sie machten Anstalten, die Oper zu stürmen, doch die Polizei griff ein und räumte den Platz, konnte aber dennoch nicht verhindern, dass die Aufführung durch ungebührliches Benehmen seitens der Nationalsozialisten immer wieder gestört wurde.

Frankfurt galt den Nationalsozialisten lange als Stadt des Judentums. Hitler weigerte sich angeblich, in der »Judenstadt« Frankfurt auch nur zu übernachten. Doch die Nationalsozialisten erhielten 1933 bei der Wahl zur Stadtverordnetenversammlung fast die Hälfte aller Stimmen. Im Februar 1933 hielt Hitler eine Rede in der Festhalle. Im März suchte die SA den jüdischstämmigen Oberbürgermeister Ludwig Landmann, der nach Berlin entkommen konnte. Bei Kriegsbeginn floh er, der so vieles für die Stadt getan hatte, völlig mittellos nach Amsterdam, wo er 1945 in seinem Versteck an Unterernährung und Herzversagen starb.

Die jüdischen Bankhäuser mussten schließen, jüdische Bankiers und Unternehmer emigrierten oder wurden von den Nazis verhaftet und deportiert. Die Universität verlor einen großen Teil ihrer namhaften Dozenten. Bei der Pogromnacht am 9. November 1938 wurden jüdische Läden und Wohnungen zerstört, die Synagogen gingen in Flammen auf und die jüdischen Bürger der Stadt wurden verfolgt und misshandelt. Ab 1941 missbrauchten die Nationalsozialisten die Großmarkthalle und die Festhalle, die aufgrund ihrer Architektur der Inbegriff des Fortschritts waren, als Inhaftierungsstätte von Juden unmittelbar vor der Deportation.

Doktor Mengele
An der Frankfurter Universität promovierte 1938 der berüchtigte KZ-Arzt von Auschwitz, Josef Mengele. Er war Assistent am Frankfurter Institut für Erbbiologie und Rassenhygiene. Mengele wurde für seine grausamen Verbrechen nie zur Rechenschaft gezogen. Der Massenmörder floh nach Südamerika und klagte 1961 gegen die Aberkennung seines Frankfurter Doktortitels.

Mit seiner chemischen Industrie und den Maschinenbau-Unternehmen war Frankfurt in den Kriegsjahren ein vorrangiges Ziel der Alliierten. 1943 flogen sie einen Großangriff auf die Stadt, bei dem neben viertausend Sprengbomben eine Viertelmillion Brandbomben abgeworfen wurden.

Die Katastrophe kam jedoch ein Jahr später, in der mondhellen Nacht vom 22. auf den 23. März 1944: Mehr als zweitausend Flugzeuge bombardierten Frankfurt und verwandelten die Altstadt in ein brennendes Inferno. Der Kunsthistoriker Dr. Fried Lübbecke, der im Schopenhauerhaus »An der Schönen Aussicht« am Main wohnte und die Bombardierung gemeinsam mit seiner Frau erlebte, vermittelt in seiner Beschreibung einen nachhaltigen Eindruck der entsetzlichen Ereignisse:

»Auf dem Umweg über den Mainkai eilten wir dann heimwärts — der gewohnte Weg über den Garküchenplatz war nicht mehr gangbar — und deckten uns bei einer Kerze zum letzten Male unseren Abendbrottisch. Grade gießt meine Frau die erste Tasse ein, als die wenigen Sirenen, die den Samstag überstanden, ziemlich kläglich Voralarm heulen. Ein Blick vom Balkon zeigt viele Scheinwerfer vor einem hellen dunstigen Nachthimmel. Eine Kaskade von grünen und weißen Funken schwebt hernieder, anscheinend geraden Wegs auf unser Dach zu. Im gleichen Augenblick krachen die ersten Bomben, ohne daß man sie pfeifen hört. Dicht um unser Haus herum. Wir jagen die Treppe hinunter und erreichen noch ihre Halle im Erdgeschoß. Eine furchtbare Explosion

reißt uns nieder, wirft Fenster und Türen auf uns, und begräbt uns unter Schutt und Mörtel, Staub, so dicht wie ein Sandsturm. Wir liegen lang ausgestreckt auf den Platten, um uns die Brocken der umgestürzten Monumentalbüste des Philosophen. Bombe um Bombe rast hernieder, wohl zehn Minuten lang. Das gewaltige Haus schwankt wie ein Trunkener, durch die Fensterlöcher kommt mit dem Staub erstickender Rauch, auch flackernde Helle. Das Hinterhaus brennt. Es wird stiller. Die erste Bomberwelle ist vorüber. Wir eilen die Hoftreppe hinunter, zum Luftschutzkeller! […] Schon kracht's von neuem. Die zweite Welle ist heran. Wieder Bombe um Bombe in nächster Nähe. Mit heulenden Pfeifen kommen sie gezogen, zerkrachen und füllen selbst die Luft des dichten Kellers mit widerlichem Dunst. Das Haus holpert wie ein Lastwagen über gefrorenem Landweg; die Weinflaschen im Nebenkeller rasseln in ihren Eisengestellen, poltern herunter; die eisernen Türen schmettern knallend auf und zu, die dicke Mauer zwischen den Kellern stürzt zusammen; Tausende von Stabbrandbomben knattern hernieder […]. Wir liegen im Dunkeln auf den nassen Fliesen des Kellers, […] der Länge nach ausgestreckt, das Gesicht in den Armen [….].«[8]

Nach dem Bombenhagel lag die gesamte Altstadt in Schutt und Asche. Im März 1945 besetzen die Amerikaner die Stadt, kurz zuvor waren die letzten noch intakten Brücken über den Main von der Wehrmacht gesprengt worden. Fast die Hälfte aller Wohnungen in Frankfurt war zerstört. Die Amerikaner richteten ihr Headquarter im I.G.-Farben-Haus ein (s. S. 215). Neues Leben wuchs aus den Ruinen.

Exkurs: Die Frankfurter Messen

Bedeutende Handelsstraßen führten nach Frankfurt. Die Stadt verdankt ihre Wirtschaftsmacht, die sie schon im Mittelalter auszeichnete, vor allem ihrer günstigen geografischen Lage in der Mitte Deutschlands und dem Fluss, auf dem viele Waren transportiert wurden.
1150 wird die erste Messe in Frankfurt erwähnt. Die Messen fanden im Herbst von Mitte August bis in den September hinein statt, weil zunächst Getreide und andere landwirtschaftliche Produkte aus dem Umland verkauft wurden, die Händler kamen nach der Ernte.

Kaiser Friedrich II. verlieh Frankfurt im Jahr 1240 das erste Messeprivileg, die anreisenden Kaufleute standen nun unter seinem Schutz. Dreißig Jahre später verzeichnete das Bartholomäusstift bereits Händler

---

8 Fried Lübbecke. *Der Muschelsaal*. Frankfurt am Main: Waldemar Kramer 1960.

aus Frankreich, Italien, Ungarn, Böhmen und Polen auf der Frankfurter Messe. Ab 1330 gab es eine zweite Messe im Frühjahr. Sie dauerte zwei Wochen und war zunächst von Waren wie Wolle oder Wein dominiert, die im Winter hergestellt wurden. Gegen ein beträchtliches Entgelt lockerte Papst Sixtus IV. für die Frankfurter und ihre Gäste zu Messezeiten sogar die Fastenvorschriften. Während der Messe hatten alle freies Geleit, selbst Personen, die sich in Reichsacht befanden. Kein Messebesucher konnte gerichtlich belangt werden. Die Händler bezahlten Geleitsherren, die ihnen dafür Schutz boten, auf ihrem Weg in oder aus der Stadt.

Die Messe fand in der Altstadt statt, die Händler boten ihre Waren vom Mainufer bis hinauf zur Zeil in Holzbuden an. Neben Vieh, Getreide, Tuch und Haushaltsgegenständen wurden auch kostbare Waren gehandelt: Gewürze, edle Stoffe, Leder, Silber und Gold, Juwelen und Waffen. Gewürze waren im Mittelalter so wertvoll, dass viele Fälscher und Betrüger in diesem Gewerbe aktiv waren.

Wein aus dem Elsass war sehr beliebt, auch Rheinwein wurde in großen Fässern am Mainufer gelagert. Per Schiff kamen die Fässer nach Frankfurt, mit einem speziellen Kran hievte man sie von Bord. Vieh, Pelze und Wachs kamen aus den slawischen Ländern, Fische aus der Nord- und der Ostsee, und infolge der Kreuzzüge gelangten viele Luxuswaren über Konstantinopel nach Frankfurt.

In den Frankfurter Messen wurzelt auch das moderne Finanzwesen, denn hier wurden erstmals Geschäfte ohne Bargeld abgeschlossen. Vor der Nikolaikirche saß in einer Holzbude ein Geldwechsler, der alle Währungen umtauschte, ein Vorläufer der mächtigen Banken, deren Hochhäuser heute Frankfurt dominieren. 1402 hatte König Ruprecht dem Frankfurter Rat gestattet, einen städtischen »Wechsel« einzurichten.

Bücher wurden auf der Frankfurter Messe erstmals im 15. Jahrhundert angeboten. Von der Erfindung des Buchdrucks im nahe gelegenen Mainz profitierte auch Frankfurt. Der Drucker und Schriftgießer Christian Egenolff (1502–1555) ließ sich 1531 in Frankfurt nieder.

Entlang der Buchgasse zwischen Leonhardskirche und Braubachstraße wurden in Gewölben Bücher und Grafiken angeboten. Auch Maria Sybilla Merian bot hier ihre von Hand kolorierten Bücher an und sogar die Frau Albrecht Dürers verkaufte Arbeiten von ihm.

Der Schriftsteller Thomas Coryate (ca. 1577–1617) reiste 1608 zu Fuß durch Europa und schrieb darüber ein Buch. Über seinen zweitägigen Aufenthalt in Frankfurt berichtete er: *»Alsdann ging ich in die Büchergass und erblickte daselbst eine solche Fülle von Büchern, dass es zum Staunen war.*

Denn diese Gasse übertrifft bei weitem den Sankt Pauls Platz zu London und die Sankt Jakobs Gasse zu Paris und die Merceria zu Venezia, und alles, so ich auf meinen Reisen sah. [...] Item ist diese Gass nicht nur berühmt weil hier so viele Bücher verkauft werden, sondern auch wegen ihrer Druckereien. Denn selbige Stadt hat in der Buchdruckerkunst also geblüht, dass sie keiner Stadt der Christenheit nachstehet, nicht einmal der Stadt Basel, die ich doch zuvor wegen ihrer Vollkommenheit in selbiger Kunst so stark gepriesen habe.«[9]

Händler kamen aus allen Ländern und auch andere Berufszweige strömten in die Stadt, darunter viele Prostituierte und Betrüger. Die Stadt betrieb zwei Bordelle, in denen Messebesucher sich amüsieren konnten. Zeitweise war es Brauch, dass die Prostituierten der städtischen Frauenhäuser am jährlichen Hirschessen des Rats teilnahmen (s. S. 126).

Quacksalber aller Art versuchten während der Messezeiten, mit Leichtgläubigen Geschäfte zu machen. Messe bedeutete zugleich Jahrmarkt: Attraktionen waren Akrobaten und Komödianten, exotische Tiere und kleinwüchsige Menschen, Bänkelsänger und Tänzer. Viele Bühnen wurden aufgebaut. 1629 führte ein gewisser Mijnheer Sevender seine dressierten Elefanten vor. Zu Messezeiten verdoppelte sich die Zahl der Menschen in der Stadt. Alle Gasthäuser waren ausgebucht, viele Frankfurter vermieteten privat Zimmer an Gäste.

Um Bettler zu Messezeiten aus der Stadt zu halten, wurde es den Fährleuten 1598 verboten, sie überzusetzen.

Um die Mitte des 19. Jahrhunderts hatte die Frankfurter Messe ihre Attraktivität jedoch verloren und war nur noch ein Volksfest. Erst unter Oberbürgermeister Ludwig Landmann wurde 1919 wieder eine internationale Messe in der Festhalle ins Leben gerufen.

---

9   Thomas Coryate: *Allerlei Unreifes in Eile verschlungen auf einer Fünfmonatsreise*, 1611.

II. Auf den Spuren des Mittelalters: Der Römerberg

Römerberg (Abb. 4)

Über Jahrhunderte hinweg war dieser Ort Schauplatz geschichtsträchtiger Ereignisse: Auf dem Römerberg versammelte sich der Hofstaat bei den Reichstagen, Gerichtssitzungen unter freiem Himmel fanden hier statt, Turniere wurden abgehalten, Feste gefeiert und Kaiser bejubelt.

Zu den ersten Gebäuden gehörten die Nikolaikirche und einige Häuser an der Ostzeile, die um 1200 errichtet wurden. Rund um die Bartholomäuskirche wohnten viele Handwerker, auf der westlichen Seite des Römerbergs vor allem Kaufleute. Bevor der Römer zum Rathaus wurde, nannte man den Platz nicht Römerberg, sondern Samstagsberg, weil hier jeden Samstag ein Wochenmarkt abgehalten wurde.

Ein Brunnen existierte schon im Mittelalter, ab Mitte des 16. Jahrhunderts enthielt er auch fließendes Wasser. 1611 wurde der Gerechtigkeitsbrunnen aufgestellt, der noch heute steht. Über einem achteckigen Trog aus rotem Sandstein erhob sich eine bunt bemalte Justitia. Zwei Jahrhunderte später hatten Wind und Wetter sie so zugerichtet, dass 1887 eine neue Justitia aus Bronze gegossen wurde.

Während der Messen standen auf dem Römerberg unzählige Verkaufsstände, er war der Hauptort des Geschehens. Bei den Krönungsfeierlichkeiten drängten sich die Schaulustigen auf dem Römerberg. Wer dort ein Haus besaß, vermietete seine Fensterplätze teuer.

Das Ende des alten Deutschen Reiches hatte auch für den Römerberg Konsequenzen. Wichtige Ereignisse fanden nun an anderen Orten statt, der neue Bundestag hatte seinen Sitz im Palais Thurn und Taxis, die erste deutsche Nationalversammlung 1848 in der Paulskirche. Als Messestadt bekam Frankfurt harte Konkurrenz von dem aufblühenden Leipzig. Die Frankfurter Messen verkümmerten seit dem späten 17. Jahrhundert und waren schließlich nur noch Jahrmarktspektakel. Zudem wurde Frankfurt im frühen 19. Jahrhundert durch den Preußisch-Deutschen Zollverein reglementiert. Die Stadt musste erleben, wie sich der Handel andere Wege suchte und wie ihre Kais am Main verödeten. Der Römerberg wurde nun nicht mehr von internationalen Händlern, sondern von Marktfrauen beherrscht. Vor dem Römer, um den Dom und am Liebfrauenplatz hockten die Marktweiber auf kleinen Schemeln, weshalb sie auch »Hockinnen« genannt wurden. Bis ins späte 19. Jahrhundert blühte ihr Geschäft.

Die Märkte waren nach Waren geordnet. Vor dem Steinernen Haus wurden Kräuter angeboten, im Rapunzelgässchen Salat. Der Hühnermarkt lag nördlich des archäologischen Gartens, dort gab es auch Eier, Milch, Butter und Käse. Wo heute die Kunsthalle steht, befand sich das Areal der Metzger. Der Name »Schirn« kommt von den Metzgerständen, die sich im Erdgeschoss der schmalen Häuser befanden. Die hölzernen Läden vor den Fenstern wurden aufgeklappt und dienten als Verkaufstische und als Dach. Geschlachtet wurde in der Nähe des Mains, die Metzger wuschen die Därme im Fluss. Victor Hugo vermittelt in »Le Rhin« 1842 einen plastischen Eindruck dieser Schirnen: *»Es ist nicht möglich, ältere und schwärzere Häuser sich über üppigere Haufen frischen Fleisches beugen zu sehen. Ich weiß nicht, welche esslustige Heiterkeit auf diesen sonderbar gedeckten und behauenen Fassaden ruht, deren Untergeschoß wie ein tiefer, weit offener Schlund unzählige Ochsen- und Schöpfenviertel zu verschlingen scheint. Blutige Metzger und rosige Metzgerinnen plaudern anmutig unter den Girlanden von Hammelfleisch.«*[10]

An der Großen Fischergasse hinter dem Dom boten die Fischer ihre Fänge an. Auf dem Weckmarkt gab es Brot und Gebäck, die Verkäuferinnen nannte man »Kucheweiber.« Nur zum Jahresende verlieh der seit

---

10 Victor Hugo: *Sämtliche Werke*, Band 14 bis 18, »Der Rhein. Briefe an einen Freund«, Riegersche Verlagsbuchhandlung 1859.

dem Mittelalter auf dem Römerberg stattfindende Weihnachtsmarkt dem Platz noch ein wenig Glanz.

Zwar entwickelte sich Frankfurt seit dem 18. Jahrhundert zu einem bedeutenden europäischen Finanzzentrum, doch davon war auf dem Römerberg und in der Altstadt wenig zu spüren. Die Zeil, der ehemalige Viehmarkt, wurde nun eine prächtige Geschäftsstraße mit großen Kaufhäusern, die düstere Altstadt hingegen entwickelte sich zum Sanierungsproblem.

Kaiser Wilhelm besuchte die Stadt mehrmals und winkte huldvoll vom Römerbalkon und auch der greise Hindenburg kam 1925 und ließ sich bejubeln. Schließlich belebten Freiluft-Theateraufführungen ab 1932 den Römerberg noch einmal für einige Jahre, wobei die Römerberg-Festspiele Tausende von Zuschauern anzogen. Heinrich George brillierte in der ersten Aufführung im *Urgötz*. Die Nationalsozialisten nutzten den Römerberg für ihre Propagandaveranstaltungen. Zugleich ist es ihnen zuzuschreiben, dass er schließlich in Trümmern lag. Nach dem Krieg diente der Römerberg als Parkplatz und war damit an seinem Tiefpunkt angelangt. Doch nach und nach gestaltete man den Platz unter Orientierung an mittelalterlichen Vorbildern wieder neu. Auch bedeutende Häuser des Mittelalters wurden wieder aufgebaut, außer dem Römer auch das Salzhaus, das Steinerne Haus und das Leinwandhaus. Schon 1946 wurde auf dem Römerberg der erste Frankfurter Weihnachtsmarkt der Nachkriegszeit abgehalten.

Die Häuserzeile an der Ostseite des Platzes ist eine Rekonstruktion der historischen Vorbilder, von denen nichts übrig geblieben war. Sehr klangvoll sind die mittelalterlichen Namen dieser Häuser – von Norden nach Süden heißen sie: Großer und Kleiner Engel, Goldener Greif, Wilder Mann, Kleiner Dachsberg, Großer Laubenberg, Kleiner Laubenberg und Schwarzer Stern.

Auf dem Platz vor dem Römer ist eine Bronzeplatte an der Stelle in den Boden eingelassen, an der nationalsozialistische Studenten 1933 Bücher verbrannten. Auf der Gedenktafel sind lodernde Flammen und aufgeschlagene Bücher zu sehen, in denen die Namen verfemter Autoren geschrieben stehen.

Die Kaiserkrönungen

> *»Um den gebratnen Ochsen aber wurde diesmal wie sonst ein ernsterer Kampf geführt. Man konnte sich denselben nur in Masse streitig machen. Zwei Innungen, die Metzger und Weinschröter, hatten sich hergebrachtermaßen wieder so postiert, daß einer von beiden dieser ungeheure Braten zuteil werden mußte.«*[11]

Ursprünglich krönte der Papst die Kaiser in der Peterskirche in Rom. Zuvor mussten sie zum römisch-deutschen König gekrönt werden und diese Zeremonie fand meist in der Pfalzkapelle in Aachen statt, der Grabeskirche Karls des Großen. Gewählt wurden die Könige zunächst an verschiedenen Orten. Doch in der Goldenen Bulle, die regelte, von wem und wie der König zu wählen sei und welche Pflichten er habe, bestimmte Karl IV. im Jahr 1356 St. Bartholomäus in Frankfurt zum Ort der Königswahl. Von der Wahl König Wenzels im Jahre 1376 bis zu der von Franz II. im Jahr 1792 fanden nahezu alle Wahlen in Frankfurt statt. Doch die anschließende Krönungszeremonie wurde zumeist noch in Aachen abgehalten. Erst ab 1562 führte man auch diese Zeremonie in Frankfurt durch. Ab Maximilian I. galt der von den sieben Kurfürsten zum König Gewählte zugleich als Römischer Kaiser – auch ohne Krönung durch den Papst. Die Königs- und die Kaiserkrönung fielen nun also in eins. Dass Frankfurt zur Krönungsstadt des Heiligen Römischen Reichs Deutscher Nation wurde, ist einem Zufall zu verdanken. Maximilian II. war in Frankfurt zum Kaiser gewählt worden, die Krönung sollte aber wie üblich in Aachen stattfinden. Doch der plötzliche Tod des Kölner Erzbischofs, der sie hätte durchführen sollen, sowie Wetterunbill führten dazu, dass Maximilian kurzerhand in Frankfurt vom Mainzer Erzbischof gekrönt wurde. Bis zu der letzten Krönung im Jahr 1792 behielt man nun Frankfurt als Ort der Krönungszeremonie bei. Seine günstige geografische Lage mitten in Deutschland spielte dabei sicherlich auch eine Rolle, zudem verfügte die Stadt über viele Gasthäuser und Unterkünfte.

Starb ein König, musste der Erzbischof von Mainz als Kanzler für Deutschland innerhalb von dreißig Tagen nach dem Todesfall die sieben wahlberechtigten Kurfürsten in Frankfurt versammeln. Sie trafen sich zunächst im Römer und schritten dann im vollen Ornat früh am nächsten Morgen zur Bartholomäuskirche. Dort wurde eine Messe abgehalten, um göttlichen Segen zu erbitten. Die Königswahlen fanden in der Wahlkapelle statt, die südlich an den Chor grenzt. Vor dem Altar der Wahlkapelle

---

[11] Goethe in *Dichtung und Wahrheit, erster Teil, fünftes Buch*. Goethe war 1764 Augenzeuge der Krönung von Joseph II.

legten die Kurfürsten einen Eid ab, dann wurde die Kapelle verschlossen. Die Wahl war geheim, eine einfache Stimmenmehrheit genügte. Eigentlich diente die Kapelle als Stiftsbibliothek. Bei den Königswahlen wurden die Bücherregale mit kostbaren Teppichen und Tüchern abgedeckt. Auf sieben Lehnstühlen mit rotem Samt thronten die drei geistlichen und vier weltlichen Kurfürsten. Im Dom verkündeten sie feierlich ihre Entscheidung. Der Gewählte wurde vom Mainzer Erzbischof vereidigt. Gemeinsam sang man das »Te Deum«, dann wurde die Wahl des Königs und Kaisers öffentlich bekannt gegeben.

Bei seiner Krönungszeremonie wurde der Auserwählte mit Weihwasser am Kreuzgangportal des Doms empfangen und durch den Kreuzgang seitlich in den Dom vor den Krönungsaltar geführt. Die Krönung fand während eines Hochamtes statt. Der Mainzer Erzbischof salbte den Kaiser mit Chrisam, einer Mischung aus Balsam und Öl. Diese Salbung galt als eigentlicher Akt der Kaiserwerdung. Danach legte man dem Kaiser in der Wahlkapelle das Krönungsornat an. Am Altar nahm er das Schwert Karls des Großen, den kaiserlichen Ring, Zepter und Reichsapfel entgegen. Der Krönungsmantel wurde ihm umgelegt und die drei geistlichen Kurfürsten setzen ihm gemeinsam die Reichskrone auf. Nachdem er auf das Evangelium geschworen hatte, wurde er zum Kaiserthron geführt. Nun hatte er das Reich öffentlich in Besitz genommen. Durch das Nordportal zog der Krönungszug dann über den Königsweg zum Römer, wo im Kaisersaal ein üppiges Mahl stattfand.

Die Feierlichkeiten bedeuteten für Frankfurt einen erheblichen finanziellen und logistischen Aufwand. Jeder Kurfürst reiste mit zweihundert Reitern an und die Stadt war für ihre Unterbringung und Versorgung zuständig. Sie musste auch für die Sicherheit ihrer hohen Gäste sorgen. Hätte sie ihre Pflichten verletzt, wären ihr alle Privilegien aberkannt worden.

Außerdem mussten die Reichskleinodien, darunter Krone, Reichsschwert, Zepter und Reichsapfel, aus Nürnberg und Aachen geholt werden. Sie wurden unter schwerer Bewachung nach Frankfurt geleitet. Bis zum Tag der Krönung hüteten Beauftragte der Reichsstädte Aachen und Nürnberg die Schätze und nach der Zeremonie wurden sie sogleich zurückgebracht.

Die Bevölkerung von Frankfurt nahm lebhaften Anteil an den Feierlichkeiten. Fensterplätze am Römerberg wurden teuer an Schaulustige vermietet. Auf dem Römerberg wurde ein Ochse gebraten, aus dem Brunnen sprudelte Wein. Der Wein floss durch hölzerne Röhren aus einem Haus an der höher gelegenen Ostzeile in den Brunnen. Nachdem der Kaiser der Zeremonie entsprechend von beidem eine Kostprobe erhalten hatte, wurden Ochse und Weinbrunnen dem Volk überlassen. Dabei kam es zu heftigen Prügeleien und es soll sogar Tote gegeben haben. Besonders die Zünfte schlugen sich um den Ochsen, wobei die Metzger gnadenlos ihr Handwerkszeug einsetzten. Am Weinbrunnen war das Gedränge so heftig, das der meiste Wein verschüttet wurde.[12]

Der letzte Akt der Feierlichkeiten fand einige Tage nach der Krönung statt: die öffentliche Huldigung. Die Bürger Frankfurts versammelten sich stellvertretend für alle Untertanen des Heiligen Römischen Reiches vor dem Römer und schworen ihrem Kaiser Treue und Gehorsam. Der neue Kaiser versprach von einer vor dem Rathaus errichteten Holztribüne seinen Untertanen Schutz und bestätigte die Privilegien der freien Reichsstadt Frankfurt. Gegen den Willen des Frankfurter Rats forderte Kaiser Karl VI. bei seiner Krönung 1712 von der jüdischen Gemeinde, ihm ebenfalls einen öffentlichen Schwur zu leisten. Alle männlichen Bewohner der Judengasse mussten seitdem vor jedem neuen Kaiser einen Eid ablegen.

Im Jahr 1366 erwarb der Frankfurter Stadtschultheiß Siegfried zum Paradies eine Ausfertigung der Goldenen Bulle für die Stadt. Diese wurde das bekannteste und am häufigsten benutzte Exemplar des Reichs. Frankfurt besaß außerdem zwei deutsche Exemplare aus dem 15. Jahrhundert. Das eine wurde 1938 Adolf Hitler übergeben und ist seitdem verschollen, das andere befand sich im Römer und verbrannte 1944.
(Institut für Stadtgeschichte, www.stadtgeschichte-ffm.de/artikel/koenigswahl.html)

Rathaus und Wahrzeichen: Der Römer

»Treppen, Vorplätze, Säle und Zimmer in ziemlich labyrinthischer Mischung.«[13]

Seit sechshundert Jahren ist er das Rathaus der Stadt. Seine Fassade mit den drei Treppengiebeln ist wahrscheinlich das am häufigsten fotografierte Motiv in der Stadt. Der Römer ist ein Gebäudekomplex aus neun Häusern, die sechs Innenhöfe umfassen. Seine Baugeschichte ist kompliziert.

Der Frankfurter Rat kaufte 1405 zwei repräsentative Bürgerhäuser, weil das alte Rathaus am Dom zu klein geworden war: den »Goldenen

---

12 Achilles Augustus von Lersner: *Der weit-berühmten Freyen Reichs-, Wahl- und Handels-Stadt Franckfurt am Mayn Chronica 1706, Das Erste Buch*, S. 211. Lersner war Ratsherr und Älterer Bürgermeister in Frankfurt.
13 Anton Kirchner: *Geschichte der Stadt Frankfurt am Main. Theil I*, Frankfurt am Main: Jäger und Eichenberg 1807.

Römer mit Salzhaus, rechts (Abb. 5)

Schwan« und den »Römer.« Sie wurden entkernt und umgebaut, drei spitzbogige Portale entstanden und die Kreuzrippengewölbe im Erdgeschoss. Die neogotische Fassade stammt von einem Umbau um 1900, auch der Balkon, von dem Fußballer und Politiker gerne winken, wurde erst damals angesetzt.

Seit Jahrhunderten nahezu unverändert sind die beiden Hallen im Erdgeschoss – die Römer- und die Schwanenhalle – in denen bei den Messen Waren verkauft wurden. Vor allem Gold- und Silberschmiede boten hier ihre Produkte an.

Über der Römerhalle im zweiten Geschoss befindet sich der Kaisersaal, in dem nach den Kaiserwahlen üppig getafelt wurde. Alle 52 Kaiser des Heiligen Römischen Reichs wurden im 19. Jahrhundert für diesen Saal von bekannten Künstlern porträtiert, die Gemälde sind noch immer zu bewundern. Philipp Veit, ab 1830 Direktor des Städelschen Instituts, malte Karl den Großen, Otto I., Friedrich II. und Heinrich VII. Sein Schüler Eduard Jakob von Steinle, ab 1850 Professor am Städelschen Institut, porträtierte Albrecht I. und Ferdinand III., von dem jüdischen Maler Moritz Daniel Oppenheim (s. S. 120) stammen die Bildnisse von Otto IV. und von Joseph II. Alle Porträts wurden gestiftet, viele von Frankfurter Bürgern.

Im 15. Jahrhundert kaufte die Stadt angrenzende Grundstücke auf und ließ einen steinernen Turm bauen, um das Archiv mit wertvollen Urkunden unterzubringen – darunter die Privilegien der Stadt. Da es häufig zu Bränden in Fachwerkhäusern kam, war es wichtig, die kostbaren Unterlagen in einem steinernen Bau zu schützen.

Damals gab es einen hölzernen, mit Blei gedeckten und mit acht länglichen Fenstern aus fünfhundert Einzelscheiben versehenen Vorbau am Römer, was einen für die damalige Zeit ungeheuren Luxus darstellte. Diese hölzernen Anbauten wurden »Schoppen« genannt.

Im 16. Jahrhundert vergrößerte man den Komplex weiter – das Haus »Viole« des Patriziers Jakob Heller kam hinzu und das Haus »Schwarzenfels« von Justinian von Holzhausen. Da Frankfurt nun Ort der Kaiserkrönungen war, benötigte man entsprechende repräsentative Bauten und viel Platz. Das nördlich an den Römer angrenzende Haus »Löwenstein«

wurde dem Komplex einverleibt, ebenso das dem Goldenen Schwanen östlich benachbarte Haus »Wanebach«. Nun bestand das ganze Rathaus bereits aus sieben einzelnen Gebäuden. An den Häusern baute man ständig weiter. 1612 wurde der Kaisersaal neu gestaltet und erhielt eine gewölbte Decke mit Bemalungen. Auch die Fassaden des Römers waren zeitweise bemalt. Der Schuppenvorbau wurde im 17. Jahrhundert im Stil des Barock verändert. Im Mittelpunkt aller Bemühungen standen lange die Kaiserkrönungen, die pompös gefeiert wurden. Ab 1731 kam es unter der Leitung des Stadtbaumeisters Johann Jakob Samhaimer, der auch die barocke Hauptwache entwarf, zu einer weiteren Phase reger Bautätigkeit. Um 1800 verschwanden die Vorbauten.

Hatten im Mittelalter noch die reichsten Patrizier ihre Häuser in der Altstadt erbaut, veränderte sich diese Situation im 19. Jahrhundert von Grund auf. Teure Villen entstanden nun am Anlagenring auf den niedergelegten Wallanlagen, repräsentative Landhäuser prunkten am Mainufer. Die Altstadt verlor an Bedeutung und mit ihr auch der Römer. Auf alten Fotos gleichen der herunter gekommene Römer und die angrenzenden Häuser Limpurg und Löwenstein mit ihren großen Toren eher Scheunen als einem repräsentativen Rathaus.

»Die Häuser daselbst, so schwarz eingeräuchert sie sind, so finster sie auf die Gasse herniederschauen, so gebückten Hauptes sie sich zueinander neigen, daß kaum ein Sonnenstrahl zwischen ihre Reihen fallen kann, gleichen mir alten Greisengestalten, die viel mitgemacht, die uns aus längst verflossenen Zeiten berichten können [...]. Der Römer, die Häuser Limburg und Frauenstein, das steinerne Haus, der Saalhof, die Bartholomäuskirche [...] blicken düster, und Nachts sogar unheimlich, zu Einem herab. Sie sind aus einer Zeit, die längst im Grabe ruht, zu uns Herübergeschritten [...].«[14]

Römer und Altstadt waren Mitte des 19. Jahrhunderts in einem desolaten Zustand. Durch die Besetzung der Preußen im Jahr 1866 war Frankfurt zu einer Provinzstadt geworden. Der Magistrat dachte praktisch und verlegte seinen Sitzungsraum nach fast vierhundert Jahren in das prächtige Kurfürstenzimmer, denn mit dem Ende des deutschen Kaisertums hatten viele Räume des Römers wie der Kaisersaal oder das Kurfürstenzimmer keine Funktion mehr. Es gab Pläne, den ganzen alten verwinkelten Komplex mit seinem Gängegewirr abzureißen und einen Neubau zu errichten. Doch der Senat beschloss, die historischen Räume zu erhalten, und erwarb noch das Haus »Limpurg« und das Haus »Silberberg.« Nun gehör-

---
14 Eduard Beurmann: *Frankfurter Bilder*, Mainz: Kupferberg 1835.

ten alle fünf mit dem Giebel zum Römerberg hin zeigenden Häuser zum Rathaus. Noch vor 1900 begannen umfangreiche Sanierungsmaßnahmen in jenem neogotischen Stil, der noch heute den Bau prägt.

Anstelle der drei westlichsten Häuser entstanden der neue Bürgersaalbau im Stil der Neorenaissance mit dem neogotischen Ratskeller im Erdgeschoss, westlich und südlich davon der neogotische Südbau mit zwei Türmen, nördlich davon der neobarocke Nordbau, in dem die Frankfurter ihre Steuern zahlen mussten. Beide verband eine Brücke, die wegen der hohen Steuern im Volksmund »Seufzerbrücke« genannt wurde.

Den größeren Turm des Südbaus nannte man in Anspielung auf die Körpergröße des damaligen Oberbürgermeisters Franz Adickes »Langer Franz«, den kleineren nach einem seinerzeit beliebten Schlager »Kleiner Cohn.« Der häufige jüdische Name Cohn wurde im Kaiserreich in antisemitischen Äußerungen als Synonym für »Jude« verwendet. Der »Kleine Cohn« wurde in Karikaturen körperlich missgestaltet und mit einer Hakennase dargestellt. 1902 war das Couplet »Haben Sie nicht den Kleinen Cohn gesehen?« ein enormer Erfolg. Der große Rathausturm war eine Kopie des abgerissenen Sachsenhäuser Brückenturms.

Bei den Luftangriffen von 1944 versank der gesamte Komplex jedoch mitsamt der Altstadt in Schutt und Asche. Nur die massiven Gewölbe der Römer- und Schwanenhalle, einige Umfassungsmauern und die Erdgeschosse aus Sandstein überstanden das Inferno.

Beim Wiederaufbau des Römers entzündeten sich heftige Debatten um den zukünftigen Stil des Gebäudes. Schließlich einigte man sich darauf, die Häuser Römer, Goldener Schwan, Löwenstein und Alt-Limpurg äußerlich unverändert zu restaurieren. Die verbrannten Fachwerkobergeschosse des Hauses Silberberg ersetzte man durch einen Zweckbau auf dem weitgehend erhaltenen Erdgeschoss. Der Kaisersaal wurde in schlichterer Form wieder hergestellt, die Gemälde der deutschen Kaiser hatten dank Auslagerung überlebt. Das völlig zerstörte Kurfürstenzimmer baute man nicht mehr auf.

Frankfurter Wein

Das typische Frankfurter »Nationalgetränk« ist natürlich der Apfelwein. Aber Frankfurt ist auch eine der wenigen deutschen Großstädte, die eigenen Wein produzieren. Das städtische Weingut liegt in Hochheim, ein kleiner Teil befindet sich am Lohrberg in Seckbach. Etwa zehntausend Flaschen werden jedes Jahr mit Lohrberger Riesling abgefüllt, ungefähr zweihunderttausend Flaschen mit Weißem Burgunder, Spätburgunder, Chardonnay oder Cabernet Sauvignon. Zum »Weinbauern« wurde die

Stadt Frankfurt, als das Karmeliterkloster aufgelöst wurde und seine Weinhänge an die Stadt gingen. Bis 1994 bewirtschaftete die Stadt das Weingut selbst, dann verpachtete sie es an einen Winzer. Am Römer gibt es einen Laden, in dem der Frankfurter Wein verkauft wird. Wer ihn zuvor probieren möchte, hat dazu in der daneben liegenden Weinstube die Möglichkeit. Der Weinverkauf liegt versteckt in der Limpurger Gasse im Portal des Hauses Silberberg, durch das man zu dem pittoresken Römerhöfchen gelangt. Ein Schild am Anfang der Limpurger Gasse weist den Weg dorthin.

Städtisches Weingut, Limpurgergasse 2, 60311 Frankfurt am Main
Tel. 069-21233680, Fax 069- 21230748, weingut-der-stadt-frankfurt@web.de

Das letzte seiner Art: Haus Wertheim

Läuft man vom Römerberg zum Mainufer, liegen linker Hand der Saalhof mit dem Rententurm und das Historische Museum. Gegenüber locken die Auslagen einer Konditorei. Sie befindet sich ebenso wie das älteste Gasthaus Frankfurts in dem einzigen Fachwerkhaus, das den Bombenhagel des Jahres 1944 überstand. Bei den Luftangriffen nutzte man die mittelalterlichen Gewölbekeller der Altstadt als Zuflucht. Da sie mit einem besonders fest abbindenden Mörtel gebaut waren, boten sie relativ große Sicherheit vor Sprengbomben. Unterirdisch entstand während des Zweiten Weltkriegs ein Netz von miteinander verbundenen Kel-

Haus Wertheim (Abb. 6)

lern und Wegen, in das sich die Frankfurter flüchten konnten. Ausstiege aus diesem Labyrinth gab es am Main oder auf großen Plätzen wie dem Römerberg. Am Haus Wertheim vorbei verlief der einzige Fluchtweg zum Main hinunter, deshalb verhinderte die Feuerwehr durch ihren unermüdlichen Einsatz, dass das Haus in Flammen aufging. Frankfurt war einmal eine der größten mittelalterlichen Fachwerkstädte und das Haus Wertheim erinnert noch daran. Von einst etwa zweitausend Fachwerkhäusern ist es das einzig überlebende.

Seinen Namen hat es von dem Kaufmann Wertheym, der es um 1400 im Viertel der Frankfurter Patrizier erbaute. Wie viele andere Häuser um den Römerberg war es zunächst ein Handelshaus. Sein Erdgeschoss mit den Arkaden besteht aus dem üblichen roten Mainsandstein, darüber erheben sich zwei weit auskragende Fachwerkgeschosse aus dem 16. Jahrhundert mit Formen der Spätrenaissance. Im 15. Jahrhundert war ein öffentliches Badehaus dort untergebracht, später diente das Gebäude als Zollhaus und als Proviantlager für die Mainschiffer.

Das Historische Museum
Gegenüber vom Haus Wertheim befindet sich das Historische Museum, das auf eine Initiative Frankfurter Bürger zurückgeht, war das erste städtische Museum in Frankfurt 1877/78. Wer sich für die Geschichte Frankfurts und seiner Umgebung interessiert, findet hier alles Wissenswerte. Bis 2012 bleibt das Museum jedoch geschlossen. Der Betonbau aus dem Jahr 1972 wird abgerissen und ein Neubau entsteht, der sich mit spitzgiebeligen Dächern an das Erscheinungsbild der Altstadt anpasst. Auch ein weiterer öffentlicher Platz wird entstehen und der Römerberg durch diese Neugestaltung sehr gewinnen. Zu dem Komplex des Museums gehört die Saalhofkapelle, das älteste erhaltene Bauwerk Frankfurts. Die historischen Teile des Saalhofs, der unter den Staufern entstand, werden im Rahmen des Neubaus saniert, ebenso der mittelalterliche Rententurm, der sich an den Saalhof anschließt (s. S. 95). So viele historische Spuren wie möglich sollen sichtbar und zugänglich gemacht werden. Das gesamte Bauvorhaben wird frühestens 2015 komplett abgeschlossen sein, aber ab 2012 soll in den zuerst renovierten historischen Bauteilen bereits Ausstellungen stattfinden.

Solmsstraße 18, 60486 Frankfurt am Main, Tel. 069-212-35599, Fax 069-212-30702, www.historisches-museum.frankfurt.de, info.historisches-museum(@)stadt-frankfurt.de

**Vom Salzhandel zum Schuldnergefängnis:
Das Salzhaus am Römerberg**

Am Römerberg, Ecke Braubachstraße, steht ein Haus, dass eine lange und überaus wechselvolle Geschichte hat. Zunächst ein Handelshaus für Salz, diente es eine Weile als Gefängnis und wurde schließlich zu einem der schönsten Häuser Mitteleuropas umgebaut. Seine Zerstörung war einer der größten Verluste der Bombenangriffe von 1944.

Salz gibt es heute überall sehr billig zu kaufen, wir führen uns dies meist nur dann vor Augen, wenn wir besonders gesunde oder ausgefallene Salzsorten suchen. Doch im Mittelalter war Salz äußerst wertvoll und ein begehrtes Handelsgut.

Nur der König hatte seit 1158 das Recht, den Abbau von Salz zu bewilligen. Er verdiente gut daran. Doch ab dem 13. Jahrhundert gingen viele Sonderrechte wie das Salzregal auf geistliche oder weltliche Fürsten über. In Frankfurt erhielt der Rat der Stadt das Salzrecht. Im Salzhaus am Römer wurde vermutlich bereits im Mittelalter mit Salz gehandelt. In dem Gewölbekeller des Hauses befanden sich noch zu Beginn des 20. Jahrhunderts entsprechende Becken aus Stein. Im Jahr 1300 wird ein »Selzer« neben dem Römer erwähnt. Es gab noch andere Salzhäuser in der wachsenden Stadt, doch der Name bürgerte sich nur für die beiden schmalen Fachwerkgebäude ein, die bis ins frühe 17. Jahrhundert am Römerberg standen.

Um die Mitte des 15. Jahrhunderts beherbergte das Salzhaus ein Privatgefängnis für Schuldner, das von dem damaligen Besitzer – einem gewissen Henne Brun – betrieben wurde. Es war üblich, dass ein Gläubiger den Rat der Stadt auffordern konnte, seinen Schuldner bis zu einem Monat in Haft zu nehmen. Auch nach Ablauf dieser Zeit hatte der Gläubiger noch das Recht, seinen Schuldner so lange festzuhalten, bis dieser die Schuld bezahlte, war aber für dessen Unterbringung zuständig. Private Gefängnisse übernahmen diese Aufgabe und die Gläubiger mussten dafür bezahlen. Teuer kann es nicht gewesen sein – denn das Privatgefängnis im Salzhaus war sehr wahrscheinlich ein in einem Keller gelegener Holzverschlag.

Im 17. Jahrhundert wurde das Salzhaus von dem vermögenden Weinhändler Christoph Andreas Koler erworben und im Stil der Spätrenaissance neu errichtet. Auf einem Plan von Matthäus Merian von 1628 steht das Gebäude frei – es muss ein prächtiger Anblick gewesen sein. Die Fassade zum Römerberg hin war in den Frankfurter Farben rot, weiß und gold gefasst, die Nordfassade mit Fresken verziert, für die man biblische Motive und Szenen aus der griechischen Mythologie wählte. Die ganze zum Römerberg weisende Fassade zierte kunstvolles Schnitzwerk aus Eichenholz. Hölzerne Tafeln zeigten Putten und Blumen, Allegorien der Jahreszeiten, menschliche Halbfiguren und Blattwerk, Lorbeer und Akanthus, antikisierende Vasen und Löwenköpfe. An der Nordostecke prangte eine Frauenfigur aus Lindenholz wie die Galionsfigur eines Schiffes. Schnitzereien an Fachwerkgebäuden waren bereits in der Gotik beliebt – ab dem 16. Jahrhundert wurden sie im Zuge der Renaissance noch aufwendiger und prunkvoller. Mit seiner geschnitzten Eichenholzfassade war das Frankfurter Salzhaus eine Augenweide und überdies eine der bedeutendsten Leistungen der Renaissance in Deutschland. Möglicherweise war es auch das schönste Haus in ganz Frankfurt.

Der Weinhändler Koler stand während des Fettmilch-Aufstands auf der Seite der Rebellen und wurde 1612 jüngerer Bürgermeister von Frankfurt. Als der Aufstand zwei Jahre später niedergeschlagen wurde, floh er aus der Stadt. Er hatte sein gesamtes Vermögen verloren und musste Bankrott anmelden.

Was in den beiden folgenden Jahrhunderten mit dem Salzhaus geschah, ist nur unzureichend bekannt. Zu Beginn des 18. Jahrhunderts gründete ein Friedrich Freyer im Haus eine Strumpfhandlung, die sehr erfolgreich lief. Ab Mitte des 19. Jahrhunderts gehörte das Salzhaus der Stadt, wurde in den Komplex um den Römer einbezogen und aufwendig renoviert. Sogar die Fresken fertigte man als Kopien neu an. Gegen Ende des 19. Jahrhunderts zogen städtische Dienststellen ein.

Nur die Mauern des Untergeschosses blieben 1944 in Teilen stehen. Ein großer Teil der geschnitzten Holzfassade lagert jedoch noch in städtischen Magazinen, da man die Holzreliefs vor den letzten verheerenden Bombenangriffen in Sicherheit bringen konnte. Es gibt Pläne, die vorsehen, sie im Neubau des Historischen Museums zu integrieren.

In den 1950er Jahren wieder aufgebaut, ist das Salzhaus heute ein ungewöhnliches Konglomerat aus historischer Substanz, modernen Materialien und Auseinandersetzung mit der ehemaligen Gestalt. Das Erdgeschoss aus dem typischen roten Mainsandstein übernahm man, das Haus erhielt ein mit Schiefer gedecktes Giebeldach, die Maße des Hauses sind an historische Vorgänger angelehnt. Das Erdgeschoss besteht aus Arkaden mit reich verzierten Bögen. Ornamente, Akanthusblätter, Früchte und Sartyrmasken finden sich auf den Bögen und den Kragsteinen. Das Motiv der Weintrauben wiederholt sich und stellt einen Hinweis auf den vermögenden Weinhändler dar, der das Haus einst baute.

Ab dem Erdgeschoss besteht das Haus aus einem Eisenbetonbau. Zur Braubachstraße hin ist ein sich über drei Geschosse erstreckendes Glasmosaik des Künstlers Wilhelm Geißler zu sehen, dass den Aufstieg des Phönix aus der Asche zeigt und die Aufbauzeit nach dem Krieg symbolisieren soll. Sechs Holzreliefs aus dem ursprünglichen Obergeschoss wurden in die neue Fassade am Römer eingesetzt. Im Erdgeschoss befindet sich die Tourismusinformation der Stadt.

Römerberg 27

Bürgerhaus, Warenlager und zahlende Zuschauer: Das Steinerne Haus

Steinernes Haus (Abb. 7)

Das Steinerne Haus ist das einzige erhaltene von etwa zwanzig bürgerlichen Steinhäusern, die es einst in der von Fachwerk geprägten Altstadt gab. Nach seiner Zerstörung durch die Bombenangriffe im Zweiten Weltkrieg wurde es in den 1960er Jahren aufwendig restauriert. Im Gegensatz zum Leinwandhaus geht es nicht auf einen öffentlichen, sondern einen privaten Bau der Spätgotik zurück. Aufgrund seines Wehrgangs mit dem Zinnenkranz und den Ecktürmen erinnert es an eine Burg, es strahlt Wehrhaftigkeit aus. Das große spitzbogige Tor in der Mitte des Erdgeschosses wird von Rundbögen flankiert. Im Erdgeschoss stapelten sich während der Messen die Waren. Über dem Erdgeschoss gibt es ein niedriges Zwischengeschoss, das im Mittelalter als Lager genutzt wurde. Die oberen Stockwerke sind mit großen Kreuzstockfenstern versehen, die merkwürdig unregelmäßig über die Front verteilt sind. Um das steile Walmdach läuft der Wehrgang mit dem Zinnenkranz, unter ihm ist ein gotischer Dreipassfries zu sehen. Im Mittelalter lag hinter dem Tor im Erdgeschoss ein Hof mit Unterkünften für Bedienstete und Messegäste.

Im 13. Jahrhundert standen hier zwei Fachwerkhäuser – ihre Vorderseite zeigte zum Markt hin, an ihrer Rückseite floss die Braubach (heute Braubachstraße). Aufgrund seiner Lage war diese Gegend ein bevorzugter Wohnort für den Adel und das gehobene Bürgertum. Die vermögende Familie Melem, in deren Besitz die Häuser Mitte des 15. Jahrhunderts waren, ließ sie 1464 abreißen und auf demselben Grund ein neues Gebäude aus Stein bauen, das fast ein halbes Jahrtausend überstand. Johann von Melem stammte aus Köln, hatte aber das Frankfurter Bürgerrecht erworben und die Melemsche Handelsgesellschaft gegründet, die eine der wichtigsten Firmen des späten Mittelalters in Frankfurt war. Die vermögende Familie Melem gewann zunehmend an Einfluss und engagierte sich in der Stadtpolitik. Bis 1607 blieb das Steinerne Haus in ihrem Besitz, dann musste es verkauft werden, um Schulden abzutragen.

Ab 1708 gehörte es einer Gruppe von Erben, die es vermietete. Bei den Kaiserkrönungen wurden die Plätze am Fenster des Steinernen Hauses, von denen man einen guten Blick auf den Marktplatz hatte, teuer vermietet.

Im 18. Jahrhundert betrieb ein französischer Maler eine Kunstschule in dem Gebäude, im folgenden Jahrhundert verfiel das Anwesen. Doch seit den 1880er Jahren kaufte die Stadt Frankfurt bedeutende Bauten in der Altstadt, um sie zu erhalten. Sie erwarb auch das Steinerne Haus, das bereits damals eines der letzten gotischen Steinhäuser in der Innenstadt war, und überließ es der Frankfurter Künstlergesellschaft, die es aufwendig renovierte und als Ausstellungshaus bekannt machte.

Das gotische Gewölbe mit den Wappen der Melem in der Tordurchfahrt des Erdgeschosses überstand das Bombardement im Jahr 1944. Neben dem Goethehaus war das Steinerne Haus in den Nachkriegsjahren das einzige Bürgerhaus der Altstadt, dass kostspielig und am Original orientiert wieder aufgebaut wurde. Eingeweiht wurde es 1962 mit einer Ausstellung von Edvard Munch. Seitdem werden hier Ausstellungen des Frankfurter Kunstvereins gezeigt (s. S. 243).

Markt 42–44

Madonna Jutta

An der südwestlichen Ecke des Steinernen Hauses steht seit 1967 die »Madonna Jutta« des Bildhauers Georg Krämer. Sie ist aus rotem Sandstein gefertigt und stellt eine Kopie dar. Das Original datierte aus dem 15. Jahrhundert und wurde im Zweiten Weltkrieg zerstört. Eine traurige Legende wird zu dieser Figur erzählt: »*Der Handelsherr Johann von Melem hatte 1464 das Steinerne Haus in niederrheinischer Bauform errichten lassen. Seine einzige Tochter, Jutta von Melem, versorgte nach dem frühen Tod der Mutter das Haus. Alle Freier wies sie ab, weil sie bei ihrem Vater bleiben wollte. Als eines Tages ein Kölner Kaufmann um ihre Hand anhielt, gab sie zögernd dem Drängen des Vaters nach. Sie machte aber zur Bedingung, dass die Hochzeit nicht eher stattfände, bis die geplante steinerne Madonna unterm Baldachin das Haus behüte. Das Schicksal wollte es, dass der Steinmetz der Jugendgespiele Jutta von Melems war.*

Trotz des Verbotes des Vaters hatte sie ihn immer wieder zu treffen gewusst, bis er in die Welt zog und als Steinmetz am Kölner Dom Arbeit fand. Nun hatte der Zufall ihn wieder in seine Heimat und in das Haus der geliebten Jugendfreundin geführt. Der Künstler meldete sich unter anderem Namen und erklärte, er könne nur insgeheim schaffen und niemand dürfe ihn dabei stören. Im gegenüberliegenden Haus nahm er eine Wohnung. Von dort aus konnte er die Geliebte beobachten und so ihr Ebenbildnis in Stein meißeln. Als das Werk fertig war und enthüllt wurde, war niemand erstaunter als der Kaufmann und seine Tochter, die sich sofort in dem Kunstwerk wieder erkannten. Der Künstler aber war, als man nach ihm rief, ohne den Preis für sein Werk zu empfangen, aus Frankfurt verschwunden. Die Hochzeit mit dem Kölner Kaufmann wurde abgesagt und Jutta blieb unvermählt. Sie tat viel Gutes und wurde eine wahre Madonna der Armen, so dass der Volksmund ihr den Namen »Madonna Jutta« gab.«[15]

Warenlager, Gefängnis, Kaserne und Komische Kunst: Das bewegte Leben des Leinwandhauses

Leinwand war in Frankfurt seit dem Mittelalter ein wichtiges Handelsgut. Die Händler mussten diese Ware, ebenso wie Garn, Flachs und Hanf, in das städtische Leinwandhaus bringen und verzollen. Die Leinwand wurde dort vermessen, die anderen Waren auf der Städtischen Waage gewogen. Es gab sogar einen vereidigten Leinwandmesser, der alle Ballen von mehr als 100 Ellen Länge abnehmen musste. Das ehemalige Leinwandhaus am Weckmarkt, das südlich des Doms gelegen ist, beherbergt heute das Museum Caricatura.

Das Leinwandhaus um 1880 (Abb. 8)

Das steinerne Haus wurde wahrscheinlich von dem Baumeister Madern Gerthener in den Jahren 1396–99 errichtet. Es stand in einer sehr günstigen Lage, denn über den Weckmarkt verlief der Weg von der Fahrgasse, der Hauptverkehrsstraße, zu den Lagerplätzen am Main. Das zweigeschossige Leinwandhaus ist einer der wenigen Profanbauten der Hochgotik. Sein steiles Walmdach umläuft ein Wehrgang mit Zinnen und Ecktürmchen. Im Erdgeschoss befinden sich drei Portale mit Spitzbögen, im ersten Stock sind elf große Kreuzstockfenster zu sehen. An der Nordseite im ersten Stock sind Nischen zu erkennen, die vielleicht einmal für Skulpturen gedacht waren, aber wohl nie welche enthielten. Die Bronzefigur an der Nordostecke stammt aus dem 19. Jahrhundert.

---

15 www.kunst-im-oeffentlichen-raum-frankfurt.de.

Neben dem Leinwandhandel wurde das Haus für viele weitere Zwecke genutzt. Im 15. Jahrhundert lagerte die Stadt dort Getreide, Mehl, Salz und Kohlen. Außerdem wurden zeitweise Gefangene und Menschen mit psychischen Störungen hier eingesperrt. Dokumentiert ist, dass 1449 einem Verbrecher im Leinwandhaus die Augen ausgestochen wurden.

Im 16. Jahrhundert erwarb die Stadt das Haus hinter dem Leinwandhaus und erweiterte so den Bau. Doch zwei Jahrhunderte später verlor der Leinwandhandel in Frankfurt an Bedeutung. Das Erdgeschoss des Leinwandhauses diente zeitweise als Schlachthaus für Kälber und Hammel. 1806 besetzte die französische Armee die Stadt und brachte einen Teil ihrer Soldaten im Leinwandhaus unter. Nach der Völkerschlacht von Leipzig 1813 diente es als Lazarett und war hoffnungslos überfüllt. Eine Typhusepidemie war die Folge. Ab 1890 wurde das Haus historisch umgestaltet und entkernt, das Historische Museum zog ein.

Die Bombenangriffe im Zweiten Weltkrieg beschädigten das Haus schwer, die Mauern blieben jedoch bis kurz unters Dach erhalten. Bis in die 1980er Jahre war es nicht mehr als eine von Unkraut überwucherte Ruine, die an die verheerenden Kriegsfolgen gemahnte. Dann wurde es bis auf den südlichen Anbau, der völlig zerstört war, originalgetreu restauriert. Doch ist das Leinwandhaus keine reine Rekonstruktion, denn die noch vorhandene historische Bausubstanz wurde nicht abgerissen, sondern aufwändig konserviert und in die Restaurierung einbezogen. Es gab dabei allerdings ein Problem: Keller und Mauern entsprachen nicht den Anforderungen der modernen Statik. Für die tragenden Pfeiler im Erdgeschoss benötigte man Eichen mit sechzig Zentimeter Durchmesser, die es im Mittelalter offensichtlich noch gab, die jedoch heutzutage in deutschen Wäldern nicht mehr leicht zu finden sind. Schließlich wurde Holz aus Französisch-Guyana importiert. 1984 wurde das Leinwandhaus wiedereröffnet und seit 2008 ist es Sitz des Museums für Komische Kunst. Nur wenige moderne Ausstellungshäuser haben eine derart bewegte Geschichte.

Exkurs: Museum Caricatura

> »Die schärfsten Kritiker der Elche / waren früher selber welche.«
> (F.W. Bernstein)

Ein Museum, das sich der Kunst der Karikatur widmet, ist ungewöhnlich. In Frankfurt steht es in der richtigen Stadt, denn die Satirezeitschriften pardon und Titanic wurden hier gegründet. Bundesweit bekannt wurden die

Museum Caricatura 45

Zeichner und Dichter der Neuen Frankfurter Schule. Diesen Namen trägt eine Gruppe von Autoren und Zeichnern, die aus dem Umfeld der Zeitschrift *pardon* hervorgingen und 1979 die Satirezeitschrift *Titanic* gründeten. Hierzu gehören die folgenden acht Künstler: F. W. Bernstein (eigentlich Fritz Weigle), Bernd Eilert, Robert Gernhardt (1937–2006), Eckhard Henscheid, Peter Knorr, Chlodwig Poth (1930–2004), Hans Traxler und F. K. Waechter (Friedrich Karl Waechter, 1937–2005). Die Bezeichnung entstand im Jahr 1981, als für eine gemeinsame Ausstellung von Gernhardt, Traxler und Waechter ein Titel gesucht wurde. Inzwischen spricht man auch von einer zweiten Generation der *Neuen Frankfurter Schule*, die ebenfalls aus Karikaturisten und Schriftstellern aus dem Umfeld der Titanic besteht, wie etwa Max Goldt, Gerhard Henschel, Simon Borowiak oder Thomas Gsella.

Der Name »*Neue Frankfurter Schule*« nimmt satirisch auf die beinahe gleichlautende Frankfurter Schule Bezug, eine einflussreiche Gruppe von Wissenschaftlern um Theodor W. Adorno und Max Horkheimer, die sich mit den gesellschaftlich-historischen Impulsen der Theoriebildung ideologisch auseinandersetzte und deren Zentrum in den 1930er Jahren das Frankfurter Institut für Sozialforschung war.

Die Stadt Frankfurt erwarb 2006 etwa siebentausend Zeichnungen von F. W. Bernstein, Robert Gernhardt, Hans Traxler und Chlodwig Poth. Sie bilden den Grundstock für das Museum, das eine eigenständige Abteilung des Historischen Museums ist.

Die Dauerausstellung im ersten Geschoss zeigt Arbeiten aus diesem Konvolut – Sonderausstellungen sind verschiedenen komischen Zeichnern aus aller Welt gewidmet und finden in der großen, hohen Halle im Erdgeschoss statt. Im zweiten Geschoss entsteht ein Archiv, in dem neben karikaturistischen Zeichnungen auch Filme, Hörspiele und Theaterstücke der komischen Kunst dokumentiert werden.

Lesungen und Kleinkunst-Veranstaltungen stehen auf dem Programm.

caricatura museum frankfurt, Museum für Komische Kunst, Weckmarkt 17,
60311 Frankfurt am Main, Tel. 069-21230161, caricatura.museum@stadt-frankfurt.de,
www.caricatura-museum.de, Di–So 10–18 Uhr, Mi bis 21 Uhr, U4, U5 Römer

Der Stadtbaumeister Madern Gerthener (um 1360–1430)

»Ich, Madern genannt Gertener, ein Steinmetz, erkenne öffentlich mit diesem Briefe für mich und meine Erben wegen des Schwibbogens und Gewölbes, das ich an der Brücke zu Frankfurt gemacht habe, und mir von den Erbaren weisen Leuten, Bürgermeister, Schöffen und Rat daselbst zu Frankfurt, meinen lieben Herren, verdingt war, und sich dasselbe Gewölbe und Schwibbogen nun gesetzt hat und etlicher Massen gerissen ist, also daß die

Vorgenannten, meine Herren, besorgen, daß es davon einfalle: deswegen habe ich mich vor den Vorgenannten, meinen Herren, in ihrem Rate verwirkt und verschrieben mich mit diesem Briefe für mich und meine Erben, also für den Fall, daß das vorgenannte Gewölbe mit Schwibbogen zum Teil oder zumal zur Zeit meiner Lebenstage einfiele oder sonst ziemlichen Schaden nehme, daß ich es dann auf meine und meiner Erben Kosten, Schaden, Mühsal und Arbeit wieder instandsetzen soll, ohne allen Schaden des vorgenannten Rates und der Stadt Frankfurt. Des zu Urkunden, habe ich, der vorgenannte Madern, den Erbaren weisen Herrn Heinrich Wissin zum Rebstock, Schöffen zu Frankfurt, gebeten, daß er sein Siegel um meiner beiden Willen für mich und meine Erben an diesen Brief hat gehangen.«[16]
Frankfurt, 30. November 1399

Als Stadtbaumeister war er an vielen bedeutenden Bauten des Mittelalters beteiligt. Da Urkunden fehlen, kann man seine Arbeiten nur anhand von stilistischen Merkmalen oder an den Steinmetzzeichen erkennen. Er stammte aus einer Frankfurter Steinmetzfamilie und ging als junger Mann mehrere Jahre auf Wanderschaft. Um 1392 lebte er wieder in Frankfurt und begann für die Stadt zu arbeiten. Offensichtlich schätzte man seine Dienste, denn um 1400 wurde er Stadtbaumeister. Acht Jahre später war Gerthener auch Dombaumeister. Außer seinen vielfältigen Tätigkeiten in Frankfurt führte er auch Aufträge für die Kurfürsten von Main und von der Pfalz aus. Es wird vermutet, dass er am Dom in Mainz und am Dom in Speyer mitarbeitete. Wahrscheinlich oblag ihm in Frankfurt der Umbau der Häuser Goldener Schwan und Römer zum Rathaus. Der Westturm des Frankfurter Doms geht auf seinen Entwurf zurück, das Querhaus stammt von ihm, ebenso das Leinwandhaus, der Eschenheimer Turm und der Hochchor der Leonhardskirche, die spätgotische Erweiterung des Karmeliterklosters, die Südfassade der Liebfrauenkirche und ein Umbau der Peterskirche. Zudem war er für Bauvorhaben an Brücken und Warttürmen verantwortlich.

---

16 Quelle: www.frankfurt.frblog.de.

III. »Ora et labora«: Klöster in Frankfurt

>*»Rechne selber nach, wie viel Geld während einer Frankfurter Messe aus Deutschland herausgebracht wird ohne Notwendigkeit und Grund! Du wirst dich wundern, wie es kommt, dass überhaupt noch ein Heller in Deutschland ist. Frankfurt ist das Silber- und Goldloch, durch das alles abfließt, was wächst und gedeiht, bei uns gemünzt und geprägt wird. Wäre dieses Loch zugestopft, brauchte man sich jetzt nicht die Klage anzuhören, dass es überall nichts als Schulden gibt, aber kein Geld und dass alle Länder und Städte mit Zinsen belastet und vom Wucher ausgesogen sind.«*[17]

Obwohl Frankfurt bereits im Mittelalter als Stadt des Geldes und des Handels galt, gehörten Klöster und Ordensleute zum städtischen Leben. Mehrere Orden ließen sich im 13. Jahrhundert in Frankfurt nieder, als die Stadt rasant wuchs. Von zwei einst bedeutenden Klöstern sind noch Gebäude erhalten: Das Karmeliter- und das Dominikanerkloster wurden nach den Kriegszerstörungen wieder aufgebaut. Der Deutschorden unterhielt ein Spital in Sachsenhausen, im barocken Deutschordenshaus befindet sich heute ein Ikonen-Museum. Von den übrigen Ordenshäusern sind alle Spuren verloren gegangen. An den Antoniterorden erinnert nur noch der von ihm abgeleitete Name »Töngesgasse« in der Altstadt. Die Frankfurter Niederlassung wurde 1525 aufgegeben. Im 18. Jahrhundert nutzten die Kapuziner die Kirche, dann fiel sie an die Stadt, die das verfallene Gebäude abriss.

Auch die Kirche des Johanniterordens, der in Frankfurt 1294 erstmals urkundlich erwähnt wurde, riss man im 19. Jahrhundert wegen eines Straßenbaus ab. Im 14. Jahrhundert hatte dieser Ritterorden seine Blütezeit in Frankfurt. Kaiser Ludwig der Bayer wohnte bei den Johannitern, wenn er in der Stadt war, und 1349 starb der Gegenkönig Günther von Schwarzburg im Johanniterhaus, vermutlich an der Pest.

Nach der Reformation verfielen Hof und Kirche der Johanniter an der Ecke von Schnur- und Fahrgasse. 1841 kaufte die Stadt den Besitz und nutzte die Kirche bis zum Abriss als Lager. Ein nackter Mann, ein Hase und ein Hund in der Vierung der Josefskirche in Bornheim stammen aus der Johanniterkirche. Die Josefskirche baute Max Meckel im 19. Jahrhundert nach dem Vorbild der Johanniterkirche, aus der er mittelalterliche Teile wie Gewölberippen, Schlusssteine oder Fenstermaßwerke verwendete.

1270 wird das Frankfurter Barfüßerkloster erstmals urkundlich erwähnt. Viele Angehörige der Bettelorden gingen das ganze Jahr über als

---

17 *Dr. Martin Luthers sämtliche Werke*, Martin Luther, Johann Georg Plochmann, Johann Conrad Irmischer, 1833, Band 22, Seite 201.

Zeichen der Armut und Entsagung barfuß oder nur mit Sandalen an den Füßen umher. Im Gegensatz zur Ordensregel des Heiligen Franziskus, zu dem die Barfüßer gehörten, besaß der Orden in Frankfurt dank vieler Schenkungen und Stiftungen bereits im 14. Jahrhundert viele Güter. Nach einer Ordensreform Mitte des 15. Jahrhunderts wurde das Armutsgebot wieder streng befolgt und der Besitz dem Rat übergeben. 1529 wurde das Kloster an die Stadt übergeben, die Kirche wurde evangelisch. Anstelle der Barfüßerkirche entstand die Paulskirche (s. S. 82).

1224 wurde in Worms für bußfertige Sünderinnen der Orden der Weißfrauen gegründet. Er sollte Prostituierte aufnehmen, die bereit waren, ein neues Leben zu beginnen. Daher wurden die Weißfrauen auch »Reuerinnen« oder »Magdalenerinnen« genannt. Doch bald nahm der Orden auch unverheiratete Bürgerstöchter auf. Die Reuerinnen trugen stets schlichte weiße Kleider, in denen sie auch schliefen, wobei ihre Betten einfache Strohlager waren. Der Kodex des Ordens gebot, dass sie niemals dem Müßiggang frönen sollten.

Das Weißfrauenkloster in Frankfurt war eine Stiftung Frankfurter Bürger. Es wurde mehrmals vom Schicksal hart geprüft: 1248 brannte es ab, beim Magdalenen Hochwasser 1342 wurde es überschwemmt. Nach der Reformation verlor es rasch an Bedeutung. Die letzten Nonnen verließen es 1540 und in der Folge verwaltete es die Stadt. Im 16. Jahrhundert wurden dort reformierte Gottesdienste für französischsprachige Glaubensflüchtlinge dort abgehalten. Um die Kaiserstraße anzulegen, wurde das Klostergebäude 1912 abgerissen. Bei den Bombenangriffen im Jahr 1944 wurde die Kirche zerstört und weil ihre Ruine dem Bau der Berliner Straße im Weg stand, wurde sie abgetragen. Im Bahnhofsviertel gibt es seit 1956 eine neue Weißfrauenkirche, die mit ihrem Namen an die »Reuerinnen« erinnert.

Doch ein Orden, der erst im 18. Jahrhundert nach Frankfurt kam, ist heute noch in der Innenstadt aktiv: Die Kapuziner am Liebfrauenberg leben noch immer nach den Idealen des Heiligen Franziskus.

Mönche in der City: Das Kapuzinerkloster Liebfrauen

In der Frankfurter Innenstadt, an der Fußgängerzone zwischen Zeil und Römerberg, findet sich wenige Schritte abseits vom Trubel ein unwirklich anmutender Ort: der Hof des Kapuzinerklosters Liebfrauen. Entdeckt man den unauffälligen Zugang hinter einer Buchhandlung, tritt man aus der Hektik der Menschenmassen in eine Oase der Stille. Nur zwei Gehminuten von dem Verkehrsknotenpunkt Hauptwache entfernt und direkt gegenüber von Burger King, würde man weder ein Kloster noch einen Ort der Kontemplation und inneren Einkehr vermuten. Berührende Andachtsszenen finden täglich in dem Hof an der Liebfrauenkirche statt, Menschen aller Nationalitäten zünden vor einem

Liebfrauenkirche (Abb. 9)

Madonnenbild Kerzen an und tauchen ein in eine meditative, besinnliche Atmosphäre. Mehr als tausend Kerzen werden hier jeden Tag angezündet, nicht nur von Christen, sondern von Menschen aller Weltanschauungen. Ergreifend sind die Wünsche, Nöte und Gebete, die in ein ausliegendes Buch geschrieben werden.

Die Stiftskirche Liebfrauen wurde 1321 von adligen Bürgern als Wallfahrtskirche erbaut. Seit 1917 ist sie Klosterkirche der Kapuziner und seit 1939 Pfarrkirche der Katholischen Kirchengemeinde Liebfrauen. Hinter der Kirche befindet sich das Kapuzinerkloster. Mitglieder zweier Ordensgemeinschaften – der Kapuziner und der Franziskanerinnen – leben und arbeiten hier. Christliche Nächstenliebe setzen sie in die Tat um. Mehr als hundert Obdachlose kommen fast täglich in den Franziskustreff. Neben einer Mahlzeit finden sie hier Beratung und Begleitung, um sich im Dschungel der Paragrafen besser zurechtzufinden. All dies wird aus Spendenmitteln finanziert. Neben der Kirche befindet sich ein Turmzimmer, in dem immer jemand für ein Gespräch über Lebens- oder Glaubensfragen zur Verfügung steht. Auch die Klosterpforte ist für dringende Krisengespräche täglich geöffnet.

Von den Frankfurtern wird die Kapuzinerkirche liebevoll »Seelenbad Mitte« genannt.

Während viele Kirchen außerhalb der Gottesdienste verschlossen bleiben, sind die Türen von Liebfrauen von morgens um fünf bis abends um neun geöffnet, im Sommer länger. Liebfrauen ist die bestbesuchte Kirche der Stadt und hat das reichhaltigste Gottesdienstangebot.

Die Südseite der dreischiffigen Hallenkirche zeigt als Schauseite eine Reihe großer Fenster mit spätgotischen Maßwerk. Am kleinen östlichen Portal der Südseite ist im Bogenfeld ein Relief »Anbetung der Könige« von Madern Gerthener zu sehen, um 1415 entstanden. Im Inneren der

Kirche befindet sich ein Grabstein von 1322, er erinnert an Wigel von Wanebach, den Stifter des Baus. Die Frankfurter Künstlerin Hetty Krist schuf für die Liebfrauenkirche einen modernen Kreuzweg.

Wie die Kapuziner wieder nach Frankfurt kamen
Die Säkularisation 1803 bedeutete nach 76 Jahren auch das Ende für die Kapuziner in Frankfurt. Doch etwa ein Jahrhundert später wollte die katholische Bevölkerung wieder ein Männerkloster in der Stadt haben. Die Kapuziner bauten an der neuen Antoniuskirche in der Nähe des Frankfurter Bahnhofs ein Kloster, in das sie 1900 einzogen. Siebzehn Jahre später zogen sie von dieser Niederlassung in das alte Mesnerhaus an der Liebfrauenkirche, die den Status einer Klosterkirche erhielt. Die Kirchengemeinde räumte dem Orden das Recht ein, auf eigene Kosten ein Kloster zu bauen. Mit nach Liebfrauen brachten die Kapuziner eine wertvolle neugotische Monstranz, in die Juwelen der hessischen Landgräfin Anna von Preußen eingearbeitet waren. Die Landgräfin hatte St. Antonius im Jahr 1901 noch als Protestantin besucht und konvertierte im selben Jahr zum katholischen Glauben.

Die Selektenschule bei der Kirche, die ursprünglich für den Bau des Klosters abgerissen werden sollte, wurde trotz der Inflation von 1923 zu einem Kloster umgebaut. Für das Bauvorhaben veranstaltete man im »Saalbau« ein Wohltätigkeitskonzert, das achttausend Mark einbrachte. Viele weitere kleine Zuschüsse und eine große Spende vom Dompfarramt ermöglichten den Bau schließlich.

Bomben und Brandeinwirkung zerstörten 1944 die Liebfrauenkirche ganz und das Kloster teilweise. Einzig die Marienfigur überstand in einer Nische an der Außenwand der Kirche, die zum Klosterhof zeigte, das Bombeninferno. 1954 wurde die Liebfrauenkirche wieder aufgebaut und auch das Kloster saniert.

**Fresken, Archäologie und ein Schmierentheater:
Das Karmeliterkloster**

Steht man im Kreuzgang des Karmeliterklosters, scheint die Hektik der nahen Frankfurter Innenstadt weit entfernt. Trotz starker Kriegsschäden hat sich das Klostergebäude eine besinnliche und stille Atmosphäre erhalten. Ein einzigartiges Kunstwerk ist zudem im Karmeliterkloster zu entdecken. Mit dem größten Fresko nördlich der Alpen schmückte ein Zeitgenosse Dürers, der Maler Jörg Ratgeb, in den Jahren 1513–19 das Refektorium und den Kreuzgang. Der reiche Frankfurter Patrizier Claus Stalburg hatte ihn damit beauftragt.

Das Karmeliterkloster

Mit Kasein-Tempera-Farben malte Ratgeb im Kreuzgang *al secco*, d.h. auf trockenen Putz, etwa vierzig Szenen zur christlichen Heilsgeschichte – von der Erschaffung der Welt über Geburt und Tod Jesu Christi bis zum Jüngsten Gericht. Der Zyklus erstreckte sich über eine Länge von 150 Metern auf über fünfhundert Quadratmetern Fläche. Davon ist heute nur noch ein kleiner Teil erhalten. Nach dem Kreuzgang malte Ratgeb auch das Refektorium aus, wo er die Geschichte des Karmeliterordens und des alttestamentlichen Propheten Elia darstellte. Zuletzt wurden die Wandbilder in den 1980er Jahren restauriert. Auf Infotafeln wird das Bildprogramm erläutert. Zu den

Karmeliterkloster, Ausschnitt aus dem Stadtplan nach Delkeskamp, 1864 (Abb. 10)

dargestellten Szenen gehört die Anbetung der Könige, auf der auch ein Kamel, ein Affe und ein weißer Falke erscheinen. Merkwürdige Kopfbedeckungen und prächtige Gewänder, zackige Felsen und schäumende Flüsse sind auf dem expressiven Bilderzyklus zur Lebensgeschichte Jesu zu entdecken.

Das Karmeliterkloster wurde Mitte des 13. Jahrhunderts von Karmelitern aus Köln gegründet. Stiftungen vermögender Frankfurter Patrizier ermöglichten den Bau der Kirche St. Maria. Bald war das Kloster eines der größten Bauwerke in Frankfurt. Ab 1424 wurde die Kirche spätgotisch umgebaut, wahrscheinlich leitete Madern Gerthener die Arbeiten. Südlich des Chores wurde die Annenkapelle angebaut. Das Kloster nördlich der Kirche wurde um 1500 erneuert, damals entstanden der Kreuzgang, das Dormitorium, der Kapitelsaal und das Refektorium. Es war die Blütezeit des Klosters.

Der ehemalige Dominikanermönch Giordano Bruno, ein bedeutender italienischer Gelehrter und Philosoph, wohnte 1590-91 im Frankfurter Karmeliterkloster. Der Universalgelehrte, der bereits als Ketzer verfolgt wurde, wollte in Frankfurt die Drucklegung seiner Schriften vorbereiten. Bruno soll mit den Stadtoberen in Konflikt geraten sein, so dass sie ihn aus der Stadt wiesen. Nach Italien zurückgekehrt, wurde er nach Venedig eingeladen, dort denunziert und verhaftet. Man klagte ihn der Ketzerei an und verbrannte ihn im Jahr 1600 auf dem Scheiterhaufen.

Nach der Reformation blieb das Karmeliterkloster eine katholische Enklave in Frankfurt. Ab der Säkularisation diente es unterschiedlichen Zwecken: Zunächst wurde es von der Zollbehörde als Lager benutzt und Kaffee und Tabak stapelten sich nun in den Räumen, in denen einst die Mönche gebetet hatten. Von 1866 an wurde das Kloster für ein Jahrzehnt zur Kaserne, ein Infanterieregiment war hier untergebracht. Die Soldaten waren gute Kunden der vielen Bordelle, die sich um das Kloster herum ansiedelten. Schließlich wurde die erste Feuerwache der neuen Frankfurter Berufsfeuerwehr im Dormitorium und im Prioratsbau eingerichtet. Schon bald war die Anlage entsprechend heruntergekommen. In den 1920er Jahren entstanden jedoch Wohnungen für Künstler. Das Refektorium und die Fresken wurden restauriert sowie die Klosterkirche saniert. Im Kreuzgang fanden nun Theateraufführungen und Konzerte statt. Im Zweiten Weltkrieg zerstörten Bomben das Kloster weitgehend. In den 1950er Jahren wurde zunächst der Nordteil wieder hergerichtet und das Stadtarchiv zog ein – heute heißt es Institut für Stadtgeschichte. In den 1980er Jahren wurde schließlich die ehemalige Klosterkirche wieder aufgebaut, allerdings ohne ihr gotisches Kreuzrippengewölbe. Der Architekt Josef Paul Kleihues errichtete auch den Neubau südlich der Kirche, in dem heute das Archäologische Museum untergebracht ist.

Im Keller des Karmeliterklosters spielt seit 1959 das von Rudolf Rolfs gegründete Kabarett »Die Schmiere – Das schlechteste Theater der Welt« (s. S. 269).

Maler und Revolutionär: Jörg Ratgeb

In Italien hatte Jörg Ratgeb (um 1480–1526) die Kunst der italienischen Renaissance und die neu entwickelte Zentralperspektive kennen gelernt, mit deren Hilfe erstmals dreidimensionale räumliche Eindrücke in der Malerei realitätsnah dargestellt werden konnten. Nach seiner Rückkehr lebte er in Heilbronn. Sein Leben endete äußerst grausam: Nachdem er eine Leibeigene des Herzogs von Württemberg geheiratet hatte, wurden ihm die Bürgerrechte von der Stadt Heilbronn weit gehend aberkannt und er zog nach Stuttgart. Dort wurde er Mitglied des Rates und verhandelte im Bauernkrieg von 1525 mit den Aufständischen. Diese wählten ihn als Kriegsrat und Kanzler. Doch der Aufstand der Bauern wurde niedergeschlagen und Ratgeb des Hochverrats angeklagt. 1526 ließ man ihn in Pforzheim von vier Pferden in Stücke reißen. Sein Leben wurde in mehreren Büchern, einem Theaterstück und einem Film verarbeitet. Stilistisch stand er Dürer und Matthias Grünewald nahe. Seine expressiven Arbeiten, von denen nicht viele erhalten sind, wurden erst spät wieder entdeckt und gewürdigt.

Claus Stalburg, der reichste Mann von Frankfurt

Er hatte seine wohlhabenden Eltern, einen Onkel und seinen Stiefvater beerbt, zudem heiratete er die vermögende Margarethe vom Rhein. Claus Stalburg (1469–1524) galt zu Lebzeiten als der reichste Bürger der Stadt. Er war Ratsherr und mehrmals Bürgermeister, besaß viele Immobilien und Grundstücke in Frankfurt und errichtete seinen neuen Familiensitz, die Große Stalburg, am Kornmarkt in der Altstadt. Es war das prächtigste gotische Patrizierhaus in Frankfurt. Nach seinem Tod wurde es abgerissen, die reformierte Gemeinde erbaute dort ihre Kirche.

Stalburg sympathisierte mit der Reformation und stand in Kontakt mit Philipp Melanchthon. Trotzdem verband ihn eine besondere Beziehung mit dem Frankfurter Karmeliterkloster, das er in seinem Testament bedachte und in dem er auch 1524 beigesetzt wurde. Stalburg war es auch, der Jörg Ratgeb mit den heute berühmten Fresken beauftragte.

Im Städel befinden sich die 1504 entstandenen Stifterbildnisse von ihm und seiner Frau. Kunsthistorisch kommt ihnen eine besondere Bedeutung zu, denn sie sind die ältesten lebensgroßen Stifterbilder der deutschen Malerei. Es ist nicht bekannt, welcher Künstler sie erschuf, aber der »Meister der Stalburg-Bildnisse« wird dem Umkreis von Hans Holbein d.Ä. zugeordnet, der um 1500 am Dominikanerkloster arbeitete.

Das Stalburg Theater im Frankfurter Nordend (Glauburgstraße) befindet sich an der Stelle, an der Claus Stalburg 1496 eine Wasserburg erbaute.

Das archäologische Museum

Zunächst bildeten die archäologischen Funde aus Frankfurt und der Region nur eine Abteilung des Historischen Museums, doch ab 1937 existierte ein eigenes Museum für Vor- und Frühgeschichte, das im Dominikanerkloster untergebracht wurde. Nach dem Zweiten Weltkrieg fand die Sammlung im Holzhausenschlösschen ein neues Domizil. Doch für die vielen Funde, die in den nächsten Jahrzehnten ausgegraben wurden, war dort nicht genügend Platz. Seit 1989 präsentiert das Museum seine Objekte in der ehemaligen gotischen Karmeliterkirche und dem anschließenden Neubau. Die Spannbreite der Exponate reicht dabei von der Vorgeschichte bis zum frühen Mittelalter und von der klassischen Antike bis zum Alten Orient.

Archäologisches Museum Frankfurt, Karmelitergasse 1, 60311 Frankfurt am Main, Tel. 069/212-35896, Fax 069/212-30700, www.archaeologisches-museum.frankfurt.de, info. archaeolmus@stadt-frankfurt.de, Di – So 10 – 18 Uhr, Mi 10 – 20 Uhr

Ein begrabenes Herz und die Hunde des Herrn: Das Dominikanerkloster

Dominikanerkloster, Ausschnitt aus dem Stadtplan von Casper Merian, 1628 (Abb. 11)

Der Chor der Dominikanerkirche beherbergt ein außergewöhnliches Relikt: Unter einer Erzplatte liegt hier das Herz des Kurfürsten Albrecht Achilles von Brandenburg begraben. Eigens für die Königswahl Maximilians I. angereist, erlitt der Kurfürst am 11. März 1486 bei einem seiner täglichen Gebete im Kloster einen Schlaganfall und starb. Sein Herz blieb für immer in Frankfurt.

Als »domini canes« (Hunde des Herrn) bezeichnete man die Dominikaner, die sich besonders bei der Inquisition hervortaten. Ihr Orden errichtete 1233 eine Niederlassung in Frankfurt, die zu Beginn nur aus drei Brüdern bestand. Angeblich kamen sie auf Wunsch des Kaisers und des Papstes, um Sitte und Moral in der Stadt zu heben. Man wies ihnen ein Grundstück an der mittelalterlichen Staufenmauer zu. Zunächst bauten sie sich ein kleines Wohnhaus, das später als Eingang zum Klostergelände diente. 1238 begann der Bau des eigentlichen Klosters, in dem etwa ein Dutzend Mönche leben sollten. Da zur selben Zeit der Frankfurter Dom mit Spenden der Bürger erbaut wurde, blieb für die Dominikaner nicht viel Geld übrig. Ihr Bau kam nur schleppend voran. Doch 1245 waren die Konventsgebäude fertig und nur an der Kirche wurde noch gebaut. Aus einer päpstlichen Ablassbulle aus dem Jahr 1259 geht hervor, dass die Kirche aber bereits geweiht war. Die dreischiffige frühgotische Hallenkirche ohne Querschiff war aus einfachen Bruchsteinen erbaut, wies eine Länge von fünfzig Metern und eine Breite von über fünfzehn Metern auf. Die acht Joche des Hauptschiffs waren bis auf das reich verzierte Sterngewölbe des westlichsten Joches als einfache Kreuzrippengewölbe gestaltet.

Das Dominikanerkloster entwickelte sich zum zweitgrößten Kloster in Frankfurt nach dem Deutschordenshaus. Bedeutende Gelehrte und Prediger statteten ihm einen Besuch ab, darunter Albertus Magnus, der

Das Dominikanerkloster 55

sich 1262 eine Zeit lang im Frankfurter Konvent aufhielt. Zahlreiche Spenden von Frankfurter Bürgern sorgten für die prunkvolle Ausstattung der gotischen Hallenkirche, der größten nach dem Dom St. Bartholomäus. Sogar Königswahlen fanden hier im 13. und 14. Jahrhundert statt, wenn der Dom wegen Umbaumaßnahmen nicht genutzt werden konnte. Die Klosterbibliothek der Dominikaner war die bedeutendste in Frankfurt. Ihre Sammlungen fielen später an die Stadtbibliothek. Südlich des Klosters lag der Kompostellhof, eine Herberge für Jakobspilger, die das Deutschordenshaus in Sachsenhausen betrieb.

Nach den dominikanischen Ordensregeln lebten auch die Nonnen in dem Beginenkloster, das sich im Norden anschloss. Es wurde 1336 von der Frankfurterin Metza Gerliben gegründet. Die Bewohnerinnen legten aber nur ein zeitlich befristetes Gelübde ab und konnten jederzeit austreten. 1452 stiftete Anna Rosenberger, die Witwe des Bürgermeisters Henne Rosenberger den Beginen ihren Nachlass. Seitdem trug das Beginenkloster den Namen »Rosenberger Einigung.« Entlang der nahe gelegenen Staufenmauer verlief die Judengasse, in der seit 1462 alle Frankfurter Juden wohnen mussten. Zwischen ihnen und den Dominikanern kam es immer wieder zu Konflikten. Ein Wachturm an der Mauer ragte in das jüdische Gebiet hinein, er wurde »Mönchsturm« genannt.

Im 15. Jahrhundert wurde das Kloster erweitert, ein Kreuzgang entstand, vier Kapellen wurden an die Klosterkirche angebaut und der Chor im spätgotischen Stil verändert. Wohlhabende Patrizier stifteten der Kirche Altäre, die von den berühmtesten Künstlern ihrer Zeit gemalt worden waren. Der Kaufmann Jakob Heller gehörte zu einer der reichsten Familien der Stadt, 1507 bestellte er bei Albrecht Dürer das Gemälde *Himmelfahrt und Krönung Mariä* für die Frankfurter Dominikanerkirche. Der so genannte »Heller-Altar« ist ein Gemeinschaftswerk von Albrecht Dürer und Matthias Grünewald. Das Triptychon ist zum Teil nur noch als Kopie aus dem 17. Jahrhundert erhalten, das Original verbrannte 1729 in München. Im Mittelteil sind die Himmelfahrt und die Krönung Mariens dargestellt, im Hintergrund hat sich Dürer selbst mit einer Tafel porträtiert, auf der das Entstehungsjahr und seine Signatur zu sehen sind. Die Altarflügel zeigen das Martyrium des Jakobus und der Katharina von Alexandria. Unter den beiden Heiligen sind die Stifter gemalt, die dieselben Vornamen tragen. Im Historischen Museum ist heute eine Rekonstruktion des Altars zu sehen. Vier männliche Heilige, die Grünewald in Grisaille (nur Schwarz-, Grau- und Weißtöne) für die Außenseite des Heller-Altars malte, sind im Städel zu bewundern.

Dürer lieferte die Tafel vertragsgemäß ab und schrieb am 24.8.1508 an Heller: »*Man hat mir auch 300 Gulden hier zu Nürnberg darum geben wollen, dieselben hundert Gulden hätten mir auch wohlgetan, wenn ich sie euch nicht zu Gefallen und Dienst geschickt hätte, denn eure Freundschaft zu behalten achte ich höher denn hundert Gulden. Ich habe auch lieber diese Tafel zu Frankfurt denn an keinem anderen Ort in ganz Deutschland [...]. Und ich sage euch, dass man sie gleichsam mit Gewalt von mir hat haben wollen, denn ich habe sie mit großem Fleiß gemalt, wie ihr sehen werdet, ist auch mit den besten Farben gemacht, wie ich sie habe mögen bekommen. Sie ist mit gutem Ultramarin unter-, über- und aufgemalt, etwa fünf- oder sechsmal, und da sie schön ausgemacht war, habe ich sie danach noch zweifach übermalt, auf dass sie lange Zeit währe.*«[18]

Jakob Heller und seine Frau Katharina wurden in der Dominikanerkirche bestattet.

Der Hochaltar wurde um 1500 durch Hans Holbein d.Ä. und seine Werkstatt erweitert, Hans Baldung Grien schuf um 1520 den Johannesaltar. Als die Reformation in Frankfurt einsetzte, wurde die Lage für das Kloster schwierig. Der Rat der Stadt verbot den Dominikanern, öffentlich zu predigen. Außerdem plante er, die von Frankfurter Bürgern gestifteten Schätze des Klosters durch städtische Klosterpfleger verwalten zu lassen. 1537 prozessierte der Orden deswegen gegen die Stadt. Der Rat gab schließlich nach, weil er den offenen Konflikt mit dem Kaiser scheute, unter dessen Schutz die Dominikaner standen. Das Kloster bestand als katholische Enklave in der lutherischen Stadt bis zur Säkularisation. In dieser Zeit gab es nur wenige bauliche Veränderungen.

1685 schloss der benachbarte Frauenkonvent der Beginen einen Vertrag mit den Dominikanern. Der Prior des Dominikanerklosters musste ihnen jeden Morgen eine Messe lesen, dafür verpflichteten sie sich, die Kleider der Mönche zu waschen und zu bügeln und das Kirchengerät zu putzen. Im Laufe des 18. Jahrhunderts schlossen sich die Beginen der Gemeinschaft der Dominikanerinnen an.

Ab 1803 gehörte das Kloster der Stadt. Sie nutzte es als Lagerraum und als Kaserne. Die Kirche wurde einige Jahre hindurch zum Teil als Turnhalle genutzt, in den Klostergebäuden war eine Schule untergebracht. In den 1920er Jahren wurde die Kirche restauriert. Vor dem Zweiten Weltkrieg befand sich das Museum für Vor- und Frühgeschichte im Kloster. Während der Naziherrschaft lagerte man in der Kirche

---

18 www.frankfurt.frblog.de.

beschlagnahmte Kunstschätze von jüdischen Bürgern, die deportiert worden waren. 1944 wurde das Kloster durch Bomben fast völlig zerstört, doch schon in den 1950er Jahren ließ man es wieder aufbauen. Der ursprüngliche Grundriss wurde beibehalten, doch der Neubau entspricht dem schmucklosen, nüchternen Stil der Nachkriegszeit. 1961 wurde die neue Kirche geweiht, sie erhielt nun den Namen »Heiliggeistkirche.« Von dem gotischen Bau zeugt nur noch der 1470 errichtete Chor. Von den Klostergebäuden konnten lediglich Reste der ehemaligen Sakristei, dem heutigen Refektorium, und des Kapitelsaals in den Neubau integriert werden. Heute wirkt die Klosteranlage sehr nüchtern und schlicht. Man muss seine Fantasie bemühen, um sich die wechselvolle Geschichte des Klosters vor Augen zu führen und etwas von der andächtigen Atmosphäre zu spüren, die hier einst herrschte. Das Kloster ist der Sitz des Evangelischen Regionalverbandes.

Dominikanerkloster, Evangelischer Regionalverband Frankfurt am Main, Kurt-Schumacher-Straße 23, 60311 Frankfurt am Main, Tel. 069-21650, info@ervffm.de, www.frankfurt-evangelisch.de

Spital, Wohnung der Könige und Ikonenmuseum: Das Deutschordenshaus

> »In […] Sachsenhausen […] steht ein Haus, dem Deutschen Orden gehörig, das nach altem Herkommen bis auf unsre Tage eine Freistätte für Bankrottierer und Totschläger ist, wenn es nicht etwa vorsätzliche und heimtückische Mörder sind. Aber sie genießen dieses Vorrecht nur für vierzehn Tage, wenn also die Zeit nahezu vorbei ist, oder bei einer günstigen Gelegenheit, stehlen sie sich hinaus und kehren nach einer Stunde zurück; dann beginnen die vierzehn Tage von neuem zu laufen.«[19]

Der Deutsche Orden, auch Deutschherren- oder Deutschritterorden genannt, gehört zu den Ritterorden, die sich zur Zeit der Kreuzzüge bildeten. Während des Dritten Kreuzzugs (1189–1191) belagerten die Kreuzfahrer die muslimische Stadt Akkon. In ihrem Lager waren die hygienischen Zustände so katastrophal, dass Kreuzfahrer aus Bremen und Lübeck beschlossen, ein Feldhospital zu gründen. Das waren die Anfänge des Deutschordens. Er existiert noch heute und ist ebenso wie der

---

19 Fynes Moryson (1566–1630), englischer Schriftsteller, reiste 1591 durch Deutschland und veröffentlichte seine Erlebnisse 1617 unter dem Titel: *An Itinerary: Containing His Ten Years Travel Through the Twelve Dominions of Germany, Bohemia, Switzerland, Netherland, Denmark, Poland, Italy, Turkey, France, England, Scotland and Ireland.*

Deutschordenshaus mit Kirche um 1848 (Abb. 12)

Johanniter- und der Malteserorden im karitativen Bereich engagiert, vor allem in der Altenpflege und der Behindertenhilfe.

Im Stadtteil Sachsenhausen befindet sich das barocke Deutschordenshaus, eine dreiflügelige Anlage aus dem Jahr 1715, in dem heute das Ikonen-Museum untergebracht ist, und die katholische Deutschordenskirche.

Kuno von Münzenberg, der im Dienste der Staufer stand und auf beiden Seiten des Mains über einen großen Besitz verfügte, ließ 1190 einen Hof am Main in ein Spital mit eigener Kirche umbauen. Dieser Besitz, zu dem noch Ländereien gehörten, ging etwa drei Jahrzehnte später an den Deutschen Orden über, der eine neue Kirche bauen ließ und sie der heiligen Maria weihte. Spenden und Stiftungen Frankfurter Bürger leisteten hierbei einen maßgeblichen Beitrag.

Wie alle katholischen Klöster und Kirchen der Stadt, verlor auch das Deutschordenshaus nach Einführung der Reformation an Bedeutung und der Konvent löste sich auf. Als Frankfurt 1552 belagert wurde, missbrauchte man die Kirche als Pulvermagazin. In den folgenden Jahrzehnten nutzten katholische Adlige, die in Frankfurt zu Besuch waren, die Räume als Quartier. Sogar Kaiser und Könige ließen sich hier während der Königswahlen nieder. Auch dem schwedischen Kanzler Axel Oxenstierna gefielen die repräsentativen Räumlichkeiten, als er mit seinen Truppen 1631 Frankfurt besetzte. Bis ihn drei Jahre später kaiserliche Truppen aus der Stadt warfen, wohnte er im Deutschordenshaus.

Im 18. Jahrhundert ließ der Orden das alte Gebäude abreißen und durch einen barocken Neubau ersetzen; vor die gotische Hallenkirche wurde eine barocke Fassade gesetzt.

Nach der Säkularisation war die Deutschordenskirche die einzige in Frankfurt, die nicht an die Stadt überging. Der Deutsche Orden wurde 1809 von Napoleon aufgelöst und im Frankfurter Deutschordenshaus zog ein Jahr danach das Kriegsministerium des Großherzogtums Frankfurt ein. Doch der Orden rekonstruierte sich und 1836 erhielt er das Frankfurter Gebäude zurück. Es wurde im 19. Jahrhundert als Lazarett und als Kaserne genutzt, seit 1881 gehört es der katholischen Gemeinde. Bei den Bombardements im Zweiten Weltkrieg schwer beschädigt, wurde die Ruine in den Jahren zwischen 1963 und 1965 wieder aufgebaut.

Deutschordenshaus, Brückenstraße 3–7

Ikonenmuseum

Im Deutschordenshaus ist seit 1990 das Frankfurter Ikonenmuseum untergebracht, das zum Museum für Angewandte Kunst gehört.

Das ehemalige Refektorium wurde von dem Architekten Oswald Mathias Ungers zu Museumsräumen umgestaltete. Ungers entwarf in Frankfurt auch das Architekturmuseum, die Galeria 9 sowie das Torhaus auf dem Messegelände.

Der Königsteiner Arzt Dr. Jörgen Schmidt-Voigt stiftete der Stadt Frankfurt 1988 seine umfangreiche Sammlung, die achthundert Ikonen aus dem 16. bis 19. Jahrhundert umfasst. Durch Ankäufe und Schenkungen wurde sie noch vergrößert. Von den Staatlichen Museen in Berlin sind im Frankfurter Museum 82 Ikonen als Dauerleihgabe ausgestellt.

Ikonen Museum der Stadt Frankfurt, Brückenstraße 3 - 7, 60594 Frankfurt am Main, www.ikonenmuseumfrankfurt.de, info.ikonen-museum@stadt-frankfurt.de, Tel. 069-21236262, Di–So 10–17, Mi bis 20 Uhr, Bus 30 oder 36, Elisabethenstraße, Straßenbahn 16, Textorstraße

Im Louvre hängt ein Bild, das ursprünglich 1734 für den Hochaltar der Kirche bestellt worden war. Der Kurfürst Wittelsbach, damals Hochmeister des Deutschen Ordens, hatte es bei dem venezianischen Maler Giovanni Battista Piazzetta in Auftrag gegeben. Das Gemälde verschwand während der Unruhen 1796, als Frankfurt von französischen Revolutionstruppen besetzt wurde. Um die Mitte des 19. Jahrhunderts fand man es im Museum der französischen Stadt Lille wieder. Das barocke Gemälde zeigt die Himmelfahrt Mariens.

IV. Das fromme Frankfurt: Die Kirchen in der Innenstadt

> »Wir verlangen auf den Rat des Herrn Königs und der Bischöfe und Fürsten hin, die in Frankfurt versammelt sind, dass die Heeresmacht der Christen gegen sie [sic die Slawen] bewaffnet werde und das Heilszeichen nehme, um jene Heiden völlig zu vernichten oder sicher zu bekehren. Wir verheißen ihnen dieselbe Sündenvergebung, wie jenen, die nach Jerusalem aufgebrochen sind [...]. Wir untersagen auf jeden Fall, mit den Heiden auf irgendeine Weise ein Bündnis zu schließen, weder für Geld noch Tribute [...]«.[20]

Frankfurt war seit dem Mittelalter eine Stadt des Handels und der Messen. In Frankfurt wurde schon immer viel Geld verdient und noch heute wird diese Tradition fortgeführt. Aber die Messestadt war zugleich eine Stadt mit Klöstern und Kirchen, in der Stiftsherren und Ordensbrüder zum Straßenbild gehörten und der Besuch der Gottesdienste zum Alltag aller Bewohner. Der Gründer des Zisterzienserordens, Bernhard von Clairvaux (1090–1153), rief in der Salvatorkirche, einem Vorgängerbau des Doms, zum Zweiten Kreuzzug auf. König Konrad III. zog 1147 von Frankfurt aus ins Heilige Land.

Frankfurt schloss sich bereits 1533 der Reformation an. Im April 1521 hatte Martin Luther auf seiner Reise zum Wormser Reichstag in der Frankfurter Buchgasse übernachtet. Auf die Einladung von Frankfurter Ratsherren hielt der Barfüßermönch Hartmann Ibach im Folgejahr in der Katharinenkirche eine Aufsehen erregende Predigt im Geist der Reformation. Viele Frankfurter Patrizier waren bereits mit dem humanistischen Gedankengut vertraut und wurden Anhänger Luthers. Für die katholischen Kirchen und Klöster begannen mit dem Jahr 1533 schwere Zeiten, sie versanken in Bedeutungslosigkeit oder wurden aufgelöst. Zeitweise waren katholische Gottesdienste sogar verboten. Dank vermögender italienischer Einwanderer wie der Brentanos brachte das 17. Jahrhundert jedoch noch einmal einen Aufschwung.

Die jahrhundertelange Geschichte der christlichen Gotteshäuser in Frankfurt wurde mit der Säkularisation beendet, im Jahr 1803 löste man alle Klöster und Kirchen auf. Ihr Besitz fiel zum größten Teil an die Stadt, die das Dominikaner- und das Karmeliterkloster, außerdem die katholischen Stiftskirchen St. Bartholomäus, St. Leonhard und Liebfrauen erhielt. Gebäude und Vermögen der Johanniter und des Deutschen Ordens

---

20 Aufruf zum Kreuzzug, Bernhard von Clairvaux im Jahr 1147 vor dem Reichstag in Frankfurt.

wurden jedoch kein städtisches Eigentum. Die Johanniterkirche erwarb die Stadt im 19. Jahrhundert und ließ sie schließlich abreißen, die Deutschordenskirche und die beiden reformierten Kirchen am Kornmarkt und am Goetheplatz, die 1944 den Bomben zum Opfer fielen, gelangten jedoch nie in ihren Besitz. Während die Klöster und Stifte sich von diesem Einschnitt nicht mehr erholten, entwickelte sich in den Kirchen wieder ein reges Gemeindeleben.

Der Dotationsvertrag

Ausgerechnet in Frankfurt, der Stadt des Handels, besteht eine beispiellose Verbindung zwischen der Stadt und ihren historischen Kirchen. Der so genannte »Dotationsvertrag« ist einmalig in Deutschland.

Die Stadt Frankfurt schloss im Jahr 1830 einen Vertrag mit den christlichen Gemeinden, in dem festgelegt wurde, dass die acht Kirchen der Innenstadt der Stadt gehören und diese verpflichtet ist, sie zu unterhalten. Nicht nur für die Gebäude, auch für die Inneneinrichtung samt Orgeln und Glocken ist die Stadt seitdem zuständig, für die Gehälter der Pfarrer zahlt sie einen Zuschuss. Es gab in Frankfurt ursprünglich sechs evangelische Dotationskirchen: die Barfüßerkirche, an deren Stelle die Paulskirche entstand, die Katharinenkirche, die Peterskirche, die Weißfrauenkirche (1952 abgerissen), die Dreikönigskirche in Sachsenhausen und die Heiliggeistkirche am Dominikanerkloster. Hinzu kamen die drei katholischen Kirchen St. Bartholomäus, Liebfrauen und St. Leonhard.

1833 wurde anstelle der Barfüßerkirche die neu errichtete Paulskirche in die Dotation aufgenommen. Im Zweiten Weltkrieg fielen alle Kirchen bis auf die Leonhardskirche dem Bombenhagel zum Opfer. Die Stadt ließ sie alle wieder aufbauen, mit Ausnahme der Weißfrauenkirche, deren Ruine abgerissen wurde, um Platz für die neue Berliner Straße zu schaffen. 1953 schloss die Stadt einen Vertrag mit dem evangelischen Gemeindeverband, in dem die Paulskirche und die abgerissene Weißfrauenkirche gegen das Dominikanerkloster mit der Heiliggeistkirche getauscht wurden.

Heute sind acht Dotationskirchen Eigentum der Stadt. Sie sind den Gemeinden für ihre Gottesdienste überlassen, doch die Stadt ist verpflichtet, die *»Kirchengebäude und Zugehörungen, wie die Orgeln und dergleichen, fortwährend in gutem Zustande [zu erhalten].«*[21] Dem Auftrag

---
21 Dotationsurkunde vom 2. Februar 1830, Paragraph 1: »Kirchen«.

kommt Frankfurt gewissenhaft nach, allerdings wurde nie der städtische Zuschuss von jährlich 28.500 Gulden zu den Pfarrergehältern und Kultuskosten erhöht. Dieser Betrag blieb über Jahrzehnte hinweg unverändert und entspricht heute ungefähr 25.000 Euro im Jahr. Früher war die Stadt auch zu Naturalleistungen, wie der Lieferung von Buchenscheitholz verpflichtet, doch diese wurde mittlerweile eingestellt.

Das Frankfurter Stadtgeläut

Ergreifend ist die Stimmung auf dem Römerberg an Heiligabend, wenn sich eine riesige Menge versammelt, und ein einzigartiges Glockenkonzert zu erleben. Die gewaltige Sinfonie, zu der alle Glocken der Innenstadtkirchen beitragen, beginnt mit der beinahe eintausend Kilogramm schweren »Bürgerglocke« der Paulskirche. Danach ertönen die Glocken der Katharinenkirche an der Hauptwache, der Liebfrauenkirche, der Peterskirche und der Heiliggeistkirche am Dominikanerkloster. Als nächste folgen die Glocken der Leonhardskirche, der Kirche am Karmeliterkloster, der Alten Nikolaikirche am Römerberg und der Dreikönigskirche am Sachsenhäuser Mainufer. Höhepunkt ist dann das Geläut des Doms mit seiner zwölftausend Kilo schweren »Gloriosa«, der zweitgrößten Glocke in Deutschland. Das Stadtgeläut wird von einem hochmodernen Computersystem gesteuert.

Die Tradition dieses Konzertes geht zurück auf das Jahr 1347, als anlässlich einer Totenmesse für Kaiser Ludwig den Baiern ein gemeinsames Geläut aller Frankfurter Kirchen erklang. Auch beim Einzug von Kaisern und Königen zur Krönung läuteten alle Glocken. Seit Mitte des 19. Jahrhunderts ertönten sie zu hohen Kirchenfesten, seit 1978 läuten sie vier Mal im Jahr.

Der Mainzer Professor Paul Smets stimmte die Glocken der Innenstadtkirchen so aufeinander ab, dass sie harmonisch zueinander passen. Im Krieg zerstörte Glocken wurden neu gegossen.

Der »Kaiserdom« St. Bartholomäus

Der Heilige Bartholomäus wurde auf besonders martialische Weise getötet: Erst häutete man ihn bei lebendigem Leib, dann schlug man ihm den Kopf ab. Häufig wird er mit seiner Haut über dem Arm hängend dargestellt. Seit 1239 ist er der Patron des Frankfurter Doms, seine Schädeldecke wird hier als wertvolle Reliquie aufbewahrt. Diese Hirnschale wurde vermutlich 1166 aus Rom gestohlen, als der Mainzer Erzbischof und der Vorsteher des Frankfurter Bartholomäusstifts Kaiser Friedrich I.

auf einem Italienfeldzug begleiteten. Es war damals durchaus üblich, Reliquien in Italien zu stehlen und auf diese Weise gelangten auch die Überreste der Heiligen Drei Könige nach Köln. Da Reliquien ein Symbol für das Prestige einer Kirche waren, trachtete jede Kirche danach, sich derartiger Gegenstände religiöser Verehrung zu bemächtigen.

Entgegen seines Namens ist der Frankfurter Dom in Wahrheit gar kein Dom, sondern wird aufgrund seiner historischen Bedeutung als ein solcher bezeichnet. Obwohl er nie die Kirche eines Bischofs war, wurden jahrhundertelang die Kaiser des Heiligen Römischen Reichs Deutscher Nation hier gekrönt, ein Brauch, der ihm schließlich den Namen »Kaiserdom« eintrug. Er galt als Symbol nationaler Einheit. Seine lange und komplizierte Baugeschichte ist eng mit der Geschichte der Stadt Frankfurt verwoben. Die heutige Kirche ist der fünfte bekannte Bau an dieser Stelle. Von vielen Baumeistern, die am Dom arbeiteten, kennen wir keine Namen.

Kaiserdom St. Bartholomäus
(Abb. 13)

König Ludwig der Deutsche, ein Enkel Karl des Großen, machte Frankfurt zu seiner Residenz und gründete 852 das Salvatorstift – der Name leitet sich von der Bezeichnung »Retter« oder »Erlöser für Jesus Christus« ab. Die dazugehörige Salvatorkirche war bereits ein Nachfolgebau älterer Kapellen. Sie gilt als dritter Vorgängerbau des Doms und soll eine prächtige Architektur gehabt haben. Finanziert wurde sie von den Spenden Frankfurter Bürger. Ein Abt und zwölf Kanoniker lebten in diesem Stift ähnlich wie die Mönche eines Klosters. Der Probst (Vorsteher) des Stiftes wurde entweder vom Mainzer Erzbischof oder direkt von Rom benannt. Ein Dekan war für die inneren Angelegenheiten des Stifts zuständig. Es gab eine Stiftsschule, die der Scholaster leitete, während der Kustos das Vermögen und die Güter verwaltete und sich um das Wohl von Armen und Kranken kümmerte. Der Pleban war zugleich Stadtpfarrer und betrieb Seelsorge.

Im Laufe der Zeit wurde die Salvatorkirche jedoch baufällig, so dass das Frankfurter Stift Papst Gregor IX. schließlich um finanzielle Unterstützung bitten musste. Da der Papst jedem, der mit Spenden oder

Arbeitseinsatz die Renovierung unterstützte, den Ablass seiner Sünden versprochen hatte, konnten die Westtürme, das Langhaus und das Querschiff erneuert werden. 1239 wurde die Kirche neben Jesus Christus auch dem Heiligen Bartholomäus geweiht. Bei dem Umbau musste sie in die Breite ausgedehnt werden, weil nach Westen kein Platz für eine Erweiterung war und die Nachbarn sich weigerten, ihr Grundstück zu verkaufen. Das Mittelschiff entsprach noch immer den Maßen der alten Saalkirche, doch die Seitenschiffe wurden nun fast genauso breit, so dass das Querhaus nicht mehr aus dem Langhaus hervorragte. 1269 hatte man den vierten Kirchenbau an diesem Ort vollendet: eine gotische Hallenkirche.

Im 14. Jahrhundert wuchs Frankfurt gewaltig. Die Freie Reichsstadt erweiterte ihre Fläche auf das Vierfache, und schließlich erschien der Stadt ihre Krönungskirche nicht mehr repräsentativ genug. Da es in Frankfurt keinen Bischof gab, der eine standesgemäße Kathedrale bauen würde, nahm der Rat der Stadt die Sache in die Hand. Der fünfte Bau, auf den der heutige im Wesentlichen zurückgeht, wurde 1315 begonnen. Auf der Ostseite entstand ein hochgotischer Chor mit Kreuzrippengewölbe. Man errichtete auch ein neues gotisches Querhaus mit neun Jochen, das alte Querhaus stammte noch aus der Zeit der Karolinger. 1369 waren die Arbeiten beendet. Nun hatte der Bau die Form eines griechischen Kreuzes, wodurch die Vierung besonders betont wurde. Zu beiden Seiten des Chores entstanden Kapellen, nördlich die Marien- und südlich die Magdalenenkapelle. Die beiden Nebenchöre sind den bedeutendsten Frauen des Evangeliums gewidmet. Aus dem 14. Jahrhundert datiert die Wolfgangskapelle vor der »Roten Tür« an der Südseite. Im Mittelalter wurden Gerichtsverhandlungen vor diesem Tor abgehalten. Doch nun war die Tür vermauert und man baute ein neues Südportal an das Querhaus. Bis Mitte des 15. Jahrhunderts befand sich die jüdische Synagoge direkt gegenüber. Im Giebelfeld grüßte der Heilige Josef in jüdischem Gewand zur Synagoge hin. Neben ihm steht Maria mit dem Kind, vor ihr kniet Karl der Große.

Als Haupteingang nutzte man jedoch bereits das imposantere Nordportal, durch das auch der König einzog. Es wird daher auch »Kaiserportal« genannt. In seinem Giebelfeld neben der Fensterrose befindet sich eine Darstellung des Jüngsten Gerichts. Die Nischen an diesem Portal wurden erst 1884 mit neugotischen Figuren gefüllt. Da hier immer viele Menschen ein- und ausgingen, wurden auch öffentliche Bekanntmachungen an dieses Portal angeschlagen.

Ende des 14. Jahrhunderts bestand der Dom aus einem frühgotischen Langhaus mit einem hochgotischen Chor, das auf ein gewaltiges Querhaus mit zwei prächtigen Portalen stieß.

Außerdem existierte noch die Doppelturmfassade im Westen aus der Zeit der Karolinger. Da für Erweiterungen kein Platz war, hatte man diesen Teil vernachlässigt. Nun wünschten sich die Frankfurter jedoch noch einen repräsentativen Westturm. Die Chance dafür bot sich, als das im Weg stehende alte Rathaus direkt vor dem Dom aufgegeben wurde.

1415 begann Baumeister Madern Gerthener mit dem Turmbau, starb jedoch noch vor seiner Vollendung, da die Bauzeit nahezu einhundert Jahre betrug. Der dreigeschossige Turm hat an der Nord- und Südseite Portale. Heute erscheint es merkwürdig, dass es im Westen kein Tor gibt, doch damals war die Bebauung noch zu dicht. Das untere Geschoss ist sehr massiv, das zweite wirkt dank seiner hohen Spitzbogenfenster mit Maßwerk und einer Galerie vergleichsweise zierlicher. Unten hat der Grundriss des Turms die Form eines Quadrats, ganz oben wird er achteckig. Den Abschluss des Turms bildet eine Kuppel, in der sich die Wohnung des Turmwächters befand.

Im 15. Jahrhundert wurde das Innere des Doms ausstaffiert, woran sich einmal mehr wohlhabende Frankfurter Bürger großzügig beteiligten. Die Wände des Chors bemalte ein unbekannter Künstler zwischen 1407 und 1427 mit Szenen aus dem Leben des Heiligen Bartholomäus. Der Patrizier Nikolaus Scheid stiftete 1487 die spätgotische Scheidskapelle neben der Wolfgangskapelle; gemeinsam wirken sie wie ein zweites Seitenschiff. Auch der Ratsherr Jakob Heller und seine Frau Katharina von Melem verewigten sich durch eine Stiftung für den Dom. Das Ehepaar finanzierte 1509 eine Kreuzigungsgruppe aus der Werkstatt des Mainzer Bildhauers Hans Backoffen, die auf dem Friedhof aufgestellt wurde. Eine Reliquie – ein Stückchen des Heiligen Kreuzes, das Heller in Rom erworben hatte – ist in dem spätgotischen Werk eingearbeitet.

Die Reformation hatte auch für den Dom Konsequenzen. Bereits ab 1525 wurde er aufgeteilt, wobei die katholischen Messen nun nur noch im Chor abgehalten werden durften, während die Protestanten die übrige Kirche beanspruchten. 1533 wurde den Katholiken schließlich verboten, Gottesdienste abzuhalten. In den religiösen Unruhen der folgenden Jahre beschlagnahmte die Stadt sogar das Vermögen des Stifts. Doch Mitte des 16. Jahrhunderts schloss die Stadt Frieden mit dem katholischen Kaiser und gab St. Bartholomäus an das katholische Stift zurück. Sicherheitshalber weihte der Mainzer Erzbischof daraufhin den Dom noch einmal.

Das Stift blieb jedoch unbedeutend, da die katholische Gemeinde nur klein war. Als der schwedische König die Stadt im Dreißigjährigen Krieg besetzte, wurde der Dom noch einmal protestantisch. 1635 zogen die Besatzer ab und die Katholiken erhielten ihre Stiftskirche zurück. Ihre desolate Lage verbesserte sich, als wohlhabende italienische Kaufmannsfamilien nach Frankfurt kamen und durch Stiftungen für einen Aufschwung sorgten. Infolgedessen wurde um 1700 der Dom im Stil des damals modernen Barock umgestaltet, wobei man viele gotische Kunstwerke zerstörte und den Bartholomäusfries übermalte.

Mit der Säkularisation endete nach einem Jahrtausend die Zeit von St. Bartholomäus als Stiftskirche. Seitdem ist der Dom eine der Dotationskirchen der Stadt.

Im Jahr 1867, als die Preußen Frankfurt besetzt hatten, brach in der Fahrgasse hinter dem Dom in einer Gaststätte ein Feuer aus. Der Dachstuhl des Doms fiel ihm zu Opfer, sein Turm wurde im oberen Teil zerstört, die Inneneinrichtung wurde zu Asche. Die Frankfurter Zeitung kommentierte und deutete den Vorfall folgendermaßen:

»Ein majestätischeres Schauspiel ist wohl lange nicht mehr gesehen worden als das Flammenmeer, in das sich das Dach der Kirche binnen kurzem verwandelt hatte [...] wie ein Vulkan ragte der hohe Glutkegel empor, der [...] einen gefahrdrohenden Feuerregen über die Stadt verbreitete. [...] Es passt ganz gut zu den Umwälzungen, die wir erlebt, dass die deutsche Kaiserkirche und das alte städtische Wahrzeichen, der Turm, uns über Nacht zugrunde gegangen sind.«[22]

König Wilhelm von Preußen, der die Stadt am folgenden Tag besuchte, versprach Hilfe. Tatsächlich begann der Wiederaufbau umgehend – wie üblich mit großem Engagement der Bürgerschaft. Ein Dombauverein wurde gegründet und sammelte Spenden, auch jüdische und protestantische Bürger unterstützten die Restaurierung großzügig. 1869 wurde der Wiener Dombaumeister Franz Josef Denzinger aus Würzburg damit beauftragt. Er baute den oberen Teil des Turms nach den ursprünglichen Plänen von Madern Gertherner wieder auf. Anstelle des frühgotischen Langhauses errichtete Denzinger einen hochgotischen Bau. Um ein vermeintliches gotisches Ideal zu erhalten, riss man auch benachbarte Häuser nieder, da man die irrige Auffassung vertrat, das Mittelalter habe frei stehende Kirchen bevorzugt. Denzinger verfolgte eine idealisierte,

---

22 *Frankfurter Zeitung* vom 16. August 1867.

puristische Vorstellung, der vieles von dem Ursprungsbau des Doms zum Opfer fiel, darunter auch Teile des historischen Kreuzgangs. Es war im 19. Jahrhundert üblich, nicht die historische Substanz zu erhalten, sondern historisierend zu restaurieren. Vor das Nordportal setzte Denzinger eine Vorhalle mit Sterngewölbe, durch die man heute den Dom betritt. Zum erbitterten Feind machte er sich allerdings den Stadtpfarrer Ernst Franz August Münzenberger. Die Stadt erteilte dem Pfarrer schließlich Hausverbot in seiner eigenen Kirche. Dieser verbrachte die folgenden zehn Jahre damit, für die verbrannte Inneneinrichtung des Doms Ersatz zu beschaffen und überall nach gotischen Altären zu suchen.

Der Nazarener Eduard von Steinle malte den Dom mit Szenen aus der Bibel und zu der Geschichte der deutschen Kaiser aus. 1878 wurde der Dom wieder feierlich übergeben.

Die Bombenangriffe des Zweiten Weltkriegs zerstörten indes Fenster, Dächer und Gewölbe, Bomben schlugen durch das Dach des Querhauses und im Inneren wütete ein Brand. Doch die wertvolle Einrichtung hatte man in Sicherheit bringen können und der Turm überstand die Angriffe.

Im Jahr 1948 begann man mit einer abermaligen Restaurierung, die von Alois Giefer und Hermann Mäckler geleitet wurde. Diese blickten nun mit Verachtung auf die Veränderungen des 19. Jahrhunderts. Heute gilt Eduard von Steinle als ein bedeutender Künstler, doch in den Nachkriegsjahren ließ man seinen Bilderzyklus samt Putz abschlagen. Die Wände wurden weiß verputzt und Fenster mit schlichtem Glas eingesetzt, so dass der Bau sehr nüchtern anmutete. Ein monumentales Steinrelief des Künstlers Hans Mettel von 1957 schmückt seitdem die Außenseite des Kreuzgangs.

In den neunziger Jahren machte man die Arbeiten der fünfziger Jahre teilweise rückgängig, legte im südlichen Querhaus Reste von Steinles Malerei frei und fasste die Wände nach Zeugnissen aus dem 14. Jahrhundert wieder in einem kräftigen Rot.

Ein Gang durch den Dom
Von der Vorhalle gelangt man heute auch in das Dommuseum, das in den überdachten Resten des von Denzinger zum Teil abgerissenen Kreuzgangs untergebracht ist. Wählt man nicht den Weg ins Museum, so gelangt man durch das Nordportal in die Turmhalle, in der die Kreuzigungsgruppe von Hans Backoffen steht. Am ehemaligen Standort am Friedhof steht eine Kopie hiervon.

Das Langhaus ist erstaunlich kurz, auf den Schlusssteinen der Gewölberippen sind Gesichter- und Pflanzen zu sehen. Eine Platte auf dem Boden im Mittelschiff bezeichnet die Stelle, wo das Grab eines merowingischen Mädchens gefunden wurde.

In der spätgotischen Scheidskapelle am südlichen Seitenschiff finden heute Taufen statt. Das Taufbecken stammt aus dem frühen 18. Jahrhundert. Vor einer Pietà von Caspar Weis aus dem Jahr 1890 brennen stets viele Lichter. Die Wolfgangskapelle schließt östlich an und ist der Vorraum zum Beichtzimmer, zwischen dieser Kapelle und dem südlichen Seitenschiff erkennt man noch die legendäre Rote Tür von 1298. Im Langhaus sind die von Pfarrer Münzenberger eifrig gesammelten Schnitzaltäre zu sehen, außerdem Reste der Malerei von Steinle. Erkennbare Motive sind die Versöhnung Ottos I. mit seinem Bruder Heinrich im Jahre 941 und Bernhard von Clairvauxs Aufruf zum Kreuzzug. Die Szenen zum Marienleben an der Wand gegenüber entstanden um 1400. Rechts neben der Vierung befindet sich die Magdalenenkapelle, eine schmale Tür führt in die Wahlkapelle. Die sieben mit Leder bezogenen Kurfürstensessel waren noch Zeugen von Kaiserwahlen.

Gut erhalten ist der mittelalterliche Chor mit einem gotischen Hochaltar, den Pfarrer Münzenberger aus einzelnen Teilen zusammen setzte. Über dem Chorgestühl verläuft der Bartholomäusfries. Das Chorgestühl stammt aus dem 14. Jahrhundert und zeigt die beiden Patrone der Kirche: Karl der Große hält ein Modell der Kirche in der Hand, Bartholomäus hat über der Schulter seine abgezogene Haut hängen.

Im nördlichen Seitenschiff befinden sich Grabdenkmäler, nördlich neben dem Chor liegt die Marienkapelle. An den Wänden kann man die Bemalung des 19. Jahrhunderts erkennen.

Weitere Altäre stehen im nördlichen Arm des Querhauses, im südlichen Teil lagert Bartholomäus' Schädeldecke in einem Schrein. Sie wird nur an hohen Feiertagen und am Bartholomäusfest gezeigt.

Im nördlichen Querhaus des Doms an der Westwand hängt ein Gemälde mit einer bewegten Geschichte. Es wurde 1627 von Anthonis van Dyck gemalt, Motiv ist die Kreuzabnahme. Van Dyck malte es für den Erzbischof von Mainz, der es aber nicht bezahlen wollte. Wütend schenkte der Maler das Bild daraufhin einem armen Franziskanerkloster. Das Kloster verkaufte es jedoch schon bald wieder, was sich indes im Nachhinein als ein Segen erwies, denn die Abtei wurde wenig später niedergebrannt. Das Gemälde gelangte schließlich in den Besitz einer Familie Birkenstock, deren Tochter den Frankfurter Patrizier Franz

Brentano heiratete. Das Ehepaar stiftete das Bild 1852 dem Bartholomäusstift.

Domplatz 14, 60311 Frankfurt, Tel. 069-133761-84, Fax 069-1337 61-85, info@dommuseum-frankfurt.de, www.dommuseum-frankfurt.de

Ein Arm, ein Bücherlager und das älteste erhaltene Gotteshaus: Die Leonhardskirche

Klein, unauffällig und zwischen Häusern verborgen, ist sie vielleicht dasjenige Gebäude der Stadt, in dem man den authentischsten Eindruck des mittelalterlichen Frankfurt erhält: Nur wenige Minuten vom Dom entfernt steht am Mainufer die Kirche St. Leonhard. Als einzige der Innenstadtkirchen überstand sie das Bombardement des Zweiten Weltkriegs mit geringen Schäden. Sie ist das älteste erhaltene Gebäude der Innenstadt und heute so dicht umbaut, dass sie kaum auffällt. Die angrenzenden Wohnhäuser kleben beinahe an ihren historischen Mauern.

Die Leonhardskirche war nach St. Bartholomäus die zweite Stiftskirche der Stadt. Sie wurde 1219 als dreischiffige romanische Basilika mit zwei Türmen von jeweils dreißig Metern Höhe erbaut. Später wurde sie im Stil der Gotik verändert. Das Grundstück hatte der Stauferkönig Friedrich II. der Stadt geschenkt.

St. Leonhard war einst Station des Jakobswegs, was noch an dem Tympanon des romanischen Pilgertores aus dem Jahr 1220 zu erkennen ist. Auch eine Figurengruppe der Frankfurter Künstlerin Franziska Lenz-Gerharz vor dem Nordportal der Kirche stellt drei Pilger mit Jakobsmuschel dar.

Zunächst entstand eine Kapelle, die der Jungfrau Maria und dem Heiligen Georg geweiht war, und deren Bau durch Frankfurter Bürger finanziell unterstützt wurde. Ein Stift gründete sich 1317 mit der Genehmigung des Mainzer Erzbischofs. Wie üblich versuchte man auch hier in den Besitz von Reliquien zu kommen und es gelang dem Stift schließlich, den Arm des heiligen Leonhard, dem Schutzheiligen der Gefangenen, zu erbeuten.

Im 14. Jahrhundert erweiterte die Stadt ihre Verteidigungsanlagen und direkt südlich von St. Leonhard erhob sich nun ein hoher, massiver Wehrturm. Dieser Turm verhinderte, dass die Kirche in den folgenden Jahrzehnten verlängert werden konnte. Ihre heutige Gestalt erhielt sie zum größten Teil während eines fast hundert Jahre dauernden Umbaus zu einer spätgotischen Hallenkirche, der ab 1425 mutmaßlich nach einem Plan von Madern Gerthener erfolgte.

Nachdem die Reformation in Frankfurt Einzug hielt, wurde dem Stift nur noch wenig Unterstützung zuteil. Ende des 16. Jahrhunderts lebten dort nur noch drei Stiftsherren, von denen einer auch noch bettlägerig war. Zuwachs kam von einem oberhessischen Stift, das seinen Sitz nach Frankfurt verlegte und vom Leonhardsstift aufgenommen wurde.

Während der Besetzung Frankfurts durch den schwedischen König Gustav Adolf im Dreißigjährigen Krieg wurden die katholischen Kirchen für evangelische Gottesdienste genutzt und große Teile ihrer Schätze beschlagnahmt. Das Leonhardsstift hatte Glück, denn es durfte weiterhin katholische Gottesdienste abhalten. Die finanzielle Lage war zwar desolat, das Stift konnte ihr jedoch abhelfen, indem es Kirchenräume als Lager für Druckerzeugnisse vermietete. Dies bot sich vor allem an, weil die Kirche mitten im Viertel der Buchhändler lag. Einem zeitgenössischen Beschwerdebrief an den Mainzer Erzbischof zufolge lagerten sogar auf den Altären der Kapellen Bücherstapel.

Im 18. Jahrhundert profitierte das Stift von den italienischen Einwanderern, die als Bankiers oder Händler zu großem Reichtum gekommen waren. Nach dem Einzug der französischen Truppen im Jahr 1792 wurde St. Leonhard allerdings entweiht und die Kirche benutzt, um militärisches Gerät zu lagern. Bei der Säkularisation sicherte sich die Stadt den Kirchenbesitz – darunter eine Gutenbergbibel, die heute in der Universitätsbibliothek ist und vermutlich auf der Frankfurter Buchmesse gekauft worden war.

1806 wurde die Kirche zu einem Lager für preußische Kriegsgefangene umfunktioniert. Von ihrer kostbaren Innenausstattung war nach all diesen Ereignissen kaum etwas übrig. Zudem befanden viele Frankfurter das mittelalterliche Gebäude nun für veraltet und unästhetisch. Sie baten den neuen Landesherrn Carl Theodor von Dalberg, die Kirche abzureißen. Dieser ließ sie jedoch sanieren und 1809 wurde sie erneut geweiht. Im Winter 1845 kam es zu schweren Überschwemmungen, die abermalige Sanierungsarbeiten an der Kirche erforderlich machten. Bürger der Stadt, darunter Sophie Schlosser, Antonie Brentano und ihre Schwägerin Bettine von Arnim, stifteten einen Altar für die frisch restaurierte Kirche, dessen Mittelbild von dem bedeutenden Künstler Eduard Jakob von Steinle stammte. Als bei den Angriffen 1944 der Westgiebel nach einem Brand des Dachstuhls zusammenbrach, wurde dieser Altar zerstört und nur das Mittelbild konnte gerettet werden.

Die beiden Türme von St. Leonhard haben im Erdgeschoss eine runde Form und verlaufen nach oben achteckig. Ursprünglich waren sie als Seitenchöre zur Kirche hin offen. Die Türme schmücken achteckige Giebelhelme, auf ihren Spitzen thronen ein Reichsadler und ein Kreuz.

Der 1434 geweihte gotische Chor ragt im Osten weit vor. Er hat ein Sterngewölbe, dessen Schlusssteine das Wappen der Patrizierfamilie Holzhausen zeigen. Aus dem 15. Jahrhundert stammen die Sakristei an der Nordseite des Chors und das nach seinem Stifter Hans Bromm benannte Brommenchörlein. Um 1600 entstand der Treppenturm an der Außenseite der Sakristei.

Wegen der Hochwassergefahr vermauerte man im 19. Jahrhundert die alten gotischen Portale auf der Süd- und der Westseite und erhöhte den Fußboden der Kirche um einen Meter. Am nördlichen Seitenschiff erkennt man von außen noch zwei vermauerte Rundbögen; dort befand sich ursprünglich eine offene Vorhalle. Über einer Figur des Heiligen Leonhard aus dem 16. Jahrhundert ist der Rest einer Außenkanzel zu erkennen. Von dieser Kanzel wurden Predigten gehalten und auch städtische Privilegien verlesen. Die Zuhörer versammelten sich im nördlich der Kirche gelegenen Kirchhof, an den heute nur noch einige Bäume erinnern.

Aus der romanischen Zeit sind zwei Portale mit figürlich gestalteten Tympana erhalten, die heute im nördlichen Seitenschiff liegen. Das ehemalige Hauptportal im Westen wird wegen seiner Inschrift auch »Engelbertus-Portal« genannt. In der Mitte thront Christus mit einem Buch, neben ihm sind Maria und Petrus sowie Johannes und Georg dargestellt. Das kleinere, heute zugemauerte Pilgerportal zeigt den heiligen Jakobus.

Von den drei Hallenschiffen des Langhauses sind das mittlere und das nördliche mit Sterngewölben versehen, während das südliche ein einfaches Kreuzgewölbe ohne Rippen aufweist. In den Seitenschiffen kann man auf den Schlusssteinen viele Wappen der als Stifter aufgetretenen Frankfurter Familien entdecken.

Ungewöhnlich ist das Gewölbe im nordöstlichen Seitenschiff, wo zwei Rippensysteme übereinander zu sehen sind. In ihren Ansätzen schweben die Gewölberippen frei im Raum. Der Stifter Claus Stalburg hatte auch den prächtigsten Profanbau der Gotik in Frankfurt errichten lassen und die Fresken von Jörg Ratgeb im Karmeliterkloster beauftragt (s. S. 50). Auf ihn verweist neben dem Familienwappen mit drei Muscheln ein weiteres Wappen im Gewölbescheitel mit der Aufschrift »Clos Stalp«.

Zwischen 1508 und 1515 wurde am Nordturm von dem Architekten Hans Baltz von Mertenstein die Salvatorkapelle erbaut, die wegen ihres Gewölbes mit den frei im Raum kreuzenden Bogenrippen aus Sandstein bereits im 17. Jahrhundert eine Sehenswürdigkeit war. Der Rest des Steinlealtars, das Bild einer Madonna mit Kind, ist heute im Salvatorchor ausgestellt. Das südliche Seitenschiff endet an der Leonhardskapelle; in ihrem Sterngewölbe steht auf einem Schlussstein die Jahreszahl 1520. Nur noch Reste sind von dem klassizistischen Leonhardsaltar in dieser Kapelle erhalten, den Carl Theodor von Dalberg 1813 stiftete. Das Mittelbild mit einer Darstellung des heiligen Leonhard, der Gefangene befreit, stammt von dem Münchener Hofmaler Joseph Karl Stieler.

Drei Altäre und die Fragmente von zwei weiteren aus dem 19. Jahrhundert sind in der Kirche zu sehen. Eine Inventarliste von 1807 zählte noch ein Dutzend Altäre, von denen jedoch keiner mehr erhalten ist. Das neogotische Chorgestühl entstand erst Mitte des 19. Jahrhunderts, ebenso die beiden Heiligenfiguren im Hochchor. Die Kanzel aus rotem Mainsandstein im Mittelschiff stammt aus dem frühen 16. Jahrhundert, ebenso die beiden Wendeltreppen zu den Emporen. Die gotischen Treppengeländer gehören zu den ältesten in Frankfurt. Zwei barocke Beichtstühle von 1708 stehen im nördlichen Seitenschiff; sie stammen ebenso wie das Kirchengestühl im Stil des Rokoko von 1768 aus der Frankfurter Karmeliterkirche.

Nach dem gotischen Umbau war St. Leonhard mit farbigen Fenstern ausgestattet, die von den bedeutendsten Frankfurter Adelsfamilien gestiftet wurden. Sie erkauften sich damit das Recht, an ihrem Fensterplatz Altäre aufzustellen oder Epitaphien anzubringen und Messen für Familienmitglieder zu halten. Viele Fenster gingen verloren, manche wurden aus alten Teilen zusammengesetzt oder ergänzt. Insgesamt ist aber noch einige historische Substanz vorhanden. Alle Fenster wurden im Zweiten Weltkrieg ausgelagert.

Das erste Fenster des Chors an der Nordseite mit der Lebensgeschichte der heiligen Katharina entstand vor der Chorweihe 1434. Das Marienfenster über dem Hochaltar ist als einziges seit 1434 am originalen Standort. Das angrenzende Georgsfenster mit Stationen seiner Lebensgeschichte aus demselben Jahr wurde stark verändert. Es schließt ein Fenster mit Heiligendarstellungen an. Bei der Szene mit Joachim und Anna an der Goldenen Pforte handelt es sich wahrscheinlich um den Rest eines Annen-Fensters aus der Zeit der Chorweihe, die übrigen Szenen entstammen späterer Zeit. Das südlichste Fenster des Chores zeigt Stifterwappen aus dem 15. Jahrhundert, die hier zusammen gefügt wurden. Das Fenster in der Südwand des Leonhardschors wurde von dem Glaskünstler Wilhelm Buschulte aus Glasmalereien des 17. bis 19. Jahrhunderts gestaltet. In den übrigen Fenstern der Kirche sind moderne Scheiben eingesetzt.

Von der mittelalterlichen Bemalung hat sich in St. Leonhard mehr erhalten als in jeder anderen Frankfurter Kirche. Eine Darstellung über dem Triumphbogen des Chores zeigt Christus als Weltenrichter. Mit Maria und Johannes sitzt er auf einem Regenbogen, rechts von ihm sind eine Lilie und der Chor der Seligen zu sehen, links ein Schwert und die Verdammten, darunter die Wappen der Familien Rorbach und Melem. Das Bild stifteten die Patrizier Bernhard Rohrbach und Ursula von Melem, als sie 1501 heirateten.

Ebenso alt ist eine Darstellung an der Nordwand des Chores, die das apostolische Glaubensbekenntnis in Spruchbändern zeigt. Mit diesen Spruchbändern sind die zwölf Apostel an einem Baum verbunden, darüber thront Christus. Rechts daneben prangt der Heilige Leonhard und an der gegenüberliegenden Chorsüdwand stößt man auf Maria und Johannes unter einem Kreuz mit zwei Engeln. Sie könnten aus derselben Zeit stammen.

Wahrscheinlich um 1440 entstanden die Wandgemälde unterhalb der Fenster im Chorschluss, das dreifarbige Sternmuster des Chors entspricht der ersten Fassung des 15. Jahrhunderts.

Posaunen, Glasfenster und ein Almosen: Die Nikolaikirche

Nikolaikirche (Abb. 14)

In Weiß und warmem Sandsteinrot leuchtet die spätgotische Alte Nikolaikirche auf dem Römerberg an sonnigen Tagen. Ihr Namenspatron ist der Heilige Nikolaus, der Schutzheilige der Fischer. Im Zweiten Weltkrieg blieb sie zumindest teilweise verschont, was sie in Frankfurt besonders kostbar macht. Es wird angenommen, dass die Nikolaikapelle ebenso wie der Saalhof zur Zeit des ersten Stauferkaisers Konrad III. im 12. Jahrhundert gebaut wurde. Im Fußboden der Nikolaikirche sind die Grundmauern des ersten Baus markiert, die man bei Ausgrabungen fand. Erstmals in einer Urkunde erwähnt wurde sie 1264. Ende des 13. Jahrhunderts erneuerte und baute man das Langhaus aus, erhöhte die Strebepfeiler und vergrößerte die Fenster. Der Dachaufbau wurde abgebrochen und mit der noch heute erhaltenen Maßwerkgalerie versehen. Durch die Galerie und die Ecktürme erinnerte die Nikolaikirche mehr an das Haus eines Patriziers als an einen Sakralbau. Der Rat der Stadt unterstrich damit seinen Anspruch, nicht nur in weltlichen, sondern auch in kirchlichen Angelegenheiten die Entscheidungsbefugnis zu haben. Die Nikolaikirche galt seit dem 15. Jahrhundert als Ratskirche. Von der Galerie der Kirche aus betrachteten die Ratsherren mit ihren Familien Turniere und andere Veranstaltungen auf dem Römerberg. Ab 1499 zogen sie vor ihren zweimal wöchentlich stattfindenden Sitzungen in einer Prozession vom Römer in die Nikolaikirche zum Gottesdienst.

Dir Kirche spielte auch eine wichtige Rolle als soziale Einrichtung, denn sie verteilte Lebensmittel an Arme. Von einer Stiftung Frankfurter Bürger, dem so genannten »Almosen zu St. Nikolai«, erhielt ab 1428 jeder bedürftige Frankfurter pro Woche zwei Laib Brot. Dies galt allerdings nur für Personen, die das Bürgerrecht der Stadt besaßen.

Im Zuge der Reformation wurde die Nikolaikirche geschlossen und ihre Altäre wurden abgebrochen. Über einhundertfünfzig Jahre war sie verpachtet und wurde zeitweise als Archiv des städtischen Schöffengerichts sowie als Warenlager für die Messen genutzt. Von ihrem Turm kündigte ein Trompeter ankommende Kähne auf dem Main an.

1721 weihte man die Kirche nach einer Restaurierung neu – dieses Mal evangelisch. 1838 wurde das Nordportal geöffnet, das Dach, die Galerie und die Ecktürmchen wurden erneuert. Als Turmspitze diente ein achteckiger Maßwerkhelm aus Gusseisen nach dem Vorbild des Freiburger Münsters, doch Ende des 19. Jahrhunderts war dieser so beschädigt, dass er durch ein spitzes Kupferdach ersetzt werden musste.

Der knapp fünfzig Meter hohe frühgotische Kirchturm entstand um 1250, er ist heute der älteste Bauteil. Möglicherweise diente er auch zur Überwachung des Messetreibens auf dem Römerberg. Seine ersten drei Geschosse sind aus verputztem Bruchstein, alle sichtbaren Teile jedoch aus Basalt. Ab dem 15. Jahrhundert verwendete man Mainsandstein. Seit Mitte des 19. Jahrhunderts gibt es an der Ostseite eine Tür ins Turm- und Kircheninnere. Die Wasserspeier entstanden wahrscheinlich im 19. Jahrhundert nach mittelalterlichen Vorbildern.

Auf der Dachgalerie der Nikolaikirche spielt zur Adventszeit, während der Weihnachtsmarkt auf dem Römerberg stattfindet, ein Posaunenchor.

Die Alte Nikolaikirche ist eine zweischiffige Hallenkirche, die Schlusssteine der Kreuzrippengewölbe sowie die Pfeiler mit den figürlichen und pflanzlichen Motiven stammen noch aus dem 13. Jahrhundert. Viel stilisiertes Blattwerk ist zu sehen, in der Nordost- und der Südostecke tragen Frauenköpfe den Schlussstein, in der Südwestecke ein kauernder Mann, in der Nordwestecke ein Tier, aus dessen Maul drei Zweige aufsteigen. Im Hauptschiff zeigt ein Scheitelstein das Lamm Gottes mit der Kreuzfahne, ein weiterer den heiligen Nikolaus mit Mitra, Stab und Buch vor der Brust und der westlichste ist ein Ring mit Blättern und Rosen. Im Seitenschiff starrt dem Besucher von einem Schlussstein eine Maske mit geöffnetem Mund aus Eichenlaub entgegen, an einem anderen sitzt eine aus Blattkränzen gebildete Rose, der dritte ist mit Eichenblättern und -zweigen dekoriert.

Der um 1300 entstandene Chor wurde kaum verändert. Die meisten Strebepfeiler und Fenstergewände sind noch aus dem ursprünglich verwendeten Basalt, der verputzte Teil aus Bruchsteinen.

Zwei Grabplatten für den 1386 verstorbenen Schultheißen Siegfried zum Paradies und seine 1378 verstorbene Ehefrau Katharina von Wedel wurden beim Abriss der Heiliggeistkirche in die Nikolaikirche gebracht, sie könnten von Madern Gerthener angefertigt worden sein.

Die vier farbigen Fenster an der Rückseite der Nikolaikirche stammen von der Frankfurter Künstlerin Lina von Schauroth. Die Glaskünstlerin entwarf sie für ihre Freundin Mae von Weinberg, die in die jüdische Frankfurter Familie Weinberg einheiratete. Sie entstanden für eine private Kapelle. Von Schauroth ließ die Fenster in Sicherheit bringen, als die Nazis den Weinbergs zusetzten und die Gefahr bestand, dass sie die Fenster zerstören oder stehlen würden.

Pferde, Preußen und ein Toast auf den Kaiser: Lina von Schauroth (1874–1970)

»Hier werde ich meine Haarklämmerchen auch nicht mehr finden.«[23]
Sie war die Tochter des wohlhabenden Bauunternehmers Holzmann und wuchs in einer Villa am Main auf. In der Schule blieb sie dreimal sitzen, statt des Unterrichts begeisterten sie Tiere. Schon mit 13 Jahren erhielt sie Zeichenunterricht am Städel. Für die leidenschaftliche Reiterin, die im Herrensattel Turniere ritt, blieben Tiere lebenslang das wichtigste Motiv ihrer Kunst. Zudem verehrte von Schauroth das Preußentum und die Monarchie. Als Ehemann wählte sie den preußischen Leutnant Hans

---
23 Lina von Schauroth 1944 vor den Trümmern ihrer Villa.

von Schauroth, der auch ein großer Pferdenarr war. Doch er starb bereits 1909 an den Folgen eines Reitunfalls und Lina von Schauroth war mit fünfunddreißig Jahren Witwe. Sie suchte Trost in der Arbeit und zeichnete wie besessen die Tiere im Zoo. Angeblich kannte sie alle Droschkenpferde in Frankfurt, fütterte sie während der harten Inflationszeiten und achtete darauf, dass sie gut behandelt wurden. Dabei hatte sie selbst durch die Inflation 1929 einen großen Teil ihres Vermögens verloren.

Sie trug nur schwarze Reiteruniformen und erschien auch zu gesellschaftlichen Anlässen in dieser exzentrischen Aufmachung. Als Künstlerin war sie ebenso vielseitig wie erfolgreich, sie gestaltete den Festsaal im Poelzig-Bau und viele Glasfenster für Kirchen. Die Kunst des Glasschliffs hatte sie in den 1920er Jahren in Berlin erlernt, sie war eine der wenigen weiblichen Glaskünstler ihrer Zeit.

Als Mitglied der Deutschnationalen Volkspartei sympathisierte sie zunächst mit Hitler, geriet aber bald durch ihre Freundschaft mit vielen jüdischen Familien in Konflikt mit den Nationalsozialisten. Den Kontakt zu ihren in Frankfurt verbliebenen jüdischen Freunden behielt sie unerschrocken bei. 1944 wurde mit ihrer Villa auch ihr künstlerisches Werk durch Bomben zerstört. Sie zog in eine winzige Dachwohnung im Westend und arbeitete weiterhin mit eiserner Disziplin, der Stil ihrer Tierzeichnungen wurde immer freier. Als der Frankfurter Kaisersaal 1955 im Beisein von Bundespräsident Theodor Heuss wieder eingeweiht wurde, verursachte sie einen politischen Eklat: Als geladener Gast brachte sie einen Toast auf den Deutschen Kaiser aus.

Mehrere Jahre war sie Präsidentin des Weltbundes zum Schutz der Tiere, sie förderte den Frankfurter Katzenschutzverein und war mit Bernhard Grzimek befreundet. Sie erhielt auch im Alter noch bedeutende Aufträge, darunter Wandmosaiken für das Zürichhaus in Frankfurt. Ihre Tierdarstellungen für dieses Mosaik erinnern an archaische Höhlenmalereien. Zu ihrem neunzigsten Geburtstag wünschte sie sich Spenden für den Wiederaufbau der Alten Oper. Ihrer Heimatstadt fühlte sie sich zeitlebens tief verbunden, in vielen Zeichnungen hielt sie nach dem Krieg die Trümmeransichten fest.

Als ihre Glasfenster in der Alten Nikolaikirche eingesetzt wurden, war sie bereits 78 Jahre alt, doch sie erschien täglich auf der Baustelle und fertigte auch neue Fenster für den Chor an.

Bestattet wurde Lina von Schauroth neben ihrem Mann auf dem Hauptfriedhof, unter einem Grabmal, dass sie sechzig Jahre zuvor aus Granit geschlagen hatte. Arbeiten von ihr befinden sich im Historischen Museum.

Rockkonzerte und Streetball: Die Peterskirche

Rockkonzerte, Vernissagen und Streetballturniere, Graffity-Workshops und Abseil-Aktionen finden hier statt, seit 2007 aus der Peterskirche die Jugend- und Veranstaltungskirche »jugend-kultur-kirche sankt peter« wurde. Der Veranstaltungsraum im früheren Kirchenschiff bietet Platz für tausend Besucher, es gibt Seminarräume und ein Café. Damit ist die Peterskirche viele Jahrhunderte nach ihrer Entstehung wieder einer der lebendigsten Orte in Frankfurt.

Peterskirche mit Peterskirchhof (Abb. 15)

Als die Neustadt entstand, wurden um die Alte Gasse und die Schäfergasse herum viele Häuser errichtet. An der Kreuzung dieser beiden Gassen stiftete ein Frankfurter namens Peter Apotheker 1381 eine kleine Kapelle: die Peterskapelle. Im 15. Jahrhundert wurde sie durch Schenkungen erweitert und umgebaut und es entstand eine spätgotische Hallenkirche mit einem prächtigen Netzgewölbe. Doch die Pfarrrechte hatte zu dieser Zeit ausschließlich St. Bartholomäus inne. Für die Bewohner der Neustadt bedeutete das, dass sie nachts, wenn die Tore der mittelalterlichen Staufenmauer zur Altstadt hin verschlossen wurden, keinen seelsorgerischen Beistand hatten. Auch die Einwohner in Sachsenhausen blieben in Notfällen nachts sich selbst überlassen, denn die Mainbrücke wurde ebenfalls verschlossen. Gegen den Willen des Stifts am Dom beförderte der Rat der Stadt deshalb die Sachsenhäuser Dreikönigskapelle und die Peterskapelle zu Pfarrkirchen. 1447 sandte der Papst einen Kardinal, der die beiden Kapellen zu Filialkirchen von St. Bartholomäus erhob. Außer der Taufe durften sie nun alle Sakramente spenden.

Ab 1533 waren die Pfarrer der Peterskirche evangelisch. Der Patrizier Hamann von Holzhausen, der bei der Einführung der Reformation in Frankfurt eine wichtige Rolle spielte, wurde in der Peterskirche 1536 beigesetzt. Im 18. Jahrhundert wurde die Kirche renoviert, doch im 19. Jahrhundert wuchs die Bevölkerung so rasant, dass sie zu klein wurde. 1889 fällte die Stadt Frankfurt einen Beschluss, gegen den das preußische Kultusministerium Einspruch erhob. Aber die Stadt setzte ihr schmähliches Vorhaben dennoch um und riss die gotische Kirche ab. Auf dem Gelände des Peterskirchhofs ließ sie von 1891 bis 1894 eine neue Kirche erbauen. Wie im 19. Jahrhundert üblich, wurde der Bau ein Stilgemisch: Das Portal war neoromanisch, das Gewölbe neogotisch, die Kanzel im Stil der Neorenaissance gehalten.

1944 komplett zerstört, wurde diese Kirche in den 1960er Jahren wieder aufgebaut. Im nüchternen Inneren sind nur die Glasfenster des Künstlers Charles Crodel bemerkenswert, der in mehreren Frankfurter Kirchen Fenster gestaltete (s. S. 82).

Der Petersfriedhof

Erst wenige Jahre vor Einführung der Reformation hatte der Rat der Stadt den alten Kirchhof am Dom aufheben und in der Neustadt bei der Peterskapelle diesen neuen Friedhof anlegen lassen. Es gab kaum noch Katholiken in der Stadt; die meisten Verbliebenen gehörten zu den Klöstern oder den Stiftskirchen und setzten weiterhin ihre Verstorbenen auf dem Domfriedhof oder in den Kirchen bei.

Während der Pestepidemie in den 1630er Jahren reichte der Platz auf dem Petersfriedhof nicht aus, er musste daher erweitert werden. Östlich der Peterskirche auf dem Klapperfeld stand das Pestilenzhaus, das Spital für die an der Pest Erkrankten, die hier unter Quarantäne standen. Sie mussten sich mit Rasseln bemerkbar machen, wenn sie sich jemandem annäherten, daher der Name »Klapperfeld«. Für den geistlichen Beistand und auch für ihre Beerdigungen war St. Peter zuständig.

1828 wurde der Petersfriedhof aufgegeben, nun verlagerte sich das Geschehen auf den Hauptfriedhof. Dreißig Jahre später gestaltete Sebastian Rinz das Areal des Petersfriedhofs als englischen Landschaftspark. Bei den Bombenangriffen 1944 brannte die Peterskirche aus, auf dem Friedhof wurden Grabsteine zerstört. In den Nachkriegsjahren verschwanden alle Metallteile von den Gräbern und der Friedhof war in einem trostlosen Zustand.

In den nächsten Jahrzehnten wurde seine Geschichte dokumentiert. Die Anlage, die bereits teilweise überbaut war, wurde wieder vom Grünflächenamt gepflegt. Seit 1999 kümmert sich das Historische Museum um den Erhalt und die Erforschung der Denkmäler. Spenden Frankfurter Bürger ermöglichten es, einige Gräber bedeutender Frankfurter zu konservieren. Auf diesem Friedhof wurde Goethes Vater bestattet, außerdem ruhen hier der Bankier Simon Moritz von Bethmann und der Gründer des Städels, Johann Friedrich Städel, der Buchdrucker Christian Egenolff und der Kupferstecher Matthäus Merian der Jüngere. Ebenso befindet sich hier eine Kopie der Kreuzigungsgruppe des Mainzer Bildhauers Hans Backoffen.

(Innenstadt, zwischen Bleichstraße, Stephanstraße und Schäfergasse.)

Wo Goethe betete: Die Katharinenkirche

Sie steht mitten im hektischen Stadtzentrum, direkt an der Zeil und gegenüber von der Hauptwache. In dieser Gegend wohnen nicht viele Menschen, aber täglich strömen Menschenmassen vorüber. In der evangelischen St. Katharinenkirche kann sich jeder einen Moment der Ruhe gönnen. Unterstützt von ehrenamtlichen Helfern und Spenden engagieren sich die Mitarbeiter der Kirche hier besonders für Obdachlose und Arme. Zudem bildet die Kirchenmusik einen Schwerpunkt, mit einer Kantorei, regelmäßigen Konzerten und den Bachvespern. Seit 2004 wird zehn Mal im Jahr an einem Samstagabend eine Bachkantate vorgestellt und danach im Gottesdienst aufgeführt, so wie es zu Bachs Zeiten in der Leipziger Thomaskirche gewesen sein mag. In St. Katharinen spielt die Musik schon seit Jahrhunderten eine wichtige Rolle. In seiner Zeit als städtischer Musikdirektor von 1712 bis 1721 war der bekannte Barockkomponist, Georg Philipp Telemann (1681–1767), auch Kapellmeister der Katharinenkirche.

Goethes Familie gehörten zwei Kirchenstühle in St. Katharinen, sein Vater saß auf der Empore, die Mutter im Mittelschiff. Eine Schwester seiner Mutter war mit Johann Jakob Starck, einem Pfarrer von St. Katharinen, verheiratet. Johann Wolfgang besuchte mit seinen Eltern die Gottesdienste in der Katharinenkirche, getauft wurde er aber in seinem Elternhaus. Wo er konfirmiert wurde, ist umstritten.

Ein Frankfurter Patrizier namens Wicker Frosch errichtete 1343 ein Spital für Sieche und Arme vor dem Bockenheimer Tor an der Staufenmauer. Bei dem Spital entstand ein Kloster für adlige Jungfrauen, das der Heiligen Katharina gewidmet war. Sowohl das Spital als auch das Kloster besaß eine Kapelle, die Klosterkapelle war den Heiligen Katharina und Barbara geweiht, die Spitalskapelle dem Heiligen Kreuz. Als Frankfurt lutherisch wurde, verließen die Nonnen die Stadt. Ab 1542 diente das ehemalige Kloster als Heim für in Not geratene Frauen. Das St. Katharinen und Weißfrauenstift gibt es heute noch, noch immer können bedürftige Frauen hier wohnen. Die ehemalige Klosterkapelle nutzte die evangelische Gemeinde. 1678 errichtete der Stadtbaumeister Melchior Heßler einen repräsentativen Neubau, denn die Kirche war zu klein geworden. Es war der erste Kirchenneubau der Reformation in Frankfurt. Neben der Barfüßerkirche wurde St. Katharinen die zweite evangelische Hauptkirche der Stadt. Im 19. Jahrhundert renoviert und verändert, brannte sie 1944 nach einem Bombenangriff aus. Die Zeiger ihrer Turmuhr blieben um 21.30 Uhr stehen und zeigten von da an die kommenden zehn Jahre genau jene Uhrzeit an, zu der Frankfurts mittelalterliche Innenstadt zerstört worden war.

An der einschiffigen Hallenkirche sind zwei Baustile zu erkennen: Die Portale und die Welsche Haube gehören in die Zeit des Barock, die Strebepfeiler und die Maßwerkfenster in die Gotik. Knapp fünfzig Meter lang ist das Hauptschiff mit dem polygonalen Chor. Früher war St. Katharinen nach barocker Manier prächtig ausgestattet. Bei der Rekonstruktion stellte man die hölzerne Decke wieder her, die an ein spätgotisches Rippengewölbe erinnert. Ansonsten zeigt sich der Innenraum im nüchternen Stil der Nachkriegszeit betont schlicht. Von einem Zyklus mit achtzig Bildern aus dem 17. Jahrhundert, die einst in die Emporenbrüstung eingelassen waren und den Krieg durch Auslagerung überstanden, wurden acht in der Westempore wieder aufgehängt. Auffallendster Schmuck sind die Glasfenster des Künstlers Charles Crodel. Sie bestehen aus jeweils drei Bahnen, die oben in einem gotischen Maßwerk enden. Eine gotische *Maria mit der Mondsichel* ist an der Außenmauer zu bewundern, im Inneren eine spätgotische Katharinenfigur.

Der »Sachsenhäuser Dom«: Die Dreikönigskirche

Dreikönigskirche (Abb. 16)

Als einzige der Innenstadtkirchen steht sie südlich des Mains. Sie wurde auch »Sachsenhäuser Dom« genannt, weil sie lange das zweithöchste Bauwerk nach dem Kaiserdom war. Ihre Ursprünge muten dagegen eher bescheiden an: Der Sachsenhäuser Bürger Heile Dymar stiftete 1338 eine kleine spätgotische Kapelle für das Hospital der Deutschordensritter, die zweischiffige Hallenkirche wurde den Heiligen Drei Königen gewidmet.

Ebenso wie die Peterskirche wurde sie 1452 zur Filialkirche von St. Bartholomäus erhoben. Vorher mussten alle Bewohner Sachsenhausens und der Neustadt nachts, wenn die Tore verschlossen waren, ohne Beistand eines Pfarrers auskommen.

Ab 1525 predigten nur noch Anhänger der Reformation in der Dreikönigskirche. Der pietistische Theologe und Autor Johann Friedrich

Starck bekleidete hier von 1715–1723 das Pfarramt, danach ging er an die Barfüßerkirche. Sein Sohn Johann Jakob wurde Pfarrer an St. Katharinen und heiratete eine Schwester von Goethes Mutter.

Im 19. Jahrhundert war die Kirche baufällig und man stritt darüber, ob eine Renovierung möglich sei. Schließlich wurde sie 1875 abgerissen und ein neogotischer Neubau entstand. Den Krieg überdauerte die Dreikönigskirche beinahe unbeschadet. Sie war die erste Gemeinde in Frankfurt, die sich 1934 der »Bekennenden Kirche« anschloss, einer evangelischen Bewegung, die sich gegen die Gleichschaltung der Kirche unter den Nationalsozialisten wehrte. Die oppositionellen Kirchenleute veranstalteten »Bekenntnistage«, so etwa im Oktober 1934 in Frankfurt, an dem 12.000 Menschen teilnahmen.

Die Hallenkirche mit ihrem achtzig Meter hohen Turm besteht aus dem typischen roten Mainsandstein. Architekt war der Regensburger Dombaumeister Franz Josef von Denzinger, der auch den Wiederaufbau des Doms nach dem Brand von 1867 leitete. Er zitiert im Inneren spätgotische Stilelemente im Maßwerk der Brüstungen und bei dem Netzgewölbe des Hauptschiffes, das aus fünf Jochen besteht, die drei vorderen haben Seitenschiffe mit mächtigen Sandsteinemporen. Die Rundpfeiler sind Zitate aus einer früheren Epoche.

Die Glasfenster schuf Charles Crodel 1965. Ein lachender roter und ein weinender blauer Engel begrüßen den Besucher im Eingangsbereich. Die Fenster im Altarraum zeigen die fünf Glaubenssätze des Katechismus. Von links nach rechts: *Moses* und die Tafeln mit den zehn Geboten, die *Taufe*, das *Glaubensbekenntnis* mit Symbolen der Dreifaltigkeit, das *Abendmahl* und das *Vaterunser*. In den Seitenfenstern wird die Geschichte der Heiligen Drei Könige in Bildern erzählt.

Im hinteren Teil der Kirche hängt eine Bildtafel des »Allgemeinen Almosenkastens«, einer Wohltätigkeitseinrichtung, die 1531 gegründet wurde und bis heute existiert (s. S. 92).

Auf der Tafel steht: »Gebt den Hußarmen (Hausarmen) umb Gottes willen in gemeynen Kasten 1531.« Mit »Hausarmen« waren die Armen Frankfurts gemeint. Fremde Bettler, die tagsüber in die Stadt kamen, wurden nicht unterstützt. Um sie von den eigenen Bettlern unterscheiden zu können, trugen diese den Stadt-Adler auf ihren Ärmeln. Im Jahre 1531 wurden über dreihundert Adlerzeichen in Frankfurt verteilt. In jeder Kirche in Frankfurt hing eine Almosenkastentafel, doch nur in der Dreikönigskirche ist sie erhalten.

Der Glaskünstler Charles Crodel

Charles Crodel wuchs in Marseille als Sohn eines Meeresbiologen und Konsuls auf. Er kam aus einer humanistisch gebildeten Familie, sein Onkel war Maler und Mitbegründer der *Münchner Secession*. Crodel (1894–1973) studierte Kunstgeschichte und Archäologie in Jena und heiratete die Malerin Elisabeth von Fiebig. Zunächst tat er sich mit Lithografien, Holzschnitten und Aquarellen hervor. 1920 beteiligte er sich in Darmstadt an der Ausstellung zum Deutschen Expressionismus. Nach einem Aufenthalt in Paris mit seinem Freund Gerhard Marcks unterrichtete er ab 1927 Malerei und Grafik an der legendären Burg Giebichenstein. Sehr erfolgreich wurde er in den folgenden Jahren mit monumentalen Wandbildern für verschiedene Städte und Institutionen. Als die Nationalsozialisten an die Macht kamen, verlor er seinen Lehrauftrag und viele seiner Arbeiten wurden zerstört. Crodel benötigte ein neues Betätigungsfeld und begann, sich mit Glasmalerei, Mosaiken und Bildteppichen zu beschäftigen. Er überstand den Krieg dank Aufträgen von Freunden und Kirchen und der Zusammenarbeit mit der Staatlichen Porzellanmanufaktur Berlin. Nach 1945 lehrte er in Dresden, Berlin und wieder an der Burg Giebichenstein, mehrmals ging er als Gastprofessor in die USA. Ab den 1960er Jahren signierte er seine Glasfenster, die er auch eigenhändig ausführte.

In Frankfurt sind Glasfenster von ihm in der Peterskirche, der Katharinenkirche und in der Bockenheimer St. Jakobskirche zu sehen.

Vom Barfüßerkloster zum nationalen Denkmal: Die Paulskirche

> »Kein anderes Gebäude in Deutschland [kann] begründeteren Anspruch auf den Ehrentitel der Wiege der deutschen Demokratie erheben.«[24]

Paulskirche (Abb. 17)

Der klassizistische Rundbau ist längst keine Kirche mehr, sondern eine nationale Gedenkstätte. Die Frankfurter Nationalversammlung wählte hier 1848/49 die erste frei gewählte Volksvertretung der deutschen Lande.

Wo die »Wiege der Demokratie« steht, befand sich

---

24 John F. Kennedy 1963 in der Paulskirche.

im Mittelalter die Barfüßerkirche. Zu Beginn des 13. Jahrhunderts hatten sich die Barfüßer, die zum Bettelorden der Franziskaner gehörten, in Frankfurt niedergelassen. Mit dem Rat der Stadt verstanden sich die Barfüßer offensichtlich gut. Das Kloster und seine Kirche dienten der Stadt im Mittelalter zeitweise als Rathaus – bevor der Römer entstand – sowie als Gästehäuser zu Messezeiten oder bei Kaiserwahlen. Es war auch ein Barfüßermönch, der in Frankfurt 1522 die erste Predigt der Reformation hielt: Hartmann Ibach predigte – mit nachhaltigen Folgen – in der Katharinenkirche. Ab 1526 wurden in der Barfüßerkirche evangelische Predigten gehalten und drei Jahre danach übergaben die Mönche ihr Kloster der Stadt, woraufhin einige von ihnen sofort heirateten.

In das Klostergebäude zog die städtische Lateinschule, in der auch Goethe als Junge lernte. Die Kirche wurde im 16. Jahrhundert zur evangelischen Hauptkirche. Der Pietist Philipp Jacob Spener (1635–1705) predigte von 1666 an zwanzig Jahre lang in der Barfüßerkirche. Er forderte von seinen Anhängern fromme Disziplin und strenge Zucht, engagierte sich aber auch in der Fürsorge für Arme und Waisenkinder.

Wegen Rissen im Gewölbe schloss man die Kirche Ende des 18. Jahrhunderts, denn sie war derart baufällig, dass man fürchtete, sie könne über der Gemeinde zusammenbrechen. Der Rat beauftragte den späteren Stadtbaumeister Johann Georg Christian Hess mit einem Neubau. Material war der ortsübliche rote Mainsandstein. 1802 besaß die Kirche Fenster und ein Kuppeldach nach dem Vorbild des Pantheons in Rom, aber Turm und Treppenhäuser waren noch nicht fertig. Politische und wirtschaftliche Krisen verzögerten das Projekt immer wieder. Dazwischen wurde die halb fertige Kirche als Lagerraum vermietet, weil die Miete den Bau mit finanzieren sollte. Hess war währenddessen mit dem Bau der Stadtbibliothek vollständig ausgelastet. Beinahe dreißig Jahre dauerte der Stillstand an der Baustelle und aus den inzwischen kaputten Fenstern wuchsen schon Sträucher. 1830 wurden die Bauarbeiten endlich wieder aufgenommen und drei Jahre später fand die Einweihung statt. Die neue, moderne Kirche erhielt ihren Namen von dem Apostel Paulus.

Nach der Märzrevolution von 1848 wurde sie der Sitz des ersten demokratisch gewählten Parlaments, des so genannten »Paulskirchenparlaments«. Schwarz-rot-goldene Fahnen schmückten die Wände, die Kanzel wurde verhängt und vor der Orgel hing ein Bild von Philipp Veit, auf dem die *Germania* mit Fahne und Schwert zu sehen war. Nichts erinnerte mehr daran, dass man sich in einer Kirche befand. Im Winter 1848/49 musste die Nationalversammlung für ihre Sitzungen in die reformierte Kirche am Kornmarkt ausweichen. In der Paulskirche war es so unerträglich eisig, dass dort eine der ersten Zentralheizungen Deutschlands eingebaut wurde. Eine Gasbeleuchtung kam hinzu.

1849 beschloss die Nationalversammlung eine Reichsverfassung, die als »Paulskirchenverfassung« in die Geschichtsbücher einging. Die Mehrheit stimmte damals für ein Erbkaisertum. Dem preußischen König Friedrich Wilhelm IV. wurde die deutsche Kaiserkrone angeboten, die er jedoch ablehnte. Er beharrte auf dem Gottesgnadentum. Die Märzrevolution war damit gescheitert und die Nationalversammlung zerfiel. Abgeordnete legten ihre Mandate nieder. Es kam zu Aufständen gegen die Durchsetzung der Frankfurter Reichsverfassung, die dank preußischer Hilfe mit Waffengewalt niedergeschlagen wurden. Die Nationalversammlung zog nach Stuttgart und es verging nicht einmal mehr ein Jahr, da hatte die Paulskirche als Parlamentssitz auch schon ausgedient.

Die Kirchengemeinde, die bis 1852 die Alte Nikolaikirche am Römerberg für Gottesdienste genutzt hatte, erhielt die Paulskirche nun zurück. Doch auch in der Kaiserzeit bot die Paulskirche den Rahmen für politische Veranstaltungen und diverse Festivitäten wie Ehrungen und Jubiläen oder die Eröffnung eines Turnfestes. Die Paulskirche hatte sich auf diese Weise in eine nationale Gedenkstätte verwandelt. In den 1920er Jahren war sie deshalb sowohl ein wichtiges Symbol für die Weimarer Republik als auch für die Kirche, deren Pfarrer überwiegend dem deutschnationalen Lager nahe standen. Dadurch geriet sie in den Brennpunkt politischer Auseinandersetzungen.

Beispielhaft ist in diesem Zusammenhang die Auseinandersetzung um die Statue für den Reichspräsidenten Friedrich Ebert. Nach dem Tod dieses ersten frei gewählten deutschen Staatsoberhaupts beschloss der Frankfurter Magistrat 1925, ihm ein Denkmal an der Fassade der Paulskirche zu widmen. In nur einer Woche gelang es dem Bildhauer Richard Scheibe, dem Leiter des Städelschen Kunstinstituts, eine gewaltige männliche Aktfigur aus Bronze zu fertigen. Sie wurde zwischen Turm und Kirchenhalle in vier Metern Höhe auf einem Sockel aufgestellt. Der Kirchenvorstand der Paulsgemeinde protestierte gegen das Denkmal, während sich die sozialdemokratische *Frankfurter Volksstimme* wiederum gegen die Empörung der Kirche ereiferte und schrieb: »*Der Kirchenvorstand der Paulskirche, der sich bekanntlich seit langer Zeit schon als Parteifiliale der Deutschnationalen und Völkischen betrachtet, erdreistet sich, in einem*

Schreiben an den Magistrat gegen die Aufstellung eines Ebertgedenksteins an der Paulskirche Stellung zu nehmen.«[25]

Unklar ist, ob und inwieweit die Kirchenvertreter politische Argumente als Einwand vorbrachten oder ob sie lediglich an der Statue eines nackten Mannes Anstoß nahmen. Die Stadt ging schließlich als Gewinnerin aus diesem Disput hervor, denn sie war Eigentümerin der Kirche und konnte ihr Denkmal daher 1926 einweihen. Die Nationalsozialisten sorgten allerdings dafür, dass das Denkmal bereits 1933 entfernt wurde, worüber der damalige Pfarrer frohlockte. Es überstand den Zweiten Weltkrieg im Keller des Völkerkundemuseums. Nach Kriegsende schuf der Künstler – auf eigenen Wunsch – eine neue Figur, die 1950 eingeweiht wurde.

Der Bombenhagel des Zweiten Weltkriegs zerstörte die Paulskirche restlos. Wegen ihrer symbolischen Bedeutung wurde sie als eines der ersten Gebäude in Frankfurt wieder aufgebaut, jedoch im Inneren stark verändert, weil es an Geld und Material mangelte. Ein Zwischenboden trennt seitdem das Untergeschoss vom eigentlichen Saal im Obergeschoss und anstelle der Kuppel erhielt sie nur ein Flachdach.

Zum hundertjährigen Jubiläum der Nationalversammlung wurde sie wieder eröffnet. Fritz von Unruh hielt hier seine bekannte *Rede an die Deutschen,* in der er eine kritische Analyse der NS-Zeit vornahm.

Seit 1948 ist die Paulskirche keine Kirche mehr, sondern ein nationales Denkmal und ein Ort für Ausstellungen und Veranstaltungen. Sogar die ersten beiden Buchmessen nach dem Zweiten Weltkrieg fanden dort statt. Die kleine Paulsgemeinde erhielt die Alte Nikolaikirche am Römerberg. Um 1990 wurde die Gedenkstätte renoviert und mit neuen Fenstern ausgestattet, die an die historischen erinnern.

Die Paulskirche ist ein klassizistischer, ovaler Zentralbau. An ihrer Rückseite gibt es zwei Treppenaufgänge, die bis zur Höhe der Attika reichen. Der Eingang liegt an der Südseite, in einem vorgelagerten Turm mit drei Geschossen. Er wird von einem Dreiecksgiebel auf zwei dorischen Halbsäulen geschmückt. An der Ostseite des Turms steht der nackte Friedrich Ebert, den rechten Arm grüßend erhoben. Die Fassade der Kirche ist in zwei Geschosse gegliedert, im Sockelgeschoss waren früher keine Fenster und erst beim Wiederaufbau wurden sie eingesetzt, um das neu entstandene Untergeschoss zu beleuchten. Im ersten und zweiten Geschoss fällt Licht durch große Rundbogenfenster. Heute betritt man

---

25 *Frankfurter Volksstimme* vom 28. Juli 1926. Institut für Stadtgeschichte Frankfurt am Main.

durch den Eingang am Turm als erstes eine Wandelhalle mit einem monumentalen Gemälde hinter runden Marmorsäulen. Von dem Berliner Maler Johannes Grützke stammt das über dreißig Meter lange und drei Meter hohe Rundbild *Der Zug der Volksvertreter* (1991), das nicht mit einem Blick erfasst, sondern nur abgeschritten werden kann. Zehn Szenen zeigen mit raschem Pinselstrich gemalte, überlebensgroße Figuren, die eine dicht gedrängte, voran schreitende Menschenmenge bilden. Es handelt sich um düster dreinblickende, grau und schwarz gekleidete Parlamentarier, die einen auffallenden Kontrast zu dem farbig gewandeten Volk bilden, das um sie herum positioniert ist. Sowohl historische als auch zeitgenössische Persönlichkeiten sind zu erkennen. Grützke malt figurativ, wobei er seine Motive oft grotesk überzeichnet. In der dicht gedrängten Menge entdeckt man eigenartige Szenen: Eine nackte Riesin säugt ihr Baby, ein riesiger Korb quillt über mit rosa Schweinen, ein Pferd zieht einen Pflug, ein Schmied arbeitet schreiend an einem glühenden Amboss, mit Unterhemden bekleidete Männer scheren ein Schaf, Kinder prügeln sich, Ringkämpfer liefern sich einen erbitterten Kampf. Das Deutsche Reich ist als Frauenstatue dargestellt, die mit einer Hand ihren schwangeren Leib stützt. Während die um Würde bemühten Volksvertreter in ihren dunklen Anzügen unbeirrt ihrem Ziel zustreben, tobt um sie herum das buchstäblich nackte Leben.

Von der Wandelhalle führen zwei Treppen in den Festsaal hinauf, der zwar sehr groß, aber nicht gerade festlich möbliert ist. Die Bestuhlung ist schlicht, einziger Schmuck sind die Flaggen der Bundesrepublik, der Bundesländer und der Stadt Frankfurt.

In der Wandelhalle im Untergeschoss wird die Dauerausstellung »Die Paulskirche. Symbol demokratischer Freiheit und nationaler Einheit« gezeigt. Im dritten Turmgeschoss ist der Glockenstuhl. Über ihm sitzt eine Laterne, dort richtete der Physikalische Verein 1838 eine astronomische Beobachtungsstation ein. Hier wurde die Zeit gemessen, nach der man bis 1893 die Frankfurter Uhren stellte. Am nordwestlichen Treppenturm befindet sich seit 1964 ein Mahnmal für die Opfer des Nationalsozialismus von dem Bildhauer Hans Wimmer und eine Gedenktafel für Johanna Kirchner.

»Ich gehe tapfer und unverzagt meinen letzten Gang«: Johanna Kirchner (1889–1944)

Sie war sicherlich eine der mutigsten Frankfurterinnen. Aus einer sozialdemokratischen Familie stammend, engagierte sich die Mutter zweier Töchter für eine Verbesserung der Lebensbedingungen der Arbeiter, vor allem für deren Kinder. In Frankfurt war sie Mitbegründerin der Arbeiterwohlfahrt, außerdem arbeitete sie als Publizistin. In den 1920er Jahren wurde sie Parteisekretärin der Frankfurter SPD.

Als Gegnerin der Nationalsozialisten bekannt, musste sie 1933 ohne ihre Kinder vor den Nazis aus Frankfurt flüchten und ging in das Saargebiet, das damals von Frankreich besetzt war. Dort arbeitete sie für den SPD Exilvorstand, verbreitete Flugblätter und hielt Kontakt zu Frankfurter Widerstandsgruppen. Zwei Jahre später floh sie weiter, ein Leben im französischen Untergrund begann. Sie versteckte sich an mehreren Orten, wurde in einem Kloster verraten und entkam knapp. Doch 1942 spürte die Geheimpolizei des Vichy-Regimes sie auf und lieferte sie an Deutschland aus. Zu zehn Jahren Zuchthaus verurteilt, wurde ihr Verfahren 1944 plötzlich wieder aufgenommen und eine Anklage wegen Hochverrats erhoben. Der Prozess dauerte keine halbe Stunde. Johanna Kirchner wurde im Juni 1944 im Zuchthaus in Berlin-Plötzensee hingerichtet.

An der Paulskirche wimmelt es geradezu von Gedenktafeln. Links unter dem Ebert-Denkmal wird an den Pietisten Philipp Jakob Spener erinnert, an der Südostseite des Kirchenschiffes an den hessischen Ministerpräsidenten Georg August Zinn und an Heinrich Friedrich Karl Freiherr vom Stein, der 1816 wegen seiner Verdienste um die Wiederherstellung der städtischen Freiheit zum Ehrenbürger Frankfurts ernannt wurde. Weiter nördlich ist Theodor Heuss eine Plakette gewidmet, an der Nordostseite der Kirche folgt eine Relieftafel für John F. Kennedy. Neben dem Nordeingang der Kirche prangt eine Plakette für den Turnvater Jahn, an der Südwestseite der Kirche hängen Gedenktafeln für Carl Schurz, für den Präsidenten der Nationalversammlung Heinrich von Gagern und für Walter Kolb.

Exkurs: Zwei Tote und ein Regenschirm: Die Septemberunruhen

> »Das Entsetzlichste von allem aber war das Ende von Lidinowsky und Auerswald. Sie waren zusammen nach der Pfingstweide geritten und dort von einem wilden Haufen meuchlings angefallen worden! Der arme alte Auerswald gab unter Misshandlungen und Sensenhieben den Geist bald auf! Er hinterlässt sechs unversorgte Kinder! Lichnowsky flüchtete sich in den Garten eines nahen Hauses. Er wurde entdeckt, entkleidet, geschleift, mit Sensen ihm das Fleisch von den Knochen gehauen; dann banden sie ihn an einen Baum und schossen auf ihn!«[26]

In Bornheim tötete eine wütende Menge im September 1848 zwei Abgeordnete der Nationalversammlung auf martialische Weise. Insgesamt zweiundvierzig Todesopfer forderten die so genannten »Septemberunruhen« in Frankfurt. Doch wie konnte es zu dieser plötzlichen Eskalation kommen?

Dänemark hatte Schleswig annektiert und war deshalb von preußischem Militär angegriffen worden. Im August 1848 wurde jedoch auf Druck der Großmächte Großbritannien, Russland und Frankreich ein Waffenstillstandsabkommen geschlossen. Dabei wurde das neue Frankfurter Parlament praktisch übergangen, Preußen schloss den Vertrag von Malmö in seinem Namen ab und hielt es nicht einmal für nötig, das Paulskirchenparlament vorher zu informieren. Dabei existierte der Deutsche Bund, in dessen Namen Preußen angeblich handelte, gar nicht mehr. Gegen diese Anmaßung setzten sich viele Parlamentarier erbost zur Wehr und zunächst lehnte die Nationalversammlung den Vertrag ab. Bei einer erneuten Abstimmung sprach sich jedoch eine knappe Mehrheit dafür aus. Der Beschluss demonstrierte die Schwäche des neuen Parlaments, das sich von Preußens militärischem Schutz abhängig fühlte. Manche vermuteten auch einen Komplott, um preußische Truppen zur Unterdrückung demokratischer Tendenzen in Deutschland zur Verfügung zu haben.

Auf einer Volksversammlung mit mehr als 10.000 Teilnehmern auf der Pfingstweide wurde beschlossen, dass die Linke aus der Nationalversammlung austreten solle. Doch noch am Abend dieses Tages wurde diese Entscheidung von der Mehrheit der Linken wieder verworfen, da

---

26 Tagebucheintrag von Clotilde Koch-Gontard, 19. September 1848, in: *Clotilde Koch-Gontard an ihre Freunde 1843–1869. Briefe und Erinnerungen aus der Zeit der deutschen Einheitsbewegung*. Frankfurt am Main: Waldemar Kramer 1969.

ein Aufstand befürchtet wurde. Viele Frankfurter, insbesondere unter den Arbeitern und Handwerkern, waren darüber wütend und verbittert.

Für den 18. September 1848 wurde eine bewaffnete Volksversammlung auf dem Roßmarkt geplant, das Parlament holte vorsorglich preußische und österreichische Truppen aus Mainz zur Hilfe. Als es während einer Sitzung der Nationalversammlung zu einem Tumult vor der Paulskirche kam, griffen diese Truppen ein. Es gab Verwundete und Festnahmen. Der Aufruhr wurde durch dieses harte Vorgehen gegen unbewaffnete Bürger noch verstärkt. Ausgerechnet die Preußen, die für den als Affront empfundenen Vertrag verantwortlich waren, gingen nun – auf Wunsch des eigenen Parlaments – gegen das Volk vor. Ein Barrikadenkampf zwischen revolutionären Arbeitern und Handwerkern und dem preußischen und österreichischen Militär begann.

Zwei nationalliberale Abgeordnete, Felix Fürst von Lichnowsky und Hans von Auerswald, hatten die ungute Idee, in dieser brenzligen Lage einen Erkundungsritt zu unternehmen. Hans von Auerswald war ein verdienter preußischer General, von Lichnowsky war als kämpferischer Draufgänger bekannt. Obwohl sie in Zivil ritten, wurden sie erkannt und auf der Bornheimer Heide von einer aufgebrachten Menge angegriffen. Sie flüchteten und versteckten sich im Haus eines Kunstgärtners in der heutigen Merianstraße, doch eine Gruppe Bewaffneter verfolgte sie. Sie wurden aus ihrem Versteck gezerrt, zusammengeschlagen, gefoltert und schließlich erschossen. Mit dieser Gräueltat hatten sich die Aufständischen diskreditiert. Außerdem verfolgten die Handwerker und Tagelöhner keine klare Linie, so dass ihr Aufstand schnell niedergeschlagen werden konnte. Ein Dutzend Soldaten und dreißig Aufständische kamen dabei ums Leben. Da die Freie Stadt Frankfurt offensichtlich nicht in der Lage schien, Sicherheit und Ordnung ohne die Hilfe fremder Soldaten zu gewähren, installierten die mächtigen Territorialstaaten Preußen, Österreich und Bayern daraufhin in Frankfurt eine Besatzungstruppe. Ihre traditionsreiche Bürgerwehr wurde aufgelöst und musste alle Waffen abliefern.

Viele Bürger begrüßten jedoch auch das Eingreifen des Militärs bei dem Aufstand, darunter Arthur Schopenhauer, der die Familien der gefallenen Soldaten in seinem Testament bedachte. Ein Denkmal auf dem Frankfurter Hauptfriedhof erinnert an die Opfer des Aufstandes. Auch der Dichter Friedrich Stoltze (s. S. 150) wurde nach der Niederschlagung des Aufstands verhaftet. Er und sein Freund, der Komponist Heinrich Neeb, waren wegen ihrer Turnerhüte verdächtig. Nach einem polizeilichen Verhör ließ man sie jedoch gehen.

Angeklagt wurde indes die 35 Jahre alte Henriette Zobel, die nie zuvor durch politische Aktionen aufgefallen war. Sie sollte zur Tötung Auerwalds aufgerufen und ihn geschlagen haben. Sie gab zu, mit einem Regenschirm auf ihn losgegangen zu sein, behauptete aber, sie sei zufällig in der Stadt unterwegs gewesen und habe sich von der wilden Menge nur mitreißen lassen. Sie wurde zu sechzehn Jahren Zuchthaus verurteilt. Ihr Regenschirm befindet sich im Historischen Museum.

V. Das wehrhafte Frankfurt: Landwehr, Warten und Türme

Frankfurt war einmal eine befestigte Stadt, seine Altstadt geschützt durch die Staufenmauer von 1180. Nach der Stadterweiterung sicherte ab 1343 eine zweite Stadtmauer auch die Neustadt. Von der Staufenmauer sind nur noch wenige Reste übrig. Sie war einmal sieben Meter hoch und bis zu drei Meter breit, oben verlief ein Wehrgang, ein Graben ohne Wasser lag an ihrer Außenseite. Nur drei Tore ermöglichten den Zugang zur Stadt. Die Staufenmauer stand etwa an den heutigen Straßen Großer Hirschgraben, Holzgraben und Börnestraße. Im Nordosten lag die Judengasse direkt vor der Staufenmauer. Die zweite Stadtmauer aus dem 14. Jahrhundert stand dort, wo heute die grünen Wallanlagen sind. Zu den wenigen erhaltenen Bauten des Mittelalters gehören drei Türme dieser Stadtmauer: Der Eschenheimer Turm, der heute vom Verkehr umbrandet und mit einem Restaurant ausgestattet ist, der Rententurm auf der Höhe des Eisernen Stegs am nördlichen Mainufer und der Kuhhirtenturm in Sachsenhausen.

Außer den Stadtmauern wurde Frankfurt noch durch eine Landwehr mit Warten vor Angriffen bewahrt. Die wohlhabende Stadt musste ihr Territorium gegen den Landadel der Umgebung verteidigen. Immer wieder gab es Auseinandersetzungen, besonders mit den Grafen von Hanau und mit den Rittern von Kronberg. Nach einem Ratsbeschluss wurde ab 1396 mit dem Bau der Landwehr begonnen, der sich über 150 Jahre hinzog. Drei bis vier Kilometer von der Stadt entfernt sollte ein Ring aus dichten Hecken und Gräben Angreifer abhalten. Der Stadtteil Dornbusch verdankt seinen Namen den damals gepflanzten, gleichnamigen Büschen.

Zwischen der Stadtmauer und der Landwehr lagen Felder, direkt vor der Stadt Gärten und Weinberge. Um die Stadt herum lagen mehrere befestigte Höfe, die von kleinen Wäldchen und Wiesen umgeben waren – etwa von dem Friedberger Feld, von dem seit 1607 eine hölzerne Wasserleitung zum Friedberger Tor führte. Von diesen wehrhaften Gutshöfen – Gutleuthof, Hellerhof, Kühhornshof, Riederhof, Schafshof, Riedhof und Sandhof – ist nahezu nichts mehr erhalten.

Lepraspital Gutleuthof und Almosenkasten

Das Gutleutviertel erhielt seinen Namen von einem großen Wehrhof, dem Gutleuthof, der im Mittelalter vor den Toren der Stadt lag. Er war zeitweise der größte landwirtschaftliche Hof in Frankfurt. Erstmals erwähnt wird er 1283 unter dem Namen »Leprosenhof«, denn er war eine Station für Leprakranke. Diese Krankheit war im 13. Jahrhundert noch weit verbreitet und auf dem Gutleuthof wurden ihre bedauernswerten Opfer gepflegt. Zu dem Lepraspital gehörte eine Kapelle, auf deren Kirchhof auch Selbstmörder und hingerichtete Verbrecher beerdigt wurden.

Als die Frankfurter Landwehr errichtet wurde, bezog man den Hof in die Befestigungsanlagen ein. Eine Ringmauer mit einem Tor zur Stadt und einem zum Galgenfeld hin schützte ihn.

Gegen Ende des 16. Jahrhunderts gab es nur noch wenige Leprakranke in Mitteleuropa. Der Gutleuthof wurde der Stiftung »Almosenkasten« übergeben. Im Mittelalter waren es die Klöster und Kirchen, die sich um Arme und Kranke kümmerten, doch in Frankfurt gab es seit Ende des 14. Jahrhunderts auch weltliche Organisationen, die sich sozialen Aufgaben widmeten. Eine davon hieß »Almosen zu St. Nikolai«, später dann »Almosenkasten«, diese Stiftung öffentlichen Rechts existiert noch heute. Der Almosenkasten versorgte Arme mit Nahrung und Kleidern, außerdem kümmerte er sich um Menschen mit psychischen Störungen und geistig Behinderte.

Die Stadt nutzte den Gutleuthof kurzzeitig auch als Gefängnis und 1614 sperrte man die Aufständischen um Vincenz Fettmilch auf dem Hof ein. Goethe berichtet in *Dichtung und Wahrheit* von ausgelassenen Festen auf dem Hof. Ein Brand richtete 1801 großen Schaden an, schließlich war der Hof so zerfallen, dass man ihn abriss.

Die mittelalterlichen Warten

Friedberger Warte (Abb. 18)

An strategisch bedeutsamen Punkten ergänzten Warttürme die Landwehr, die zunächst aus Holz und später aus Stein waren. Jeder Wartturm ähnelte einer kleinen Burg: Es gab einen Brunnen und einen Wehrhof, Unterkünfte für die Wachen und Waffenkammern. Von einem Beobachtungsturm wurde bei einem Angriff Alarm gegeben. Tagsüber warnte der Turmwächter mit Fahnen, nachts machte er sich mit Fackeln bemerkbar. Vier dieser Warttürme sind noch erhalten: die Sachsenhäuser Warte, die Bockenheimer Warte, die Friedberger Warte und die Galluswarte. Sie alle stehen heute im Stadtgebiet und werden vom Verkehr umbrandet. Während von der Bockenheimer- und der Galluswarte lediglich die Wachtürme erhalten sind, kann man bei den beiden anderen Warten noch Teile der Wehrhöfe erkennen. In der Sachsenhäuser und der Friedberger Warte befinden sich Gaststätten.

Wenn Geschichte nachhallen würde, so klängen den Gästen im Restaurant in der Sachsenhäuser Warte Kanonenschüsse und Feuerbrausen in den Ohren. Mehrmals wurde die Warte gewaltsam zerstört. Der erste Beobachtungsturm auf dem Sachsenhäuser Mühlberg war noch aus Holz, 1414 wurde er durch eine Warte aus Stein ersetzt, die auf dem noch höher gelegenen Sachsenhäuser Berg errichtet wurde. Bereits zwei Jahre später ließ der Trierer Erzbischof sie zerstören, weil sie angeblich auf dem Dreieicher Wildbanngebiet lag. Ein Schutzbrief von Kaiser Friedrich III. sorgte dafür, dass sie 1470/71 unter Militärschutz im Stil der Spätgotik wieder aufgebaut wurde. Markgraf Albrecht Alcibiades von Brandenburg brannte die Sachsenhäuser Warte 1552 während des Schmalkaldischen Krieges nieder (Darmstädter Landstraße 279).

Sachsenhäuser Warte (Abb. 19)

Die Galluswarte im Zentrum des gleichnamigen Stadtteils ist umzingelt von Straßen und Überführungen. Verschönert wurde die historische Warte in der Nachkriegszeit noch mit einem Kiosk und einer öffentlichen Toilette, außerdem nutzte man sie als Entlüftungsschacht für die Kanalisation. In den nächsten Jahren soll sie jedoch wieder angemessen gestaltet werden, 2011 findet ein Wettbewerb statt, bei dem Architekten ihre Visionen präsentieren können. Aus dem Jahr 1414 stammt der runde Wartturm mit seinem hohen Erdgeschoss und zwei

Bockenheimer Warte (Abb. 20)

kleineren Obergeschossen, deren Durchmesser nur zweieinhalb Meter beträgt. Ganz oben thront eine achteckige Turmwächterstube, die mit Schiefer verkleidet ist. Der Turm hat keine Treppe im Inneren, die oberen Geschosse konnten nur mit einer Leiter erreicht werden.

Angeblich steht die Bockenheimer Warte gar nicht im Stadtteil Bockenheim, dessen Wahrzeichen sie ist, vielmehr soll der gotische Wartturm aus den Jahren 1434/35 zum Westend gehören. Bis 1866 markierte die Warte die Grenze zwischen der Freien Stadt Frankfurt und der Stadt Bockenheim, die zu verschiedenen Staaten gehörten.

Von der Friedberger Warte existieren noch der rechteckige Wehrhof und das ehemalige Wachhaus mit Küche und Brunnenstube. Den schlanken Wehrturm krönt ein Schieferdach. Sie wurde 1478 als letzte Warte der Landwehr auf dem Eulenberg, dem höchsten Punkt Bornheims, in spätgotischem Stil errichtet. Nur ein einziges Mal wurde hier gekämpft, als während des Schmalkaldischen Krieges von 1546 die Frankfurter die kaiserlichen Truppen zurückschlugen. Im Dreißigjährigen Krieg brannte die Warte ab, wurde aber wieder aufgebaut. Sie diente als Zollstation und als Feuerwache. Schon seit 1815 befindet sich hier ein Apfelweinlokal. (Friedberger Landstraße 414.)

Der Wilddieb Hans Winkelsee im Eschenheimer Turm

Eschenheimer Turm (Abb. 21)

Heute steht er inmitten der Stadt, eingerahmt von mehrspurigen Straßen und silbern glänzenden Hochhäusern: der Eschenheimer Turm. 1349 begann man mit seinem Bau an der strategisch wichtigen Nord-Süd-Linie zur Innenstadt, ab 1400 entstand der heutige Turm, den Madern Gerthener vollendete. Eigentlich sollte er abgerissen werden, als um 1810 anstelle der Stadtbefestigung die Wallanlagen entstanden. Es ist dem Gesandten der französischen Besatzungsmacht, Graf d'Hédouville zu verdanken, dass der Turm noch steht, denn er setzte durch, dass der Bekannteste von rund sechzig Wachtürmen als Denkmal erhalten blieb.

Der runde, knapp fünfzig Meter hohe Turm erhebt sich über einem quadratischen Sockel. Er hat acht Geschosse und zwei Dachgeschosse. Um die Spitze, auf der vier kleine Türmchen thronen, verläuft ein auskragender Wehrgang. Im Mittelalter lief die Große Eschernheimer Straße durch einen gotischen Bogen am Fuße des Turms, den ein Falltor verschließen konnte. Im ersten Geschoss lagerte man Steine und Erde, um den Durchgang im Falle eines Angriffs zu blockieren. Die im zweiten Geschoss gelegene Stube des Turmwächters mit ihren zweieinhalb Meter dicken Wänden war noch bis 1956 bewohnt. Zwei Wappen schmücken den Turm: zur Stadt hin das Wappen der Freien Reichsstadt – ein silberner Adler auf rotem Grund –, auf der anderen Seite das kaiserliche Wappen, das einen schwarzen Doppeladler auf goldenem Grund zeigt. Außerdem prangt über dem Eingang zu dem Restaurant ein Porträtrelief, das möglicherweise Madern Gerthener darstellt.

Eine Sage rankt sich um die eiserne Wetterfahne auf der Turmspitze: Im Turm hielt man den zum Tode verurteilten Wilddieb Hans Winkelsee neun Tage lang gefangen. Er schloss mit dem Rat der Stadt eine Wette ab, dass er für jeden Tag seiner Gefangenschaft ein Loch in die Wetterfahne schösse. Angeblich schoss er in die Wetterfahne mit genau neun Schüssen eine perfekte Ziffer neun. Diese Kunstfertigkeit beeindruckte den Rat der Stadt so tief, dass der Schütze begnadigt wurde.

Der Schriftsteller Fritz von Unruh im Rententurm am Eisernen Steg

> *»Oft in der Frühe horche ich über die Stadt, sehe ihre Türme mit den glänzenden Uhren im Sonnenaufgang, sehe den weiten, fließenden Strom. Wie freue ich mich seiner Gewalt! Die Gedanken der Nacht, Pläne, halbvollendete, Stückwerk der Kraft — alles nimmt er hinweg — aber die Sehnsucht bringt er dir. Ozean! Unselig die Stadt ohne Strom! Sie hat keine Quelle und keine Erlösung — ihre Häuser verbindet kein Zeichen für Hoffnung.«*[27]

Der Schriftsteller und Bühnenautor Fritz von Unruh (1885–1970) lebte von 1924 bis 1932 in dem historischen Rententurm am Eisernen Steg, wo er ein Wohnrecht auf Lebenszeit hatte. Die Machtergreifung der Nationalsozialisten beendete dieses Privileg jedoch vorzeitig.

Von Unruh stammte aus einer preußischen Adelsfamilie und wurde an einer Kadettenschule mit den Söhnen des Kaisers unterrichtet. Schon

---

27 Fritz von Unruh, *Der Eiserne Steg*, 1926.

früh begann er zu schreiben. Er wurde Offizier im Kaiserlichen Garderegiment, zeitgleich wurde sein Theaterstück *Offiziere* von Max Reinhardt uraufgeführt, dass der Militärkaste missfiel. In dem Stück geht es um ehrgeizige Offiziere, die in Afrika einen Herero-Aufstand niederschlagen wollen. Der Tod tritt auf und trägt eine Offiziersuniform. Gegen den ausdrücklichen Befehl seines Vorgesetzten gewinnt der Held ein entscheidendes Gefecht und fällt. Der Kaiser verbot das nächste Stück von Fritz von Unruh, das bereits auf Reinhardts Spielplan stand. Daraufhin trat von Unruh aus dem Regiment aus.

Als Freiwilliger zog er in den Ersten Weltkrieg, erlebte das Grauen bei Verdun und wandelte sich zum vehementen Kriegsgegner und Republikaner. In der Weimarer Republik war er ein erfolgreicher Autor, viele seiner Stücke wurden von Max Reinhardt inszeniert, viele in Frankfurt uraufgeführt. Zudem entwickelte er sich zu einem eloquenten Redner für den Frieden, im Berliner Sportpalast sprach er 1932 vor zwanzigtausend Zuhörern. Von Unruh war mit Alma Mahler-Werfel und ihrem Mann Franz Werfel, mit Walther Rathenau und Albert Einstein befreundet.

In den 1920er Jahren rettete von Unruh in Frankfurt wahrscheinlich eine Frau vor der Hinrichtung. Eine Krankenschwester, die aus Eifersucht einen Frauenarzt erschossen hatte, war zum Tode verurteilt worden. In einem Brief an die *Frankfurter Zeitung* forderte Fritz von Unruh die Revision des Urteils wegen eines Formfehlers. In einer zweiten, langwierigen Verhandlung verurteilte das Gericht die Krankenschwester nur noch zu einer Gefängnisstrafe.

Als erklärter Gegner der Nationalsozialisten entschloss der Schriftsteller sich bereits 1932, zu emigrieren. In seine Wohnung im Rententurm hatte man eingebrochen, seine Stücke waren auch in Frankfurt abgesetzt worden, seine Bücher wurden verbrannt. Von Unruh floh nach kurzen Zwischenstationen in Italien, Frankreich und Spanien schließlich in die USA.

Im Jahr 1948 bat ihn Frankfurts Bürgermeister Walter Kolb, nach Frankfurt zu kommen und eine Rede in der Paulskirche zu halten. Sein beeindruckender Vortrag *An die Deutschen* ging in die Geschichtsbücher ein. Von Unruh erhielt den *Goethepreis der Stadt Frankfurt* und die *Goetheplakette*.

In den 1960er Jahren bot die Stadt Frankfurt ihm erneut eine Wohnung an, nachdem sein Haus von einem Hurrikan zerstört worden war. Doch von Unruh, der in den Nachkriegsjahren als Autor keinen Erfolg mehr hatte, kehrte nicht nach Frankfurt zurück.

Der Rententurm sicherte ehemals das Fahrtor, das wichtigste Stadttor zum Main hin. Gegenüber dem Rententurm am Mainkai befindet sich der

Eiserne Steg. Der viergeschossige Turm gehört zum Saalhof, der Kaiserpfalz der Staufer aus dem 12. Jahrhundert. Er hat einen quadratischen Grundriss und wird von einem Spitzhelm und vier Erkertürmchen gekrönt, erbaut wurde er Mitte des 15. Jahrhunderts durch den Ingenieur Eberhard Friedberger.

In dem Turm erhob man auch Zölle und Hafengebühren, zeitweise war im Keller das Stadtgefängnis untergebracht, allerdings wurde er mit Wasser überflutet, wenn der Main über die Ufer trat.

Nach Plänen eines Zisterzienserpaters entstand 1717 neben dem Rententurm anstelle der Stadtmauer der Stadtpalast einer niederländischen Kaufmannsfamilie. Der barocke Bernusbau grenzt direkt an den spätgotischen Rententurm.

Der Komponist Paul Hindemith im Kuhhirtenturm in Sachsenhausen

> *»Als größte Errungenschaft der letzten Monate wäre die Gründung unseres Conservatoriums-Clubs »Urian« zu nennen. Wir sind 6 Mitglieder (einer immer verrückter als der andere) und bezwecken hauptsächlich, uns zu amüsieren. [...] Wir machen auch Musik, jedoch solche, welche nur extra präparierte Ohren ertragen können. Am besten solche, die mit Watte zugestopft sind. Wir haben ein Drama mit Musik verbrochen, welches wir nach Neujahr aufführen werden. Auch Sie sind herzlich dazu eingeladen. Bringen Sie aber bitte gleich Aspirin mit.«*[28]

Er gehört zu den bedeutendsten Komponisten des zwanzigsten Jahrhunderts: Paul Hindemith, der 1895 in Hanau geboren wurde und 1963 in Frankfurt starb. Im restaurierten Kuhhirtenturm in Sachsenhausen wurde 2011 die »Hindemith-Gedächtnisstätte« eröffnet.

Ab seinem zehnten Lebensjahr lebte Hindemith mit seiner Familie in Frankfurt. Sein Vater war Anstreicher, hatte aber eine große musikalische Begabung, die er nie ausbilden konnte. Doch er unterrichtete seine Kinder Paul, Antonie und Rudolf von klein auf musi-

Kuhhirtenturm (Abb. 22)

---
28 Hindemith in einem Brief 1913.

kalisch. Sie traten unter dem Namen »Frankfurter Kindertrio« auf und die beiden begabten Brüder Paul und Rudolf spielten bereits als Jugendliche im *Amar-Quartett*, einer der wichtigsten Gruppen in der modernen Musikszene der Zwanziger Jahre.

Paul lernte seit dem neunten Lebensjahr Violine und studierte ab 1908 am angesehenen Hoch'schen Konservatorium. Schon mit zwanzig Jahren wurde er Konzertmeister an der Frankfurter Oper. Er heiratete die Musikerin Gertrud Rottenberg, deren Vater Ludwig Kapellmeister des Opernorchesters war. Gertrud war zudem eine Enkelin des ehemaligen Frankfurter Oberbürgermeisters Franz Adickes. Mit ihr wohnte Paul Hindemith von 1923 bis 1927 in dem spätgotischen Kuhhirtenturm. Hier komponierte er unter anderem seine Opern *Cardillac* und *Marienleben*. Durch seinen Schwager Hans Flesch erhielt Hindemith Aufträge für den Frankfurter Rundfunk, für das Stück *Flug der Lindberghs* arbeitete er mit Kurt Weill und Bertolt Brecht zusammen.

Bereits mit knapp dreißig Jahren galt er als einer der bedeutendsten modernen Musiker Europas. Hindemith zog 1927 nach Berlin, wo er an der Hochschule für Musik eine Professur für Komposition erhielt. Doch in den 1930er Jahren diffamierten ihn die nationalsozialistischen Machthaber. Joseph Goebbels nannte ihn öffentlich einen »atonalen Geräuschemacher«. An Heiligabend 1933 spielte Hindemith im Berliner Untersuchungsgefängnis Moabit, wo unter anderem sein Schwager Hans Flesch einsaß. Es war eine Demonstration für die Opfer der Diktatur. Ab 1934 war es verboten, Hindemiths Werke im deutschen Rundfunk zu spielen, ab 1936 durften sie nicht mehr aufgeführt werden. In der Ausstellung »Entartete Musik« wurde die jüdische Herkunft seiner Frau angeprangert. Hindemith emigrierte in die Vereinigten Staaten und wurde amerikanischer Staatsbürger. In den 1940er Jahren machte er Karriere als Dirigent und trat weltweit auf. Schließlich ließ er sich in der Schweiz nieder.

Hindemith hatte auch ein erstaunliches zeichnerisches Talent. In seinem Nachlass fanden sich viele kleinformatige Zeichnungen. Er zeichnete Tiere oder Figuren auf Manuskripte und Kalender, auf Servietten und Tischdecken, Briefumschläge oder Notizzettel.

Das Frankfurter Hindemith-Institut richtete die Dauerausstellung im ersten und zweiten Obergeschoss des Turms mit vielen Dokumenten zu Hindemiths Leben ein. An Medienstationen erklingt seine Musik, die von ihm selbst interpretiert wird. Sogar seine Modelleisenbahn ist hier ausgestellt. Hindemith verbrachte ganze Tage damit, mehrere hundert

Meter Schienen aufzubauen und, allein oder mit Freunden, komplizierte Fahrpläne einzuhalten. In seiner Berliner Wohnung spielte er mit Gottfried Benn Eisenbahn.

Wechselausstellungen zu unterschiedlichen Themen finden im dritten Geschoss statt. Ganz oben im Turmzimmer steht ein Flügel, dort werden Konzerte gegeben. Der Flügel wurde über das Dach in den Turm transportiert. Da nur 25 Stühle in den Konzertsaal passen, sollte man Karten vorbestellen.

Der ehemalige Wehrturm diente bis ins 17. Jahrhundert als Torhaus, das vor allem die Sachsenhäuser Fischer auf ihrem Weg zum Main benutzten. Proteste von Frankfurter Bürgern verhinderten seinen Abriss, als die Befestigungsanlagen im 19. Jahrhundert geschliffen wurden.

Während des Zweiten Weltkriegs wurde der Kuhhirtenturm schwer beschädigt, nur die granitenen Grundmauern bis zum dritten Geschoss blieben stehen. Nach dem Krieg diente der Turm ausgebombten Anwohnern und Flüchtlingen als Notunterkunft. Bis 1957 entstand rund um den Kuhhirtenturm die neue Jugendherberge. Das alte Gemäuer wurde in den neuen Gebäudekomplex integriert, der Turm restauriert und als Wohnung genutzt. Das vierte Geschoss in Fachwerk-Bauweise und das spitze Dach wurden wieder aufgebaut.

www.kultur.frankfurt.de, Hindemith-Kabinett im Kuhhirtenturm, Große Rittergasse 118, 60594 Frankfurt am Main, So 11–18 Uhr

VI. Galgen und Brickegickel: Hinrichtungen in Frankfurt

1799 endete ein finsteres Kapitel der Stadtgeschichte. In diesem Jahr wurde in Frankfurt zum letzten Mal ein Mensch hingerichtet. Nicht nur Enthauptungen und der Tod durch den Strang fanden öffentlich statt, auch blutige Strafen wie das Abhacken von Händen oder Ohren waren üblich.

Das heutige Gallusviertel lag früher westlich der befestigten Stadt und trug einen unheimlichen Namen: »Galgenfeld«. Das damals wichtigste westliche Stadttor am Anfang der Mainzer Straße hieß »Galgentor«, der Wartturm vor der Stadt hieß »Galgenturm.«

Hier fanden über fünfhundert Jahre hinweg die meisten Hinrichtungen statt. Bis zu vier Personen konnten an einem Holzgerüst auf einem steinernen Sockel gleichzeitig gehängt werden. Man ließ die Hingerichteten an diesem Galgen verfaulen und nur wenn hoher Besuch durch das westliche Stadttor einzog, wurden die verwesenden Leichen abgenommen.

Ein Orkan zerstörte den Galgen 1561, woraufhin er neu gebaut wurde, denn dazu waren die Zünfte verpflichtet. Damit diese unerfreuliche Arbeit nicht von einzelnen Handwerkern erledigt werden musste, war jeder Handwerker, der nicht direkt an der Errichtung des Galgens teilnahm, angehalten, zumindest einen Nagel nachträglich in den Galgen zu schlagen. Somit hatte jedes Zunftmitglied symbolischen Anteil an dem Bau der Hinrichtungsstätte.

Das Hochgericht wurde 1806 im Zuge der Besetzung durch die Franzosen abgerissen, die Napoleons Geburtstag mit einem großen Feuerwerk auf dem Galgenfeld feierten. Für den Bau der Westbahnhöfe wurden im 19. Jahrhundert auf dem ehemaligen Galgenfeld Gleise verlegt. Die genaue Stelle, an der so viele Menschen ihr Leben lassen mussten, ist daher nicht bekannt. In jedem Fall befindet sich dort heute das Bahnhofsviertel.

In der Stadt wurden an vier Orten Todesurteile vollzogen: außer am Hochgericht (dem Galgenfeld) auch auf dem Roßmarkt im Stadtzentrum, auf der Alten Mainbrücke und am Rabenstein, der nicht weit vom Galgenfeld entfernt an der Mainzer Landstraße lag. Seinen Namen erhielt er in Anspielung auf die Raben, die sich an den Leichen gütlich taten. Am Rabenstein wurden neben Hinrichtungen auch grausame Bestrafungen durchgeführt. So blendete man Verbrecher oder schnitt ihnen die Ohren oder Hände ab. Mit dem Frankfurter Adler wurden Falschspieler geächtet, indem man ihnen das Wappen auf die Stirn brannte. Auf die Störung des Brückenfriedens auf der Mainbrücke stand als Strafe das Abhacken einer Hand. Entsprechen-

Landwehr, Warten und Türme   101

de Bilder warnten an der Brücke vor diesem Frevel.

Die Henker benutzten zum Teil ihr eigenes Werkzeug, aber auch der Rat der Stadt besaß Richtschwerter für Enthauptungen.

Auf dem Roßmarkt wurde 1616 Vinzenz Fettmilch,

Rennbahn auf dem Roßmarkt (Richtstätte), von Casper Merian, 1658 (Abb. 23)

der Anführer des gleichnamigen Aufstands, hingerichtet, außerdem im Jahr 1772 Susanna Margaretha Brandt, die als Goethes »Gretchen« unsterblich wurde (s. S. 126). Der letzte Mensch, der in Frankfurt hingerichtet wurde, war ein Töpfermeister, der seine Frau ermordet haben soll. Man schlug ihm 1799 auf dem Rossmarkt den Kopf ab.

Im Mittelalter war auch das Ertränken eine übliche Hinrichtungsmethode. Laut Frankfurter Gerichtsakten wurden zwischen 1366 und 1613 rund 130 Menschen im Main ertränkt. Im 15. Jahrhundert war dies die häufigste Form der Todesstrafe in Frankfurt. Entsprechend der Gerichtsordnung von Kaiser Karl V. galt das Ertränken als angemessene Strafe für Diebstahl, Kindesmord, Blutschande, Vergiftung und Abtreibung.

Vor allem für Frauen wurde diese Methode bevorzugt. In Frankfurt wählte man dafür die Alte Mainbrücke. Die Verurteilten wurden gefesselt und entweder auf einem Brett über das Geländer geschoben oder in ein Fass gesteckt und dann vom Kreuzbogen, an dem der so genannte »Brickegickel« steht, in den Fluss geworfen. Ihr letzter Blick sollte auf den Brückegickel fallen und sie zur Buße bewegen. An dieser Stelle ist der Main besonders tief und die Strömung heftig. Die Leichen wurden meist außerhalb des Stadtgebiets angespült und der Stadtrat musste sich dann nicht mehr mit ihrem Verbleib befassen. Auch die Leichen von Selbstmördern entsorgte man auf diese Weise im Fluss.

Vor der Hauptwache standen noch im 18. Jahrhundert ein hölzerner Schandesel – ein Pranger – und das »Trillerhäuschen«, ein hölzerner Käfig, den jedermann drehen durfte, und in dem der jeweilige Verurteilte eingesperrt war.

Der Frankfurter Brickegickel

Läuft man von Sachsenhausen über die Alte Brücke zur Kurt Schumacher Straße, steht auf der rechten Seite ein Wegkreuz auf einem Sockel aus Sandstein. Auf seiner Spitze thront ein goldener Hahn. Von diesem »Brickegickel« (hochdeutsch: Brückenhahn) handelt eine bekannte Frankfurter Sage, die auch von den Brüdern Grimm erzählt wurde:

Der Baumeister der Brücke hatte zugesichert, dass diese zu einem festgesetzten Termin vollendet sei. Aber die Zeit lief ihm davon und er erkannte, dass er die Brücke nicht rechtzeitig fertig stellen konnte. In seiner Verzweiflung schloss er einen Pakt mit dem Teufel. Dieser versprach, die Brücke zu Ende zu bauen. Dafür forderte er von dem Baumeister das erste lebendige Wesen, das über die Brücke liefe, als Tribut. Dem Teufel gelang es, die Brücke über Nacht unbemerkt zu vollenden.

Am nächsten Morgen trieb der schlaue Baumeister einen Hahn über die Brücke. Der Teufel kochte vor Wut und riss den armen Vogel in Stücke. Er schleuderte diese durch die Brücke, wodurch zwei Löcher entstanden, die sich nicht reparieren ließen.[29]

Die erste Brücke war wahrscheinlich aus Holz. Erst 1276 wird eine Brücke aus Stein erwähnt. Kreuz und Hahn markierten die tiefste Stelle im Main, an der in früheren Jahrhunderten Gesetzlose ertränkt wurden.

Im Gegensatz zu dem Hahn aus der Sage, hat der »leibhaftige« Hahn beinahe so viele Leben wie eine Katze. Im Laufe der Jahrhunderte musste man ihn fünfmal erneuern, weil er jedes Mal zum unfreiwilligen Zeitzeugen bedeutender geschichtlicher Ereignisse wurde: 1434 blies ihn ein heftiger Sturm in den Main, im Dreißigjährigen Krieg schossen ihn schwedische Soldaten herunter, 1739 versank er erneut im Fluss, als die gesamte Brücke zusammenbrach. 1945 sprengte ihn schließlich die deutsche Wehrmacht mitsamt der Brücke in die Luft, um die amerikanische Armee aufzuhalten. Dieses Mal konnte er aus den Fluten gerettet und im Historischen Museum in Sicherheit gebracht werden. Dort entdeckte man an ihm mehrere Einschusslöcher, die vermutlich von einem Gefecht mit französischen Truppen im Jahr 1813 herrührten. Ein neuer Gickel wurde 1967 auf der Brücke platziert, jedoch 1992 gestohlen. Gickel Nummer sechs stammt von dem Bildhauer Edwin Hüller, der ihn 1994 aus Bronze anfertigte. Er ist mit Gold überzogen und es ist zu hoffen, dass er noch lange auf seinem Sandsteinsockel thronen wird.

---

29 Brüder Grimm: *Deutsche Sagen*, München: Winkler Verlag 1956.

VII. Jüdisches Leben in Frankfurt

Vom christlichen Dom winkt eine Figur aus Sandstein freundschaftlich hinüber zur benachbarten jüdischen Synagoge – so harmonisch war einst die Beziehung von Christen und Juden in Frankfurt. Spätestens seit Mitte des 12. Jahrhunderts lebten Juden in der Stadt. Zunächst wohnten sie nicht getrennt von den Christen, sondern mitten in der Stadt, zwischen dem Dom und dem Main. Ihre Synagoge stand nahe beim Dom. Da die Juden im Handel tätig waren, lebten sie in vielen Städten in der Nähe der Marktplätze und verkehrten täglich mit den Christen. Erst im späten Mittelalter wurden sie zunehmend in Randgebiete gedrängt. Christliche Handwerker und Kaufleute bekämpften sie nun erbittert als Konkurrenten, und die Kirche begann, gegen sie zu hetzen. Doch bis zu den Kreuzzügen waren die Juden den christlichen Bürgern in Frankfurt rechtlich weit gehend gleichgestellt, erst danach verschlechterte sich ihre Position.

Die Juden standen unter dem Schutz des Kaisers oder Königs. Dafür zahlten sie unmäßig hohe Abgaben an ihn. Auch an ihren Geldleihgeschäften verdienten die jeweiligen Herrscher üppig mit, da sie auch dafür die Juden hoch besteuerten. Wie viel Schutz ein Herrscher ihnen gewährte, hing aber davon ab, wie stark seine Position war und ob er überhaupt daran interessiert war, seine Schützlinge zu verteidigen. Viele Frankfurter Juden bezahlten mit ihrem Leben dafür, dass der Kaiser ihnen den vertraglich zugesicherten Schutz nicht immer bot.

Die erste Katastrophe traf die jüdische Gemeinde im Jahr 1241. Die Vorgeschichte des ersten Judenpogroms in Frankfurt ist unklar. Zu Beginn des 13. Jahrhunderts verstärkte sich in ganz Deutschland die Judenfeindlichkeit. Angeblich sollten die Mongolen, die Westeuropa bedrohten, die verlorenen Stämme Israels sein. Den Juden wurde unterstellt, sie hätten mit den Mongolen Kontakt. Aufgrund dieser wirren Theorie wetterten vor allem die Bettelorden der Dominikaner und Franziskaner in Frankfurt gegen die Juden. Vor diesem Hintergrund genügte als Auslöser ein Gerücht um einen jüdischen Jungen, dem die gewünschte Taufe angeblich von seiner Familie untersagt wurde. Das jüdische Viertel am Dom wurde von einem wütenden christlichen Mob überfallen, die Türen der Häuser mit Äxten eingeschlagen. Es kam zum Kampf, doch die Angreifer waren in der Überzahl. Die Juden retteten sich in einen Turm, der mit kaiserlichen Truppen besetzt war. Trotzdem wurden sie fast alle getötet. Es gab 200 Tote, nur wenige Juden überlebten, weil sie sich zwangstaufen ließen. Die jüdischen Häuser wurden nieder gebrannt, die Synagoge zerstört. Ihr kaiserlicher Beschützer ließ sie im Stich, Kaiser Friedrich II. wagte es auch im Nachhinein nicht, die Frankfurter Bürger für den Massenmord zur Verantwortung zu ziehen.

Etwa drei Jahrzehnte später ließen sich wieder Juden in Frankfurt nieder, eine neue jüdische Gemeinde entstand, wieder in der Nähe des Doms. Sie besaß eine Synagoge, ein öffentliches Bad, einen Friedhof, Spitäler und ein »Tanzhaus« für Feste wie etwa Hochzeiten.

Was es bedeutete, den Schutz des Königs zu verlieren, erfuhren die Frankfurter Juden erneut bei dem zweiten Pogrom 1349.

König Karl IV. hielt sich in diesem Jahr in Frankfurt auf. Er verpfändete sein Recht auf Steuergelder, die ihm von den Juden gezahlt wurden, an die Stadt. Damit lieferte er die Juden der Stadt aus. Anfang Juli reiste er ab und am 14. Juli kam es zu dem zweiten Pogrom. Während man lange annahm, das Massaker sei spontan in Gang gekommen – angeheizt durch religiöse Fanatiker, die Juden beschuldigten, die verheerende Pestepidemie von 1347 bis 1350 ausgelöst zu haben – sehen Historiker es heute anders. Vermutlich waren der König, die Adligen, der Rat der Stadt und die Zünfte daran interessiert, die Juden zu ermorden, um sich von ihren drückenden Schulden bei ihnen zu befreien und sich ihre Häuser und Wertgegenstände anzueignen. Es ist wahrscheinlich, dass das Massaker von langer Hand geplant war. Wie viele Juden dabei ums Leben kamen, ist nicht bekannt.

Als sich einige Jahre nach dem Pogrom von 1349 wieder Juden in Frankfurt nieder ließen, hatten sich die Bedingungen zu ihren Ungunsten verändert. 1360 wurde in einer Verordnung das Leben der Juden geregelt. Im Frankfurter Rat saßen einflussreiche Bürger, die immer judenfeindlicher eingestellt waren. Sie drängten die jüdische Bevölkerung an den Rand der Gesellschaft. Schließlich wurden sie auf Anordnung des Kaisers in ein Ghetto gesperrt – in die Judengasse in der Frankfurter Neustadt, außerhalb der alten Stadtmauer.

Die Judengasse

> »Zu den ahnungsvollen Dingen, die den Knaben und auch wohl den Jüngling bedrängten, gehörte besonders der Zustand der Judenstadt, eigentlich die Judengasse genannt, weil sie kaum aus etwas mehr als einer einzigen Straße besteht, welche in frühen Zeiten zwischen Stadtmauer und Graben wie in einen Zwinger mochte eingeklemmt worden sein. Die Enge, der Schmutz, das Gewimmel, der Akzent einer unerfreulichen Sprache, alles zusammen machte den unangenehmsten Eindruck, wenn man auch nur am Tore vorbeigehend hineinsah.«[30]

---

30 Johann Wolfgang von Goethe in *Dichtung und Wahrheit*.

Die Judengasse

Es war eng, es war finster und es herrschte ein unglaubliches Gewirr von Stimmen und Menschen – die Frankfurter Judengasse war das erste jüdische Ghetto in Deutschland.

1462 mussten alle Juden in diese Gasse umziehen und ihre Synagoge am Dom aufgeben. In diesem Ghetto lebten die Frankfurter Juden über drei Jahrhunderte. Es war komplett von Mauern umschlossen und konnte nur durch drei Tore – am nördlichen und südlichen Ende sowie an der Westseite – betreten werden, die nachts und an Sonn- und Feiertagen geschlossen blieben.

Die Stadt errichtete zunächst elf Häuser, zudem ein Hospital, zwei Gasthäuser und ein Gemeindehaus. Sie plante die Gasse für etwa fünfzehn Familien. Die jüdische Gemeinde baute eine Synagoge und ein Kaltes Bad, die so genannte Mikwe. Ab 1465 trugen die Juden alle Kosten für neue Gebäude selbst. Doch die Stadt forderte einen Zins für den Grund und Boden, der in ihrem Besitz blieb. Den Juden wurde im 15. Jahrhundert außerdem verboten, die städtischen Bäder zu besuchen. Sie mussten sich durch ihre Kleidung als Juden zu erkennen gaben und ab 1460 einen gelben Ring tragen; erst 1728 wurde diese Vorschrift abgeschafft. Christen durften nicht mehr an jüdischen Festen teilnehmen. In der städtischen Politik waren die Juden nicht vertreten und im Handel mussten sie viele Beschränkungen hinnehmen. Nur ihre internen Angelegenheiten durften sie selbst regeln.

Ihre endgültige Form erhielt die Judengasse zwischen 1552 und 1579. Hatten noch 1543 nur 260 Juden dort gewohnt, so waren es 1613 fast 3000. Es gab ein gravierendes Platzproblem, da die Gasse nicht erweitert werden durfte. Die gesamte Gasse war nur etwa fünfzig Meter breit. Zu beiden Seiten drängten sich zwei hintereinander stehende Hausreihen dicht aneinander. Die kleinen Häuser wurden weit in die Höhe aufgestockt, mit vorragenden Stockwerken, so dass die Gasse fast im Dunkeln lag. Sie war nur etwa drei bis acht Meter breit und 330 Meter lang. In einem Bogen verlief sie ungefähr von der heutigen Konstablerwache bis zum Main. Wahrscheinlich war sie das am dichtesten besiedelte Gebiet in Europa. Die Enge war bedrückend. Das kleinste Haus, der Rote Hase, war nur einhundertfünfundzwanzig Zentimeter breit. Es verwundert nicht, dass Goethe in seiner Kindheit diese Gasse so bedrohlich fand. Doch auch die Mauern des Ghettos schützten die Juden nicht vor der Gewalt der Christen.

Der Fettmilch-Aufstand

Vincenz Fettmilch war ein Lebkuchenbäcker und Krämer, der seit 1602 in Frankfurt lebte. Er wurde der Anführer eines gewalttätigen Aufstands, der 1612 begann, nachdem schon lange Konflikte zwischen den Patriziern und den Zünften geschwelt hatten. Die Bürger forderten von dem Rat der Stadt, die Zahl der Juden zu verringern. Rückwirkend sollte der Zinssatz, den sie für den Geldverleih verlangten, halbiert werden. Fettmilch wurde vor allem von zwei Frankfurter Advokaten unterstützt, die bei den Juden hohe Schulden hatten und hofften, ihre Gläubiger einfach aus der Stadt jagen zu können. Zwei Jahre lang gab es Auseinandersetzungen zwischen dem Rat der Stadt und den Zünften. Immer wieder kam es in dieser Phase zu Ausschreitungen gegen Juden. Der Kaiser reagierte zunächst nicht. Schließlich unterstützte er den patrizischen Rat. Im August 1614 eskalierte der Konflikt, eine aufgebrachte Menge stürmte die Judengasse. Frauen und Kinder flüchteten auf den Friedhof. Die Männer versuchten, die Gasse zu verteidigen, konnten der Übermacht aber nicht standhalten. Der Besitz der Juden wurde gestohlen oder zerstört, über tausend jüdische Personen auf dem Friedhof zusammen getrieben. Am nächsten Tag wurden sie aus der Stadt gejagt. Nun griff endlich der Kaiser ein und verhängte über Fettmilch die Reichsacht. Nach einem langen Prozess wurde er 1616 hingerichtet. Der Kaiser sorgte auch dafür, dass die Juden in die Judengasse zurückkehren durften. Entschädigt wurden sie für ihre Verluste nicht.

Das große Feuer

Ein knappes Jahrhundert später wurde die Judengasse erneut zerstört, dieses Mal nicht durch menschliche Hand, sondern durch einen verheerenden Brand. Am 14. Januar 1711 brannten alle Häuser der Gasse bis auf ein einziges ab. Da die Gasse so extrem dicht bebaut war, sprang das Feuer rasend schnell von einem Haus auf das nächste über. Zudem mangelte es an Löschwasser und ein starker Wind fachte die Flammen an.

Bis zum Wiederaufbau der Gasse wohnten die Juden zur Miete in christlichen Häusern. Für die kommenden vierzehn Jahre verbot der Vorsteher der Jüdischen Gemeinde zum Gedenken an das Unglück alle Spiele außer dem Schachspiel. Der Tag des Brandes wurde zu einem jüdischen Buß- und Fastentag. Eine Bauordnung des Rates der Stadt bestimmte, dass für jedes Haus in der Judengasse, das wieder aufgebaut wurde, eine genaue Zeichnung vorliegen musste. Anhand dieser Bauzeichnungen hat das Jüdische Museum sein Modell der Judengasse angefertigt.

Das Ghetto bestand bis 1796. Schließlich wurde die Judengasse abgerissen, nur das Stammhaus der Familie Rothschild blieb als Museum stehen. Die meisten Juden zogen ins Ostend, sehr wohlhabende Familien bevorzugten das Westend als Wohngegend. Am südlichen Ende der Gasse wurde 1882 eine neue Synagoge geweiht, der Platz wurde »Börneplatz« genannt.

Heute ist die Judengasse verschwunden, doch als in den 1980er Jahren bei dem Bau eines Verwaltungsgebäudes archäologische Reste entdeckt wurden, beschloss man, diese zu erhalten. Das Museum Judengasse entstand.

Das Museum Judengasse

> *»Als wir denselben Abend wieder durch die Judengasse gingen und das Gespräch über die Insassen derselben wieder anknüpften, sprudelte die Quelle des Börneschen Geistes um so heiterer, da auch jene Straße, die am Tage einen düsteren Anblick gewährte, jetzt aufs fröhlichste illuminiert war, und die Kinder Israel an jenem Abend, wie mir mein Cicerone erklärte, ihr lustiges Lampenfest feierten. Dieses ist einst gestiftet worden zum ewigen Andenken an den Sieg, den die Makkabäer über den König von Syrien so heldenmütig erfochten haben.«*[31]

Das Museum Judengasse wurde 1992 im Kundenzentrum der Stadtwerke eröffnet. In dieser Dependance des Jüdischen Museums sind archäologische Reste zu sehen. Wer als Besucher zwischen den Grundmauern von Wohnhäusern und zwei Ritualbädern,

Überreste der Frankfurter Judengasse im Museum Judengasse (Abb. 24)

zwei Brunnen und einem Kanal wandelt, bekommt eine Vorstellung vom Leben in der Judengasse. Um die Ruinen herum erzählen Ausstellungen von der Geschichte des Ghettos. Die ursprüngliche Breite der Judengasse erkennt der Besucher schon vor dem Eingang. Das Museum verfügt über eine Datenbank mit den Biografien und Fotos von rund 12.600 ermordeten Juden.

Kurt-Schumacher-Str. 10, 60311 Frankfurt am Main, Tel. 069-2977419, Fax 069-21230705

---

31 Heinrich Heine in seiner Denkschrift für Ludwig Börne.

Die Hauszeichen

Ein rötlicher Stein mit einem Ochsenkopf schmückte das Schlachthaus. Über den Häusern der Judengasse waren Schilder mit figürlichen Darstellungen der Hausnamen angebracht, die in die Gasse hineinreichten. Nach 1711 wurden sie durch Steine ersetzt, die über den Türen eingemauert waren.

Um die engen und dunklen Häuser zu belüften, wurden Gitter über oder neben der Haustür eingesetzt. Auch auf diesen wurden die Hausnamen dargestellt. Namen wie »Wilde Ente« oder »Goldenes Schaf« kennzeichneten die Häuser. Aus vielen dieser Hausnamen entwickelten sich Familiennamen, wie bei den Rothschilds, die im 16. Jahrhundert das Haus »Zum Roten Schild« bewohnten. Sie behielten diesen Namen auch, als sie in andere Häuser zogen. Gutle Rothschild und ihre Familie lebten ab 1784 im Haus »Zum grünen Schild.« Die Hauszeichen wurden von den Frauen als Schmuck getragen oder verzierten Gegenstände wie Leuchter oder Becher, die bei Ritualen verwendet wurden.

Um als Jude ein dauerhaftes Aufenthaltsrecht in Frankfurt zu bekommen, musste eine Familie ein Haus oder zumindest einen Teil davon besitzen. Die Hauszeichen sind auch auf vielen Grabsteinen des alten jüdischen Friedhofs eingemeißelt.

Stifter und Mäzene

> »Wenn keine Stimme sich für uns erhebt, so mögen die Steine dieser Stadt für uns zeugen, die ihren Aufschwung zu einem guten Teil jüdischer Leistung verdankt, in der so viele Einrichtungen vom Gemeinsinn der Juden künden, in der aber auch das Verhältnis zwischen jüdischen und nichtjüdischen Bürgern stets besonders eng gewesen ist.«[32]

Nachdem sie durch Jahrhunderte immer wieder grausamen Übergriffen und Repressalien ausgesetzt gewesen waren, veränderte sich die Situation der jüdischen Bürger in der Stadt im 19. Jahrhundert von Grund auf. Ab dem Jahr 1864 waren sie allen anderen Bürgern Frankfurts in jeder Hinsicht gleich gestellt. Sie waren bei vielen wirtschaftlichen, sozialen oder kulturell bedeutenden Unternehmungen der Stadt vertreten. Ihr Mäzenatentum und ihre Wohltätigkeit prägen die Stadt nachhaltig. Legendär wurde Wilhelm Carl von Rothschild (1828–1901), der letzte

---

32 Aufruf der Israelitischen Gemeinde an ihre Mitglieder nach dem Machtantritt Hitlers 1933.

Chef des Frankfurter Bankhauses, in der Stadt nur »der Baron« genannt. In Einzelfällen half er Menschen, die sich an ihn wandten, spendete aber auch enorme Summen für karitative und humanitäre Einrichtungen. Er unterhielt ein eigenes Büro, in dem Bittbriefe aus aller Welt bearbeitet wurden. Er selbst lebte spartanisch. An seinem Begräbniszug nahmen zwanzigtausend Menschen teil.

Die Emanzipation der Juden war das Ergebnis einer langen Entwicklung. Als französische Truppen 1796 Frankfurt beschossen, brannte ein Drittel der Häuser in der nördlichen Judengasse ab. Ihre Besitzer suchten Zuflucht außerhalb des Ghettos. Und anders als beim Brand von 1711 kehrten sie danach nicht mehr in die Judengasse zurück. Unter Napoleon verbesserte sich zudem die Lage der jüdischen Bevölkerung in den von Frankreich besetzten deutschen Gebieten. Im Zuge der Französischen Revolution waren die Rechte der Juden gestärkt worden.

Unter der Herrschaft des von Napoleon eingesetzten Regenten Dalberg wurde den Frankfurter Juden vorübergehend völlige Gleichberechtigung zugesichert. Einige Jahre später verschlechterte sich ihre Situation noch einmal. Ein neues Gesetz der bürgerlichen Stadtregierung sprach ihnen 1824 die politische Teilhabe wieder ab. Doch in ihren Handelstätigkeiten blieben sie weniger eingeschränkt als in früheren Zeiten und der Ghettozwang existierte nicht mehr. 1848/49 wurde den Frankfurter Juden im Zuge der Deutschen Nationalversammlung in der Paulskirche erneut politische und rechtliche Gleichberechtigung zugesichert, die ihnen in der folgenden Epoche der Restauration allerdings wieder aberkannt wurde. Doch sukzessive kamen sie der Gleichstellung näher. Dies war die Voraussetzung für die prägende Rolle im wirtschaftlichen und kulturellen Bereich, die vermögende und gebildete jüdische Bürger in Frankfurt bis zum Beginn der nationalsozialistischen Herrschaft innehatten. Mit dreißigtausend Mitgliedern war Frankfurt vor dem Zweiten Weltkrieg nach Berlin die zweitgrößte jüdische Gemeinde in Deutschland.

Als der Zweite Weltkrieg endete, lebten noch einhundert sechsundvierzig Juden in Frankfurt.

Das Frankfurt des 19. Jahrhunderts wurde geprägt durch die rasante wirtschaftliche Entwicklung der Juden. Dennoch war dieses Jahrhundert zugleich eine konfliktreiche Zeit innerhalb der Jüdischen Gemeinde, die sich schließlich in zwei Lager spaltete. Die jüdische Reformbewegung sah den Talmud nicht mehr als göttliches Gebot und meinte, um die Gleichstellung der Juden zu verwirklichen, müssten ihre religiösen

Gebote der Gegenwart angepasst werden. Die Gebete wurden ins Deutsche übersetzt, eine Orgel in der Synagoge aufgestellt. Das jüdische Bildungswesen wurde der deutschen Umgebung angepasst, die rituellen Speisegesetze und Feiertage nicht mehr eingehalten. Viele orthodoxe Juden waren strikt gegen die Neuerungen der Reformbewegung. Eine orthodoxe Vereinigung ließ sich 1876 als getrennte Jüdische Gemeinde staatlich anerkennen, sie nannte sich »Israelitische Religionsgesellschaft.« Die meisten orthodoxen Juden blieben jedoch aus traditionellen Gründen bei der großen Muttergemeinde, genannt »Israelitische Gemeinde.« Die streng orthodoxe Gruppe hatte ihre Synagoge seit 1907 in der Friedberger Anlage. Die liberalen Mitglieder der Israelitischen Gemeinde besuchten die Hauptsynagoge und die Westendsynagoge, ihr orthodoxer Flügel die Börneplatzsynagoge. Auf Anordnung der Gestapo wurden 1939 die beiden Gemeinden unter dem Namen »Jüdische Gemeinde« vereinigt.

Das Jüdische Museum

Jüdisches Museum (Abb. 25)

In allen Facetten lässt sich das jüdische Leben im denkmalgeschützten ehemaligen Rothschild-Palais am Untermainkai kennen lernen. Mehrere Ausstellungsbereiche dokumentieren das soziale und religiöse Leben der jüdischen Gemeinden in Frankfurt vom 12. bis zum 20. Jahrhundert. Ein Modell der Judengasse verschafft dem Besucher einen plastischen Eindruck jener Enge und Finsternis, die schon den jungen Goethe bedrängte. Das klassizistische Palais wurde von dem Architekten Johann Friedrich Christian Hess 1821 erbaut, seine Formensprache ist an der klassischen Antike orientiert und entsprach damit dem Geist der Aufklärung. Rothschild kaufte es 1846 und ließ es nach Plänen von Friedrich Rumpf nach Westen erweitern. Es wurde als repräsentative Sommerresidenz mit einem Park geplant. In dem Gebäude sind noch einige prunkvolle Innenräume im historistischen Stil des 19. Jahrhunderts erhalten, die den typischen Geschmack und die Selbstrepräsentation der Familie Rothschild zeigen. Ab 1895 wurde die »Freiherrlich Carl von

Rothschild'sche öffentliche Bibliothek« in dem Palais untergebracht, 1906 kauften die Rothschilds zur Erweiterung noch das Nachbarhaus dazu. In der Nachkriegszeit hatte die Stadt- und Universitätsbibliothek hier ihren Sitz, danach war es eine Dependance des Historischen Museums. Das Jüdische Museum zog Ende der 1980er Jahre ein.

Untermainkai 14/15, 60311 Frankfurt am Main, Tel: 069-21235000, Fax: 069-212 30705, www.juedischesmuseum.de, info@juedischesmuseum.de

Gedenkstätte Neuer Börneplatz

Max Beckmann malte 1919 das Bild *Die Synagoge in Frankfurt am Main*, es befindet sich heute im Städel. Motiv ist die Synagoge der israelitischen Gemeinde, die seit 1882 auf dem Börneplatz stand. Sie war eine von vier großen Synagogen in Frankfurt und das Zentrum des orthodoxen Gläubigen. Am 10. November 1938 wurde sie bis auf die Außenmauern nieder gebrannt. Seit 1996 gibt es die Gedenkstätte am Neuen Börneplatz, beim Museum Judengasse und dem alten jüdischen Friedhof.

Gedenkstätte Neuer Börneplatz (Abb. 26)

An der Außenmauer des jüdischen Friedhofs sind 11.134 Metallblöcke angebracht, auf denen die Namen der jüdischen Opfer der Nationalsozialisten stehen. Fassungslos steht der Besucher davor. Die lange Liste der Ermordeten reicht von der Batton- bis zur Rechneigrabenstraße. Die Blöcke sind so angefertigt, dass kleine Steine zum Gedenken darauf abgelegt werden können. Wenn es bekannt ist, wurde auch das Todesdatum oder das Datum der Deportation bei dem Namen vermerkt. Auf einem der Blöcke steht: »Annelies Frank. 12. 6. 1929 - März 1945. Bergen-Belsen.«

Der Kubus an der Gedenkstätte besteht aus Steinen von ehemaligen Häusern der Judengasse.

Ludwig Börne

»Seit ich fühle, habe ich Goethe gehaßt, seit ich denke, weiß ich warum.«[33]

Er schrieb witzig und pointiert, gilt als Wegbereiter des Feuilletons, weil er viel über Literatur, Kunst- und Theater publizierte und wanderte mehrmals für seine politischen Artikel ins Gefängnis. Als Löb Baruch wurde er 1786 im Frankfurter Ghetto geboren. Sein Vater schickte ihn zum Medizinstudium nach Berlin, wo er bei Dr. Marcus Herz wohnte und sich leidenschaftlich in dessen Frau Henriette verliebte. Sie erwiderte seine Gefühle jedoch auch nach dem Tod ihres Mannes nicht. Börne dachte an Selbstmord. Doch statt sich umzubringen, studierte er in Halle und Heidelberg weiter, stritt sich erbittert mit seinem Vater, verabscheute Medizin und verschuldete sich immer wieder. In Gießen promovierte er schließlich dank eines wohlgesonnenen Professors zum Dr. phil, ohne überhaupt ein Examen zu haben. Er begeisterte sich für Kunst und Politik, unterstützte die jüdische Reformbewegung und verbreitete die Ideen der Französischen Revolution als Publizist. Um seinen Gegnern weniger Angriffsfläche zu bieten, ließ er sich evangelisch taufen und nannte sich Börne. Seit 1808 war er Mitglied in der Freimaurerloge in Frankfurt. 1830 ging er nach Frankreich ins Exil, wo er 1837 starb und auf dem berühmten Père Lachaise beigesetzt wurde. Seit 1993 wird in der Frankfurter Paulskirche jährlich der Ludwig-Börne-Preis an deutschsprachige politische Publizisten verliehen.

Der Alte Jüdische Friedhof

Alter Jüdischer Friedhof Battonnstraße (Abb. 27)

Durch ein schmiedeeisernes Tor betritt man eine stille Welt, die der Zeit entrückt scheint. Unter alten Bäumen ragen unzählige Grabsteine auf. Sie stehen dicht gedrängt, manche sind fast in der Erde versunken, manche ganz schief, viele sind von Pflanzen überwuchert. Fast sechs Jahrhunderte lang wurden die Frankfurter Juden auf diesem Friedhof beigesetzt. Er entstand nach dem ersten Pogrom 1241. Vorher hatten die Juden ihre Toten direkt neben

---

33 Börne: *Briefe aus Paris*.

dem christlichen Kirchhof am Dom beerdigt. Ursprünglich lag der Alte Friedhof außerhalb der Stadtmauern und war in getrennte Gräberfelder für Männer, Frauen und Kinder unterteilt. Es gab auch einen »Schandplatz« für Selbstmörder und Frevler und besondere Plätze für die Kohanim, die hebräischen Priester, und die Leviten, die ihnen dienten. Fremde und Arme bekamen ihren gesonderten Begräbnisplatz, Unverheiratete ebenfalls. Auch zerschlissene Gegenstände, die »heilig« waren, wie Gebetsbücher oder Gebetsriemen, wurden nicht einfach weggeworfen, sondern an einem geweihten Platz auf dem Friedhof vergraben. Der älteste Grabstein stammt aus dem Jahr 1272. Weil kein Platz mehr vorhanden war, wurde der Friedhof 1828 aufgegeben, jüdische Verstorbene setzte man nun an der Rat-Beil-Straße am Hauptfriedhof bei. Eigentlich wollten die Nationalsozialisten den alten Friedhof komplett zerstören, doch nach den ersten Bombenangriffen 1942 benötigte man das Areal, um Schutt zu deponieren. Ein Teil des Friedhofs überstand daher den Krieg, es gibt noch etwa 2500 unzerstörte Grabsteine. Viele wurden jedoch zertrümmert und diese Reste der nationalsozialistischen Verwüstung liegen noch immer zu Haufen getürmt. Nur im Ostteil des Friedhofs lässt sich noch erkennen, wie er einmal aussah. Bereits in der Nazi-Zeit waren auf Betreiben des Historischen Museums 175 Grabsteine als bedeutende Denkmäler ausgelagert worden. Entlang der Innenmauer wurden diese historisch oder künstlerisch wertvollen Steine wieder aufgestellt, einige Grabsteine von berühmten Rabbis wurden in einem kleinen Ehrenfeld im Westen des Friedhofs arrangiert. Jüdische Besucher aus aller Welt legen dort kleine Zettel an manche Grabsteine, mit Bitten, die an einen Wunderrabbi oder Heiligen gerichtet sind. Auch der Stein für Mayer Amschel Rothschild, den Begründer der Dynastie, steht auf diesem Ehrenfeld. Auf vielen Grabsteinen sind die Hauszeichen aus der Judengasse zu sehen: Man kann hier einen Drachen, einen Adler und einen Bären entdecken, einen Schuh und ein Schiff, Trauben, einen Baum und eine Blume, ein Hufeisen und eine Kanne. Bei den Gräbern der jüdischen Priester und ihrer Diener dominiert das Motiv der segnend erhobenen Hände oder eine Kanne mit Schale, wie sie zur rituellen Waschung der priesterlichen Hände vor dem Gottesdienst verwendet wird.

Das Jüdische Museum hat sämtliche Grabsteine und dreitausendfünfhundert Fragmente von Steinen dokumentiert. Den Schlüssel für den Friedhof erhält man im Museum Judengasse.

Jüdischer Friedhof, Battonnstraße 2, 60311 Frankfurt am Main

Jüdischer Friedhof Rat-Beil-Straße

>»Der Friede möge kommen. Sie werden auf ihren Lagern ruhen und in Seiner Gegenwart wandeln.«[34]

Manchmal besuchen schwarz gekleidete Chassidim aus dem Ausland mit runden schwarzen Hüten, unter denen lange Schläfenlocken hervor schauen, diesen Frankfurter Friedhof. Sie gehören zu den streng orthodoxen Juden und suchen meist das Grab des Wunderrabbi Israel von Stolin, den sie bis heute wie einen Heiligen verehren. Vor und nach dem Ersten Weltkrieg galt er als einer der sechsunddreißig »Gerechten« oder »Vollkommenen«, die nach dem Glauben der Chassidim gleichzeitig auf der Welt leben. Israel Perlow war der Spross einer legendären Sippe von Rabbinern, die dem Chassidismus anhingen, einer mystisch volkstümlichen Glaubensrichtung, deren Angehörige sich in ekstatischen Zuständen Gott nahe fühlen. Im Jahr 1869 wurde er in dem in dem kleinen Ort Stolin in Weißrussland geboren. Bereits im Alter von vier Jahren erkannte man in ihm den »Zaddik«, einen der Gerechten, Mittler zwischen Gott und den Menschen. Sein Vater und Großvater waren früh verstorben. Israel von Stolin soll ein hervorragender Lehrer, ein begabter Musiker und kenntnisreicher Gelehrter gewesen sein. Er starb mit nur fünfzig Jahren an einem Herzleiden während einer Kur in Bad Nauheim.

Der Jüdische Friedhof schließt direkt an den Hauptfriedhof an (s. S. 178), und man betritt ihn durch ein klassizistisches Portal von Friedrich Rumpf mit einem prächtigen Tor aus Schmiedeeisen. Ab 1828 wurden die Frankfurter Juden hier beigesetzt, und obwohl er siebenmal so groß ist wie der Alte Jüdische Friedhof an der Battonnstraße, war er bereits nach einem Jahrhundert voll belegt. Das liegt daran, dass sich die jüdische Grabkultur im Frankfurt des 19. Jahrhunderts stark veränderte: Die Reformer, die sich von dem orthodoxen Flügel der Frankfurter Gemeinde abspalteten, ahmten in ihrer Grabarchitektur nun die aufwendig verzierten und teils pompösen christlichen Gräber nach. In der jüdischen Kultur gab es ursprünglich keinen Grabkult mit prächtigen Steinen, bepflanzten Grabanlagen und Grabpflege. Die Toten wurden unter schlichten Steinen beigesetzt, die dann der Verwitterung überlassen wurden. Jüdische Gräber wurden nie aufgehoben und neu belegt und daher rührt die bedrückende Enge auf vielen Friedhöfen.

Im 19. Jahrhundert wurden die Grabmäler vieler wohlhabender Juden jedoch mit teuren Materialien aller Stilrichtungen gebaut und verziert. Getreu dem Vorbild der christlichen Grabmäler hinter der Friedhofsmauer

---

34 Inschrift am Haupteingang.

symbolisierten sie Macht und Reichtum. Außer christlichen Symbolen wie Kreuzen und Engeln ist auf dem Jüdischen Friedhof alles vertreten – von ornamentgeschmückten, mehrstufigen Aufbauten bis hin zu hohen Grabmalen mit steinernen Blumengebinden. Die unterschiedlichen Vorstellungen zu angemessenen Grabmalen führten schließlich zu einer Spaltung auf dem Friedhof: Die orthodoxe Israelitische Religionsgemeinschaft zog eine Mauer um ihr Gräberfeld und hielt an der schlichten Bestattungsweise ihrer Vorfahren fest. Ab 1925 kam sogar noch ein drittes abgetrenntes Gräberfeld hinzu, auf dem zwar aufwendige Grabmäler, aber kein Blumenschmuck erlaubt waren.

Man erzählt sich, dass angesichts der tödlichen Bedrohung durch die Nazis einige Frankfurter Juden nach der Pogromnacht die trennende Mauer auf dem Friedhof nieder rissen, um den Zusammenhalt der jüdischen Bevölkerung zu demonstrieren. Ob diese Geschichte stimmt, oder ob die Mauer durch Bomben beschädigt wurde, ist jedoch nicht geklärt.

Auf dem Friedhof liegen viele in Frankfurt bekannte und einflussreiche Juden, darunter Mitglieder der Familie Rothschild, der Maler Moritz Daniel Oppenheim, die Frauenrechtlerin und Waisenhausleiterin Bertha Pappenheim, Leopold Casella, der Gründer der »Casella« und Leopold Sonnemann, der demokratische Verleger der *Frankfurter Zeitung*.

Der Neue Jüdische Friedhof

»Wandeln werd ich vor dem Antlitz des Ewigen in den Gefilden des Lebens.«[35]

Es ist ein beklemmender und verstörender Anblick: Über achthundert Gräber und Grabsteine zu beiden Seiten des Mittelgangs sehen gleich aus und tragen dieselbe Inschrift. Hier wurden über achthundert Frankfurter Juden bestattet, die es vorzogen, sich selbst zu töten, nachdem die Gestapo sie zur Deportation geladen hatte. Am Eingang steht ein Ehrenmal für die Ermordeten in Auschwitz.

Durch zwei Portale gelangt der Besucher zum Gräberfeld, auf dem seit 1929 Beisetzungen stattfinden. Die jüdische Gemeinde schränkte die Pracht der Grabmäler nach den Erfahrungen mit dem Friedhof in der Rat-Beil-Straße durch Vorschriften zu Material und Größe wieder ein. Blumenschmuck ist nicht erwünscht. Baumeister Fritz Nathan entwarf die Gesamtanlage mit dem Klinkerbau der frühen Moderne.

Eckenheimer Landstraße 238

---

35 Inschrift am inneren Portal.

Synagoge Westend

Synagoge Westend (Abb. 28)

Von den vier großen Synagogen in Frankfurt am Main überstand sie als einzige die Bomben des Zweiten Weltkriegs. Wenige Jahre zuvor, am 10. November 1938, konnte sie dem Angriff von SA-Männern, die in ihrem Inneren ein Feuer legten, standhalten, weil die Feuerwehr den Brand vollständig löschte. Letzteres erstaunt umso mehr, da die Feuerwehr während des Zweiten Weltkriegs bei den anderen Frankfurter Synagogen lediglich darauf geachtet hatte, dass die Flammen nicht auf die benachbarten Gebäude übergriffen. Dennoch wurden das Dach und die Innenräume zerstört. Heute ist die Synagoge Westend die größte Synagoge der Stadt und das geistliche Zentrum der jüdischen Gemeinde. Architekt dieses Jugendstilbaus mit seinen assyrisch-ägyptischen Elementen war Franz Roeckle. Ab 1910 traf sich hier der liberale Flügel der jüdischen Gemeinde, was auch daran zu erkennen ist, dass Frauen den Innenraum betreten durften. In den anderen drei Frankfurter Synagogen durften sie wie in allen orthodoxen Synagogen nur die Empore betreten. Doch auch in der Westend-Synagoge saßen die Frauen getrennt von den Männern. Die Westend-Synagoge wurde als vierte große Synagoge in Frankfurt gebaut, sie war die erste außerhalb der historischen Stadtmauern. Nach der streng orthodoxen jüdischen Synagoge an der Friedberger Anlage war sie die zweitgrößte Synagoge Frankfurts.

Ihr liberaler Rabbiner Georg Salzberger wurde kurz nach dem Angriff der SA-Männer auf die Synagoge nach Dachau gebracht, doch es gelang ihm, frei zu kommen und nach England zu emigrieren. 1939 zwang der so genannte »Judenvertrag« die jüdische Gemeinde, ihre Besitztümer zu einem Spottpreis an die Stadt Frankfurt zu verkaufen. In der Westendsynagoge, die nun der Stadt gehörte, wurden Möbel ausgebombter Familien und Kulissen der Oper gelagert. 1949 gab es bereits wieder eine jüdische Gemeinde mit etwa zweitausend Mitgliedern in Frankfurt. Sie hatte sich vor allem aus Vertriebenen aus Osteuropa gebildet, die nicht in ihre Heimatländer zurückkehren konnten oder wollten. Ein Jahr später wurde die notdürftig wieder Instand gesetzte Synagoge neu geweiht. Georg Salzberger, der ehemalige Rabbiner der Westend Synagoge, reiste aus London an und hielt eine Ansprache. In den Jahren 1988 bis 1994 entschloss man sich, die Synagoge nach historischen Belegen zu restaurieren. Der nüchterne Stil der 1950er Jahre wich wieder der Pracht des 19. Jahrhunderts.

Mit etwa siebentausend Mitgliedern lebt heute nach Berlin und München die drittgrößte jüdische Gemeinde in Frankfurt.

Der Bunker Friedberger Anlage

Ab 1907 befand sich hier die zweitgrößte Synagoge Deutschlands. In der Reichspogromnacht wurde sie von der durch die Nationalsozialisten aufgehetzten Meute mit Benzin übergossen. Noch 1939 musste die jüdische Gemeinde für den vollständigen Abriss der Ruine aufkommen. 1943 wurde ein Luftschutzbunker an ihre Stelle gebaut. In diesem Bunker finden heute Ausstellungen und andere Veranstaltungen statt, die an das ehemals rege jüdische Leben im Ostend erinnern sollen. Der Vorplatz wurde von der Münchner Künstlerin und Landschaftsarchitektin Jeannette Garnhartner gestaltet; sie wählte dafür geometrische Formen aus schwarzem Granit. Auf einem schwarzen Gedenkstein erinnert eine Aufschrift an die Synagoge und ihre Zerstörung. Er ist von vier schwarzen Scheiben umrahmt, zwei dieser Scheiben bilden ein Tor zur Friedberger Anlage. Zwei Säulenstücke nach dem Vorbild der Synagoge und ausladende Rasenflächen ergänzen die Anlage, die an einen Sakralraum erinnern soll.

Friedberger Anlage 5–7, hinter der Zoo-Passage.

Oskar Schindler

Seit dem Spielberg-Film *Schindlers Liste* ist er berühmt: der Fabrikant Oskar Schindler (1908–1974), der viele Juden vor dem Tod rettete. In seinen letzten Lebensjahren lebte er in Frankfurt in ärmlichen Verhältnissen. Nachdem er in den Nachkriegsjahren mit mehreren Geschäftsvorhaben gescheitert war, gelang es ihm nicht mehr, beruflich Fuß zu fassen. Er hatte kaum Geld und vegetierte in einer Einzimmerwohnung im Bahnhofsviertel. Als Juden, die dank seiner Hilfe überlebt hatten, von seiner desolaten Situation hörten, luden sie ihn nach Jerusalem ein. Ab 1961 verbrachte Oskar Schindler jeweils ein halbes Jahr in Frankfurt, die andere Jahreshälfte in Jerusalem. Dort wurde er auf einem katholischen Friedhof beigesetzt. In Frankfurt erinnert eine Plakette am Haus Hauptbahnhof 4 an ihn.

Die Rothschilds

> *»Alle Schlüsselpositionen sind mit Familienmitgliedern zu besetzen.*
> *An Geschäften dürfen nur männliche Familienmitglieder teilnehmen.*
> *Der älteste Sohn des ältesten Sohnes soll Familienoberhaupt sein, soweit die Mehrheit der Familie nicht anders entscheidet.*
> *Es soll keine juristische Bestandsaufnahme und keine Veröffentlichung des Vermögens geben.«*[36]

Ihren Namen kennt jeder: Die Rothschilds gehörten im 19. Jahrhundert zu den wichtigsten Finanziers Europas. Noch heute ist das Bankhaus international bedeutend, zwischen 1815 und 1914 war es das größte der Welt. Das Stammhaus der jüdischen Familie war in Frankfurt angesiedelt und bis in die 1960er Jahre hinein ein reines Familienunternehmen, in dem nur männliche Rothschilds Teilhaber werden konnten.

Der Gründer Mayer Amschel Rothschild (1744–1812) wurde in der Judengasse in Frankfurt geboren. Zwar durfte er selbst außerhalb des Ghettos noch keinen Grundbesitz erwerben, seine Söhne gehörten jedoch bereits zu den reichsten Männern Europas. Die Rothschilds blieben ihrem jüdischen Glauben treu und setzten sich für die Rechte der Juden ein.

Mayer Amschels Vorfahren lebten seit Mitte des 16. Jahrhunderts in der Judengasse. Die Familie wohnte in dem »Haus zum Roten Schild«. Diesen Hausnamen behielt man auch nach einem Umzug bei. Mayer Amschels Vater handelte in der Judengasse mit Tuch, Hasenfellen, Kaffee und Antiquitäten, zudem betrieb er Wechselgeschäfte. Da er sich für Numismatik interessierte, baute er einen Münzhandel auf. Sein Sohn besuchte die jü-

---

36 Aus dem Testament von Mayer Amschel Rothschild.

dische Elementarschule im Ghetto und danach die Talmudschule in Fürth. Wegen des frühen Todes seiner Eltern brach er seine Ausbildung ab und arbeitete in Hannover bei der Firma von Wolf Jakob Oppenheim.

Mit zwanzig Jahren machte er sich in der Frankfurter Judengasse als Münz- und Wechselhändler selbstständig. Er heiratete die sechzehnjährige Gutle Schnapper (1753–1849), die eine große Mitgift mitbrachte. Sie gebar neunzehn Kinder, von denen fünf Töchter und fünf Söhne überlebten. Die Familie bewohnte eines der größten Häuser in der Judengasse.

Der Einstieg ins große Bankgeschäft gelang Mayer Amschel 1789, als er mit dem immens vermögenden Kurfürsten Wilhelm I. ins Geschäft kam. Seinen Erfolg in den nächsten Jahren verdankte Mayer Amschel dem wichtigsten Vermögensverwalter des Kurfürsten, Carl Friedrich Buderus, der ebenfalls aus bescheidenen sozialen Verhältnissen kam. Buderus stieg am Hof Wilhelms auf und sorgte dafür, dass die Bankiers des Kurfürsten, darunter auch Bethmann, zu Gunsten Rothschilds verdrängt wurden.

Schließlich wickelten nur noch Mayer Amschel Rothschild und seine fünf Söhne in ganz Europa Wilhelms umfangreiche Finanzgeschäfte ab. Ab 1810 nahm Mayer Amschel seine Söhne als vollwertige Geschäftspartner auf und nun erledigten sie den Großteil der Arbeit. Mayer Amschel engagierte sich für die Emanzipation der Frankfurter Juden.

Die Rothschild-Söhne betrieben sehr erfolgreich fünf Niederlassungen in Frankfurt, Wien, London, Paris und Neapel und stiegen in wenigen Jahrzehnten zu den führenden Bankiers Europas auf. Jeder von ihnen wurde geadelt. Sie finanzierten Staaten, Unternehmen, Eisenbahnen und den Bau des Suezkanals.

Gutle Rothschild, geborene Schnapper, überlebte ihren Mann um fast vierzig Jahre. Neben neunzehn Geburten und der Erziehung von zehn Kindern erledigte sie auch das Geldwechsel- und Wechselgeschäft in der Judengasse. Da ihr Mann häufig verreiste, übernahm sie zeitweise auch die Aufsicht für das Kreditgeschäft und den Handel. Ihr Mann hinterließ sein Vermögen den Söhnen, seine Witwe war juristisch gesehen arm. Aber ihre Söhne hätten ihr jeden Luxus ermöglicht – doch Gutle wollte nicht. Sie weigerte sich, ihr Haus in der Judengasse gegen ein Palais in der Stadt oder einen prächtigen Landsitz zu tauschen. Sie reiste auch nicht gerne und ihre einflussreichen Söhne kamen daher zu Familienfesten und Feiertagen nach Frankfurt in ihr bescheidenes Häuschen. Gutle wurde sechsundneunzig Jahre alt. Ihr Haus wurde nach ihrem Tod in ein Museum umgewandelt, fiel jedoch im Zweiten Weltkrieg den Bomben zum Opfer. Sie wurde auf dem Alten Jüdischen Friedhof an der Rat-Beil-Straße beigesetzt.

Der kleine Rothschildpark im Westend erinnert an die Familie. Ab 1816 erwarb Amschel Mayer von Rothschild mehrere Grundstücke mit Obst- und Gemüsegärten. In den nächsten Jahrzehnten entstanden ein parkartiger Garten und ein prächtiges klassizistisches Palais. Ein Gartenhaus und eine Orangerie gehörten dazu, ab 1832 wurde alles im Stil eines englischen Landschaftsparks angelegt. Eine gotische Turmruine ergänzte das Ensemble. Drei Generationen genossen die prächtige Anlage, bis die Rothschilds 1938 gezwungen wurden, ihren Besitz an die Stadt abzutreten. Im Zweiten Weltkrieg wurde der Park weit gehend zerstört und ab 1950 diente er als öffentliche Grünfläche. Teile des ehemaligen Areals sind heute bebaut. Von den historischen Bauten ist noch der gotische Turm erhalten. Seit 1954 steht in der Anlage der *Ring der Statuen* von Georg Kolbe, von ihm stammen auch das Heine Denkmal und das monumentale Beethoven Denkmal in den Wallanlagen (s. S. 153). Kolbes Werk ist von einer zeitlosen Ästhetik. Im Rothschildpark stehen sieben Bronzefiguren – vier Frauen und drei Männer – in einem weiten Kreis um eine Vertiefung angeordnet; zwischen ihnen ragen eckige Stelen auf. Das Werk wurde erst nach Kolbes Tod vollendet, der Städelprofessor Richard Scheibe stellte die Figur des Sinnenden fertig, die anderen Figuren stammen aus Kolbes Hand. Zu der *Hüterin*, dem *Jungen Weib*, der *Amazone* und der *Auserwählten* gesellen sich der *Herabschreitende*, der *Stehende Jüngling* und der *Sinnende*. Alle Körper sind schlank, aber muskulös und verbildlichen ein Ideal, dass sie weit aus der realen Sphäre hebt. Die überlebensgroßen Aktdarstellungen strahlen Gefasstheit und innere Ruhe aus. Die Arme liegen locker an den Körpern, keine Gestik stört die stille Harmonie. Kolbes großes Vorbild war der französische Bildhauer Aristide Maillol, dessen Arbeiten durch ihre klassisch einfachen Formen bestachen.

Als nach dem Abriss des Zürich-Hochauses 2009 der Opernturm entstand, wurde der Park erweitert und zur Bockenheimer Landstraße hin geöffnet. Mit seinen gewundenen Wegen und dem alten Baumbestand bildet er eine kleine Oase nahe der Innenstadt.

Moritz Daniel Oppenheim

»Man nannte mich den Maler der Rothschilds und den Rothschild der Maler.«
Er malte das emanzipierte jüdische Bürgertum in Frankfurt, er porträtierte Heinrich Heine und Ludwig Börne, erhielt nicht zuletzt zahlreiche Aufträge von den Rothschilds und wurde ein vermögender Mann: Moritz Daniel Oppenheim (1800–1882) lebte nach Studienjahren in München, Paris und Rom bis zu seinem Tod in Frankfurt. Von seinen

700 Werken gilt ein Drittel als verschollen. Das Jüdische Museum besitzt einen Teil seines Oeuvres. Er war der erste jüdische Künstler, der eine akademische Ausbildung erhielt. Sein außergewöhnliches Talent wurde früh erkannt und schon mit vierzehn Jahren führte er eine Arbeit für den Finanzminister des Großherzogtums Frankfurt aus. Einzigartig an seinem Werk ist die intensive Beschäftigung mit jüdischen Themen. Berühmt und reich wurde er als Porträtist, denn er zeigte das neue Selbstbewusstsein der gebildeten und einflussreichen Frankfurter Juden im 19. Jahrhundert. Für den Kaisersaal im Frankfurter Römer malte Oppenheim die Porträts von Kaiser Otto IV. und Joseph II.

Der Frankfurter Verleger Heinrich Keller beauftragte ihn, seine Ölgemälde mit jüdischen Motiven in Sepia zu zeichnen, so dass sie als Schwarzweiß-Bilder vervielfältigt werden konnten. Der Zyklus »Bilder aus dem altjüdischen Familienleben« fand als Buch und als Kassette reißenden Absatz. Er zeigte Szenen aus der Synagoge und dem jüdischen Familienleben und stellte die jüdischen Feste und Feiertage dar. Oppenheim erweiterte den Zyklus bis zu seinem Tod auf zwanzig Bilder, er wurde immer wieder aufgelegt.

Das Philantropin

Zu Deutsch heißt Philanthropin »Stätte der Menschlichkeit.« Diesen Namen trägt ein denkmalgeschütztes Haus im Nordend in der Hebelstraße 17. Bis zu seiner Schließung durch die Nationalsozialisten im Jahr 1942 war das Philanthropin eine Schule der israelitischen Gemeinde Frankfurts.

Das mittlerweile denkmalgeschützte Gebäude hat eine bewegte Geschichte: 1804 wurde auf Initiative von Mayer Amschel Rothschild in der Frankfurter Judengasse eine Schule für arme jüdische Kinder eröffnet. Das war der Beginn des Philantropins, das die größte und am längsten bestehende jüdische Schule Deutschlands werden sollte. Zeitweise wurde sie von tausend Schülern besucht.

Um 1840 zog die Schule in ein Gebäude auf dem ehemaligen Holzhof der Juden in der Rechneigrabenstraße um. Damals galt es als das schönste Schulhaus der Stadt. Bereits siebenunddreißig Jahre später besuchten über 900 Schüler das Philantropin, das über eine Vorschule, eine Real- und eine Mädchenschule verfügte.

Schon immer stand die »Stätte der Menschlichkeit« auch nichtjüdischen Kindern offen. Im 19. Jahrhundert wurde in dieser Schule eine moderne Weltanschauung im Sinne der jüdischen Reformbewegung vertreten, die weit über Frankfurt hinaus wirkte. 1908 wurde das neue Schulgebäude im Nordend bezogen.

Unter den Nationalsozialisten musste die Schule ihre Tore schließen und wurde zerstört: 1938 wurde ihr der Status einer öffentlichen Schule abgesprochen, im darauf folgenden Jahr zwang man die jüdische Gemeinde, das Gebäude für eine geringe Summe der Stadt zu verkaufen. 1941 wurden die höheren Schulen, 1942 auch die Volksschule geschlossen. Ab Dezember 1941 wurden viele Lehrer und Schüler des Philanthropins deportiert und ermordet.

In den Nachkriegsjahren nutzte man das Gebäude im Nordend zunächst als Lazarett, später als Teil der Uniklinik. Ab 1954 war es das Verwaltungsgebäude der 1949 wieder gegründeten Jüdischen Gemeinde, die es 1978 an die Stadt verkaufte, um das Jüdische Gemeindezentrum im Westend zu finanzieren. Bis 2004 war das Gebäude der Sitz des Hoch'schen Konservatoriums und Spielstätte des Freien Schauspiel Ensembles Frankfurt. 2006 kehrte das Philanthropin wieder zu seinen Wurzeln zurück und beherbergt erneut eine Schule der Jüdischen Gemeinde: die I.E. Lichtigfeld-Schule. Diese erfreut sich so großen Zulaufs, dass schon Klassen ausgelagert werden mussten. Die Schule lehrt auch jüdische Religion und Hebräisch, nicht alle Lehrer sind jüdisch und auch nichtjüdische Schüler werden aufgenommen.

Philanthropismus

Die Reformpädagogik wurde vom Philanthropismus, einer Erziehungslehre im Zeichen von Menschenliebe, Vernunft und Natürlichkeit, stark beeinflusst. In der Zeit der Aufklärung wurde die philantropische Gesinnung populär.

Der Theologe und Pädagoge Johann Bernhard Basedow (1724–1790) gründete die erste philanthropische Schule in Dessau. Nicht durch Drill, sondern durch freundlich-liebevolle Unterweisung und sportliche Aktivitäten sollten Jungendliche hier zu glücklichen, verantwortungsbewussten Menschen erzogen werde. Der Optimismus der Aufklärung zeigt sich darin, dass man annahm, eine veränderte Erziehung würde automatisch »bessere« Menschen hervorbringen, in der Überzeugung, dies führe automatisch zu einer Kultivierung der Gesellschaft.

VIII. Goethe in Frankfurt

> »Ich suchte mir so eine Hauptstadt aus,
> Im Kerne Bürger-Nahrungs-Graus,
> Krummenge Gässchen, spitze Giebeln,
> Beschränkten Markt, Kohl, Rüben, Zwiebeln;
> Fleischbänke, wo die Schmeißen hausen,
> Die fetten Braten anzuschmausen;
> Da findest du zu jeder Zeit
> Gewiß Gestank und Tätigkeit.«[37]

Als Goethe in Frankfurt aufwuchs, erlebte er noch eine mittelalterlich geprägte Stadt. Die Innenstadt war eng bebaut, nicht nur in der Judengasse herrschte Gedränge. Die Straßen waren nachts nicht beleuchtet und wer im Dunkeln unterwegs war, tat gut daran, eine Laterne mitzunehmen. Die Staufenmauer stand noch. Auch fanden in der Stadt noch Hinrichtungen statt und die Hauptwache diente nach wie vor als Gefängnis.

Goethes Großmutter väterlicherseits gehörte die Herberge mit Gasthof »Zum Weidenhof« auf der Zeil. Als die verwitwete Cornelia Walther wieder heiratete, entschloss sich ihr zweiter Mann, Goethes Großvater Friedrich Georg Goethe, seinen Beruf als Schneider aufzugeben und in ihr Gastgewerbe einzusteigen. Es war eine gute Entscheidung, denn der florierende Gasthof der gehobenen Kategorie und ein Weinhandel machte die Familie vermögend. Daher konnte sich Goethes Vater, der eigentlich Jurist war, ein Leben als Privatier leisten. Er widmete sich seinen Kunst- und Büchersammlungen und privaten Studien. Seine Kinder unterrichtete er überwiegend selbst, von diversen Hauslehrern unterstützt.

Goethes Mutter Catharina Elisabeth kam aus der wohlhabenden Frankfurter Familie Textor, ihr Vater war der ranghöchste Justizbeamte der Stadt. Sie war erst siebzehn, als sie den fast vierzigjährigen Rat Goethe heiratete.

Im Haus aus rotem Mainsandstein am großen Hirschgraben wurde ihr Sohn Johann Wolfgang am 28. August 1749 geboren, hier wuchs er mit seiner Schwester Cornelia auf. Seine Geburt war dramatisch: *»[...] denn durch die Ungeschicklichkeit der Hebamme kam ich für tot auf die Welt, und nur durch vielfache Bemühungen brachte man es dahin, dass ich das Licht erblickte«* schrieb er in *Dichtung und Wahrheit*.

Nach seinem Jurastudium in Leipzig und Straßburg eröffnete Goethe in Frankfurt eine kleine Anwaltskanzlei, die er ohne viel Engagement bis zu seiner Abreise nach Weimar im Jahr 1775 betrieb. Längst hatte er seine

---

37 Goethe, Mephisto, vierter Akt *Faust II*.

Begabung entdeckt und war mit den *Leiden des jungen Werther* berühmt geworden. Nach Frankfurt kehrte er nur noch selten zurück.

Goethe-Haus und Goethe-Museum

Goethehaus Front (Abb. 29)

Goethehaus Innenansicht (Abb. 30)

Im Goethe-Haus ist zwar kaum Originalmobiliar erhalten, doch der Besucher bekommt dennoch einen lebendigen und anschaulichen Eindruck vermittelt, wie ein großbürgerlicher Haushalt zu Goethes Jugendzeit ausgestattet war. Von den Tapeten über die Bilder bis zum Mobiliar ist jedes Detail liebevoll und stilgerecht ausgewählt. Es gibt einen gelben, einen blauen und einen roten Salon mit Chinoiserien, wie sie damals beliebt waren. Im roten Salon fanden Feiern und Empfänge statt. Goethes Vater sammelte Bilder Frankfurter Maler und im Goethe-Haus hängen sie so dicht nebeneinander, wie es im 18. Jahrhundert Mode war. Die in dieser Zeit beliebten Schattenrisse hängen in Goethes »Dichterzimmer«, wo er an einem Stehpult seine frühen Werke verfasste. Die etwa zweitausend Bücher zu verschiedenen Fachgebieten umfassende Bibliothek seines Vaters ist ebenso der damaligen Einrichtungsmode nachempfunden wie das Musikzimmer. Als Goethe begann, als Anwalt zu praktizieren, arbeitete er im heutigen Kaminzimmer.

In der großen Küche, wo eine Köchin und zwei Mägde unter Aufsicht der Frau Rat arbeiteten, glänzen die Kupferpfannen. Für ihre Zeit war sie sehr modern, denn die Familie Goethe hatte dort fließendes Wasser, das aus einem Brunnen im Keller hochgepumpt wurde. Es war damals üblich, Wasser an den öffentlichen Brunnen zu holen. Gekocht wurde über Glut oder offenem Feuer. Im Flur des Erdgeschosses stehen Brandkisten. Da es häufig brannte, konnte man im Notfall rasch Wertgegenstände in diesen Kisten verstauen und sie in Sicherheit bringen. Originalgetreu aus dem Haus der Goethes ist noch ein schmiedeeisernes Treppengeländer mit den Monogrammen von Goethes Eltern erhalten. Nachdem das Haus von Bomben zerstört war, konnte man dieses Geländer aus den Trümmern bergen.

Nach dem Tod seines Vaters, lebte Goethes Mutter noch bis 1795 allein in dem großen Haus. Dann zog sie in eine Etagenwohnung am Roßmarkt, nahe bei der Hauptwache. Sie war unsentimental, als sie ihr großes Haus auflöste und ließ den Hausrat samt der großen Gemälde- und Büchersammlung ihres Mannes versteigern, was sie ihrem Sohn erst im Nachhinein mitteilte. Er hat es ihr anscheinend nicht übel genommen. Das Haus am Hirschgraben wechselte mehrmals den Besitzer, die Stadt zeigte keine Ambitionen, es zu erwerben.

Das Freie Deutsche Hochstift erstand es schließlich im Jahr 1863, wie üblich mit Spendengeldern. Das »Freie Deutsche Hochstift für Wissenschaften, Künste und allgemeine Bildung« wurde 1859 von etwa fünfzig Frankfurter Bürgern gegründet. Sie fühlten sich den Idealen der gescheiterten Revolution von 1848 verpflichtet und der Verein, der jedem offen stand, war eine Mischung aus Akademie und Volkshochschule. Die kulturelle Identität der deutschen Einheit sollte durch Bildung und Forschung gefördert werden, frei von staatlicher oder kirchlicher Einflussnahme.

Von Anfang an wurden Handschriften, Bücher und Kunstwerke der Goethe-Zeit gesammelt. Zu der Kunstsammlung gehören ungefähr fünfhundert Gemälde von Künstlern des 18. und 19. Jahrhunderts aus dem deutschsprachigen Raum sowie Skulpturen, Grafiken und Kunsthandwerk. Neben dem Goethe-Haus wurde 1897 ein Museumsbau errichtet – das »Frankfurter Goethe-Museum« –, in dem die Kunstsammlungen, die Dichterautografen und die Bücher der Goethe-Zeit untergebracht wurden. Bald musste dieser Bau erweitert werden, und im Jahr 1932 eröffnete Thomas Mann den neuen Trakt.

Mit der ein Jahr später erfolgenden Machtergreifung der Nationalsozialisten wurde die Lage für das liberal orientierte Freie Deutsche Hochstift schwierig. Viele Unterstützer emigrierten, der

Goethe-Museum, Ausstellungsraum 8 (Abb. 31)

Hochstiftsdirektor verlor seine Honorarprofessur an der Universität und erhielt Redeverbot in der Stadt. Die wertvollen Sammlungen lagerte man aus. 1944 waren das Goethe-Haus und das Goethe-Museum nur noch ein Trümmerberg.

Nach dem Krieg wurden beide Gebäude jedoch wieder aufgebaut und in den 1990er Jahren saniert und umgebaut. Das Freie Deutsche Hochstift bietet ein umfangreiches Kulturprogramm mit Vorträgen, Lesungen, Musikabenden und vielen Ausstellungen.

Der Hirschgraben

Um 1400 hielt die Stadt in einem Graben außerhalb der mittelalterlichen Staufenmauer, der sich vom Katharinenkloster zum Weißfrauenkloster hinzog, Hirsche. Fast einhundert Jahre lang, von 1438 bis 1539, gab der Rat der Stadt ein großes Hirschessen für alle städtischen Beamten. Dieses öffentliche Gelage uferte im Laufe der Jahre stark aus, denn auch Prostituierte gehörten regelmäßig zu den Gästen. Nach Einführung der Reformation in Frankfurt ging es wieder gesitteter zu und es wurden nun lediglich kleinere Feste in Privathäusern veranstaltet. Doch die Hirsche grasten weiterhin im Graben vor der alten Stadtmauer, erst 1580 wurde er zugeschüttet und bebaut. Die ersten Siedler waren reformierte Glaubensflüchtlinge aus den Niederlanden. Dass die Grundstücke begehrt waren, lässt sich daraus ersehen, dass auf dem Merianplan von 1628 bereits beide Straßenseiten dicht bebaut waren. Noch im 19. Jahrhundert war der Große Hirschgraben eine beliebte Wohngegend wohlhabender Frankfurter Familien.

Frankfurter Goethe-Haus, Freies Deutsches Hochstift, Großer Hirschgraben 23–25, 60311 Frankfurt am Main, Tel. 069-138800, Fax 069-13880222, www.goethehaus-frankfurt.de, info@goethehaus-frankfurt.de, Mo–Sa 10– 18 Uhr, So/Fei bis 17.30 Uhr

Goethes Gretchen

Susanna Margaretha Brandt (1746–1772) wuchs als Waise auf. In der Frankfurter Herberge »Zum Einhorn« war sie als Mädchen für alles angestellt. Ein wandernder Goldschmiedegeselle, der in der Herberge übernachtet hatte, verführte sie mit Wein, dem er möglicherweise etwas beigemischt hatte. Dann verschwand er gen Russland und ließ Susanna Margaretha schwanger zurück. Sie verheimlichte ihre Schwangerschaft und arbeitete weiterhin von früh bis spät. Ihre Wirtin schöpfte jedoch Verdacht und schickte sie zu einem Arzt. Angeblich suchte sie sogar zwei Ärzte auf, die ihre Schwangerschaft jedoch nicht bemerkten. An einem Augustabend 1771 erlebte sie in der Waschküche eine Sturzgeburt, das Kind knallte mit dem Kopf auf den Steinboden. Es konnte nie geklärt werden, ob der Junge noch lebte, als Susanna Margaretha in Panik nach seinem Hals griff. Im Anschluss daran vergrub sie den Leichnam in dem Stall an der Staufenmauer hinter dem Haus.

Panisch floh sie im Morgengrauen nach Mainz, war jedoch so entkräftet und zudem vollkommen mittellos, dass sie am nächsten Tag nach Frankfurt zurückkehrte. Sie wurde festgenommen und in das Gefängnis in der Katharinenpforte neben der Katharinenkirche gebracht, von dort aus lieferte man sie dann in ein Hospital ein.

Als ihr fünf Tage später der Leichnam ihres Kindes vorgelegt wurde, brach sie zusammen.

Am 7. Januar 1772 wurde sie zum Tod durch das Schwert verurteilt und bereits eine Woche darauf auf dem Schafott an der Hauptwache hingerichtet.

Goethe kannte viele Details des Aufsehen erregenden Prozesses. Der Gerichtsschreiber Johann Heinrich Thym war sein ehemaliger Hauslehrer, der Schriftführer des Scharfrichters war sein Freund und späterer Schwager Johann Georg Schlosser. Die Hausärzte von Goethes Familie behandelten Susanna Margaretha Brandt im Hospital. Goethe ließ sich Abschriften der Prozessakten anfertigen. Er war von der Geschichte der unglücklichen Susanna Margaretha so fasziniert, dass die Kindesmörderin als »Gretchen« eine Hauptfigur in seinem *Urfaust* wurde.

Auszüge aus dem Verhör 10. und 11. Oktober 1771
Von wem sie geschwängert worden, und zu welcher Zeit?

Von einem holländischen Kaufmanns Diener, der im Haus logiert, desselben Name ihr aber unbekannt, und sei der Beischlaf, sowie sie sich erinnere, drei bis vier Wochen vor Weihnachten gewesen.

Ob sie durch Worte oder Verheißungen zum Beischlaf beredet worden oder freiwillig darin gewilligt habe? – Er hätte ihr etliche Gläser Wein zu trinken gegeben, wodurch sie dergestalten in die Hitze gekommen, dass sie seinen Ausfällen nicht widerstehen können, so dass er sie auf das Bett gezerrt und daselbsten die Unzucht mit ihr getrieben, und wäre es nicht anders gewesen, als ob er ihr etwas in den Wein getan [...].

Wann sie es empfunden, dass sie schwanger sei? – Nach der Ostermesse dieses Jahres habe sie das Leben des Kindes in ihrem Leib gespürt, und zwar so, als ob ein Stein von einer Seite auf die andere gewälzt würde, sie hätte aber nichts sagen können, und wäre ihr nicht anders gewesen, als wenn ihr das Maul zugebunden wäre, sonsten sie nicht in dieses Unglück kommen sein würde.

Ob und wem sie etwa ihre Schwangerschaft vertraut habe? – Keinem Menschen nicht.

Warum sie dann solches verborgen und in das Geheimnis gehalten habe? – Der Satan habe sie verblendet und ihr gleichsam das Maul zugehalten, dass es ihr nicht möglich gewesen, etwas zu gestehen, da sie doch sowohl von der Frau Bauerin als von ihren Schwestern öfters deshalb zur Rede gesetzt worden.

Ob und wie lang sie des Vorhabens gewesen, das Kind umzubringen? – Sie könne nicht leugnen, dass von der Zeit an, als sie das Leben des Kindes verspüret, der Satan ihr in den Sinn gegeben habe, dass sie in dem großen Haus leicht heimlich gebären, das Kind umbringen, verbergen und vorgeben könne, dass sie ihre Ordinaire wieder bekommen.

Aus dem Urteil vom 7. Januar 1772:

Zu peinlicher Untersuchungssachen wider Susanna Margarethen Brandtin, erkennen wir, Bürgermeister und Rat der Kaiserlichen Freien Reichsstadt Frankfurt am Main [...], dass gedachte Brandtin des an ihrem lebendig zur Welt gebrachten Kinde, nach eigener wiederholter Bekunntnis, vorsätzlich und boshafterweise verübten Mordes halber, [...] zur wohlverdienten Strafe und anderen zum abscheulichen Exempel mit dem Schwert vom Leben zum Tod zu bringen und dieses Urteil fordersamt zu vollziehen sei.

Die Gerbermühle und Marianne

>»Mondschein und Sonnenuntergänge;
>die auf Willemers Mühle [...] unendlich schön«.[38]
>»Süßes Dichten, lautre Wahrheit
>Fesselt mich in Sympathie!
>Rein verkörpert Liebesklarheit
>Im Gewand der Poesie.«[39]

Gerbermühle (Abb. 32)

Ein alternder Mann flirtet mit einer wesentlich jüngeren, verheirateten Frau und das Techtelmechtel geht in die Geschichtsannalen ein. Das gut besuchte Ausflugslokal Gerbermühle am Mainufer bei der Staustufe Offenbach profitiert noch heute, nach zwei Jahrhunderten, von dieser Liebelei, die Litera-

---

38 Goethe, notiert nach dem 12. August 1814.
39 Marianne von Willemer, enthalten in Goethes *West-östlichem Divan*.

turgeschichte schrieb. Im Jahr 1814 lernte Goethe hier Marianne von Willemer kennen.

Der Bankier Johann Jakob von Willemer pachtete die Mühle 1785 als Sommersitz. Goethe besuchte 1814 und 1815 die befreundete Familie. Er feierte hier seinen sechsundsechzigsten Geburtstag und war sehr angetan von der 35 Jahre jüngeren Marianne, der ehemaligen Ziehtochter des Bankiers. Willemer heiratete seine Pflegetochter kurz nach ihrer ersten Begegnung mit Goethe.

Bei den Besuchen verstand man sich auch zu dritt gut. Marianne soll abends gesungen haben, Goethe trug Liebesgedichte vor. Doch Marianne war selbst auch äußerst kreativ und von ihr stammen drei Gedichte im *West-östlichen Divan,* die Goethe darin aufnahm, ohne auf die Autorin hinzuweisen. Sie war die einzige Frau, deren künstlerische Begabung ihn beeindruckte. Die Willemers besaßen auch ein Gartenhäuschen in Sachsenhausen am Mühlberg. Der Bankier starb 1838.

Als Wassermühle zum Mahlen von Getreide um 1520 erbaut, hat die Gerbermühle eine wechselhafte Geschichte. Im 16. Jahrhundert gehörte die Mühle einem Odenwälder Adelsgeschlecht, den Strahlenbergern, die am Römer residierten. Damals wurde sie als »Strahlenberger Hof« bezeichnet. Ab 1601 war sie im Besitz des Mainzer Erzstifts, zweihundert Jahre später ging sie an die Stadt Frankfurt. Benannt ist sie nach einem Gerber, der sie um 1700 einige Jahre gepachtet hatte, obwohl sie später wieder als Getreidemühle im Einsatz war.

Im 19. Jahrhundert diente sie vorübergehend als Farbmühle für einen Offenbacher Farbenfabrikanten. Später zog die Schriftstellerin Malvina von Humbracht, alias Louise Ernestine Malvina von Humbracht, mit ihrer Schwester Elvira in die Mühle ein. Unter dem Pseudonym »Louise Ernesti« erschien 1856 ihr erster Roman *Eine Partie nach den Externsteinen*, der sie bekannt machte. Es folgten weitere Romane, Novellen und Reisebeschreibungen. Die Humbrachts gehörten seit Jahrhunderten zum Frankfurter Patriziat. Manche hatten Ämter im Rat der Freien Reichsstadt inne, andere dienten, wie Malvinas Vater, als hohe Offiziere im preußischen oder österreichischen Militär. Wegen eines Herzleidens zog Malvina 1882 schließlich nach Bad Nauheim. Das Ende der Schriftstellerin war dramatisch, denn sie starb an Verbrennungen, die sie bei einem Unfall mit Spiritus erlitten hatte.

Dann verfiel die Gerbermühle, weil sie niemand mehr pachten wollte. Nachdem die Stadt sie ab 1904 renovieren ließ, wurde sie jedoch ein beliebtes Ausflugslokal. Wie der gesamte Stadtteil Oberrad wurde auch die

Gerbermühle im Krieg weitgehend zerstört. Erst in den 1970er Jahren baute man die Mühle wieder auf und nutzt sie seitdem als Gaststätte. 2007 wurde ein großer Umbau abgeschlossen, nun gibt es neben dem Restaurant und dem großen Biergarten am Main auch ein schickes Hotel.

Gerbermühlstraße 105

Marianne von Willemer

Durch das »Buch Suleika« in Goethes *West-östlichem Divan* wird sie unsterblich: Marianne von Willemer (1784–1860), die uneheliche, vermutlich in Linz geborene Tochter einer armen österreichischen Schauspielerin. Als sie vierzehn war, zog Marianne mit ihrer Mutter nach Frankfurt, die sich hier Engagements am Theater erhoffte. Sie fand jedoch nur eine schlecht bezahlte Stelle als Theaterdienerin. Ihre junge und begabte Tochter hingegen war erfolgreicher, sie trat in Opern, Singspielen und im Ballett auf. Bewundert wurde sie auf der Bühne auch von dem Bankier Johann Jakob Willemer, einem großen Theaterfan, der selbst Dramen schrieb. Willemer war bereits zweimal verwitwet und Vater von fünf Kindern. Nun machte er Mariannes Mutter ein ungewöhnliches Angebot: Gegen eine Summe von zweitausend Gulden und die Zahlung einer Rente sollte sie ihm ihre sechzehnjährige Tochter Marianne überlassen. Er werde dafür sorgen, dass sie eine gute Erziehung und Ausbildung erhalte. Vermutlich um ihre Tochter vor dem Schicksal zu bewahren, eine mittellose Schauspielerin wie sie selbst zu werden, willigte Mariannes Mutter ein. Schauspielerinnen hatten damals eine niedrige soziale Stellung, sie waren den Launen der Theaterbesitzer ausgeliefert und konnten sich kaum ernähren.

Willemer nahm Marianne als Pflegetochter auf und erzog sie gemeinsam mit seinen fünf Kindern. Sie erhielt Gesangs-, Gitarren-, Klavier- und Zeichenunterricht, lernte Latein, Französisch und Italienisch. Wahrscheinlich war sie spätestens ab ihrem achtzehnten Lebensjahr Willemers Geliebte. Dieser verehrte Goethe und stand mit ihm in Briefkontakt. Im Sommer 1814 besuchte Goethe die Willemers, die nun seit vielen Jahren in wilder Ehe lebten. Doch im September 1814 heiratete Willemer seine »Ziehtochter« plötzlich ohne Aufgebot.

Im Sommer darauf fand Goethes zweiter Besuch auf der Gerbermühle statt, dieses Mal blieb er mehrere Wochen. Liebesgedichte entstanden, Goethe arbeitete am *West-östlichen Divan*. In Marianne fand er eine gleich gestimmte Seele, die ihm in Gedichten antwortete und deren Kreativität nun ebenfalls erblühte. Am 27. September 1815 sahen sich die beiden in Heidelberg zum letzten Mal, blieben jedoch bis zu Goethes Tod in Briefkontakt.

Mit ihrem Mann reiste Marianne Willemer mehrmals nach Italien. Sie pflegte ihn nach einem Schlaganfall in seinen beiden letzten Lebensjahren bis zu seinem Tod 1838. Danach zog sie in eine Wohnung in der Alten Mainzergasse 42. Sie war einsam nach dem Tod des Mannes, an dessen Seite sie 38 Jahre gelebt, der sie geprägt und erzogen hatte, und den sie um 22 Jahre überleben sollte. Sie gab Klavier- und Gesangsstunden und unterhielt Kontakte zu Künstlern. Ansonsten lebte sie zurückgezogen. Nach ihrem Tod 1860 wurde sie im Grab der Familie Andreae auf dem Frankfurter Hauptfriedhof beigesetzt.

Das Willemer Häuschen auf dem Sachsenhäuser Mühlberg

»Da vergegenwärtigte ich mir die Freunde und die über Frankfurts Panorama so zierlich aufgepunkteten Flämmchen, und zwar um so mehr, als es gerade Vollmond war, vor dessen Angesicht Liebende sich jedesmal in unverbrüchlicher Neigung gestärkt fühlen sollen.«[40]

Goethe tändelte mit seiner Marianne nicht nur an der Gerbermühle und in dem Stadthaus der Willemers, sondern auch in ihrem idyllischen Gartenhäuschen am Sachsenhäuser Mühlberg, das damals noch von Weinbergen umgeben war und eine wundervolle Aussicht auf Frankfurt und den Taunus bot. Gemeinsam schaute man sich 1814 von der Terrasse aus die Freudenfeuer zur Feier des Jahrestags der Völkerschlacht von Leipzig an.

Das turmartige Häuschen kann besichtigt werden. Es hat außer dem Erdgeschoss noch zwei Ebenen und einen Balkon, im Innern führt eine Wendeltreppe aus Holz nach oben. An den Wänden hängen Briefe und Zeichnungen von Goethe und Marianne, zudem alte Ansichten von Frankfurt. Das Freie Hochstift hat das Häuschen im Stil der Zeit möbliert. Auch Mariannes Toilettentisch gehört zu den hübschen Biedermeiermöbeln, mit denen die kleinen, achteckigen Räume ausgestattet wurden. Das mit Schiefer verkleidete Haus diente wahrscheinlich einmal als Wach- oder Aussichtsturm. Vielleicht achtete hier ein Wächter auf die Rebstöcke. Der Bankier Willemer erstand es 1809 und wandelte es in ein romantisches Sommerhaus um.

Das klassizistische Gebäude wurde im Zweiten Weltkrieg zerstört und ab den sechziger Jahren rekonstruiert. Auch der Garten wurde im Stil der Goethezeit wieder angelegt, mit einem Blumenoval, Rosen und dem im Zusammenhang mit Goethe unvermeidlichen Ginkgobaum.

Willemer Häuschen, Hühnerweg 74, 60599 Frankfurt am Main, Tel. 069-21233952, Mitte April bis Mitte Oktober So 11–16 Uhr

---

40 Goethe in einem Brief 1815.

Goethe-Denkmal auf dem Goetheplatz

Goethe-Denkmal Goetheplatz (Abb. 33)

Mit einem Kran wurde der deutsche Dichterfürst 2007 wieder auf seinen Sockel gehoben. Seitdem steht er wieder auf dem Goetheplatz, wo das Denkmal auch 1844 eingeweiht wurde. Fünf Jahre später wurde der Platz nach ihm benannt.

Eigentlich hätte der dänische Bildhauer Bertel Thorvaldsen das Denkmal erschaffen sollen, aber er erledigte den Auftrag nicht. Deshalb wandte sich die Stadt an Ludwig von Schwanthaler, der damals ein bekannter deutscher Bildhauer war. Um das Denkmal zu finanzieren, sammelte man Spenden der Bürger, zudem verzichtete Schwanthaler auf sein Honorar. Im Zweiten Weltkrieg wurde das Ehrenmal schwer beschädigt, der Kopf und ein Arm wurden abgerissen. Aus Angst vor Metalldieben grub man es vor Ort ein. Vier Jahre später wurde das Denkmal ins Liebieghaus gebracht, allerdings ohne den Kopf, den man verloren glaubte. Wider Erwarten brachte ein Goetheverehrer ihn jedoch zurück und es stellte sich heraus, dass er ihn zum Schutz vor Zerstörung vergraben hatte. Man ließ das Denkmal in einer Berliner Kunstgießerei wieder herstellen und platzierte es 1951 in der Gallusanlage.

In dieser Weise wieder in den Besitz seiner Würde gebracht, thront die überlebensgroße Bronzestatue des Dichters, der mit wallendem Mantel und dem Lorbeerkranz in der Hand dargestellt ist, nun auf einem Podest. Auf der vorderen Seite ist der Sockel mit der Allegorie der Naturwissenschaft, der dramatischen und der lyrischen Dichtkunst geschmückt. An den Seiten und hinten prangen Reliefs mit Figuren und Szenen aus Goethes Werken: Faust und Mephisto, Iphigenie und Thoas, Götz, Tasso, Hermann und Dorothea, der Erlkönig und die Braut von Korinth sind hier verewigt worden. Der Philologe Rolf Selbmann erklärt diese Auswahl von Schwanthaler folgendermaßen: *»Sie illustrieren und personalisieren einen Werkkatalog, der den Dichter auf eingängige, schlackenlose und stilisierte Klassik reduziert. Erst, wenn man sich vergegenwärtigt, was alles fehlt – Faust II, die Wahlverwandtschaften, die Wanderjahre, um nur die auffälligsten Lücken zu nennen –, erst dann* *wird die Intention Schwanthalers klar: Der gereinigte Klassiker war zusammen mit dem Literaturkanon des Bildungsbürgertums auf den Sockel gekommen!«*[41]

Exkurs 1: Die Brentanos und das Petrihäuschen in Rödelheim

> *»Das poetischste von allem aber war das malerische Petrihäusschen, in dem der Onkel wohnte und auch ganz allein schlief. Es lag unter einer Platane, nahe beim Niddawehr, so daß man immer das sanfte Rauschen des Wasserfalls hörte […].«*[42]

Direkt am Niddawehr und unmittelbar neben dem Brentanopark steht ein prächtig renoviertes Schmuckstück: das Petrihaus. Seinen Namen verdankt das Haus dem Rödelheimer Bäcker Johannes Petri, der es Mitte des 18. Jahrhunderts im Fachwerkstil erbauen ließ. Der Bankier und Kaufmann Georg Brentano (1775–1851) erwarb das Haus 1819 und ordnete seinen Umbau an. Das Gebäude offenbart einen Stilmix, wie er im späten 18. und beginnenden 19. Jahrhundert beliebt war. Klassizistische Elemente wurden mit dem Motiv des Schweizer Hauses und romantischen Vorstellungen verbunden. Den Landhausstil der Schweizer Alpen zu imitieren war damals modern. Das steile Dach des Petrihäuschens wurde durch ein flach geneigtes Dach mit weiten Überständen ersetzt, das Fachwerk bis auf das Dachgeschoss verputzt. Ein Balkon auf schlanken, klassizistischen Holzstützen mit Kapitellen und Kanneluren wurde an zwei Seiten dem Hauptgeschoss hinzugefügt.

Petrihäuschen Rödelheim (Abb. 34)

Georg Brentano hatte zwei berühmte Geschwister: Sein Bruder Clemens gilt als einer der bedeutendsten Dichter der deutschen Romantik, seine Schwester Bettina schwärmte für Goethe, befreundete sich in Frankfurt mit Goethes Mutter und heiratete den romantischen Schriftsteller Achim

---

41 Rolf Selbmann: »Dichterdenkmäler im 19. Jahrhundert und das Dichterdoppeldenkmal in Weimar«, in: *Das Denkmal. Goethe und Schiller als Doppelstandbild in Weimar*. Tübingen: Wasmuth 1993.
42 Maximiliane, Tochter von Bettina von Arnim. Johannes Werner (Hrsg.): *Maxe von Arnim, Tochter Bettinas, Gräfin Oriola, 1818-1894. Ein Lebens- u. Zeitbild aus alten Quellen geschöpft*. Leipzig 1937.

von Arnim. Goethe wiederum hatte als junger Mann Maximiliane von La Roche verehrt, die Mutter von Clemens, Bettina und Georg. Sie hatte den vermögenden Frankfurter Kaufmann Peter Anton Brentano geheiratet, der aus einer lombardischen Adelsfamilie stammte. Sein Großvater Domenico Brentano di Tremezzo war Ende des 17. Jahrhunderts nach Frankfurt gekommen, wo er die Zentrale seines Mailänder Handelshauses einrichtete. Enkel Pietro Antonio war zunächst Teilhaber der Firma Domenico *Brentano & Söhne*, dann gründete er seine eigene Handelsgesellschaft. Neben einem großen Talent für Finanzen scheint er auch musisch begabt gewesen zu sein, er schrieb Gedichte und spielte Violine. Seine zweite Frau Maximiliane war die Tochter der Schriftstellerin Sophie von La Roche. Als Goethe Maximiliane im literarischen Salon ihrer Mutter in Ehrenbreitstein bei Koblenz kennen lernte, war sie erst sechzehn. In *Dichtung und Wahrheit* schrieb Goethe, dass sie *»freilich nicht anders als liebenswürdig war: eher klein als groß von Gestalt, niedlich gebaut; eine freie anmutige Bildung, die schwärzesten Augen und eine Gesichtsfarbe, die nicht reiner und blühender gedacht werden konnte.«*

Goethe traf sie bald darauf in Frankfurt wieder, wo sie nun als Gattin des reichen Bankiers Brentano lebte und mit nur siebzehn Jahren fünf Stiefkinder erzog. Es kam zu heftigen Eifersuchtsszenen zwischen dem jungen Goethe und Brentano. In seinem Werther ließ Goethe Maximiliane in die Figur der Lotte eingehen. Im wirklichen Leben bekam sie zwölf Kinder und starb mit 37 Jahren bei der Geburt ihres letzten Kindes. Georg war ihr ältester Sohn.

Es existiert eine Beschreibung von Georgs idyllischem Häuschen aus der Feder von Maximiliane, einer Tochter Bettina von Armins. Mit ihrer Schwester Armgart wohnte sie einige Jahre bei ihrem Onkel. Dieser war zwar kein Dichter, sondern Bankier, scheint jedoch ebenfalls romantischem Gedankengut zugeneigt gewesen zu sein. In dem idyllischen Häuschen wohnte er ganz allein. Maximilianes Worte vermitteln einen anschaulichen Eindruck von der Schönheit dieses Ortes:

»Das ganze Häuschen war von einem Balkon umgeben, der immer mit blühenden Pflanzen geschmückt war. Im Innern kam man von einem kleinen Entrée [...]. zuerst in [...] des Onkels Arbeitszimmer, das mit bequemen Ledermöbeln ausgestattet war und an zwei Wänden Schränke voll prachtvoll eingebundener Bücher hatte. Von da trat man in den kleinen Salon, der ganz in Weiß gehalten war, weißbirkene Möbel mit roten Bezügen und einen schneeweißen Marmorkamin hatte, an den Wänden hingen [...]. Aquarelle mit Bildern aus der Schweiz, die der Onkel auf einer Reise hatte malen lasse[...]. Das Allerschönste aber und für uns Gegenstand steter Bewunderung war, dass man durch eine

große Glasscheibe das Leben und Arbeiten der Bienen in drei Etagen übereinander beobachten konnte; auf der Rückseite dieses sonderbaren Bienenstocks waren die Öffnungen zum Ein- und Ausfliegen der Bienen.

Nebenan war das Schlafzimmer des Onkels, das ganz in Mattgrün gehalten war, auch von hier konnte man die Bienen durch ein Fenster an der Seite beobachten [...].«[43]

Neben dem Petrihäuschen steht ein großer Ginkgo Baum (Ginkgo biloba), dessen Alter auf über 250 Jahre geschätzt wird. Er wird oft als »Goethe-Ginkgo« bezeichnet, es ist aber unwahrscheinlich, dass er dem Dichter als Anregung zum *West-östlichen Divan* diente.

Nach beinahe zwei Jahrhunderten Blütezeit erging es dem Petrihäuschen im zwanzigsten Jahrhundert schlecht, denn Rödelheim wurde 1910 eingemeindet und der Besitz der Familie Brentano fiel an die Stadt Frankfurt. In den 1950er Jahren war der Betriebshof der Stadtentwässerung im Petrihaus untergebracht. Bis Ende der sechziger Jahre wohnte der Leiter des Betriebshofes dort, danach verfiel das Kleinod. Nur ein öffentlicher Protest und das Engagement einiger Bürger verhinderten in den achtziger Jahren, dass das völlig heruntergekommene Haus abgerissen wurde. Schließlich wurde der »Förderverein Petrihaus« gegründet. Mit vielen Spenden, Sponsoren, der Unterstützung des Landes sowie der »Deutschen Stiftung Denkmalschutz« konnte das historisch bedeutsame Haus schließlich gerettet und restauriert werden. Frankfurter Handwerksbetriebe arbeiteten hierbei unentgeltlich. Im oberen Geschoss ist ein kleines Brentanomuseum untergebracht.

FörderVerein PetriHaus e.V., Am Rödelheimer Wehr 15, 60489 Frankfurt am Main, Postfach 940 112, 60459 Frankfurt am Main, 069-78 07 84 88, info@petrihaus-frankfurt.de, www.petrihaus-frankfurt.de, S 3, S 4, S 5 Rödelheim, zehn Minuten Fußweg via Radilostraße, Alt Rödelheim, Bus 34, 72 Alt Rödelheim, fünf Minuten Fußweg via Alt Rödelheim

Exkurs 2: Der Brentanopark

Von allen Frankfurter Parks soll dieser angeblich die größte Vielfalt an Bäumen aufweisen. Die heute nur noch vier Hektar große Grünanlage befand sich seit 1808 im Besitz der Kaufmannsfamilie Brentano. Die Brentanos hatten die Fläche des Parks sukzessive auf vierzehn Hektar erweitert und die Anlage 1848 im Stil eines romantischen Landschaftsgartens gestalten lassen. Im Zuge dessen wurden idyllische Blicke auf die Nidda geschaffen und der Park mit zeittypischen Elementen wie einem Labyrinth, Volieren,

---

43 a. a. O.

Gartenlauben und einem Heckentheater ausgestattet. Von diesen Elementen ist heute nur noch ein weißer, klassizistischer Badetempel erhalten.

1926 erwarb die Stadt das Gelände und wandelte es in einen Bürgerpark mit Spazierwegen, einem Spielplatz und Liegewiesen um. Unter Ernst May entstanden ein Schulgarten, ein Rosengarten und ein Pavillon im Bauhausstil.

Am 8. November 1979 wurde am Eingang zum Brentanopark die aus rotem Sandstein geschaffene Skulptur *Denkmal-Synagoge* des Künstlers Christof Krause eingeweiht. An dieser Stelle stand ehemals eine jüdische Synagoge, die in der Reichspogromnacht zerstört wurde. Letzte Reste des Gebäudes fielen den Bomben zum Opfer.

Die Skulptur steht auf einem hohen, vierkantigen Sockel und zeigt eine Gruppe nackter Menschen, die sich aneinander drängen. Es sind Internierte eines Vernichtungslagers auf dem Weg in die Gaskammer. Das Motiv gedenkt der Rödelheimer Juden, die von den Nationalsozialisten ermordet wurden.

Obwohl Goethe seine Heimatstadt als junger Mann verließ und nur noch gelegentlich besuchte, stößt man in Frankfurt an vielen Orten auf seine Spuren und durch seine autobiografischen Aufzeichnungen wird ein Stück Frankfurter Geschichte lebendig: Mit seinen Eltern besuchte er die Gottesdienste in der Katharinenkirche, in der Lateinschule im ehemaligen Barfüßerkloster erhielt er Unterricht, die Leonhardskirche verewigte er zeichnerisch. Er verfolgte die Hinrichtung der Susanna Margaretha Brandt, erlebte 1764 die Kaiserkrönung Josephs II. mit und interessierte sich für die Judengasse und ihre Bewohner. Von seinem Zeitgenossen Ludwig Börne wurde er allerdings heftig kritisiert, weil er sich nicht für die Rechte der Juden engagierte. Er schrieb: *»Für Unordnung galt ihm, wenn die Macht wechselte, wie alles wechselt, und von dem Starken zu dem Schwachen, von den Unterdrückern zu den Unterdrückten überging. Goethe war ein Stabilitäts-Narr, und die Bequemlichkeit war seine Religion.«*[44]

Auf dem Gelände des heutigen Palmengarten und des I.G.-Farben-Baus besaß die Familie von Goethes Mutter einst Streuobstwiesen. Im Palmengarten wurde auf einem der ehemaligen Grundstücke der »Frau Aja« im Jahr 1999 ein Goethe-Garten angelegt. Dabei schnitt man in Stahlsäuren, die nach Goethes Farbenlehre gestalteten waren, Zitate des Dichterfürsten aus. Eine Art Pergola mit stählernen, wolkenartigen Gebilden, auf denen ebenfalls Zitate ausgeschnitten sind, überspannt einen Teil des Geländes. Wenn man zum Himmel blickt, kann man sie lesen.

---

44 Christoph Weiß (Hrsg.): *Ludwig Börnes Goethe-Kritik. Nach den Handschriften und Erstdrucken.* Hannover: Wehrhahn 2004.

IX. Frankfurt wird erwachsen: Prestigebauten des 19. Jahrhunderts

> »Und nun stehen wir an der berühmten Zeil. Niemand wird dieser Zeile von Palästen seine Bewunderung versagen können. Was der Erfindungsgeist unseres industriellen Jahrhunderts für den Luxus nur immer geschaffen hat, finden wir hier in glänzenden, nicht selten prächtigen Läden zur Schau gestellt. Schlösser, wahre Fürstenwohnungen, sind zur Aufnahme der Fremden bereit. Und welche Menschenmenge flutet früh und spät uns hier entgegen, welch dichtes Gewimmel auf der ganzen Breite dieser Straße!«[45]

Im 19. Jahrhundert gelangte Frankfurt wirtschaftlich zu voller Blüte. Zwar wurde die Messe unbedeutend, doch die Stadt erlebte einen geradezu kometenhaften Aufstieg als Finanzzentrum. Die Bankhäuser der Rothschilds und der Bethmanns waren führend in Europa. Außerdem nutzte Frankfurt weiterhin seine geografisch günstige Lage, um als zentraler Verkehrsknotenpunkt von Handelswegen zu profitieren. Beim Bau des deutschen Eisenbahnnetzes spielte die Stadt eine entscheidende Rolle. Die letzten mittelalterlichen Zunftordnungen, die der Gewerbefreiheit im Weg standen, wurden 1864 abgeschafft und die jüdischen Bürger erhielten endlich gleiche Rechte.

An der Zeil und am Rossmarkt entstanden repräsentative Wohnhäuser, wohlhabende Bürger bauten auch am Mainufer und an den ehemaligen Wallanlagen. Die Polytechnische Gesellschaft und der Physikalische Verein wurden gegründet, außerdem erblühte das kulturelle Leben in der Stadt. Das Städel entstand, die Stadtbibliothek am Obermainkai wurde errichtet. Der Baustil des Klassizismus pragte das Stadtbild.

Die Alte Börse wurde 1840–43 in der Altstadt erbaut. Sie war die erste Wertpapierbörse in Frankfurt und wurde bereits vier Jahrzehnte später durch die Neue Börse abgelöst, da die Alte Börse im Zweiten Weltkrieg den Bombenangriffen zum Opfer fiel. Doch drei Bauwerke, die aus dem Stadtbild nicht mehr wegzudenken sind, zeugen noch heute von der aufstrebenden Epoche:

Der Eiserne Steg, Frankfurts berühmteste Brücke, wurde 1869 eingeweiht. Gut ein Jahrzehnt später eröffnete man die Alte Oper, einen repräsentativen Theaterbau, den Frankfurts Bürger finanzierten. Acht Jahre vergingen, bis die Stadt ihren neuen Hauptbahnhof einweihte, der damals als achtes Weltwunder bestaunt wurde.

---

45 *Handbuch für Reisende auf dem Maine*, Würzburg: Stahel 1845, S. 258f.

Der Eiserne Steg

»Segelnd auf weindunklem Meer hin zu Menschen anderer Sprache.«[46]

Eiserner Steg (Abb. 35)

Max Beckmann und Ernst Ludwig Kirchner haben ihn zeichnerisch verewigt. Und auch in natura wird ihm unausgesetzt Aufmerksamkeit zuteil, denn an seinem neugotischen Geländer befestigen frisch getraute Frankfurter Paare kleine Vorhängeschlösser mit ihren Namen, so dass mittlerweile unzählige goldene Schlösser in der Sonne glitzern. Bei ihrem Anblick fragt man sich unwillkürlich, was sie wohl symbolisieren. Etwa, dass man im »Hafen der Ehe« für immer in Ketten gelegt ist?

Die bekannteste Brücke Frankfurts ist gar nicht, wie ihr Name vermuten lässt, aus Eisen, sondern aus vernietetem Stahlfachwerk. Frankfurts Bürger, die es leidlich gewohnt waren, der Stadt immer wieder finanziell unter die Arme zu greifen, finanzierten auch den Eisernen Steg. Bis 1869 wurden Sachsenhausen und die Innenstadt lediglich durch die »Alte Brücke« verbunden. Besonders die umfangreichen Bierfuhren für die wachsende Bevölkerung trugen dazu bei, dass die Brücke hoffnungslos verstopft und überlastet war. Da die Stadt behauptete, kein Geld zu haben, nahmen die Bürger die Sache schließlich selbst in die Hand. Sie gründeten einen Verein zum Bau einer eisernen Fußgängerbrücke und verkauften Anteilsscheine. Jeder, der die Brücke nach der Einweihung 1869 überqueren wollte, zahlte eine Gebühr. Trotzdem wurde das neue Bauwerk so rege genutzt, dass es sich früher amortisierte als geplant. Bereits im Jahr 1886 wurde der Eiserne Steg der Stadt übergeben. Der Steg war ursprünglich niedriger, er wurde erhöht, als der Osthafen ausgebaut und der Main auch für größere Transportkähne schiffbar wurde. Ein Kohlentransporter war 1910 an der Brücke hängen geblieben. In den letzten Kriegstagen sprengte die Wehrmacht den Steg, um den Vormarsch der Alliierten zu erschweren. Im Sommer 1945 bauten die amerikani-

---

46 Aus Homers *Odyssee*, griechische Inschrift am Eisernen Steg.

schen Besatzer eine provisorische Holzbrücke über den Main. Ein Jahr später begann der Wiederaufbau des Eisernen Stegs, für den man Teile der Stahlkonstruktion verwendete, die man aus dem Main barg.

Die Alte Oper

> »Frankfurt hat gestern Besitz ergriffen von einem der herrlichsten Bauwerke der Gegenwart, von einem der schönsten Theater Europas. Bürgersinn, wie er nirgends schöner und reiner gefunden werden kann, schuf da ein Denkmal, würdig der Stadt, da es geworden.«[47]

Wer in der Musikwelt Rang und Namen hat, war hier. Ob Pop, Rock, Jazz oder Klassik: Von B.B. King über Keith Jarrett bis zu Frank Zappa traten hier unzählige Berühmtheiten auf und die illustre Liste umfasst Namen wie Vladimir Horowitz, Sir Yehudi Menuhin, Nigel Kennedy, Sir Georg Solti und Herbert von Karajan.

Alte Oper (Abb. 36)

Durch einen Luftangriff im Jahr 1944 wurde das 1880 erbaute Opernhaus bis auf die Grundmauern und Teile der Dachkonstruktion zerstört. Knapp vierzig Jahre hindurch mahnte es als pittoreske Ruine der Kriegsschrecken. Anlässlich seines Wiederaufbaus kam es in den 1960er Jahren zu heftigen Kontroversen. Die Stadt wollte die Ruine abreißen und einen modernen Verwaltungsbau an ihrer Stelle errichten. Legendär wurde der Vorschlag des damaligen hessischen Wirtschaftsministers Rudi Arndt, das Gebäude »mit ein wenig Dynamit« zu sprengen. Der spätere Oberbürgermeister trug seitdem den Spitznamen »Dynamit-Rudi.«

Ab 1964 kämpfte eine Bürgerinitiative um den Erhalt des Opernhauses; viele Mitglieder hatten einflussreiche Positionen in Frankfurt. Wie üblich zeigten sich die Frankfurter Bürger großzügig. Im August 1981 wurde die Alte Oper wieder eröffnet, dank der bis dahin größten Bürgerinitiative der Bundesrepublik auf kulturellem Gebiet.

---

47 *Frankfurter Zeitung*, 21. Oktober 1880.

Die eigentliche Oper Frankfurt befindet sich aber seit 1951 neben dem Schauspielhaus (s. S. 256). Daher finden in der Alten Oper keine Opernaufführungen, sondern Konzerte und Gastspiele unterschiedlichster Musikrichtungen statt. Der große Saal bietet Raum für 2500 Zuschauer, der Mozart-Saal mit 700 Sitzplätzen wird für Kammermusik genutzt.

Frankfurter Bürger hatten bereits das 1880 erbaute Opernhaus finanziert. Oberbürgermeister Mumm von Schwarzenstein befand 1869, dass Frankfurt ein repräsentatives Theatergebäude fehle. Die Frankfurter spendeten fast eine halbe Million Gulden für den geplanten Neubau, mit dem Richard Lucae, Direktor der Bauakademie in Berlin, beauftragt wurde. Er entwarf ein Gebäude im Stil der italienischen Renaissance und des Barock, dessen Grundriss von dem berühmten Architekten Gottfried Semper beeinflusst ist. In sieben Jahren wurde das Opernhaus erbaut, Richard Lucae starb jedoch fünf Jahre nach Baubeginn. Zu seiner Einweihung, die mit Mozarts Oper *Don Juan* gebührend begangen wurde, reiste sogar der deutsche Kaiser Wilhelm I. an. Die *Frankfurter Zeitung* berichtete: »Auf 6 1/2 Uhr war der Beginn der Festvorstellung angesetzt, und schon um 4 Uhr hatte sich vom Postgebäude, wo Kaiser Wilhelm Absteigequartier genommen, bis zum Opernhause eine Menschenkette gebildet. Gegen 5 Uhr begann die Auffahrt der Wagen — es war eine unabsehbare Reihe — und für Fußgänger war es um diese Zeit bereits schwer, sich Bahn zu brechen. Wer ein in seiner Art einziges Bild sehen wollte, der musste sich im Vestibül aufstellen, um die Damen in ihren glänzenden Toiletten ankommen und die — für stolze Schleppen so recht geeignete — teppichbelegten Treppen empor rauschen zu sehen. Was Frankfurt an schönen Frauen besitzt, kam hier zusammen und hatte sich für den Festabend schöner gemacht als je.«

Richard Lucae entwarf auch die Kandelaber auf dem Opernplatz und die Brunnen, er plante eine Gesamtanlage. Auf dem Giebel der Alten Oper thront Pegasus, das geflügelte Pferd aus der griechischen Mythologie. Das Original des Bildhauers Ludwig Brunow wurde im Krieg zerstört, den neuen Pegasus aus Kupferblech schuf der Seligenstädter Bildhauer Georg Hüter 1980. Die beiden Figurengruppen *Wahrheit und Dichtung* (1881/82) und *Kunst und Natur* (1902/03) sowie die Pantherquadriga auf dem Giebel des Vestibüls (1902) stammten ursprünglich von dem Bildhauer Franz Krüger.

Der Frankfurter Hauptbahnhof

>*»Die hohe weite Eisenhalle braust, ein Stöhnen, Stoßen,*
>*Knirschen, Klirren und Donnern hallt da innen*
>*Von Eisenzügen, die den Port gewinnen.*
>*Gewölbte Dämmerung. Mit gewaltig großen*
>*Trüben Glaswänden fängt – umfängt sie Rauch und Licht,*
>*Lärm, Ruh und Eile; fahler bricht*
>*Des Himmels Blau durch ihres Giebels Bogen,*
>*Laternen glühn tiefrot, rubinengleich,*
>*Wie Sterne klar als Zeichen hochgezogen.«*[48]

Hauptbahnhof (Abb. 37)

Noch in der Nacht vor der Eröffnung fanden bei Fackellicht die letzten Arbeiten statt. Eine begeisterte Menge bejubelte den ersten Zug, der am 18. August 1888 früh morgens aus Hamburg kam. Seine Lok war mit Blumen geschmückt. Auch in den nächsten Tagen strömten die Frankfurter herbei und bewunderten ihre neue »Centralstation.« Mit seinem prächtigen Empfangsgebäude im Stil der Neorenaissance und einer hochmodernen Halle mit einer gewaltigen Eisenkonstruktion war der

---

48 Alfons Paquet: *Auf Erden. Ein Zeit- und Reisebuch in fünf Passionen*, Jena: E. Diederichs 1908, S. 5.

Frankfurter Hauptbahnhof bei seiner Eröffnung ein Wunderwerk der Ingenieurskunst und des Repräsentationsbedürfnisses der Stadt. Er lag damals noch vor den Toren Frankfurts und wurde als »achtes Weltwunder« in den Zeitungen bejubelt.

Die Wartesäle schmückten Marmorsäulen und Prunklampen, nachts war der Bahnhof elektrisch beleuchtet. Bis 1915 blieb er die größte Bahnstation des Kontinents.

Rund 350.000 Passagiere benutzen ihn heute täglich, ihr Hasten und Eilen ist ansteckend. Doch es lohnt sich, kurz inne zu halten und sich den Bau einmal in Ruhe zu betrachten. Bevor der Hauptbahnhof auf dem ehemaligen Galgenfeld gebaut wurde, standen auf dem Areal die drei Westbahnhöfe. In diesen endete die Taunus-, die Main–Weser- und die Main–Neckar-Bahn. Weil immer mehr Menschen mit der Bahn fuhren, genügte die Kapazität dieser drei Bahnhöfe gegen Ende des 19. Jahrhunderts nicht mehr und ein neuer Kopfbahnhof wurde gebaut. Der oberirdische Teil bestand aus dem Empfangsgebäude und der Bahnsteighalle. Die dreischiffige Halle mit ihrer modernen Eisenkonstruktion entwarf der Berliner Ingenieur J. W. Schwedler. Jede der drei Hallen endete in einem 28 Meter hohen Tonnengewölbe und überspannte jeweils sechs Gleise. Umfasst wurde das Ganze von einem Gebäude aus gelbem Sandstein. Die Dreiteilung der Halle kam zu Stande, weil ursprünglich drei Eisenbahngesellschaften den Bahnhof nutzten.

Das Empfangsgebäude plante der Landbauinspektor Hermann Eggert aus Straßburg, seine Neorenaissance Fassade ist heute der älteste Bauteil.

Schon am Eröffnungstag passierte ein Unfall. Ein Zug konnte nicht rechtzeitig bremsen und überfuhr den Prellbock, es gab zum Glück nur Schäden an der Lok und am Bahnsteig.

In den Jahren 1914 bis 1924 wurde der Bahnhof um sechs Gleise erweitert, zwei niedrigere zusätzliche Außenschiffe im neoklassizistischen Stil wurden angebaut.

Sein Dach schmückt eine mehr als sechs Meter hohe Figurengruppe aus Bronze des Braunschweiger Bildhauers Howaldt. Sie zeigt Atlas, der die Weltkugel auf den Schultern trägt, in Begleitung von Symbolfiguren für Dampf und Elektrizität, die als junge, muskulöse Männer dargestellt sind. An der Fassade prangt über der Mitte des Eingangsgebäudes eine Uhr mit den Allegorien von Tag und Nacht, dargestellt als weibliche Figuren.

Der Hauptbahnhof überstand den Zweiten Weltkrieg relativ unversehrt, nur die Verglasung der Hallen wurde zerstört.

Unter den Hallen mit den Gleisen gibt es ein weit verzweigtes Tunnelsystem; hier wurden bis in die 1970er Jahre Post und Gepäck abgefertigt.

Johann Wilhelm Schwedler

Der Bauingenieur Johann Wilhelm Schwedler (1823–1894) machte sich einen Namen mit Brückenkonstruktionen aus Stahl. Er erfand den »Schwedlerträger« und die »Schwedlerkuppel«. Im Frankfurter Ostend wurden die Schwedlerbrücke, eine Fußgängerbrücke über die Gleise, und die Schwedlerstraße nach ihm benannt.

Schwedler entstammte einer armen Familie. Doch der begabte junge Mann machte eine glänzende Karriere. Er trat früh in den Staatsdienst ein und wurde 1858 Königlicher Eisenbahn-Baumeister in der Eisenbahnabteilung des preußischen Ministeriums in Berlin. Zehn Jahre später war er oberster preußischer Baubeamter und lehrte an der Berliner Bauakademie.

Die Schwedlerkuppel aus Stahl wurde zum ersten Mal 1863 bei der Überdachung eines Gasbehälters in Berlin gebaut. Schwedler konstruierte Dächer als räumlich tragendes Schalentragwerk mit Durchmessern von bis zu knapp fünfzig Metern.

X. Drei Berühmte Frankfurter und ihre Museen

Arzt, Naturwissenschaftler und Stifter: Johann Christian Senckenberg

> »Da es eines Christen Schuldigkeit ist, nicht allein das Gute mit dem Guten, was leicht zu tun ist, sondern auch das Böse mit dem Guten zu vergelten; so habe ich ... allezeit die Gedanken gehegt, für alle Wohltaten, welche ich Zeit meines Lebens bis in mein jetziges anfangendes Alter in meiner Vaterstadt genossen habe, nach meinem geringen Vermögen mich dankbar zu erzeigen.«[49]

Er promovierte in Göttingen über die Heilkraft des Maiglöckchens und ließ sich als Arzt in seiner Geburtsstadt Frankfurt nieder, in der schon sein Vater praktiziert hatte. Ursprünglich wollte sich Johann Christian Senckenberg (1707–1772) in seiner Dissertation mit der Melancholie befassen. Er war ein außergewöhnlich engagierter Arzt, der auch vor Auseinandersetzungen mit der Obrigkeit nicht zurückschreckte. Zu Senckenbergs Zeiten galten die Stadträte als korrupt, denn sie vergaben Konzessionen im Medizinwesen gegen Geld. Manche Geburtshelfer und Ärzte erhielten ihre Zulassungen nicht aufgrund ihrer Ausbildung oder Qualifikation, sondern weil sie dafür bezahlten. Quacksalber aller Art kamen vor allem zu Messezeiten in die Stadt, um Zähne zu ziehen und allerlei dubiose Heilmethoden anzupreisen, die ihre Patienten in einigen Fällen das Leben kosteten. Auch sie bezahlten den Rat der Stadt für die Erlaubnis, ihre Tätigkeit in der Stadt auszuüben. Senckenberg beschwerte sich beim Stadtrat über solche Vorgehensweisen, stieß aber auf taube Ohren.

Sein privates Leben wurde von furchtbaren Schicksalsschlägen überschattet. Nach dem Tod seiner Mutter heiratete Senckenberg, doch seine junge Frau starb zwei Jahre später am Kindbettfieber. Senckenberg heiratete wieder, doch auch seine zweite Ehe wurde durch den Tod beendet. Seine zweite Frau starb an Tuberkulose. Auch die Kinder aus den beiden Ehen starben. Senckenberg heiratete noch ein drittes Mal – erneut dauerte die Ehe nur zwei Jahre, da seine Frau an Krebs starb. Senckenberg blieb nun allein.

Nach all diesem Unglück beschloss er, sein Vermögen zum Wohl der Stadt einzusetzen. Senckenberg war Pietist und tief religiös. Als Motiv für

---

49 Aus dem Text von Senckenbergs Stiftung, 18. August 1763. Horst Naujoks/Gert Preiser (Hrsg.): *225 Jahre Dr. Senckenbergische Stiftung 1763 – 1988*, Olms-Weidmann, Hildesheim 1991 (= Frankfurter Beiträge zur Geschichte, Theorie und Ethik der Medizin. Bd. 10).

seine Stiftung nennt Senckenberg in seinem Stiftungsbrief »*die Hinfälligkeit dieses elenden zeitlichen Lebens, die oftmalige schnelle Endigung desselben, und die Liebe zu meinem Vaterland, aus deren Antrieb ich alle auswärtigen Vortheile hintangesetzt, und dem nach meinem geringen Vermögen ich mich gänzlich aufopfern will.*«[50]

Er gründete die »Dr. Senckenbergische-Stiftung«, die das Frankfurter Medizinwesen, die Krankenversorgung und die Ausbildung der Ärzte verbessern sollte. Östlich des Eschenheimer Tores erwarb die Stiftung ein Gelände, auf dem ab 1766 ein medizinisches Institut mit Bibliothek, Labor, Gewächshäusern und einem Theatrum anatomicum entstand. Außerdem plante Senckenberg ein Bürgerhospital, in dem Patienten anständig und kostenlos versorgt werden sollten. Er selbst erlebte seine Fertigstellung nicht mehr, denn 1772 stürzte er vom Baugerüst der Kuppel des Hospitals in den Tod. Nur zwei Tage später wurde sein Leichnam – wegen der gewaltsamen Todesursache – im Theatrum anatomicum öffentlich seziert.

Nach seinem Tod kümmerte sich die Stadt zunächst nicht um das Bürgerhospital und behinderte die wissenschaftlichen Institute mit kleinlichen Streitigkeiten in ihrer Arbeit. Als Goethe sich 1815 in Frankfurt aufhielt, war er über diese Entwicklung der Stiftung empört. Er veröffentlichte eine Schrift, in der er kritisierte, wie schlecht Senckenbergs Wunsch umgesetzt werde. Der Stiftung fehle es nicht an finanziellen Mitteln, sondern am Intellekt.

Ungefähr zur selben Zeit bildeten Frankfurter Bürger einen Verein, der im Geiste Senckenbergs naturkundliche Forschungen und Sammlungen durchführen sollte. Die Stiftungsverwaltung erlaubte, dass er sich nach seinem Vorbild benannte: Die »Senckenberg Gesellschaft für Naturforschung« entstand, zu der das Naturmuseum Senckenberg gehört.

Zur Gründung der Gesellschaft für Naturkunde erzählte der Forschungsreisende Eduard Rüppell folgende Geschichte:

Bei einer Frankfurter Messe wurde 1817 ein zahmer, großer schwarzer Seehund in einer Holzbude präsentiert. Damals war ein lebendiger Seehund eine große Seltenheit, er erregte viel Aufsehen. Doch das Tier wurde krank und starb. Sein Besitzer versuchte, den Leichnam an ein Zoologisches Kabinett zu verkaufen. Aber die Verhandlungen zogen sich hin, und der Kadaver begann zu verwesen. Der Gastwirt, auf dessen Grundstück der tote Seehund verfaulte, rief die Polizei, die das Tier

---

50 Ebd.

kurzerhand entsorgte. Frankfurter Bürger, die sich für Naturkunde begeisterten, waren entsetzt über dieses Vorgehen. Damit so etwas nicht wieder geschehen würde, gründeten sie die Naturkunde-Gesellschaft.[51]

Senckenberg hinterließ fünfzig Tagebücher, die bis heute noch nicht wissenschaftlich ausgewertet sind. Wegen seiner katastrophal unleserlichen Handschrift und seines Idioms aus Latein, Frankfurterisch und Deutsch mit eigenen Abkürzungen gestaltet sich diese Aufgabe äußerst schwierig.

Die Dr. Senckenbergische Anatomie, die sich aus dem Theatrum anatomicum entwickelte, wurde 1914 eines der Gründungsinstitute der Frankfurter Universität. Seit 2005 trägt die zentrale Bibliothek der Universität Frankfurt den Namen »Universitätsbibliothek Johann Christian Senckenberg.« Der Botanische Garten geht auf die Anlage Senckenbergs am Eschenheimer Tor zurück, das Bürgerhospital an der Nibelungenallee ist ebenfalls seiner Stiftung zu verdanken

Senckenberg, Forschungsinstitut und Naturmuseum, Senckenberganlage 25, 60325 Frankfurt, Tel. 069 / 75 42-0, Fax 069 / 74 62 38, Mo, Di, Do, Fr 9 – 17 Uhr, Mi bis 20 Uhr, Sa, So, Fei bis 18 Uhr.

Senckenberg-Naturmuseum

Senckenberg Naturmuseum, Lichthof (Abb. 38)

Schon als Kinder beeindruckte uns eine Anakonda, die gerade ein Wasserschwein verschlingt und dabei den Kiefer zu einer unglaublichen Spannweite aufreißt. Aber auch die gigantischen Dinosaurierskelette ziehen bis heute Kinder in ihren Bann. Doch ebenso begeistert Erwachsene der faszinierende Farben- und Formenreichtum der präparierten Schmetterlinge und Vögel oder die anschaulich dargestellte Erdgeschichte. Das Naturkundemuseum ist ein überaus lohnendes Ziel für jeden, der sich für Geologie, die Evolution des Menschen sowie Tiere und Pflanzen interessiert.

---

51 Quelle: www.senckenberg.de.

Das Skelett eines Finnwals, des zweitgrößten Tieres der Erde, ist hier ebenso ausgestellt wie das fossile »Urpferdchen« aus der Grube Messel oder die Riesenkrabbenspinne mit einer Beinspanne von dreißig Zentimetern. Beeindruckende Sonderausstellungen zu Themen wie »Tiefsee« oder »Wölfe« ziehen viele Besucher an. Zudem informieren Vorträge über den aktuellen Forschungsstand in verschiedenen Fachgebieten. Viele Veranstaltungen für Familien und Kinder ergänzen das Angebot.

Irrenarzt und Bestsellerautor: Heinrich Hoffmann und das Irrenschloss

> »Schon Ihr Erscheinen in einer Krankenabteilung muss wie ein Sonnenaufgang wirken!«[52]

Kennen Sie die Namen Heulalius von Heulenburg, Reimerich Kinderlieb, Peter Struwwel oder Polycarpus Gastfenger? Unter diesen Pseudonymen verfasste der Frankfurter Psychiater Heinrich Hoffmann (1809–1894) Kinderbücher. Das berühmteste: *Der Struwwelpeter*.

Doch war Hoffmann nicht nur ein bedeutender Autor, er gilt auch als fortschrittlicher Arzt. 1835 begann seine Medizinerkarriere in Frankfurt mit einer Anstellung als Arzt am Leichenschauhaus des Sachsenhäuser Friedhofs. Zudem war Hoffmann in Sachsenhausen als niedergelassener Mediziner und Geburtshelfer tätig und engagierte sich an einer Armenklinik. Von 1851 bis zu seiner Pensionierung 1888 war er Direktor der »Städtischen Anstalt für Irre und Epileptische« in Frankfurt. Auf sein Betreiben hin entstand ab 1859 ein moderner Neubau auf dem Affensteiner Feld (heute Grüneburgpark) im damals noch unbebauten Westend.

Die Irrenanstalt, das sogenannte „Irrenschloss", ca. 1869, Fotografie von Carl Friedrich Mylius (Abb. 39)

---

52 Heinrich Hoffmann an seine Assistenten.

Als Hoffmann 1851 seine Stelle antrat, befand sich das »Tollhaus«, wie es damals genannt wurde, noch in der Innenstadt. Die Zustände waren entsetzlich. Da Hoffmann viel Tatkraft, aber kein materielles Vermögen besaß, wandte er sich an die wohlhabenden Frankfurter. Die Stadt leistete zwar Zuschüsse, doch einmal mehr kam ein großer Teil der benötigten Gelder direkt aus den Brieftaschen der Bürger. Hoffmann sagte über seine Bettelaktion: »Ich wurde wirklich recht unangenehm und lästig. Ich sprach mit jedermann von nichts anderem als von meinem Plan, und ich glaube, man ging mir oft geflissentlich aus dem Wege.«

In dem neuen Gebäude ließ er Männer von Frauen sowie die ruhigen von den unruhigen Patienten trennen. Es war auf Betreiben der Stadtverwaltung im Stil der Neogotik erbaut worden, daher die Bezeichnung »Irrenschloss.«

Wurden psychisch Kranke bis dahin sehr unwürdig behandelt, in Zwangsjacken gesteckt und unter furchtbaren Bedingungen weggesperrt, erfuhren sie nun in Hoffmanns neuer Klinik einen menschenwürdigeren Umgang. Die meisten Patienten durften sich im Park der Klinik frei bewegen, es wurden sogar Ausflüge unternommen, was für die damalige Zeit ein Novum war.

Als eine der ersten Kliniken in Deutschland verfügte das »Irrenschloss« über eine Abteilung für Kinder- und Jugendliche. Hoffmann wohnte mit seiner Familie in dem Komplex.

1888 wurde Alois Alzheimer Assistenzarzt in der Anstalt. Alzheimer (1864–1915) war ebenfalls Psychiater und Neuropathologe und beschrieb als erster eine Demenzerkrankung, die nach ihm »Alzheimersche Krankheit« genannt wird.

Er setzte sich ebenfalls für eine humane Behandlung bei Menschen mit psychischen Störungen ein, die von Zwangsfütterungen und anderen brutale Methoden absehen sollte. Die Kranken behandelte man in großen Sälen im Bett. Besonders unruhige Patienten wurden mit Bädern therapiert.

1914 wurde die Anstalt der neu gegründeten Universität angegliedert, 1929 wurde das Irrenschloss abgerissen. Die Stadt hatte es an den IG-Farben Konzern verkauft, der gerade sein legendäres Verwaltungsgebäude von Hans Poelzig bauen ließ (s. S. 215), und das umliegende Gelände erwarb.

Der Struwwelpeter

Ein Weihnachtsgeschenk für seinen ältesten Sohn machte Hoffmann weltberühmt. Vergeblich hatte der Arzt 1844 nach einer passenden Gabe für den dreijährigen Carl Philipp gesucht. Schließlich beschloss er, selbst ein Bilderbuch herzustellen. An Heiligabend lag ein Schreibheft mit der Geschichte des löwenmähnigen Struwwelpeters unterm Baum.

Zufällig sah der Verleger Zacharias Löwenthal das Heft und drängte Hoffmann, sein Freizeitwerk zu publizieren. Erst nach mehreren Gläsern Wein stimmte dieser zu, bestand aber darauf, dass die erste Auflage unter dem Pseudonym »Reimerich Kinderlieb« herauskam. 1845 erschien eine kleine Auflage von 3000 Stück und in den darauffolgenden Jahren erzielte das Buch einen unglaublichen Erfolg. Um 1890 wurden 30.000 Exemplare jährlich produziert.

Struwwelpeter in der ersten Fassung von 1845 (Abb. 40)

Bis heute wurde es in 35 Sprachen übersetzt, darunter sogar Afrikanisch und Chinesisch. Zudem inspirierte es eine Unmenge von Nachfolgewerken, die als »Struwwelpetriaden« bezeichnet werden, und ein eigenes Genre darstellen.

Hoffmann verfasste noch fünf Kinderbücher und zwei politische Satiren in der Revolutionszeit von 1848, an der er rege Anteil nahm. Als letztes Werk erschien seine Gedichtsammlung *Auf heiteren Pfaden*. Doch an den gewaltigen Erfolg seines *Struwwelpeters* konnte er nicht mehr anknüpfen.

Das Frankfurter Mädchen Pauline Schmidt gilt als Vorlage für die Figur des Paulinchens im *Struwwelpeter*. Sie kam aus einer Arztfamilie, die mit Heinrich Hoffmann befreundet war. Pauline starb 1856 mit nicht einmal 16 Jahren, wahrscheinlich an Typhus. Ihr Grab befindet sich auf dem Frankfurter Hauptfriedhof (Gewann C, Grabnummer 148). Noch heute wird das schlichte Kreuz immer wieder von Besuchern mit Blumen geschmückt.

An den bedeutenden Autor und Arzt erinnert das Heinrich-Hoffmann-Museum in einem alten Bürgerhaus im Westend. Seit 1977 präsentiert eine Ausstellung Leben und Werk des vielseitigen Frankfurters. Die Dauerausstellung zeigt die Erfolgsgeschichte des *Struwwelpeters*; außer seltenen Originalausgaben sind auch Übersetzungen in ausgefallene Sprachen und Parodien auf den Bestseller zu sehen. Sonderausstellungen beschäftigen sich mit allen Facetten des engagierten Arztes und Autors, der 1848 auch als Delegierter des Vorparlaments in der Paulskirche politisch aktiv war.

Führungen für Kinder, ein Spielzimmer und Puppentheater-Aufführungen für Kinder ab vier Jahren locken auch ein junges Publikum ins Museum.

Schubertstr. 20, 60325 Frankfurt am Main, Tel. 069-747969, Fax 069-9494767499, info@struwwelpeter-museum.de, www.struwwelpeter-museum.de, Di– So 10–17 Uhr

Mundartdichter und Revolutionär: Friedrich Stoltze

> »Es is kää Stadt uff der weite Welt,
> Die so merr wie mei Frankfort gefällt,
> Un es will merr net in mein Kopp enei:
> Wie kann nor e Mensch net von Frankfort seil«[53]

Friedrich Stoltze, Gemälde von J.H. Hasselhorst, Dauerleihgabe des Instituts für Stadtgeschichte Frankfurt am Main (Abb. 41)

Mehrfach wurde er wegen Majestätsbeleidigung verurteilt, er wurde steckbrieflich gesucht und musste während der preußischen Besetzung aus seiner geliebten Heimatstadt fliehen: Friedrich Stoltze (1816–1891), bekannt als satirischer Mundartdichter, war ein überzeugter Demokrat und Republikaner, der wenig Respekt vor der Obrigkeit zeigte. Seine Geschichte ist eng mit der Geschichte Frankfurts verknüpft. Sein Vater betrieb ab 1813 den Gasthof »Zum Rebstock« am Dom, der als Treffpunkt liberaler Bürger galt. Sohn Friedrich unterhielt von einem Neffen Goethes, der ein Theaterspiel in Dialekt verfasst hatte, Unterricht, und verehrte den Pfarrer und Pädagogen Anton Kirchner (s.S. 172), von dem er

---

53 Fritz Grebenstein (Hrsg.): *Friedrich Stoltze, Werke in Frankfurter Mundart*, Waldemar Kramer: Frankfurt am Main 1990.

getauft und konfirmiert wurde. In seinen ersten Gedichten schwärmte Friedrich von der Natur, und sein Vater verbot ihm, weiter zu dichten. Stattdessen sollte er Kaufmann werden. In dem Haus, in dem er bei einem Kaufmann namens Melchior lernte, wohnte jedoch auch Marianne von Willemer, die Freundin Goethes (s. S. 130). Sie erkannte sein poetisches Talent und bestärkte ihn darin, die Lehre aufzugeben. Nach dem Tod seines Vaters war die finanzielle Lage der Familie allerdings angespannt, und Stoltze setzte seine Ausbildung in Paris fort. Nach seiner Rückkehr nach Frankfurt erschien 1841 sein erster Gedichtband, der ihm eine Stelle als Hauslehrer bei dem Kaufmann Seufferheld einbrachte. Dieser wollte das Konzept des Kindergartens in Frankfurt einführen und schickte Stoltze zu dem Pädagogen Friedrich Fröbel und nach Jena zum Studium.

Wieder in Frankfurt, arbeitete Stoltze als Vorleser für den Bankier Amschel Mayer von Rothschild und kam in Kontakt mit wohlhabenden Patriziern. Er begann, Gedichte auf Wunsch zu verfassen und schrieb Texte fürs Theater. Seine katholische Geliebte Marie Messenzehl heiratete er erst, als sie bereits zum dritten Mal von ihm schwanger war. Es war die erste Mischehe in Frankfurt; das Paar heiratete in der Katharinenkirche. Sie bekamen elf Kinder.

Die Ereignisse um die Frankfurter Nationalversammlung verfolgte Stoltze gespannt (s. S. 82) und 1849 begann er, sich als Publizist zu betätigen. Da politische Zeitungen unterdrückt wurden, verlegte er sich auf satirische Mundartdichtungen. 1852 erschien die erste Ausgabe seiner Frankfurter *Krebbel- und Warme Broedscher* Zeitung, er kommentierte darin das Geschehen in Frankfurt und in Deutschland, wofür er in Hessen und Kurhessen bald steckbrieflich gesucht wurde. 1860 gründete er die Wochenzeitung *Frankfurter Latern,* in der auch Illustrationen von Wilhelm Busch erschienen. Sie war zwar ein großer Erfolg, doch mit seinen Satiren über die Preußen, Bismarck und den Kaiser machte sich der Dichter viele Feinde. Als Frankfurt von Preußen besetzt wurde, floh Stoltze in die Schweiz. 1870 kehrte er zurück und brachte die *Latern* bis zu seinem Tod 1891 wieder heraus – sie erschien sogar in ganz Deutschland. Ab 1873 wohnte er in einem klassizistischen Gartenhäuschen der Rothschilds, dem »Stoltzehäuschen« im Grüneburgweg 128. Es wurde 1930 für den Bau des I.G.-Farben-Hauses abgerissen.

Auch seine Schwester Anette war politisch aktiv. Sie unterstützte polnische Freiheitskämpfer im Kampf gegen das Zarenreich, was ihr den Namen »Polenkönigin« eintrug. Der Gasthof ihres Vaters war ab 1830 ein Zentrum exilierter Polen.

Vermutlich wusste Anette auch von den Plänen zum Frankfurter Wachensturm von 1833 (s. S. 19). Sie schmuggelte verhafteten Oppositionellen Briefe und Sägen in die Zellen und nahm an einem Versuch, einen Wachenstürmer zu befreien, teil. Daraufhin wurde sie selbst für vier Wochen im Rententurm eingesperrt.

Das Stoltze-Museum ist im Renaissance-Treppenturm des ehemaligen Schönborner Hofes aus dem 16. Jahrhundert untergebracht. Stoltzes Leben und Werk wird mit Fotografien, Zeichnungen und Textbeispielen porträtiert. Persönliche Gegenstände und Möbel aus seinem Nachlass ergänzen die Ausstellung.

Stoltze-Museum

Frankfurter Sparkasse, Töngesgasse 34–36,
60311 Frankfurt am Main, Tel. 069-26414006,
Tel. 069-26414026,
petra.breitkreuz@frankfurter-sparkasse.de,
www.frankfurter-sparkasse.de/stoltze,
Mo, Di, Do 9.30–17, Mi bis 20 Uhr,
U/S-Bahnen Konstablerwache

Friedrich Stoltze-Museum, Blick in die Familienecke Seifert (Abb. 42)

XI. Spaziergang zu Kunst und Geschichte in den Wallanlagen

> »Die alten Wälle sind abgetragen, die alten Tore eingerißen, um die gantze Stadt ein Parck, man glaubt, es sey Feerrey.«[54]

Im Jahr 1810 fällte die Stadt eine ihrer besten Entscheidungen. Die heute noch geltende »Wallservitut« schützt seit damals die ehemaligen Wallanlagen vor jeglicher Bebauung. Ein Spaziergang oder eine Radtour durch diese Anlagen lohnt sich, denn nicht nur alter Baumbestand und idyllische Weiher locken, es gibt auch zahlreiche historische Denkmäler und moderne Skulpturen zu entdecken. An sonnigen Tagen zieht es viele Frankfurter in den grünen Innenstadtring, Kinder nutzen begeistert die Spielplätze, auf den Bänken genießen Sonnenhungrige die warmen Strahlen. Eine Tour durch die Wallanlagen führt mitten hinein in die Frankfurter Geschichte. Hier stehen Stein gewordene Erinnerungen an Menschen, die das Schicksal der Stadt mitbestimmten, darunter etwa die Bürgermeister Carl Viktor Fellner und Jakob Guillott oder der Stadtgärtner Sebastian Rinz. Erinnert wird auch an berühmte Schriftsteller, die in Frankfurt wirkten, wie Arthur Schopenhauer oder Ludwig Börne. Zugleich ist es ein Spaziergang zur Kunst der Bildhauerei, zu Werken moderner Künstler wie Sol LeWitt, Eduardo Chillida oder Andreu Alfaro, zu Arbeiten des Klassikers Georg Kolbe und von Frankfurter Bildhauern.

Bis zu Beginn des 19. Jahrhunderts standen dort, wo es heute üppig grünt, mittelalterliche Stadtmauern. Ab 1333 entstand vor der alten Staufenmauer die Frankfurter Neustadt. Auch sie wurde durch eine Stadtmauer geschützt, die von einem bis zu zehn Meter breiten Wassergraben umgeben war und im 14. und 15. Jahrhundert durch Türme verstärkt wurde. Der Eschenheimer Turm zeugt noch heute davon. Doch gegen die im 16. Jahrhundert aufkommenden Kanonen konnte die Mauer nicht viel ausrichten, deshalb wurde sie im Dreißigjährigen Krieg durch zusätzliche Befestigungen gesichert. Ende des 18. Jahrhunderts waren die gesamten Bollwerke jedoch endgültig obsolet geworden. Daher beschloss der Rat der Stadt, sie abzureißen. Doch erst nach dem Ende der Freien Reichsstadt im Jahr 1806 wurde dieser Entschluss unter Jakob Guiollett (1746–1815) umgesetzt. Carl Theodor von Dalberg hatte den Baufachmann Guiollett nach Frankfurt geschickt, um das Palais Thurn und Taxis als Wohnsitz für ihn vorzubereiten. Im selben Jahr veröffentlichte Gui-

---

54 Catharina Elisabeth Goethe 1808 in einem Brief an ihren Sohn.

ollett eine Schrift, in der er vorschlug, anstelle der alten Bollwerke eine Promenade und einen englischen Landschaftsgarten anzulegen. Daraufhin wurde er mit dem Abriss der Befestigungen und der Neugestaltung beauftragt. Weil die Stadt kein Geld für die gewaltigen Abbrucharbeiten hatte, musste Guiollett sich etwas einfallen lassen. Er ließ die Wallgrundstücke mit der Auflage versteigern, dass die neuen Besitzer die Befestigungsanlagen auf ihrem Grundstück auf eigene Kosten abreißen mussten. Da in dem beengten Altstadtkern Grundstücke heiß begehrt waren, rissen sich viele Frankfurter Familien um die Parzellen. Die frei werdenden Flächen wurden in drei Zonen unterteilt: Eine wurde mit klassizistischen Häusern bebaut, die nächste musste binnen eines Jahres von ihren neuen Eigentümern als Garten angelegt werden und die äußere wurde gar nicht verkauft, sondern als öffentliche Grünfläche und Promenade angelegt.

Guiollett suchte nun noch einen Landschaftsgärtner, der fähig war, die Festungswälle in einen Park umzugestalten. Dalbergs Hofgärtner Bode empfahl ihm seinen Assistenten Sebastian Rinz. Dieser gestaltete 1806 zunächst die Bockenheimer - und die Eschenheimer Anlage. Bäume und Sträucher holte er aus dem Frankfurter Stadtwald und dem Taunus. Zierpflanzen erwarb er in den Gärten des Mainzer Hofgärtners in Königstein, im Klostergarten in Seligenstadt und im Park Schönbusch bei Aschaffenburg. Rinz ging dann nach Aschaffenburg zurück, wurde aber bald zurückgeholt. Die Frankfurter Gärtner waren mit der Pflege eines Landschaftsgartens überfordert, zudem plante Dalberg den weiteren Ausbau der Grünanlagen und sicherte die Finanzierung aus seiner privaten Kasse. 1812 schloss Rinz die Arbeiten mit der Obermainanlage ab. An den Anlagen entstanden prächtige Villen mit großen Gärten, die entsprechend einer Vorschrift des Stadtbaumeisters Johann Georg Christian Hess alle im Stil des Klassizismus gestaltet waren. Hess entwarf in Frankfurt mehrere klassizistische Gebäude, darunter den Alten Portikus. Die privaten Gärten waren der damaligen Mode entsprechend mit Goldfischweihern, japanischen Brücken und Schweizer Häuschen versehen.

Bereits ein Jahr nach ihrer Fertigstellung wurden die Gärten beim Abzug der französischen Truppen nach der Leipziger Völkerschlacht verwüstet. Rinz erneuerte die Anlage. Er wurde Frankfurter Bürger, und seine gärtnerischen Arbeiten prägten die Stadt nachhaltig. 1828 gestaltete er den Hauptfriedhof vor den Toren der Stadt, zehn Jahre später den Günthersburgpark in Bornheim. Auf dem ehemaligen Peterskirchhof schuf er einen weiteren Landschaftsgarten, von dem jedoch nur wenig erhalten ist. Auch der Park der jesuitischen Hochschule Sankt Georgen in Oberrad geht auf Rinz zurück. Sein letztes Werk war das »Nizza«, die mediterran inspirierte Grünanlage am Mainufer (s. S. 198). In den Anlagen, die er so hingebungsvoll gestaltete, kann man ihm noch heute begegnen, denn 1892 wurde ihm zu Ehren ein Denkmal in der Friedberger Anlage errichtet.

Die Wallanlagen bestehen aus sieben Teilen, wobei die meisten nach ehemaligen Stadttoren benannt sind: Untermainanlage, Gallusanlage, Taunusanlage, Bockenheimer Anlage, Eschenheimer Anlage, Friedberger Anlage und Obermainanlage.

Wege zur Kunst in den Wallanlagen

> »Statt der alten Mauern und der sumpfigen Gräben haben die Frankfurter einen reizenden englischen Garten erstehen sehen, einen charmanten und duftenden Gürtel, der einen Rundgang um die Stadt unter herrlichen Bäumen und auf sandbestreuten Wegen erlaubt. [...] Das Grab des Bürgermeisters, der die Idee zu dieser Verbesserung hatte, erhebt sich inmitten dieses reizenden Labyrinths, das die Bürger und ihre Familien jeden Tag um fünf Uhr bevölkern.«[55]

Einen Spaziergang durch die Wallanlagen kann man am Mainufer beginnen, an der Untermainanlage. Sie hat ihren Namen vom Main, der von Osten nach Westen fließt, also von der Obermain- zur Untermainanlage. Durch den Bau des Schauspielhauses verlor sie schon 1899 viel von ihrer Fläche. Vor dem Theater sprudelt der *Märchenbrunnen*

Märchenbrunnen von Friedrich Christoph Hausmann (Abb. 43)

des Städelprofessors Friedrich Christoph Hausmann. Er entstand 1910. Seine große, flache Schale aus Muschelkalk erinnert an eine Grotte. Ganz oben thront eine schneeweiße Mainnixe. Für diese Figur soll eine junge Wäscherin aus Niederrad Modell gestanden haben. Die schlanke Dame aus weißem Marmor wird auch »Mainweibchen« genannt. Unter ihr speien bronzene Echsen und Fische Wasser. Finanziert wurde der Brunnen aus dem Kunstfonds, den Leo Gans, der Leiter der Cassella-Werke in Fechenheim, gegründet hatte. Dieser Stiftung verdankt Frankfurt auch

---

55 Alexandre Dumas der Ältere, 1838, *Excursions sur les bords du Rhin*.

zwei bedeutende Kunstwerke des belgischen Malers und Bildhauers Constantin Meunier: den *Hafenarbeiter* an der Friedensbrücke und den *Sämann* im Günthersburgpark.

Die anschließende Gallusanlage liegt vor den Hochhäusern des Bankenviertels. Sie wird von der Kaiserstraße durchtrennt. Ihren Namen hat sie von dem Gallustor, dem Galgentor, das bis 1808 existierte.

An der Kaiserstraße steht die Skulptur *Olymp von Weimar* des spanischen Künstlers Andreu Alfaro. Diese abstrakte Raumskulptur aus Edelstahl-Stäben entstand 1990 und wurde 2008 in der Gallusanlage aufgestellt. Neben Eduardo Chillida gehört Alfaro zu den bedeutendsten modernen Bildhauern Spaniens. Er arbeitet mit Edelstahl, Eisen und Stein und verwandelt Fertigteile wie Vierkantstäbe oder Röhren zu abstrakten Gebilden von verblüffender Ästhetik. Faszinierend ist das Spiel von Sonne und Schatten auf seinen Arbeiten. Sehenswert ist auch sein Werk *Die Welt* am Frankfurter Platz der Republik.

Läuft man weiter in der Anlage, steht rechter Hand das *Opfer-Denkmal* des jüdischen Künstlers Benno Elkan, eine berührende, in Kummer versunkene Frauenfigur, die auf einem hohen Sockel kauert. An dem Denkmal, das 1920 zur Erinnerung an die Gefallenen des Ersten Weltkriegs errichtet wurde, werden am Jahrestag der Reichspogromnacht Kränze niedergelegt. Elkan (1877–1960) starb in London, wohin er 1933 von Frankfurt emigrierte. Nach einem Studium der Malerei und Bildhauerei in München, Karlsruhe und Paris hatte er bis dahin als freier Bildhauer in Frankfurt gearbeitet.

Opfer-Denkmal von Benno Elken (Abb. 44)

Schiller-Denkmal von Johannes Dielmann (Abb. 45)

Die große Taunusanlage reicht bis zum Opernplatz; sie wurde von Sebastian Rinz besonders prächtig gestaltet, auch ein Goldfischweiher gehörte dazu. Ihren Namen erhielt sie vom ehemaligen Taunusbahnhof. Auch sie liegt heute im Bankenviertel. Um sie herum ragen Hochhäuser gen Himmel. Als erstes stößt man auf das *Schiller-Denkmal*. Sein Schöpfer war der Sohn eines Sachsenhäuser Gärtners. Johannes Dielmann (1819–1886) studierte am Städel und danach in München Bildhauerei. Sein Schiller steht in Überlebensgröße und Bronze auf einem hohen Sockel. Er trägt einen bodenlangen Umhang und einen Lorbeerkranz, der Griffel und das Buch in seinen Händen weisen ihn als Dichter aus. Zu Schillers 100. Geburtstag im Jahre 1859 wollten die Frankfurter den Dichter verewigt sehen und Dielmanns Entwurf gewann beim Wettbewerb den ersten Preis. Sein Denkmal wurde 1864 auf einem Platz in der Nähe der Hauptwache enthüllt, der seitdem »Schillerplatz« heißt. Doch das *Schiller-Denkmal* wanderte: erst auf den Rathenauplatz und schließlich 1955, zum 150. Todestag Schillers, in die Taunusanlage.

Nicht in der Grünanlage, sondern vor dem Gebäude der Dresdner Bank (Gallusanlage 7) stehen sieben große Würfel aus weiß lackiertem Aluminium. Vom *Schiller-Denkmal* aus sind sie gut zu sehen. Der amerikanische Maler und Bildhauer Sol LeWitt (1928–2007) schuf das Werk *Open Cubes* 1991. LeWitt lebte in

Open Cubes von Sol LeWitt (Abb. 46)

New York und arbeitete zunächst als Grafiker und Designer am *Museum of Modern Art*, später unterrichtete er Kunst. Er war beeinflusst vom *Bauhaus*[56], dem *Konstruktivismus*[57] und der *De Stijl-Bewegung*[58]. In den 1960er Jahren entwickelte er seinen eigenen Stil mit geometrischen Skulpturen. Ein prägendes Element seiner Werke bilden Kastenformen, die er oft zu größeren Objekten kombinierte. Mit seiner Raumskulptur *Open Cubes* präsentiert sich LeWitt als Vertreter der *Minimal Art*. Diese Stilrichtung entstand in den 1960er Jahren in den USA und ihre Vertreter reduzieren

---

56 Bezeichnung einer 1919 in Weimar gegründeten modernen Kunstschule.
57 Stilrichtung in der Kunst der ersten Hälfte des 20. Jahrhunderts, die sich einer gegenstandslosen Malerei mit einfachen geometrischen Formen verschrieben hat.
58 Eine 1917 gegründete Gruppe von niederländischen Künstlern und Architekten, deren künstlerischer Stil durch eine abstrakte, geometrische Formensprache gekennzeichnet ist.

in ihren Werken meist alle Formen auf einfache geometrische Grundstrukturen. LeWitts sieben offene Quader aus Vierkantrohren bestehen aus einer solchen einfachen Grundstruktur. Jeder Würfel setzt sich aus sechs Quadraten zusammen. Zu den *Open Cubes* gehört auch das Wandgemälde *Floating Cube A* in der Dresdner Bank. Es zeigt einen nach vorne geneigten, lila- und ockerfarbigen Quader auf rotem Grund. Im Vordergrund bilden ein horizontaler und ein vertikaler schmaler Balken ein Kreuz.

Heine-Denkmal von Georg Kolbe (Abb. 47)

Er war der erfolgreichste deutsche Bildhauer der ersten Hälfte des 20. Jahrhunderts: Georg Kolbe (1877–1947). Mehrere Werke von ihm sind in Frankfurt zu sehen, zwei davon stehen in der Taunusanlage. Vom Untermainkai kommend, begegnet man zunächst seinem *Heine-Denkmal.*

Kolbe studierte Malerei in Dresden, München und Paris, dann ging er nach Rom, wo er mit der Bildhauerei begann. Ab 1904 lebte er in Berlin. Er wurde Mitglied der *Berliner Secession* und verkaufte viele seiner Arbeiten über den bedeutenden Kunsthändler Paul Cassirer. Nach einer expressionistischen Phase wurden Kolbes Figuren in den späten 1920er Jahren wieder naturalistischer. Großen Zuspruch fanden seine impressionistisch angehauchten Frauenfiguren, erfolgreich wurde er auch als Porträtist und mit Werken für den öffentlichen Raum. 1936 verlieh ihm die Stadt Frankfurt den Goethepreis. Kolbe gelang es, die Kriegsjahre zu überstehen, ohne sich von den Nazis komplett vereinnahmen zu lassen. Seine muskulösen Aktfiguren symbolisierten ein ästhetisches Ideal und schienen unpolitisch. Die durchtrainierten Körper waren durchaus mit dem nationalsozialistischen Kunstideal vereinbar, Kolbe weigerte sich jedoch, Monumentalskulpturen anzufertigen. Er lehnte den Auftrag zu einem Hitler-Porträt ab und setzte sich für verfemte expressionistische Künstler ein. Nach dem Tod seiner Frau im Jahr 1927 spielten Trauernde in seinem Werk eine große Rolle, die Leichtigkeit seiner früheren Werke war dahin. In seinen letzten Schaffensjahren beschäftigten ihn große Denkmalsprojekte, darunter das Beethoven-Denkmal in Frankfurt und ein Nietzsche-Denkmal, das nie realisiert wurde.

Erst nach seinem Tod wurden in Frankfurt das *Beethoven-Denkmal* und der *Ring der Statuen* (im Rothschildpark) aufgestellt.

1910 wurde in Frankfurt ein Wettbewerb für ein Heine-Denkmal ausgeschrieben, den Kolbe gewann. Das Denkmal – Kolbes erster großer öffentlicher Auftrag – wurde

Ring der Statuen von Georg Kolbe (Abb. 48)

1913 in der Friedberger Anlage aufgestellt. Es war das erste Heine-Denkmal in Deutschland und viele Antisemiten begehrten wild dagegen auf.

Kolbe modellierte einen schlanken, weit ausschreitenden jungen Mann, der die Arme in tänzerischer Pose erhoben hat, und eine junge Frau, die zu seinen Füßen sitzt, den Rücken durchgestreckt, den Kopf von ihm abgewendet. Zu den beiden Aktfiguren inspirierten Kolbe Auftritte russischer Tänzer wie Nijinsky. 1933 wurde das Denkmal von Nazianhängern vom Sockel gestürzt. Die Figuren wurden gerettet und im Garten des Städel aufgestellt, allerdings unter dem unverfänglichen Titel *Frühlingslied*. Während der Bombenangriffe waren sie im Keller eingelagert und wurden verschüttet, jedoch nicht zerstört.

Seit 1947 steht das Denkmal in der Taunusanlage. Das Relief mit Heines Profil vorne am Sockel war Kolbes letzte Arbeit, er starb im selben Jahr. Unter dem Schatten buschiger Eiben verharren die beiden schlanken Figuren nun in ihren artifiziellen Posen. Vergleicht man diese beiden Figuren mit Kolbes Beethoven-Denkmal wenige Meter weiter in derselben Anlage, wird der Unterschied zwischen der zarten Anmut seiner frühen Arbeiten und den monumental mächtigen Figuren seines Spätwerks deutlich.

Doch zunächst sind gegenüber dem *Heine-Denkmal* in einem vertieften, gepflasterten Teil der Anlage mit einer Pergola, Bänken und Spieltischen, noch zwei unbekanntere Skulpturen zu entdecken: Michael Siebels *Die Diagonale* erscheint unspektakulär; über einen hellen Steinquader mit unruhiger Oberfläche zieht sich eine längliche Kerbe. Siebel, der am Städel Bildhauerei studiert hat, erhielt 1980 den Auftrag, einen Granitblock, der einmal zu dem *Goethe-Denkmal* gehört hatte, neu zu gestalten. Er bearbeitete den Stein ohne Maschinen und die strukturierte Oberfläche und der diagonale Schnitt haben eine ganz eigene Ästhetik. Von Siebel sind in der Eschenheimer Anlage noch ein *Sitzender* und in der Obermainanlage der *Fischernachen* zu sehen.

Schneewittchen-Denkmal von August Haag (Abb. 49)

August Haags *Schneewittchen-Denkmal* befindet sich am Rand des kleinen Platzes. Beinahe scheint es mit dem Grün der Pflanzen verwachsen, denn die Figur ist stark verwittert und nicht auf den ersten Blick zu identifizieren, ihre Konturen sind verwaschen. Schneewittchen ruht auf einem Sarkophag, unter ihr erkennt man noch schemenhaft einige Zwerge. Zu dem Märchenthema passt der romantisch anmutende, im Zerbröckeln begriffene Zustand des Werkes. August Haag (1885–1933) fertigte das Denkmal 1930 aus hellgrauem Muschelkalk.

Haag studierte an der Frankfurter Kunstgewerbeschule und an der Akademie der Bildenden Künste in Berlin. Danach wurde er Schüler und Assistent von Augusto Varnesi, der an der Hochschule in Darmstadt lehrte und in Frankfurt sein Bildhaueratelier hatte. 1926 machte sich Haag mit einem eigenen Atelier selbstständig.

Im Palmengarten steht sein *Junge mit wasserspeienden Fischen*, umgangssprachlich auch »Brunnenbub« genannt, auf dem Hauptfriedhof sind einige Grabmäler und Büsten aus seiner Werkstatt zu sehen.

Junge mit wasserspeienden Fischen von August Haag (Abb. 50)

Georg Kolbes *Beethoven-Denkmal* thront rechter Hand auf einem Hügel, linker Hand steht Eduardo Chillidas *Haus für Goethe*. Kolbes Beethoven entstand 1948, doch das Modell dafür hatte er bereits vor dem Krieg entworfen. Kolbe betrachtete das Werk mit den drei monumentalen Figuren als Krönung seines Oeuvres; er hatte ab 1926 daran gearbeitet. Er stellt Beethoven hier als athletischen Heroen dar, der die Arme energisch vor der Brust verschränkt. Hinter ihm stehen zwei Frauenfiguren, die *Sinnende* und die *Rufende* betitelt. Mit ihren schwellenden Muskeln und den ernst-verschlossenen Mienen erinnern die überlebensgroßen Figuren eher an Heldendenkmäler als an einen Komponisten.

Einen großen Kontrast dazu bildet Eduardo Chillidas *Ein Haus für Goethe* unterhalb des mächtigen Beethovens. Chillida (1924–2002) war einer der bedeutendsten modernen Bildhauer Spaniens. Nach einem Architektur- und Kunststudium ging er 1948 nach Paris, wo seine ersten Figuren aus Gips entstanden. Nach San Sebastian zurückgekehrt, begann er, Skulpturen aus Eisen anzufertigen. Bereits 1958 erhielt er den *Großen Internationalen Preis für Skulptur*

Beethoven-Denkmal von Georg Kolbe (Abb. 51)

auf der Biennale in Venedig und nahm an einer Ausstellung im New Yorker Guggenheim Museum teil. In den folgenden Jahren zeigte sich seine Originalität und Vielseitigkeit, er arbeitete mit Holz und mit Stahl und beschäftigte sich mit Radierungen. Chillida erhielt viele bedeutende Preise und stellte weltweit aus, mehrmals nahm er an der *documenta* teil. Seine Arbeit *Traumamboß VII* befindet sich im Städel.

Sein *Haus für Goethe* steht seit 1986 in der Taunusanlage, die Skulptur aus Beton ist begehbar. Ihren besonderen Reiz macht aus, dass sie aus vielen verschiedenen Perspektiven wahrnehmbar und nicht mit einem einzigen Blick zu erfassen ist, was sie von den historischen Denkmälern eminent unterscheidet. Ursprünglich sollte die Skulptur aus Eisen angefertigt werden, doch dann entschied sich Chillida für Beton, vermischt mit Farbpulver und Kupferspänen. Die raue Oberfläche entstand durch grob zusammengefügte Holzverschalungen. Wer genau hinsieht, kann die Maserung des Holzes erkennen. Die Skulptur ist nach vorne und nach oben offen, was Chillida mit den folgenden Worten

Ein Haus für Goethe von Eduardo Chillida (Abb. 52)

begründete: »*Das Haus eines Mannes wie Goethe könnte nicht überdacht werden: Das Licht, das er suchte, wäre unter einem Dach verborgen.*«

Die Skulptur besteht aus zwei Teilen, die zunächst aus Styropor gefertigt wurden. Um diese Styroporform kam eine Holzverschalung, in die Kunstbeton gegossen wurde. Der Transport nach Frankfurt war kompliziert; sechs Wochen benötigte ein spezieller Tieflader für die Fahrt von Spanien. Die US-Airforce ermöglichte mittels einer Straße aus Luftlandeblechen, dass der Tieflader mit der schweren Skulptur überhaupt in die Taunusanlage fahren konnte.

Spaziert man weiter, befindet sich linker Hand ein düsteres Gefallenendenkmal von 1938. Dahinter wartet als Kontrast ein fröhlich grinsender Bronzekopf auf einem Sandsteinsockel. Weinlaub ringelt sich um seinen Nacken. Johann Nepomuk Zwerger schuf diesen *Winzer- oder Lachhannes-Brunnen* 1859. Die gute Laune des Lachhannes, bei dem es sich um die Büste eines Weinbauern handeln soll, entspringt offensichtlich seiner Lebensmaxime, die auf einer Bronzetafel unter seinem Kopf prangt: »*Gesegnet soll der Trunk uns sein, das Wasser euch und mir der Wein.*« Angeblich stammt dieser Spruch von Heinrich Hoffmann, dem Verfasser des *Struwwelpeters*. Der rote Sandsteinsockel zeigt spätklassizistisches Dekor. Johann Nepomuk Zwerger (1796–1868) unterrichtete mehr als drei Jahrzehnte am Städel Bildhauerei, auf dem Hauptfriedhof befinden sich weitere Arbeiten von ihm.

Nicht in der Anlage, aber vom *Lachhannes* aus gut zu sehen, steht auf der gegenüberliegenden Straßenseite die Skulptur *Kontinuität* von Max Bill. Die aus hellem Granit gefertigte Arbeit stellt eine endlose Schleife dar. Max Bill meißelte sie aus einem Monolithen. Sie ist eine monumentale Version von seinen Endlosschleifen, die er als kleine Objekte aus poliertem Metall schon in den 1940er Jahren produzierte. Es ist ein angenehmes Gefühl, die Hand über den polierten Granit gleiten zu lassen, und man sollte die Skulptur daher nicht nur visuell, sondern auch taktil würdigen. Bills Werk bekundet sein Interesse an Mathematik. Seine *Endlosschleife* ist ein Sinnbild des nach dem deutschen Mathematiker

Kontinuität von Max Bill (Abb. 53)

August Ferdinand Möbius benannten *Möbiusschen Bandes*. Bill war auch Architekt und Designer, ein Klassiker wurde seine Küchenuhr für die Firma Junghans. Nach einer Lehre als Silberschmied studierte er am Bauhaus in Dessau und es ist gut möglich, dass seine ausgeprägte Vielseitigkeit auf unterschiedlichen kreativen Gebieten daher rührt. Damals lehrten noch Kandinsky, Klee, Schlemmer und Albers am Bauhaus. Bill wurde einer der wichtigsten Vertreter der *Konkreten Kunst,* sogar die Definition dieser Kunstrichtung stammte von ihm. An verschiedenen Hochschulen hatte er Professuren inne.

Flora von Paul Seiler (Abb. 54)

Rechter Hand präsentiert sich ein Stück weiter in der Anlage ebenso wunderbar verwittert wie das Schneewittchen die *Flora* des Bildhauers Paul Seiler (1873–1934). Seiler besuchte die Kunstgewerbeschule in Frankfurt und arbeitete anschließend als freier Bildhauer. Er schuf eine Reihe von Denkmälern in Frankfurt, darunter die Figur *Liegender Krieger* für das Ehrenmal auf dem Frankfurter Hauptfriedhof. Auch als Ziseleur betätigte er sich, Medaillen und Plaketten aus seiner Hand bewahrt das Münzkabinett des Historischen Museums auf.

Seine Blumengöttin entstand um 1900 und war von antiken Vorbildern inspiriert. Sie hält einen Blumenkranz in der rechten Hand und ist nur zum Teil durch ein geschickt drapiertes Gewand mit langen Falten umhüllt. Unauffällig ein Stück nach hinten versetzt steht sie unter hohen Bäumen in einem schattigen Beet, der weiche Stein, aus dem sie besteht, wirkt wie zersetzt. Die Zeit und der saure Regen setzen ihm offensichtlich zu.

Die nächste weibliche Figur ist noch besser erhalten, sie lagert entspannt auf einem länglichen Sockel. Die nackte *Liegende* von Rudolf Kipp entstand 1937; es ist eine in schlichten Formen gestaltete Figur aus Muschelkalkstein. Rudolf Kipp (1900–1981) kam aus einer Familie alt eingesessener Frankfurter. Seinen Urgroßeltern gehörte das gotische »Pesthaus« in der Altstadt. Kipp kam in Sachsenhausen zur Welt, er besuchte die Musterschule und danach die Kunstgewerbeschule in Frankfurt. Er blieb zeitlebens in der Stadt und erhielt viele Aufträge von regionalen Firmen und städtischen Behörden.

Auf einem kleinen Platz mit Bänken und Buchsbaumbeeten bildet seit 1985 die Bronzeskulptur *Aufforderung* der Stuttgarter Bildhauerin Doris Schmauder das Zentrum. Die überlebensgroße männliche Figur ist stark modelliert, sie wirkt sehnig, schlank und muskulös. Ein spitzes Dach, das auf acht zierlichen Säulen ruht, schützt sie vor den Unbilden des Wetters. Die Figur, die an einen Tänzer denken lässt, trägt eine Maske und einen Harlekinkragen. Ihre Hände greifen auffordernd und mit einer expressiven Gestik nach vorne, als suche sie eine Tanzpartnerin. Ihre Füße sind in einer artifiziellen Haltung seitlich verdreht.

Vollrad Kutschers Pfennig-Denkmal
Es ist das kleinste Denkmal in den Anlagen und es ehrt auch einen sehr kleinen Gegenstand: den Pfennig. Gut getarnt zwischen den Pflastersteinen des Wegs ist ungefähr auf der Höhe der Deutschen Bank ein Granitstein eingelassen, in dem wiederum eine kleine Bronzetafel sitzt. Auf dieser Tafel befindet sich eine genau pfenniggroße Vertiefung, die einmal im Jahr zu Gedenken an den Pfennig mit Spiritus gefüllt und angezündet wird. In die Pflastersteine rundum sind 24 Pfennige kreisförmig eingesetzt. 2002 wurde das Werk der Stadt übergeben, ein Schriftzug verweist auf die Stifter: »Denkmal der Gesellschaft zur Verwertung und Erhaltung der Pfennigidee.«[59]

In der Nähe der Alten Oper erhebt sich auf einem kleinen Hügel ein Denkmal zu Ehren des engagierten und einfallsreichen Gründers der Frankfurter Wallanlagen, Jakob Guiollett, der von 1811 bis 1815 auch Frankfurter Bürgermeister war. Seine etwas grimmig dreinblickende Bronzebüste thront seit 1837 auf einem hohen Postament. Am oberen Teil dieses Sockels sind im Relief allegorische Figuren dargestellt, die auf Guioletts Verdienste in Frankfurt verweisen: die Zerstörung der Befestigungen sowie die Planung und Gestaltung der Wallanlagen.

Nikolaus Karl Eduard Schmidt von der Launitz (1797–1869) sollte eigentlich Jura in Göttingen studieren, doch er interessierte sich viel mehr für Kunst und Kunstgeschichte. Deshalb ging er 1816 nach Rom, wo er in einer Künstlerkolonie lebte und Schüler des berühmten Bildhauers Bertel Thorwaldsen wurde. Nachdem seine Frau 1829 gestorben war, ließ von der Launitz sich mit seinen drei kleinen Kindern in Frankfurt nieder. Er war ein angesehener Kunsthistoriker, lehrte am Städelschen Kunstinstitut und arbeitete als Bildhauer. Sein Grab ist auf dem Frankfur-

---

59 www.euro-pan.com.

ter Hauptfriedhof, wo sich auch einige seiner Büsten und Reliefs befinden. Von der Launitz' Büste von Simon Moritz von Bethmann steht in der Friedberger Anlage am Weiher.

Das Gutenberg-Denkmal
In Frankfurt ist ein bedeutendes Werk von Nikolaus Karl Eduard Schmidt von der Launitz zu sehen: das Gutenberg-Denkmal auf dem südlichen Roßmarkt (1854-58). Dieses Ehrenmal für Johannes Gutenberg und seine Geldgeber Fust und Schöffer wurde 1840, anlässlich der Vierhundert Jahrfeier der Erfindung der Druckkunst, zunächst aus Gips modelliert. Das eigentliche Johannes-Gutenberg-Denkmal entstand danach in der damals neuen, von dem Frankfurter Physiker Rudolf Christian Boettger entwickelten Technik der Galvanoplastik. Auf einem gotischen Sandsteinpodest stehen drei Figuren: Gutenberg, Peter Schöffer und Hans Fust. Außerdem sind Allegorien der Theologie, Poesie, Naturforschung und Industrie zu sehen. Am Sockel verläuft ein Fries mit Porträts bekannter Buchdrucker, Verleger und Buchhändler, Figuren mit den Stadtwappen der vier ersten Buchdruckstädte Mainz, Venedig, Straßburg und Frankfurt ergänzen die Darstellung.

Auf dem Weg zum Opernplatz passiert man den *Marshall-Brunnen,* der 1963 mit Spenden von Frankfurter Unternehmern errichtet wurde. Drei weibliche Figuren aus Bronze räkeln sich um eine Wasserfontäne. Ihre Köpfe sind klein, die Gliedmaßen überproportional groß, der Einfluss Picassos auf den Bildhauer Tony Stadler, der den Brunnen schuf, ist deutlich erkennbar. Es handelt sich um die drei Grazien Aglaia, Hegemone und Euphrosyne. Sie stehen symbolisch für die Anmut von Geben, Nehmen und Danken, denn der Brunnen ist dem ehemaligen amerikanischen Außenminister George Marshall gewidmet, der nach dem Zweiten Weltkrieg viele wirtschaftliche Hilfeleistungen für Deutschland und Europa initiierte und damit entscheidend zum Wiederaufbau beitrug. Ein Gedenkstein beim Brunnen erinnert daran. Der Künstler Tony Stadler (1888–1982) lebte in München. Er stammte aus einer Malerfamilie und lernte Bildhauerei bei August Gaul und Aristide Maillol. In den 1940er Jahren hatte er eine Professur am Frankfurter Städel inne. Inspiriert wurde er von den Versen der drei Grazien in Goethes *Faust II:*

»Aglaia: Anmut bringen wir ins Leben, leget Anmut in das Geben.
Hegemone: Leget Anmut ins Empfangen, lieblich ist's den Wunsch erlangen.
Euphrosyne: Und in stiller Tage Schranken höchst anmutig sei das Danken.«

Der Opernplatz ist die einzige größere Unterbrechung der Grünanlagen, denn die Alte Oper wurde entgegen der Verordnung in die Wallanlagen gebaut. Rechter Hand hinter dem Opernhaus beginnt die Bockenheimer Anlage, die bis zum Eschenheimer Turm reicht. Ein Teil der Anlage nahe der Alten Oper wurde nach der Frankfurter Volksschauspielerin Liesel Christ benannt. Mittelpunkt der Bockenheimer Anlage ist ein kleiner Weiher mit Seerosen und Schilf, der aus einem Löschwasserbecken des Zweiten Weltkriegs entstand. Am Weg um den Weiher steht ein gewaltiger Mammutbaum. Am Weiher steht die zweieinhalb Meter hohe *Karyatide* von Gerson Fehrenbach. Die amorphe, weibliche Bronzefigur wurde 1964–66 angefertigt. Fehrenbach studierte in Freiburg, Paris und Berlin Bildhauerei. Nach einem Aufenthalt in Florenz arbeitete er ab 1963 am Lehrstuhl für Plastisches Gestalten an der TU-Berlin. Eine Karyatide ist in der griechischen Baukunst eine weibliche Figur, die, ähnlich einer Säule, als Stütze dient.

In Baltasar Lobos (1910–1993) *Stella* aus dem Jahr 1965, einer über drei Meter hohen, stilisierten Bronzeskulptur, erahnt man noch die weibliche Figur. Der spanische Bildhauer studierte in Madrid an der Hochschule der Bildenden Künste. Als Antifaschist floh er 1939 nach Paris, wo er Picasso kennen lernte, mit dem ihn eine lebenslange Freundschaft verband. Lobo wurde in Paris interniert und sollte nach Südamerika abgeschoben werden, doch Picasso rettete ihn, indem er ihm eine Aufenthaltsgenehmigung beschaffte. Bis zu seinem Tod lebte der spanische Bildhauer in Paris. Er arbeitete mit Marmor, Stein oder Bronze und stellte weltweit aus. Vor dem Eingang des Büsing Palais in Offenbach steht seine Skulptur *Mutter und Kind* (1953).

Ganz in der Nähe steht seit 1973 die Bronzeplastik *Torso II* des Berliner Bildhauers Waldemar Grzimek (1918–1984). Nach einer Steinmetzlehre studierte Grzimek in Berlin und Rom. Als Lehrer arbeitete er an verschiedenen Kunstschulen, fast zwanzig Jahre unterrichtete er »Plastisches Gestalten« im Fachbereich Architektur an der Technischen Hochschule Darmstadt. Sein umfangreiches Werk umfasst Skulpturen aus Bronze, Ton, Gips und Beton. Bereits als Jugendlicher erregte er Aufsehen mit Tierskulpturen, später stand die menschliche Figur im Mittelpunkt seines Schaffens.

»Er war ein Mensch, ein Bürger der Erde, ein guter Schriftsteller und ein Patriot«[60]

---

60 Heinrich Heine über Ludwig Börne.

An den streitbaren und mutigen Ludwig Börne erinnert eine Bronzetafel mit einem Porträt-Relief. Angefertigt hat sie 1963 der Bildhauer Georg Mahr (1889–1967), der am Städel und in Darmstadt studierte. Fast alle Arbeiten von ihm wurden im Zweiten Weltkrieg zerstört. Erhalten ist noch seine Bronzetafel *Fellner-Gedenkstätte* in der Friedberger Anlage.

Bereits zu seinem vierzigsten Todestag errichtete man für Ludwig Börne in der Bockenheimer Anlage ein Denkmal mit seiner Büste aus Carrara-Marmor. 1931 wurde diese Büste beschädigt und vom Sockel gerissen, die Behörden transportierten sie ab und ließen nur den Sockel stehen. Der *Schutzverband Deutscher Schriftsteller* forderte vom Magistrat, das Denkmal wieder herzustellen. Dieser behauptete, kein Geld zu haben. Doch die Zeitungen *Volksstimme* und *Frankfurter Zeitung* unterstützten die Forderung und schlugen einen Plakattext vor: »Beschädigt und besudelt von den Zöglingen des Professors der angewandten Pädagogik Adolf Hitler. Deutschland erwache!« Daraufhin beschloss der Magistrat, das Denkmal zu ersetzen. Doch als 1933 die Nationalsozialisten an die Macht kamen, entfernten sie auch noch den Sockel aus der Bockenheimer Anlage.

Er lernte unter anderem von Georg Kolbe und wurde von Lehmbruck beeinflusst: Das Werk des Berliner Bildhauers Gerhard Marcks (1889–1981) kennzeichnen klare Formen und ein strenger Aufbau. Marcks war einer der erfolgreichsten deutschen Bildhauer der Nachkriegszeit, er orientierte sich an der antiken griechischen Skulptur und den archaischen Formen der Romanik. In der Bockenheimer Anlage 15 steht sein *Mozart-Denkmal*, das 1963 eingeweiht wurde. Finanziert wurde es durch eine Stiftung, nachdem ein älteres Mozart-Denkmal im Zweiten Weltkrieg zerstört worden war. Auf einer fast fünf Meter hohen Säule thront eine Büste aus schwedischem Granit. Der Kopf ist nach unten geneigt, auf ihm sitzt ein gewaltiger geflügelter Hut. Bedeutender als die Mozart-Büste ist seine Granitstatue des *Empedokles* in der Goethe-Universität in Bockenheim. Sie steht seit 1954 in der Eingangshalle des Jügelhauses. Der Architekt der Universität, Ferdinand Kramer, hatte für die neue Halle einen »Denker« bei Marcks in Auftrag gegeben.

Das Nebbiensche Gartenhaus

Nebbiensches Gartenhaus (Abb. 55)

Es verbirgt sich in der Bockenheimer Anlage zwischen viel befahrenen Straßen und hinter dem edlen Hilton Hotel. Es gibt Frankfurter, denen es noch nie aufgefallen ist. Dabei ist es ein ganz besonders hübsches klassizistisches Kleinod aus dem 18. Jahrhundert und eines der wenigen Gebäude in der Innenstadt, das nicht im Zweiten Weltkrieg zerstört wurde: das Nebbiensche Gartenhaus.

Nachdem die Wallanlagen abgerissen worden waren, durften im Bereich der ehemaligen Anlagen nur noch Gärten entstehen. Das klassizistische Gartenhaus des Verlegers Marcus Johannes Nebbien wurde 1810 in seinem Garten auf seinem Grundstück an der Hochstraße errichtet. Sein Architekt war der im 18. Jahrhundert in Frankfurt sehr erfolgreiche Nicolas Alexandre Salins de Montfort (1753–1838). Salins hatte in Paris Architektur studiert und in renommierten Ateliers gearbeitet. 1778 gewann er einen Wettbewerb zur Gestaltung des Marktplatzes in Karlsruhe. Vor der Revolution flüchtete er 1792 nach Frankfurt. Er wählte diese Stadt, weil es hier eine große französisch-reformierte Gemeinde gab. Salins profitierte von seinen Kontakten zu deren wohlhabenden Mitgliedern – unter anderem zu der Familie Gontard – und erhielt bald bedeutende Aufträge. Es wird vermutet, dass auch der deutsch-reformierten Kirche am Kornmarkt und der französisch-reformierten Kirche am Goetheplatz Entwürfe Salins zugrunde lagen. Beide Kirchen wurden 1944 zerstört. Salins avancierte schnell zum gefragtesten Architekten Frankfurts. Seine Entwürfe prägten für einige Jahre den Baustil der ganzen Stadt. 1806 ging er nach Würzburg, seine letzten Lebensjahre verbrachte er in seinem Heimatland.

Von seinen Frankfurter Werken wurden viele bereits im 19. Jahrhundert abgerissen, die restlichen vernichtete der Bombenhagel des Zweiten Weltkriegs.

Auch deshalb kommt dem Nebbienschen Gartenhaus eine besondere Bedeutung zu, denn aus Salins Hand existiert heute in Frankfurt nur noch das Portal der Villa Leonhardi im Palmengarten (s. S. 193).

Das Gartenhaus erwarb 1835 der Bankier Philipp Bernhard Andreae, der es nach der Besetzung der Stadt Frankfurt 1867 an das preußischen Militär verkaufte. Diesem diente es als Musterungslokal für Rekruten. Nach der preußischen Armee hielten die schönen Künste Einzug, vor dem Zweiten Weltkrieg war das Gartenhaus zeitweise ein Maleratelier. 1952 wurde es mit Spenden renoviert und seitdem nutzt der Frankfurter Künstlerclub das historische Gebäude für Ausstellungen, Lesungen und musikalische Veranstaltungen.

Neben dem Gebäude wurden zwei Brunnen aufgestellt. Der italienische Renaissancebrunnen rechter Hand stammt aus dem Garten Carl von Weinbergs (1861–1943), einem jüdischen Unternehmer in Frankfurt, der mit seinem Bruder Arthur das international erfolgreiche Unternehmen *Cassella Farbwerke Mainkur* leitete, das im Jahr 1925 in der I.G. Farben aufging. Wie sein Onkel Leo Gans war auch Carl von Weinberg sozial engagiert und stiftete in Frankfurt großzügig, unter anderem für die Universität. Die Gründung des Frankfurter Golfclubs im Jahr 1913 ist seiner Initiative zu verdanken. Vor den Nationalsozialisten floh Carl von Weinberg nach Italien, sein Bruder Arthur starb im KZ Theresienstadt.

Der Brunnen ist aus Florentiner Marmor und wurde im 16. Jahrhundert von einem unbekannten Künstler gestaltet. Ganz oben steht ein Putto, der einen Fisch in den Armen hält. Das kleinere Muschelbecken unter ihm wird von vier Nereiden getragen, die Wasser speien. Das größere untere Muschelbecken thront über vier Fabelwesen.

Frankfurter Künstlerclub e.V., »Nebbiensches Gartenhaus«, Tel: 069-235749, Fax:069-231545, info@frankfurter-kuenstlerclub.de, www.frankfurter-kuenstlerclub.de, Nov bis Feb 11 bis 17 Uhr, März bis Okt 12 bis 18 Uhr, Mo geschlossen

In der Bockenheimer Anlage 3 hängt seit 1967 an einer Villa, die nach Plänen des Malers Moritz von Schwind gebaut wurde, eine Gedenktafel aus Bronze. Das Städel orderte bei Moritz von Schwind 1844 ein großes Historiengemälde zu dem Thema *Der Sängerkrieg auf der Wartburg*. Der Maler kam dafür mit seiner Familie nach Frankfurt und arbeitete in einem Atelier im Städel. 1845 kaufte Schwind ein Grundstück in der Bockenheimer Anlage und ließ ein Haus nach seinen Plänen bauen. Er hoffte, am Städel eine Professur zu erhalten, wurde jedoch abgelehnt und ging stattdessen als Professor an die Münchener Kunstakademie.

Der Bildhauer Dr. Knud Knudsen (1916–1998) arbeitete nach einem Studium der Kunstgeschichte zunächst als Pressezeichner und war im Zweiten Weltkrieg Kriegszeichner. Erst nach dem Krieg wandte er sich der Bildhauerei zu. In Frankfurt sind an der Paulskirche seine Porträtreliefs von Theodor Heuss und Georg August Zinn zu sehen.

Vom Eschenheimer Tor verläuft die Eschenheimer Anlage nach Osten. Sie wird hier nicht mehr von Banken und Hochhäusern, sondern von Wohnvierteln mit zum Teil klassizistischen Fassaden gesäumt. Überquert man die viel befahrene Straße zwischen Bockenheimer- und Eschenheimer Anlage, ist auf der rechten Seite der mittelalterliche Eschenheimer Turm zu sehen (s. S. 94). Der Anblick ist einer der für Frankfurt typischen Kontraste: Hinter dem gotischen Turm ragen silbrig glänzende Hochhausfassaden in den Himmel. Die Verbindung von mittelalterlicher und zeitgenössischer Architektur auf engstem Raum ist für Frankfurter, denen die enge Nachbarschaft von Altstadt und Bankenviertel vertraut ist, zwar nicht überraschend, selten sieht man jedoch zwei derart unterschiedliche Gebäude in so enger Symbiose.

Einem Wegbereiter der Telefonie begegnet man hinter einem Hamburger-Imbiss vor dem Tiefgarten in der Eschenheimer Anlage: Hier steht Friedrich Christoph Hausmanns Denkmal für Philipp Reis. »Das Pferd frisst keinen Gurkensalat« lautete der erste Satz, der bei der ersten Vorführung eines Telefons in Frankfurt gesprochen wurde. Unvorstellbar erscheint es in heutigen Mobilfunkzeiten, wie vehement die ersten Vorläufer des Telefons von renommierten Wissenschaftlern ihrer Zeit abgelehnt wurden. Es entbehrt nicht einer gewissen Tragik, dass Philipp Reis nicht mehr erleben durfte, wie seine Erfindung ihren weltweiten Siegeszug antrat.

Reis lebte ab 1850 einige Jahre in Frankfurt, wo er eine kaufmännische Lehre machte. Nebenbei betrieb er naturwissenschaftliche Studien und wurde Mitglied des Physikalischen Vereins. Bereits ab 1852 experimentierte er mit der Übertragung von Tönen durch elektrischen Strom. Einige Jahre später zog er nach Friedrichsdorf, wo er eine Stelle als Lehrer antrat. Sein Telefon führte er der Öffentlichkeit zum ersten Mal 1861 im »Physikalischen Verein Frankfurt« vor – und es funktionierte. Reis verbesserte seinen Apparat bis 1863 noch und demonstrierte ihn dann im Frankfurter Goethehaus vor Kaiser Franz Josef von Österreich, indem er musikalische Töne übermittelte. Später ließ er von einem Frankfurter Mechaniker Modelle herstellen. Er verkaufte sie weltweit als Demonstrationsobjekte, wodurch er zwar in Fachkreisen bekannt wurde, seine Erfindung aber trotzdem nicht vermarkten konnte. Die einflussreichsten Wissenschaftler blieben zunächst skeptisch, und da Reis mit vierzig Jahren an Tuberkulose starb, konnte er sein Werk nicht weiterführen. Ihm zu Ehren errichtete der »Physikalische Verein Frankfurt« 1919 das von Friedrich Christoph Hausmann geschaffene Denkmal aus Kunststein, das stilistisch an den Jugendstil angelehnt ist. Es zeigt zwei nackte, telefonierende Jünglinge; in ihrer Mitte thront die Büste von Reis auf einer Säule.

Philipp-Reis-Denkmal von Friedrich Christoph Hausmann (Abb. 56)

Hausmann (1860–1936) unterrichtete von 1892 bis 1905 am Städel. Von ihm stammt auch der *Märchenbrunnen* am Schauspielhaus.

Hinter dem Denkmal liegt, geschützt durch einen schmiedeeisernen Zaun, ein Tiefgarten. Geht man die Treppe hinunter, so ist es, als betrete man ein anderes Jahrhundert: Der Bürgergarten, der sich dem Blick auftut, stammt zwar aus dem Jahr 1982, wurde aber nach dem Vorbild der privaten Bürgergärten des 19. Jahrhunderts gestaltet.

Aus einem prächtigen Brunnen mit einem Medusenhaupt und zwei Janusköpfen sprudelt Wasser. Das Medusenhaupt stammt aus dem Park der Familie Löwenstein. Bänke unter einer Pergola laden zum Verweilen ein. Über der Pergola wuchern üppig blühende weiße Rosen. Die Anlage ist durch Kieswege und kleine Beete gegliedert, die mit niedrigen, gerade beschnittenen Buchsbaumhecken akkurat eingefasst sind. Auf einer höher gelegenen Terrasse erinnert ein mit Clematis berankter Laubengang an den Garten der Frankfurter Familie Du Fay, die an der ehemaligen Wallmauer ein Palais hatte. Der Tiefgarten ist ein kleines, gut verstecktes Idyll.

Ein Stück weiter sind an einem eingefassten Halbrund mit Bänken zwei moderne Skulpturen aufgestellt. 1983 beauftragte die Stadt fünf Bildhauer, jeweils eine Skulptur zu schaffen, die ihrer individuellen künstlerischen Ausdrucksweise entsprechen und in verschiedenen Materialien gefertigt sein sollte. Nur diese zwei Figuren existieren noch. Wanda Pratschkes voluminöse *Betty* ist eine üppige Dame, die zumindest dem heutigen Schönheitsideal nicht mehr entspricht. Ihr Hinterteil ist ausladend, sie ist füllig um die Hüften, hat einen überproportional kleinen Kopf und ein breites Becken.

Die in Berlin geborene Wanda Pratschke arbeitete in den 1960er Jahren als Assistentin an den Städtischen Bühnen. Später studierte sie am Städel und blieb als freie Bildhauerin in Frankfurt. Weitere Arbeiten von ihr sind die bronzene Brunnenfigur *Grosse Liegende* beim Landratsamt Hofheim/Main-Taunuskreis und die *Schöne* aus Bronze am Frankfurter Flughafen.

Die zweite Figur an dem kleinen Platz stammt von dem Frankfurter Bildhauer Michael Siebel, der auch die *Diagonale* in der Taunusanlage und den *Fischernachen* am Weiher in der Obermainanlage schuf. Siebel (* 1951) studierte nach einer Ausbildung als Steinmetz an der Städelschule. Sein *Sitzender* ist gewissermaßen recycelt: Er besteht aus rotem Sandstein, der einmal Teil des alten Stolze-Denkmals war. Es ist ein schmollend dreinblickender, massiver Kerl mit gewaltigen Füßen und Händen, der in schlichten Formen ohne viele Details dargestellt ist.

Ein ganzes Stück Fußmarsch ist zurückzulegen, bis man Heinrich Petrys *Kirchner-Denkmal* erreicht. Goethe charakterisierte den bedeutenden Frankfurter Bürger äußerst plastisch mit den folgenden Worten: »*Kirchners Kopf paßt nicht zu seinem Rumpf und Leib. Schleppte er nicht an letzterem eine so große Last herum, so würde er noch viel mehr Teufelszeug machen, noch viel lebendiger sein. Er ist ein kluger Schelm, der klügste in Frankfurt. Dort herrscht der krasseste Geldstolz, die Köpfe sind dumpf, beschränkt, düster. Da taucht nun auf einmal so ein Lichtkopf wie Kirchner auf!*«[61]

Als Bronzebüste auf einem Sockel aus schwarzem Marmor wurde er 1879 verewigt – Anton Kirchner (1779–1834), der beleibte und Energie

---

61 Goethe zu Kanzler Müller 1824.

geladene Frankfurter Pfarrer, Lehrer und Historiker. Seine Tätigkeiten in seiner Geburtsstadt waren äußerst abwechslungsreich: Nach dem Theologiestudium wurde er Hauslehrer bei der Familie eines vermögenden Weinhändlers, Lehrer am Waisenhaus und Prediger in der städtischen Nervenklinik. Er betätigte sich auch als Journalist, wobei er diesen Beruf aufgeben musste, weil er in einem Artikel die Tochter des Kaisers Franz II. als Mädchen und nicht als Prinzessin bezeichnet hatte. Kirchner unterrichtete zunächst an der Musterschule, dann wurde er Pfarrer an der Heiliggeist-, der Katharinen- und

Kirchner-Denkmal von Heinrich Petry (Abb. 57)

schließlich an der 1833 neu erbauten Paulskirche. Er war ein großartiger Prediger und glänzte durch Witz und Schlagfertigkeit. Auf vielen Gebieten setzte er sich für soziale Reformen ein. Doch aus der Politik zog er sich bald zurück, weil er für seine fortschrittlichen Ansichten stark angefeindet wurde. Er machte sich als der erste wissenschaftliche Historiker der Stadt einen Namen und veröffentlichte zwei Bände zu Frankfurts Geschichte. Zudem verbesserte er das Schulwesen der Stadt tatkräftig.

Sein Grab befindet sich auf dem Hauptfriedhof. Zu seinem hundertsten Geburtstag wurde ihm durch Heinrich Petry sein Denkmal gesetzt. Auf drei Reliefs an den Seiten der Skulptur sind jene drei Bereiche dargestellt, in denen Kirchner so aktiv war, die Figur der *Francofurtia* dient dabei jeweils als ihre allegorische Verkörperung: Auf einem Bild wird sie mit Kreuz und Bibel vor dem Turm der Katharinenkirche gezeigt und repräsentiert den Prediger Anton Kirchner, die zweite *Francofurtia* versinnbildlicht mit Buch und Stift vor dem Domturm den Historiker Kirchner, die dritte schließlich verkörpert Kirchner in seiner Funktion als Pädagoge.

Heinrich Petry (1832–1904) war Schüler am Städel bei Johann Nepomuk Zwerger, von dem der *Lachhannes* in der Taunusanlage stammt, und arbeitete unter Eduard Schmidt von der Launitz am *Gutenberg-Denkmal* mit. Schließlich wurde Petry Lehrer der Bildhauerklasse. Er war an Arbeiten am Frankfurter Dom und am Opernhaus beteiligt. Auch das *Rinz-Denkmal* in der Friedberger Anlage stammt von ihm.

Zentrum der Friedberger Anlage ist der *Bethmannweiher*, aus dem sieben Fontänen sprudeln. Dieser Teil der Grünanlagen gehörte einst zum englischen Landschaftspark der Familie Bethmann, von dem der heutige Bethmannpark mit dem Chinesischen Garten übrig blieb. Auch das klassizistische Odeon auf einem kleinen Hügel am Teich erbauten die Bethmanns (s. S. 186. Am Weiher steht eine Bronzebüste von Simon Moritz von Bethmann. Auf ihrem Granitsockel befinden sich drei allegorische Reliefs. Sie wurden 1868 von Eduard Schmidt von der Launitz gefertigt, der auch die Büste von Jakob Guiollett in der Taunusanlage schuf.

Die Fellner-Gedenkstätte (1958)
Von Efeu umwuchert und leicht zu übersehen, erinnert eine unauffällige Bronzetafel in der Friedberger Anlage an eine tragische Tat: In seinem Garten an den Wallanlagen erhängte sich 1866 der letzte Bürgermeister der Freien Reichsstadt, Carl Constanz Viktor Fellner.

Fellner wurde durch die preußische Besetzung Frankfurts 1866 in eine schwierige Lage gebracht. Die Preußen forderten erst 5,5 Millionen Gulden in Silber, die bezahlt wurden, und dann eine weitere Zahlung von 25 Millionen Gulden. Diese enorme Summe war auch für eine wohlhabende Stadt wie Frankfurt kaum aufzubringen. Fellner plädierte für eine Ratenzahlung, doch die Vertreter der Stadt weigerten sich, die überzogene Forderung zu erfüllen. Daraufhin verlangte der preußische Kommandant von Fellner eine Liste mit den Namen und Besitzverhältnissen aller Mitglieder der städtischen Körperschaften. Er drohte ihm, die Stadt zu plündern, falls Fellner diese Liste nicht bis zum nächsten Morgen vorlege. Fellner sah sich nun in einem ausweglosen Konflikt. Er fühlte sich der Stadt und ihren Bürgern verpflichtet, hatte aber auch der Regierung einen Eid geleistet. An seinem 59. Geburtstag nahm er sich das Leben. Die Preußische Militärbehörde versuchte, seinen Tod zu verheimlichen, doch trotzdem kamen sechstausend Bürger zu Fellners Beisetzung auf dem Hauptfriedhof, die um halb fünf Uhr morgens stattfand. Bei der Trauerfeier überreichte Fellners Schwager dem neuen preußischen Zivilkommissar die leere Liste und den Strick, mit dem Fellner sich das Leben genommen hatte.

Der Stadtgärtner Sebastian Rinz prägte die Anlagen, er schuf zudem den älteren Teils des Hauptfriedhofs und das »Nizza« am Mainufer (s. S. 198). Er hat es verdient, nun als Bronzefigur in seiner Grünfläche zu thronen. Sein Denkmal entstand bereits 1893. In einen schicken Doppelreiher-Mantel gekleidet, sitzt Rinz auf einem Sockel aus rotem Granit, im

Das Nebbiensche Gartenhaus 175

Schatten hoher Bäume. Sein langes Haar streng nach hinten gekämmt, betrachtet er sinnierend eine Rose in seiner rechten Hand und stützt sich mit der linken auf einen Stock. Von dem Bildhauer Heinrich Petry stammt auch das *Kirchner-Denkmal* in der Eschenheimer Anlage.

Die Obermainanlage umfasst das letzte Stück der Wallanlagen im Südosten und ihre Hauptattraktion ist der idyllische Rechneigraben-Weiher, den noch Sebastian Rinz gestaltete. Der Rechneigraben wurde als Wasserreservoir genutzt, um die städtischen Kanäle zu spülen. Doch an diese profane Nutzung erinnert nichts mehr, mit seiner üppigen Uferbepflanzung und kleinen Holzstegen auf dem Wasser ist der Weiher vielmehr der schönste im ganzen Anlagenring. Harmonisch fügt sich in dieses romantische Bild der *Fischernachen* des Frankfurter Bildhauers Michael Siebel ein, der hier am Ufer liegt. Er besteht aus dem typischen roten Mainsandstein. Siebel schuf ihn nach historischen Vorbildern im Jahr 2002 als Denkmal für die Frankfurter Fischer- und Schifferzunft. Im Weiher züchteten die Frankfurter Mainfischer einst Fische. Die Zunft existiert seit 945, doch heute fischen ihre Mitglieder nur noch privat.

Von Siebel haben wir bereits die *Diagonale* in der Taunusanlage und den *Sitzenden* in der Eschenheimer Anlage gesehen.

Zwei große Geister der Literatur und Philosophie sind in der Obermainanlage verewigt. Noch vor dem Weiher prangt die von dem Bildhauer Gustav Kaupert geschaffene Büste Lessings. Ein jüdischer Bürger Frankfurts mit dem klangvollen Namen Herz Hayum Goldschmidt gab den Auftrag für dieses Denkmal. Ab 1882 thronte die Büste aus weißem Marmor vor der klassizistischen Alten Stadtbibliothek. Sie steht auf einem Sockel aus rötlichem Porphyr, einem vulkanischen Gestein. Seit 1961 beobachtet Lessing nun das Treiben in der Obermain-Anlage. Der Stifter Goldschmidt ließ in eine weiße Marmorplatte einmeißeln, dass er die Büste seiner Vaterstadt widme. Die Büste und ihre Widmung ist Ausdruck des Selbstbewusstseins vermögender jüdischer Bürger im 19. Jahrhundert, die sich nach langer Diskriminierung emanzipiert hatten.

Der Bildhauer Gustav Kaupert (1819–1897) unterrichtete von 1887 bis 1892 die Bildhauerklasse am Städelschen Kunstinstitut. Er schuf viele Arbeiten in Frankfurt, von denen die meisten im Krieg zerstört wurden. Im Palmengarten steht seine Skulptur *Perseus und Andromeda*.

Aus Carrara-Marmor schlug Kaupert ein Standbild von Kaiser Wilhelm I. für den Kaisersaal des Frankfurter Römers, doch diese Statue überlebte die Bomben des Zweiten Weltkriegs nicht. Seine bekanntesten

Schopenhauer-Denkmal von Friedrich Schierholz (Abb. 58)

Werke schuf Kaupert in Amerika: das *George Washington-Denkmal* in Richmond und die *Amerika-Statue* auf dem Kapitol in Washington.

Hinter dem Weiher, auf dem Weg zum nahe gelegenen Mainufer, steht ein *Schopenhauer-Denkmal* von Friedrich Schierholz. Die Bronzebüste von Arthur Schopenhauer wurde 1951 gestohlen, jedoch wieder gefunden.

Während Lessing seine Büste erst hundert Jahre nach seinem Tod erhalten hatte, wurde Schopenhauer bereits 1860, also 35 Jahre nach seinem Tod gewürdigt. Seine Büste steht auf einem Sockel aus Basalt.

Lessing-Büste von Gustav Kaupert (Abb. 59)

Auch Friedrich Schierholz (1840–1894), der am Städel studiert hatte, gehörte zu den Frankfurter Bildhauern, die vorwiegend Aufträge von der Stadt oder vermögenden Bürgern aus der Region erhielten. Er goss die Justitia-Figur des *Gerechtigkeitsbrunnens* vorm Römer neu, als die alte verwittert war. In Frankfurt existiert außerdem noch sein 1895 entstandener *Stoltze-Brunnen,* der heute auf einem Platz hinter der Katharinenkirche zu sehen ist. Die Bronzebüste des Mundartdichters Friedrich Stoltze wurde im Krieg verschüttet, aber wieder aus dem Schutt geborgen.

Die Obermainanlage, in der noch Reste der Befestigungsmauern zu erkennen sind, endet am Alten Portikus, in dem sich einmal die Stadtbibliothek befand. Sie galt im 19. Jahrhundert als das Prunkstück der eleganten Promenade am nördlichen Mainufer. Das klassizistische weiße Gebäude mit dem imposanten Säulenportikus stammt von dem Stadtbaumeister Johann Friedrich Christian Heß, der auch dafür Sorge trug, dass die Privathäuser am Anlagenring im Stil des Klassizismus gehalten wurden. Die Bibliothek erbaute er zwischen 1820 und 1825;

Literaturhaus Frankfurt (Abb. 60)

sie war die erste Zentralbibliothek der Stadt, zuvor waren die 50.000 Bücher, die darin Platz fanden, an verschiedenen Orten verteilt. 1944 wurde der Bau zerstört, aber viele Bücher konnten gerettet werden. Nur der Säuleneingang des Baus stand noch. In einem Container, der an das Portal angesetzt wurde, zeigte das Städel ab 1987 zeitgenössische Kunst. Doch 2003 beschloss die Stadt, die Alte Stadtbibliothek zu rekonstruieren und 2005 zog das Literaturhaus ein. Als Ausstellungshalle für moderne Kunst entstand der Neue Portikus an der alten Brücke.

Am Giebel, der von korinthischen Säulen getragen wird, steht eine Inschrift, die Arthur Schopenhauer verfasste: »Die Stadt widmet diesen Bau nach Wiedererlangung der Freiheit den Wissenschaften.«

Vom »Nizza« am Untermainkai bis zum Literaturhaus am Obermainkai sind etwa vier Kilometer zurückzulegen. Noch immer wandelt man dabei auf den Spuren von Sebastian Rinz, der den schmalen grünen Ring im Stil eines englischen Landschaftsgartens anlegte und sich bemühte, den Spaziergängern mit Hilfe von mäandernden Wegen abwechslungsreiche Ausblicke zu verschaffen – mit Erfolg.

Literaturhaus Frankfurt, Schöne Aussicht 2, 60311 Frankfurt am Main, Tel. 069-756184 0, Fax 069-75 184 20, info@literaturhaus-frankfurt.de, www.literaturhaus-frankfurt.de

XII. Frankfurter Oasen

Frankfurt gilt nicht gerade als grüne Stadt. Der Name weckt eher Assoziationen an dichte Bebauung, brandenden Verkehr, Fluglärm und Hochhäuser. Aber in der Stadt gibt es viele grüne Oasen und sie wurde und wird immer grüner. Die prächtigen Parks, die aus den ehemaligen Landsitzen der Patrizier entstanden, das wieder entdeckte und schön gestaltete Mainufer, die botanischen Gärten und der Zoo, die ehemaligen Wallanlagen, die sich als breiter grüner Ring durch die Innenstadt ziehen, das wildromantisch wuchernde riesige Biotop des Hauptfriedhofs oder der kleine Schwedler See sorgen dafür, dass es viele stille Plätze gibt, an denen man zur Ruhe kommen, durchatmen und die Natur genießen kann.

Rund um die Stadt verläuft ein Grüngürtel, so groß wie ein Drittel des Stadtgebiets. Der Frankfurter Grüngürtel wurde 1991 als einer der ersten Grüngürtel der Welt mit einer Verfassung begründet. Er ist Landschaftsschutzgebiet und darf nicht bebaut werden.

Stille, Eichhörnchen und verwunschene Orte: Der Hauptfriedhof

Hauptfriedhof (Abb. 61)

Von der lärmenden Eckenheimer Landstraße tritt man durch das weiße, klassizistische Alte Portal in eine weitläufige, parkartige Anlage mit altem Baumbewuchs, üppigen Rhododendren und blühenden Wiesenstücken. Es ist als betrete man eine andere Welt. Eine Gruftenreihe, eindrucksvolle Mausoleen und moosbesetzte Engelskulpturen machen das Areal zu einem verwunschenen Märchengarten. Zum Durchatmen und für einen ausgedehnten Spaziergang bietet es zu jeder Jahreszeit eine malerische Umgebung. Im 19. Jahrhundert kauften viele wohlhabende Frankfurter hier Grabstätten und ließen sie mit imposanten Grabmälern gestalten, die eine Mischung kunstgeschichtlicher Stile zeigen. Die Grabmalskunst war immer konservativ – »moderne« Stilrichtungen setzen sich in diesem Bereich nur langsam durch. Doch gerade diese altertümliche Ansammlung von klassizistischen, romantischen und biedermeierlichen Elementen macht den Charme der Friedhofsarchitektur aus.

Ursprünglich weit vor den Toren der Stadt gelegen, wurde der Hauptfriedhof 1828 eröffnet und häufig erweitert, bis er 1957 fünfzehn Mal größer war als bei seiner Eröffnung war. Frankfurt hatte im Jahr 1828 etwa 45.000 Einwohner, bereits bis 1905 erhöhte sich die Zahl auf 400.000. Das von Mauern umfasste mittelalterliche Frankfurt war damit so groß wie der Hauptfriedhof heute.

Bei dieser rasanten Entwicklung gab es auf dem alten Petersfriedhof in der Innenstadt schon bald keinen Platz mehr. Zunächst hatte man geplant, auf dem neuen Friedhof alle Toten unabhängig von Vermögen und Stand in Reihengräbern beizusetzen, doch dagegen setzte sich die Frankfurter Oberschicht heftig zur Wehr. Aus diesem Grund sah man entlang der Umfassungsmauern für die »Oberen Zehntausend« Plätze für repräsentative Familiengrabstätten und Epitaphien vor.

Mit der Planung des Hauptfriedhofs wurden der Architekt Friedrich Rumpf (1795 –1867) und der Stadtgärtner Sebastian Rinz (1782–1861) beauftragt. Rinz gestaltete den Friedhof im Stil eines englischen Landschaftsparks. Östlich des durch eine Mauer begrenzten Hauptfriedhofs schloss sich der zur gleichen Zeit entstandene jüdische Friedhof an (s.S. 114). Im Westen errichtete Rumpf ein klassizistisches Portal mit zwei Flügelbauten.

Das Alte Portal
Von 1826 bis 1828 entstand das klassizistische Portal mit den dorischen Säulen. Zwei Engelsköpfe des Bildhauers Johann Nepomuk Zwerger krönen den Giebel. An den Seiten waren Verwaltungsräume, ein Aussegnungsraum, eine kleine Leichenhalle und ein für die damalige Zeit typischer Wiederbelebungsraum untergebracht – denn die Angst vor dem Scheintod war zu damaliger Zeit noch sehr groß. Das Alte Portal wurde nach seiner Zerstörung im Zweiten Weltkrieg wiederaufgebaut.

Johann Nepomuk Zwerger (1796–1868) war Schüler des Bildhauers Johann Heinrich von Dannecker, von dem die im Liebighaus ausgestellt, im 19. Jahrhundert außerordentlich populäre *Ariadne auf dem Panther* stammt. Zwerger war auch mit dem großen dänischen Bildhauer Bertel Thorvaldsen befreundet, den er 1823 in Rom besuchte. Von 1830 bis 1866 lehrte Zwerger Bildhauerei am Städelschen Kunstinstitut. Neben vielen Porträtbüsten fertigte er ein Maria und Johannes darstellendes, kolossales Steinkruzifix für den neuen Frankfurter Friedhof an (1848), dem später die beiden Engelsköpfe für das Portal folgten. Sein bekanntestes Werk ist eine Skulptur von Karl dem Großen aus rotem Mainsandstein, die bis 1914 auf der Alten Brücke in Frankfurt platziert war und seither vor dem Historischen Museum steht.

Das Neue Portal
Nördlich vom Alten Portal an der Eckenheimer Landstraße wurde 1912 ein neuer Portalbau mit Trauerhalle, Kapelle, Leichenhalle und Krematorium eröffnet. Im Inneren des neoklassizistischen Gebäudekomplexes befinden sich noch original Jugendstil-Dekorationen mit Mosaiken, in der Trauerhalle herrscht eine andächtige Stimmung. Der preisgekrönte Wettbewerbsentwurf stammte von den Berliner Architekten Heinrich Reinhardt (1868–1947) und Georg Süßenguth (1862–1947). Inspiriert war er von der Grabstätte Theoderichs des Großen in Ravenna, besonders der zentrale Baukörper, eine Rotunde, ähnelt dem ostgotischen Grabmal.

Auf der Grünfläche gegenüber dem Neuen Portal steht seit 1997 eine überlebensgroße Bronzefigur des Berliner Bildhauers Georg Kolbe. Die drei Meter hohe Statue des Adam ist eine Dauerleihgabe des Städel. Kolbe entwarf sie 1919 für das Mausoleum des Odol-Fabrikanten Karl August Lingner in Dresden, zwei Jahre später wurde sie vergrößert in Bronze gegossen und für die Städtische Galerie im Städel erworben. Die Aktdarstellung eines schlanken Mannes mit herabhängenden Armen und geschlossen Augen erregte Anstoß. Ein Frankfurter Bürger reichte einmal eine Beschwerde über die »völlig textilfreie Männerfigur« am Eingang einer christlichen Begräbnisstätte ein. 1927/1928 wurde der Friedhof vergrößert, die neuen Flächen wurden nach Entwürfen des städtischen Siedlungsamtes unter Leitung von Ernst May und des städtischen Gartenbaudirektors Max Bromme betont schlicht und sachlich gestaltet, im bewussten Gegensatz zu den älteren Gewannen.

1928/1929 wurde der Neue jüdische Friedhof angelegt (s. S. 115). Heute umfasst der Hauptfriedhof eine Fläche von über 70 Hektar.

Der Eingang an der Rat-Beil-Straße führt zu dem Gruftenweg mit den imposanten Grabmälern vermögender Frankfurter Familien.

Gräber auf dem Hauptfriedhof
Etliche Berühmtheiten fanden hier ihre letzte Ruhestätte; darunter Arthur Schopenhauer, Theodor W. Adorno, Ricarda Huch, Friedrich Stoltze, Heinrich Hoffmann, Anselm Feuerbach, die Romantikerin Dorothea von Schlegel, die Goethe-Freundin Marianne von Willemer, der Arzt Alois Alzheimer, die Familie Bethmann, Alexander Mitscherlich, Josef Neckermann, Liesel Christ, der Jazzmusiker Albert Mangelsdorff, die Fotografin

Abisag Tüllmann, der Verleger Siegfried Unseld und Mathias Beltz.

Industrielle und Adlige, Künstler und ehemalige Bürgermeister der Stadt liegen hier. Doch eines der meistbesuchten Gräber ist das eines kleinen Mädchens namens Pauline Schmidt. Sie war das Vorbild für die Figur des Paulinchens im *Struwwelpeter* von Heinrich Hoffmann.

Adorno Denkmal von Vadim Zakharov, Adorno-Platz (Abb. 62)

Die Mausoleen

Mausoleum Gans (Gewann IV am Ende des Lindenwegs)

Im Hof des Franziskaner-Klosters an der Kirche San Pietro in Montorio in Rom steht ein berühmtes Bauwerk: der kleine Tempietto des italienischen Renaissance-Baumeisters Donato Bramante (1444–1514). Das »Mausoleum Gans«, die größte, im Jahr 1909 auf dem Frankfurter Hauptfriedhof erbaute Grabstätte von dem Industriellen Friedrich Ludwig von Gans (1833–1920), ist dem bekannten römischen Vorbild nachempfunden. Der Rundbau mit Kuppel dient als Urnengrab, innen ist er reich verziert mit Mosaiken. Vom Neuen Portal an der Eckenheimer Landstraße führt eine breite Allee darauf zu.

Entworfen wurde das Mausoleum von dem Bildhauer Friedrich Christoph Hausmann (1860–1936). 1932 hat es der Frankfurter Verein für Feuerbestattung übernommen. Es wird nach wie vor für die Beisetzung von Urnen genutzt und ist während der Öffnungszeiten des Friedhofs zugänglich.

Das Mausoleum der Familie von Pander zur Hosen

(Gewann I 424./ Vom Hauptweg (Platanenweg) linksseitig 8 Meter zurückgesetzt)

In der Regel ist dieses Mausoleum verschlossen und nur im Rahmen einer Führung zu besichtigen. Der Kinderarzt Eduard Friedrich von Pander war auch russischer Staatsrat und Besitzer einer Pneumatischen Heilanstalt, die er 1872 in seiner Klinik im Reuterweg einrichtete. In dem Mausoleum wurde neben anderen Familienmitgliedern Mathilde Maria Olga von Pander beigesetzt, die 1866 mit nur 16 Jahren verstarb. Eine weiße Engelskulptur erinnert an sie. Das Gebäude wurde 1908 von den Darmstädter Architekten Georg Scherer & G. G. Finke erbaut.

Mausoleum Reichenbach-Lessonitz (auf einer Anhöhe im Gewann F)

Der im pseudobyzantinischen Stil gehaltene Bau ist in rotem Mainsandstein ausgeführt. Eine oktogonale Kuppel thront über dem Gedenkraum mit quadratischem Grundriss, an den sich an drei Seiten schmale, geschlossene Nischen für Sarkophage anschließen. An der vierten Seite befindet sich die Vorhalle, die nur über Rundfenster über der Tür beleuchtet wird.

Das Mausoleum wurde 1845–47 von dem Architekten Friedrich Hessemer im Auftrag des Kurfürsten Wilhelm II. von Hessen (1777–1847) zum Gedenken an seine zweite Gattin errichtet. Die Gräfin Emilie von Reichenbach-Lessonitz (1791–1843) wurde jedoch erst 1896 hierhin umgebettet. Als erster wurde 1861 ihr zweiter Sohn Carl-Gustav (1818–1861) im Mausoleum beigesetzt. Das Kruzifix im Innern stammt von dem Bildhauer Johann Nepomuk Zwerger, der Marmorsarkophag der Gräfin von dem Bildhauer Eduard Schmidt von der Launitz. Das Mausoleum ist nur im Rahmen von Führungen zugänglich.

Gedenkstätte »Ein Hauch von Leben«

An der Eckenheimer Mauer im Gewann E wurde 2002 eine Gedenkstätte für tot geborene Kinder geweiht. Sie werden anonym beigesetzt.

Lange Zeit gab es für Eltern keine Möglichkeit, sich von ihren tot geborenen Kindern zeremoniell zu verabschieden. Früher war es streng verboten, nicht Getaufte auf einem Friedhof beizusetzen. Oft wurden solche Totgeborenen heimlich in die Särge von frisch Verstorbenen mit hinein gelegt. Nun zeugen Kerzen, Blumen und Spielsachen von dem Bedürfnis nach einem Ritual und einem Ort des Gedenkens.

Gemeinschaftsgrabstätte für HIV-Infizierte und Aidskranke

2008 übernahm die AIDS-Hilfe Frankfurt e.V. eine 1929 errichtete Grabstätte auf einem Hügel im alten Teil des Hauptfriedhofes. Sie kann für 100 Verstorbene als Urnengemeinschaftsgrab genutzt werden.

Eine Muschelkalksäule steht darauf, im oberen Teil ist der Sinnspruch »Die Liebe höret nimmer auf« eingearbeitet, im unteren Drittel ein plastisches Figurenrelief. An jeder Seite des Fundamentes gibt es eine Grabkammer für Urnen.

Der Bildhauer Helmut Hirte aus Aschaffenburg ergänzte die vorhandene Gestaltung um eine Namensskulptur in Form einer Wand aus 100 drehbaren, würfelförmigen Marmorblöcken, auf denen Namen und Lebensdaten der Verstorbenen stehen und individuelle Beschriftungen oder Bemalungen angebracht werden können. Für die Beisetzungszeremonie am Grab entwarf Hirte eine Stele aus Juramarmor, die am Kopfende einer Bodenplatte aus rostfarbenem Stahl steht. Auf dieser Stele wird die Urne aufgestellt. Eine Bank aus Muschelkalk ergänzt das Ensemble.

Tiere auf dem Hauptfriedhof

Für Tiere bietet der Hauptfriedhof einen biotopartigen Lebensraum. Eichhörnchen, viele Vogelarten, Kaninchen und Füchse fühlen sich hier wohl. So wohl, dass sie manchmal zum Problem werden. Insbesondere die Füchse fanden auf der fast siebzig Hektar großen Fläche des Hauptfriedhofs wunderbare Lebensbedingungen vor, die auch dem optimalen Nahrungsangebot von Mäusen, Ratten, Tauben und Kaninchen zu verdanken sind. Die vermehrungslustigen Füchse wurden auf diese Weise zum Risiko, weil Krankheiten wie etwa Tollwut und Parasiten wie der Fuchsbandwurm vom Fuchs auf den Menschen übertragen werden können. Die zahlreichen Mitarbeiter des Friedhofs waren gefährdet. Zudem gruben die Füchse ihre verzweigten Bauten in Gräber hinein, was von vielen als pietätlos empfunden wurde. Daher war das Grünflächenamt gezwungen, die Jagd auf die Füchse zu eröffnen, deren Population sich jedoch aufgrund ihrer Paarungsfreudigkeit rasch erholen wird. Zudem hat die sinkende Zahl der Füchse den unangenehmen Nebeneffekt, dass statt ihrer die Kaninchen überhand nehmen, die gleichermaßen zur Plage werden können.

Eckenheimer Landstraße 194, 60320 Frankfurt am Main, Eingänge: Eckenheimer Landstraße, Marbachweg, Sozialzentrum, Marbachweg / Gießener Straße, Friedberger Landstraße, Rat-Beil-Straße.
Mo–Sa ab 7 Uhr, So und Fei ab 9 Uhr, November bis Februar bis 17 Uhr, März und Oktober bis 18 Uhr, April und September bis 20 Uhr, Mai bis August bis 21Uhr
U5 Hauptfriedhof (Neues Portal), U5 Gießener Straße (Eingang Marbachweg/Gießener Straße), U5 Eckenheimer Landstraße /Marbachweg (Sozialzentrum Marbachweg), U5 Prieststrasse (Eckenheimer Landstraße/ Prieststrasse), U5 Adickes-/Nibelungen-Allee/ Deutsche Nationalbibliothek (Altes Portal)
Führungen bei (www.frankfurter-stadtevents.de oder Aushänge am Alten Portal

Der Garten des Himmlischen Friedens

> »Ein friedlicher und schöner Platz zum Ausruhen / In der Stille findet man Kraft zu neuem Denken.«[62]

Allein die Namen klingen wie Zeilen aus stimmungsvollen fernöstlichen Gedichten: »Wasserpavillon des geläuterten Herzens« oder »Mondtor mit Bambusgärtchen« heißen Elemente des Chinesischen Gartens in Frankfurt. In die Jahrtausende alte Gartenkultur Chinas taucht man mit nur wenigen Schritten ein. Der ummauerte Garten wirkt streng komponiert, wem

---

62 Kalligrafie auf Tafeln im Chinesischen Garten.

Chinesischer Garten im Bethmann Park (Abb. 63)

es gelingt, sich in die genau abgestimmten Details zu versenken, der kann sich hier meditativ entspannen. Durch den Bethmannpark kommend, betritt der Besucher den Garten durch einen Ehrenbogen aus Stein am Haupteingang, der von zwei Löwen bewacht wird. Das linke Tier hat eine Kugel im Maul: Wer sie dreht, darf sich etwas wünschen. Die Schriftzeichen auf dem Tor bedeuten »Frühlingsblumen Garten«. Der Frühling symbolisiert hierbei die Hoffnung. Über die hölzerne »Brücke des halben Bootes« gelangt man zum Hauptpavillon, der nach einem Gedicht von Li Taipo benannt ist – der »Wasserpavillon des geläuterten Herzens.« Die beiden Tafeln davor schmückt die oben zitierte Kalligrafie eines berühmten Gartenarchitekten: »*Ein friedlicher und schöner Platz zum Ausruhen / In der Stille findet man Kraft zu neuem Denken.*«

Das »Mondtor mit Bambusgärtchen« hinter dem Hauptpavillon hat vier Fensterdurchbrüche mit taoistischen und buddhistischen Symbolen. Die buddhistischen Symbole sind eine Glocke, die für das weibliche Prinzip und die Vergänglichkeit steht, und ein Artemisiablatt, mit dem buddhistische Mönche geweiht werden. Aus dem Taoismus stammen der »Pfirsich des langen Lebens« und die »Kalebasse«, mit der Taoisten ihre Seele zum Himmel aufsteigen lassen können. Der Pfirsich ist in der chinesischen Mythologie ein Symbol der Unsterblichkeit, daher steht er oft als Sinnbild für ein langes und glückliches Leben. Die Kalebasse symbolisiert den Urzustand des Universums; in deutschen Übersetzungen ist manchmal von der »Gebärmutter der Schöpfung« die Rede.

Geht man vom Hauptpavillon über die zickzackartig verlaufende »Jadegürtelbrücke« mit der »Galerie des duftenden Wassers« und dem quadratischen »Spiegel-Pavillon«, gelangt man zum nördlichen Seiteneingang »Tor des Friedens.« In dem jaspisgrünen Teich wurde ein »Lotos-Stein« aus China wie eine abstrakte Skulptur aufgestellt. Im Süden, gegenüber dem Seiteneingang, thront auf einem Hügel der »Pavillon im schimmernden Grün.« Nahe beim nördlichen Eingang rauscht ein Wasserfall über Felsen. Wenn man sich etwas Zeit nimmt und sowohl die vielen Details als auch die durchdachte Gesamtkomposition auf sich wirken lässt, bekommt man ein Gefühl für diese ganz andere, faszinierende Gartentradition.

Seinen Namen trägt der Chinesische Garten zur Erinnerung an die mutigen Demonstranten auf dem Platz des Himmlischen Friedens in Peking. Er wurde 1989 von chinesischen Gartenarchitekten angelegt. Auch die Materialien – Kiefer- und Gingko-Holz sowie Marmor und Granit – wurden aus China nach Frankfurt gebracht. Vorbild war ein Gartentyp aus der ostchinesischen Provinz Anhui. Ebenso die Gebäude sind einfachen Wohnhäusern aus dieser Region nachempfunden.

Chinesische Gärten

Von einer Mauer umgeben, dienten die Gärten Chinas oftmals als Wohnhöfe für große Familien.

In ihnen soll sich die Harmonie der Welt spiegeln. Dabei sind Pflanzen nur ein Element von mehreren, aus denen jeder Garten besteht. Steine und Wasser, Himmel und Erde, Gebäude und Lebewesen sind ebenso wichtig in der Gesamtanlage. Einige wenige Pflanzenarten spielen eine zentrale Rolle. Von den 18 wichtigsten blühenden Pflanzen, die in chinesischen Gärten häufig anzutreffen sind, wurden 16 Arten schon im 12. Jahrhundert verwendet. Die wichtigsten immergrünen Pflanzen sind Kiefer, Bambus und Ginkgo. Da sie immergrün sind, symbolisieren Kiefer und Bambus Treue.

In Chinesischen Gärten kommt der Symbolik der Pflanzen im Hinblick auf ihre Vorbildfunktion für den Menschen eine tragende Bedeutung zu. Bambus wiegt sich im Wind und lässt sich schwer brechen, deshalb steht er für Zähigkeit und Durchhaltevermögen. Ebenso die Kiefer, die anspruchslos ist. Ginkgo biloba wird als heiliger Baum verehrt, weil er sehr alt werden kann und widerstandsfähig ist.

Seit über tausend Jahren werden in chinesischen Gärten Chrysanthemen, Lotos, Pfingstrosen, Tigerlilien, Pfirsich und Winterkirsche gepflanzt. Lotos versinnbildlicht die Reinheit der Seele, Chrysanthemen und Pfirsich symbolisieren ein langes Leben, denn mit den Früchten des Pfirsichs ernähren sich die Unsterblichen. Winterkirsche und Tigerlilie stehen wie der Tiger für Kraft, Pfingstrosen für Reichtum und ein erfülltes Leben. Chinesische Gärten sind somit voller symbolischer Bezüge, wobei die Deutungen auch unterschiedlich oder mehrfach sein können.

Eine Zick-Zack-Brücke, wie sie im Chinesischen Garten von Frankfurt zu sehen ist, schützt zum einen vor bösen Geistern, da sich diese nur auf einer geraden Linie fortbewegen können. Zugleich soll die Brücke lehren, dass es im Leben immer auch Umwege geben muss und dass sich Dinge aus verschiedenen Blickwinkeln betrachten lassen. Auch vielen chinesischen Schriftzeichen kommen mehrere Bedeutungen zu.

Zeichen des Reichtums waren in den Gärten der chinesischen Kaufleute beliebt; in Frankfurt versinnbildlichen dies Fische, Rehe und

Pfingstrosen, aber auch die kleinen rechteckigen Kästen an den Ecken der Dächer. Sie stellen Kornmaße zum Abmessen von Getreide dar und symbolisieren den Überfluss.

Der Bethmannpark

Der Chinesische Garten befindet sich im Bethmannpark. Wer durch diesen belebten kleinen Park am Ende der Berger Straße wandelt, geht über Boden, den schon die Füße von Napoleon und Goethe betraten. Johann Philipp Bethmann erwarb 1783 einen Garten vor dem Friedberger Tor und ließ ein Gartenhaus im Stil des Rokoko erbauen. Die Bethmanns empfingen in ihrem Garten illustre Besucher – darunter König Friedrich Wilhelm III. von Preußen, Kaiser Napoléon Bonaparte, Johann Wolfgang von Goethe und den Kaiser Franz Joseph von Österreich-Ungarn.

Der Park wurde mehrere Male nach der jeweils neuesten Mode umgestaltet; auf den Rokokostil folgte die Umwandlung zum Englischen Landschaftsgarten. Seit 1941 gehört er der Stadt. Seit 1953 gibt es hier einen Schau- und Lehrgarten für Pflanzenfreunde, die sich über Baumpflege, Pflanzenkrankheiten und Schädlingsbekämpfung informieren können. Heute steht der Park mit seinem prächtigen alten Baumbestand unter Denkmalschutz. Der Schachbegeisterte findet hier ein Freischachfeld, der müßige Spaziergänger einen kleinen Teich und für die Kinder gibt es einen Spielplatz.

Straßenbahn 12, Hessendenkmal oder U 4, Merianplatz
Führungen nach Vereinbarung mit dem Grünflächenamt
Ganzjährig von 7 Uhr bis Einbruch der Dunkelheit, Sa, So, Fei ab 10 Uhr. Beratungsgarten Mo, Mi, Fr 10 – 12 Uhr.

Exkurs: Die Familie Bethmann

Die immens vermögende Bankiersfamilie spielte in Frankfurt eine wichtige Rolle. An Reichtum und Macht waren ihnen nur die Rothschilds ebenbürtig. Mitglieder aus mehreren Generationen der protestantischen Familie Bethmann hatten wichtige Ämter in der Stadt inne. 1748 gründeten die Brüder Simon Moritz (1721–1782) und Johann Philipp Bethmann (1715–1793) eine Bank. Grundlage dafür war das Handelshaus ihres Onkels Jacob Adami, das sie geerbt hatten. Der Onkel hatte mit Seide, Wolle, Tabak, Wein, Getreide und Indigo gehandelt und außerdem eine Spedition betrieben. Bis in die zweite Hälfte des 19. Jahrhunderts betätigten sich auch die »Gebrüder Bethmann« noch im Handel, doch zugleich bauten sie eine der führenden Banken Europas auf. Die Bethmann Bank verlieh schließlich Geld an mächtige Reichsfürsten und Reichsstädte.

Mitte der 1820er Jahre erwuchs der Bank eine starke Konkurrenz durch die jüdische Familie Rothschild. Die Bethmanns setzten nun einen Schwerpunkt in Industrieanleihen. Sie finanzierten und initiierten viele Eisenbahnlinien: 1836 gemeinsam mit dem Bankhaus Rothschild die Taunus-Eisenbahn AG und 1844 die Frankfurt-Hanauer Eisenbahn und die kurhessische Friedrich-Wilhelms-Nordbahn. Auch im Ausland war das Bankhaus Bethmann an Eisenbahnlinien beteiligt, zudem an der Finanzierung der Dampfschifffahrt auf dem Rhein und dem Main. Sogar der Eiffelturm soll 1889 mit Geldern des Bankhauses erbaut worden sein. Das Bankhaus verwaltete das private Vermögen bedeutender Persönlichkeiten, darunter Kaiserin Maria Theresia, Zar Alexander I und Papst Pius VI.

Auch am kulturellen Leben der Stadt Frankfurt nahmen die Bethmanns teil. Es gab Kontakt zwischen den Familien Goethe und Bethmann. Simon Moritz' Nichte Katharina Elisabeth, die in seinem Haus aufwuchs, war eine Spielgefährtin Goethes. Johann Wolfgang von Goethe ließ sich 1786 seine Italienreise durch das Bankhaus Bethmann finanzieren. Seine Mutter teilte sich mit einigen Damen der Bethmann-Familie eine Theaterloge, man besuchte sich gegenseitig in Weimar und Frankfurt.

Johann Philipp Bethmanns Witwe Katharina Margerethe unterhielt auch nach dem Tod ihres Mannes einen bedeutenden Salon in Frankfurt. 1808 war Madame de Staël bei ihr zu Gast.

Vor allem Johann Philips Sohn Simon Moritz (1768–1826) prägte die Geschichte der Stadt Frankfurt. Er war Mitbegründer der Musterschule, des Philantropins (s. S. 121) und der Weißfrauenschule. Großzügig spendete er für den Bau der Stadtbibliothek an der Obermainanlage (s. S. 176).

1813 beherbergte Simon Moritz in seiner Villa am Friedberger Tor Napoleon, der von einem Feldzug aus Russland zurückkehrte. Vermutlich rettete Bethmann damit die Stadt vor der Zerstörung durch französische Truppen.

Nach den Kindern von Simon Moritz sind angeblich die Bethmännchen benannt, ein beliebtes Frankfurter Gebäck aus mit Mandeln verzierten Marzipankugeln. Ursprünglich sollen vier Mandeln jedes Stück Konfekt geschmückt haben, doch nachdem eines der vier Bethmann-Kinder in jungen Jahren verstarb, stellte man die Bethmännchen fortan nur noch mit drei Mandeln her.

In seinem großen Landschaftsgarten am Friedberger Tor ließ Simon Moritz zu Beginn des 19. Jahrhunderts den Bethmann'schen Pavillon erbauen, ein Antikenmuseum, in dem er neben eher unbedeutenden Gipskopien von römischen und griechischen Originalen die berühmte Skulptur »Ariadne auf dem Panther reitend« des Bildhauers Johann Heinrich von Dannecker ausstellte. Im 19. Jahrhundert war diese Marmorskulptur eines der berühmtesten zeitgenössischen Kunstwerke: Kunstliebhaber kamen von weither, um es zu bewundern. Heute ist sie im Liebieghaus zu sehen.

Der Bethmann'sche Pavillon existiert noch heute (Seilerstraße) und steht unter Denkmalschutz. Das klassizistische weiße Gebäude in der schönen Gartenanlage hat eine bewegte Geschichte hinter sich. Schon vor dem Zweiten Weltkrieg wurde hier getanzt. Auf das elegante, bei dem wohlhabenden Bürgertum überaus beliebte »Kurhaus Milani,« das von dem erfolgreichen Gastronom Milani betrieben wurde, der auch ein großes Café an der Zeil besaß, folgte das »Ballhaus Odeon.« Auch nach dem Krieg wurde der Pavillon wieder gastronomisch bewirtschaftet. In den 1970er Jahren verfiel er jedoch, bis er schließlich Anfang der 1980er Jahre restauriert wurde. Seitdem beherbergt das Gebäude wechselnde Clubs.

Der Grüneburgpark

> *»Gestern war ich bei Herrn von Schwarzkopf, der mit seiner jungen Frau auf einem Bethmannschen Gute wohnt. Es liegt sehr angenehm, eine starke halbe Stunde von der Stadt entfernt, vor dem Eschenheimer Tor, auf einer sanften Anhöhe, von der man vorwärts die Stadt und den ganzen Grund, worin sie liegt, und hinterwärts den Niddagrund bis an das Gebirge übersieht [...]«.*[63]

Grüneburgpark (Abb. 64)

Ein literarischer Salon im Grünen, gelegen in einem prächtigen Landsitz vor den Toren der Stadt – wo sich in der Goethezeit wohlhabende Patrizier über Romane austauschten, befindet sich heute nur noch ein Blumenbeet. Es liegt ungefähr in der Mitte des Grüneburgparks, der von Spaziergängern und Joggern,

---

63 Goethe 1797, Briefwechsel, zitiert nach: Johann Wolfgang Goethe Universität (Hrsg.): *Von der Grüneburg zum Campus Westend,* Begleitbuch zur Dauerausstellung, S. 10.

Sonnenhungrigen und Hundebesitzern bevölkert ist. Eine Gedenkstele im Beet, dessen Form dem Grundriss des Gebäudes nachempfunden ist, erinnert an den Landsitz. Der Grüneburgpark grenzt an den Botanischen Garten und den Palmengarten; zudem ist der kleine Koreanische Garten in den Park integriert.

Das gesamte Areal des Parks und des angrenzenden Unigeländes ist ein geschichtsträchtiger Boden. Im Mittelalter gab es hier Gutshöfe, die innerhalb der Landwehr lagen. Ende des 17. Jahrhunderts wurde es bei Frankfurter Patriziern Mode, außerhalb der Stadtmauern Sommerhäuser zu unterhalten. 1789 erwarb der Bankier Peter Heinrich von Bethmann-Metzler einen Gutshof, den er zu einem imposanten Wohnsitz ausbaute und »Grüne Burg« nannte. Er kaufte noch zwei Obstgärten von der Familie Goethe dazu; einer davon befand sich dort, wo später das IG-Farben Haus entstand.

Sophie Schwarzkopf, die Tochter von Bethmann-Metzler, unterhielt auf der Grünen Burg einen literarischen Salon, den auch Catharina Elisabeth Goethe – Goethes Mutter, auch genannt Frau Aja – und die Schriftstellerinnen Sophie La Roche, Karoline von Günderrode und Bettina von Brentano besuchten. Auch Goethe beehrte die Gastgeberin 1797 mit einem Besuch.

1837 erwarb Amschel Mayer von Rothschild den Besitz und ließ dort 1845 von Jakob von Essen das Grüneburg-Schlösschen als Landsitz bauen. Der Gestalter des Palmengartens, Heinrich Siesmayer, legte für die Rothschilds ab 1879 einen Landschaftspark an. In den 1930er Jahren zwangen die Nationalsozialisten den damaligen Eigentümer des Schlosses, Albert von Goldschmidt-Rothschild, seinen Besitz zu übereignen. Die Familie emigrierte 1938 in die Schweiz, Albert Goldschmidt-Rothschild beging 1940 Selbstmord.

Der Grüneburgpark war nahezu hundert Jahre Privatbesitz gewesen. Nun wurde er 1936 zu einem öffentlichen Park, dessen Besuch allerdings Eintritt kostete. Ein Café zog in das Schloss. 1944 wurde das Gebäude schwer beschädigt, seine Ruine in den 1950er Jahren abgerissen. Damals wurde der Park auf 29 Hektar vergrößert.

Von der ursprünglichen Anlage sind drei aus dem 19. Jahrhundert stammende Bauten übrig geblieben: ein historischer Wasserturm am Nordrand des Parks, ein Pförtnerhäuschen an der Sebastian-Rinz-Straße im Norden und eines im Osten an der August-Siebert-Straße.

Die griechisch-orthodoxe Georgioskirche steht heute dort, wo sich einst der Bethmannsche Gutshof »Grüne Burg« befand. Außerdem wurde der Schönhof-Pavillon 1964 von dem Hofgut Schönhof in Bockenheim in den Grüneburgpark versetzt. Der Frankfurter Architekt Friedrich Rumpf hatte ihn 1820 als Gartenhaus entworfen. In dem klassizistischen achteckigen Pavillon ist heute ein Café untergebracht.

Ein weiteres Gebäude, das Geschichte machte, befand sich nordöstlich des IG-Farben Hauses, auf dem »Affenstein« (hessische Variante von Ave-Maria-Stein). 1864 wurde dort die »Städtische Anstalt für Irre und Epileptische« gebaut, die Klinik war das Lebenswerk des Arztes und Kinderbuchautors Heinrich Hoffmann (s. S. 147).

Der große Park mit seinem herrlichen alten Baumbestand, den geschwungenen Wegen, dem idyllisch gelegenen Café und den üppigen Wiesen eignet sich wunderbar, wenn man an einem sonnigen Tag einen Spaziergang in der Natur machen möchte.

Der Koreanische Garten im Grüneburgpark

»Im Koreanischen Garten mit seinem Gras, seinem Tau, mit Wind und Schmetterling und Mondschein, da möge das poetische, musikalische und philosophische Gespräch, der lebendige Austausch zwischen Koreanern und Deutschen gelingen.«[64]

Koreanischer Garten (Abb. 65)

Passend scheint es, dass die Universität um das IG-Farben Haus nicht weit vom Koreanischen Garten entfernt ist – denn er repräsentiert den traditionellen Gelehrtengarten. Diese Gärten gab es in Korea seit dem 16. Jahrhundert; sie dienten Künstlern und Intellektuellen als Rückzugsorte und lagen meist in einer landschaftlich reizvollen Gegend, oft in den Bergen. In diesen Gärten wurde meditiert und philosophiert. Sie sollten einen Rahmen schaffen, in dem der Geist sich öffnen und entwickeln konnte. Dabei wurde die Gestaltung nicht dem Zufall überlassen, sondern nach klaren Richtlinien vorgenommen. Sowohl die Pflanzen als auch die Gartenräume tragen eine symbolische Bedeutung.

Auf knapp fünftausend Quadratmetern wurde 2005 der Garten im Grüneburgpark angelegt, als Korea das Gastland auf der Frankfurter Buchmesse

---

64 Auf einer Infotafel im Park.

war. Zwei Pavillons mit den typischen geschwungenen Dächern und zwei quadratische Teiche mit runden Inseln gehören zu der Anlage. Die Pavillons sind nach außen offen und mit der sie umgebenden Natur verbunden.

Wie in den chinesischen Gärten (s. S. 185) sind die Pflanzen in einem koreanischen Garten Symbolträger. Kiefer, Bambus und Pflaume spielen auch hier eine tragende Rolle, denn sie stehen für ein »langes Leben.«

Der koreanische Garten ist in vier Jahreszeitengärten gegliedert, wodurch die philosophische Betrachtung der Jahreszeiten als symbolische Entsprechung zu den verschiedenen Stationen des menschlichen Lebens zum Ausdruck gebracht werden soll. So befindet sich gleich am Eingang der Frühlingsgarten; und nicht nur auf den Frühling warteten die Gastgeber hier, sondern auch auf ihre Besucher. Der »Pflaumenlaube Pavillon« gehört zum Wintergarten, er schwebt gleichsam über einem kleinen Teich. In Korea sind solche Räume mit einer Bodenheizung ausgestattet, damit man auch an kalten Tagen zusammen sitzen kann. Thema des Winters ist die Vorbereitung auf den Tod.

Der Sommergarten mit dem »Morgentau-Pavillon« wird von einem größeren Teich und einem Bach umsäumt. Der Pavillon steht auf Stelen; er soll ein Ort der Begegnung von Mensch und Natur sein und der Entspannung an heißen Tagen dienen.

Der Herbstgarten liegt an der höchsten Stelle und ermöglicht einen umfassenden Blick auf die Natur.

Der Palmengarten

Zu allen Jahreszeiten ist ein Besuch des Palmengartens ein Fest für die Sinne. Augen und Nase können sich an Farben, Formen und Düften laben. Wer im Winter einen Hauch tropischen Klimas fühlen möchte, kann sich in den Palmenhaus oder Tropicarium aufwärmen. Wer einen Abstecher in die Wüste oder in

Palmengarten (Abb. 66)

subarktische Regionen machen möchte, durchwandert diese Landschaften in den Gewächshäusern. Im Sommer laden Liegen auf den sattgrünen

Wiesen zu längerem Verweilen ein und im Frühling und Herbst lockt die Blütenpracht der jeweiligen Saison.

Wie so vieles, verdanken wir auch den Palmengarten dem Engagement Frankfurter Bürger. Der von Schulden niedergedrückte Herzog Adolf von Nassau bot in den 1860er Jahren seine tropischen Pflanzen aus Schloss Biebrich, seiner ehemaligen Residenz, zum Verkauf an. 1868 gründete sich in Frankfurt ein Verein, um den Ankauf zu ermöglichen. Leopold Sonnemann, Gründer der Frankfurter Zeitung und Mitinitiator des Städelschen Vereins, war auch hierbei eine treibende Kraft. Die Palmengarten-Gesellschaft bildete sich 1869 und Heinrich Siesmayer legte den Entwurf für eine Gartenanlage vor. Bereits zwei Jahre später wurde der botanische Garten eröffnet. Siesmayer gestaltete die Anlage nach englischen und französischen Vorbildern; er plante einen öffentlichen Wintergarten mit einer Gaststätte und einem Park. Siesmayer orientierte sich dabei auch an den Hallen der Pariser Weltausstellung. Ursprünglich gehörten auch Sportplätze zu dem Areal; man spielte Rasentennis und Croquet, es gab sogar eine Radrennbahn. Bereits 1874–75 erweiterte Siesmayer den Garten. Er legte den mehr als einen Hektar großen Weiher an und nutzte den Aushub für eine Anhöhe mit Grotte. Oben errichtete er ein Schweizerhäuschen, das heute leider nicht mehr existiert, den Hügel begrünen Pflanzen aus gebirgigen Regionen. Viele Pflanzen und sogar Fische für den Teich waren Spenden Frankfurter Bürger. Jeden Tag spielte ein Orchester im Palmengarten, es gab Oper- und Ballettaufführungen. Bestaunt wurde vor allem das Blumen-Parterre vor dem prächtigen klassizistischen Gesellschaftshaus, das mit seinen niedrigen Pflanzen wie ein gemusterter, riesiger Teppich wirkte. 1878 brannte das Gesellschaftshaus nieder und wurde schon in den nächsten zehn Monaten im Stil der Neo-Renaissance wieder aufgebaut.

Eine einzigartige Westernshow konnten die Frankfurter 1890 erleben, als Buffalo Bill mit zweihundert Indianern und Cowboys im Palmengarten auftrat.

Die Stadt hatte der Palmengarten-Gesellschaft die Flächen in Erbpacht zur Verfügung gestellt. Doch nach dem Ersten Weltkrieg konnte die Gesellschaft die Mittel für den Unterhalt infolge der Inflation nicht mehr aufbringen. Ab 1931 übernahm die Stadt den Palmengarten, nachdem bereits 1929 Baudezernent Ernst May einen modernen Anbau an das Gesellschaftshaus angefügt hatte. Das pflegeintensive und kostspielige Blumen-Parterre wurde aufgegeben.

1944 brannten das Gesellschaftshaus sowie der Konzertpavillon und die Glasdächer der Gewächshäuser wurden zerstört. Bis 1948 blieb das

Gelände Sperrgebiet und war den amerikanischen Besatzern vorbehalten, die im IG Farben Haus im benachbarten Grüneburgpark ihr Hauptquartier eingerichtet hatten (s. S. 215). 1953 bekam die Stadt den Garten zurück, Gebäude und Anlagen wurden restauriert. Die Tennisplätze verschwanden in den 1980er Jahren, der Haupteingang wurde in ein neues Gebäude an der Siesmayerstraße verlegt. Heute werden die Sammlungen in großen klimatisierten Gewächshäusern präsentiert. Im Freiland sind Rosengärten, Rhododendron-, Stauden- und Steingärten angelegt. Ausstellungen zum Themenbereich Pflanzen und Garten ergänzen das Angebot.

Seit 1959 finden jedes Jahr Open Air Konzerte statt, vor allem Jazz wird gespielt, aber auch »Weltmusik.« Die Stimmung in dem nächtlichen Garten trägt zu einem ganz besonderen Erlebnis bei. Bezaubernd ist auch das alljährliche Rosen- und Lichterfest, das seit 1931 gefeiert wird.

Der Architekt Salins de Montfort erbaute 1806 für die Kaufmannsfamilie Leonhardi eine Villa vor den Toren der Stadtmauer. Diese Villa erwarb 1842 der Bankier Erlanger, nachdem die Familie Leonhardi Konkurs anmelden musste. Eine große Orangerie wurde angebaut. Doch 1905 brach man den Hauptbau ab, nur die Front des Mittelpavillons mit einer Sandstein-Säulenhalle wurde verkauft. Sie diente als Eingang in das neue Tennisclubhaus im Palmengarten. Als jedoch auch der Bau dieses Hauses abgebrochen wurde, gab es ein Problem: Die denkmalgeschützte Säulenhalle durfte nicht zerstört werden. Die Stadt beschloss kurzerhand, die Villa an der Zeppelinallee, an einem Seiteneingang des Palmengartens, wieder aufbauen zu lassen und die Original-Säulenhalle einzubauen. Ursprünglich sollten in dem Gebäude Vorträge stattfinden und Lehrräume eingerichtet werden. Doch noch während der Bauzeit fiel der Entschluss, ein Restaurant in der Villa unterzubringen. So kommt es, dass man heute in der nachgebauten Villa Leonhardi edel speisen kann.

Der Botanische Garten

Welche Pflanze hilft bei Magenbeschwerden, welches Kraut senkt hohen Blutdruck? Im »Senckenbergischen Arzneipflanzengarten« sind die Heilpflanzen danach angeordnet, gegen welche Beschwerden sie helfen. Der Arzneipflanzengarten gehört zum Botanischen Garten der Goethe-Universität, der zwischen Palmengarten und Grüneburgpark liegt. Ein Besuch lohnt sich nicht nur für Wissbegierige, auch Nicht-Botaniker genießen die üppige Pflanzenvielfalt. Über 5000 Arten von Freilandpflanzen sind hier beschildert und nach pflanzengeografischen Gesichtspunkten zusammen gefasst. Verschiedene Landschaften der mitteleuropäischen Flora wie Mischwald, Dünenvegetation, Trockenrasen, Sumpf- und Wasser- oder alpine Pflanzen sind vertreten. Außerdem sind Pflanzen des mediterranen Raumes und der ostasiatischen und nordamerikanischen Flora zu sehen. Sonderabteilungen wie eine Sammlung bedrohter Arten oder eine Kulturgeschichte der Gartenpflanzen ergänzen die Anlage.

Die Senckenbergische Stiftung des Arztes Dr. Johann Christian Senckenberg (s. S. 144) legte den ersten botanischen Garten 1763 am Eschenheimer Tor an. Das etwa ein Hektar große Gelände lag zwischen der heutigen Stift- und Bleichstraße. Senckenberg orientierte sich am Linné-Garten in Uppsala, dem ältesten botanischen Garten Schwedens, der 1745 von dem berühmten Naturwissenschaftler Carl von Linné angelegt wurde. Erst nach Senckenbergs Tod wurde der Frankfurter Garten endgültig fertig gestellt. Er sollte der Medizin als »hortus medicus« zur Verfügung stehen und in den ersten hundert Jahren seines Bestehens leiteten ihn deshalb Stiftsärzte. Ein Gärtner verrichtete die praktische Arbeit. Im Jahr 1867 übernahm erstmals ein Botaniker die Leitung. Im Jahr 1903 wuchsen in dem Garten mehr als 4000 Arten. Die Pflanzen waren noch immer in Reih und Glied nach dem Linnéschen System angeordnet. Aus Platzmangel und wegen der zunehmenden Luftverschmutzung zog der Garten 1907 auf ein Gelände am östlichen Rand des Palmengartens um, das doppelt so groß war. Neben einer systematischen Abteilung gab es in diesem zweiten Garten bereits einen Bereich, in dem die Pflanzen nach ökologischen Gesichtspunkten gruppiert waren. Er diente vor allem der Forschung am Senckenbergischen Institut und später auch der 1914 gegründeten Frankfurter Universität, die nun die Trägerschaft übernahm.

Als dieser zweite Garten zu klein wurde, entstand ab 1931 der heutige Garten an der Siesmayerstraße. Durch den Zweiten Weltkrieg unterbrochen, wurde die Arbeit erst 1958 beendet. Die Gebäude der Biologischen Institute auf dem Gelände errichtete 1954/55 der Architekt der Bockenheimer Universität, Ferdinand Kramer.

Botanischer Garten, Goethe-Universität Frankfurt am Main, Siesmayerstraße 72,
60323 Frankfurt am Main, Tel. 069-78924790, Fax 069-79824835,
botanischergarten@uni-frankfurt.de, www.botanischergarten.uni-frankfurt.de
Vom 1. März bis 31. Oktober jeden Tag frei zugänglich, Führungen, Vorträge und Pflanzenbörsen

Sommerzeit im Günthersburgpark

Kinder hüpfen herum, Menschen liegen auf Decken, vor einer Bühne stehen dicht besetzte Biertische. Ein Imbisswagen verkauft Bio-Bratwurst aus dem Odenwald und Grillkäse, ein anderer Getränke. Entspannte Picknickatmosphäre herrscht im sommerlichen Günthersburgpark beim alljährlichen »Stoffel«, einer vierwöchigen Open Air Veranstaltung des Stalburg Theaters im Nordend. Seit 2004 findet das »Stalburg Theater Offen Luft« statt, einen Monat lang gibt es täglich um 18 und um 20 Uhr Musik, Kabarett, Lesungen oder Theater, und zwar umsonst. Um 16 Uhr beginnt ein Kinderprogramm. Aber auch außerhalb dieser Zeit erfreut sich der Park großer Beliebtheit, vor allem bei den Bewohnern der nahe gelegenen Stadtteile Bornheim und Nordend, und ist sehr belebt.

Im Mittelalter hatten die Ritter von Bornheim hier ihren Stammsitz, die Bornburg. Auf dem Gelände des heutigen Parks stand eine Burg mit Wassergraben und Zugbrücke. Es ist bekannt, dass der Frankfurter Bürgermeister Weiss von Limpurg 1306 auf dieser Wasserburg wohnte und dass sie etliche Male den Besitzer wechselte. Bei der Belagerung der Reichsstadt Frankfurt wurde sie 1552 verwüstet und brannte aus. Trotzdem kaufte sie 1690 der umtriebige und dubiose Johann Jakob Günther, der in seinem Gasthaus »Rotes Haus« auf der Zeil sogar die Reichsfürsten bewirtete und außerdem als Weinhändler und Geldverleiher tätig war. Dem württembergischen Heer lieferte er im Dreißigjährigen Krieg Getreide, Uniformen und Rekruten. Letztere versteckte er angeblich auf seiner »Günthersburg« vor dem Frankfurter Stadtrat. Günther gelang der soziale Aufstieg bis zum Kriegskommissar des Kaisers, er verlor jedoch sein ganzes Vermögen infolge von undurchsichtigen politischen Intrigen und verstrickte sich in Gerichtsprozesse.

Die marode Burg mit etwa zehn Hektar Gelände außerhalb der Stadt erwarb Carl Mayer von Rothschild im Jahr 1837. Er war der vierte der fünf Söhne von Mayer Amschel Rothschild (s. S. 118). Der älteste Sohn, ebenfalls Amschel Mayer getauft, hatte sich bereits 1816 ein Haus mit großem Garten am Rande der Stadt gekauft. Aus diesem Anwesen entstand der heutige Rothschildpark an der Bockenheimer Landstraße im Westend.

Für seinen neuen Landsitz engagierte Carl Mayer den Frankfurter Gärtner Sebastian Rinz. Ein englischer Landschaftspark wurde angelegt. In diesem Stil entstanden im 19. Jahrhundert mehrere Parks rund um Frankfurt, darunter der Bethmannpark, der Sommerhoffpark (ehemals

Gogel'sches Gut am Main), der Grüneburgpark, der Goldsteinpark und der Park St. Georgen in Oberrad.

Auf allen Landsitzen der Rothschilds gab es eigene Gärtnereien. Die heutige Stadtgärtnerei an der nördlichen Seite des Günthersburgparks entstand aus der Gärtnerei der Rothschilds.

1844/45 ließ Carl Mayer Rothschild ein großes Palais nach Entwürfen des Architekten Friedrich Rumpf (1795–1867) erbauen. Vor und hinter dem Palais lagen große Wiesen. Aus dem Wassergraben der alten Burg wurde ein Teich mit einer kleinen Insel. Die Güntersburg diente Carl Mayers Sohn und dessen englischer Frau Louise als Sommersitz. Im Nordwesten des Parks wurde 1864 das Mustergut Luisenhof erbaut, alle alten Gebäude wurden abgerissen.

Als Carl Mayers Sohn starb, erwarb die Stadt Frankfurt das Gelände. Unter der Leitung des Gartendirektors Andreas Weber wurde ein öffentlicher Park gestaltet, der 1892 eröffnet wurde. Das Palais wurde abgerissen. Heute ist von den Gebäuden nur noch die Orangerie erhalten, die um 1855 entstand. Im Zweiten Weltkrieg wurde sie bis auf die Grundmauern zerstört und 1950 als evangelisch-refomierte Kirche wieder aufgebaut. Der Deutsche Kinderschutzbund nutzt sie heute.

Kunst im Günthersburgpark

Die 1890 entstandene, auf einem Steinsockel stehende Bronzeskulptur der *Sämann*, die der belgische Bildhauer, Grafiker und Maler Constantin Meunier (1831–1905) angefertigt hat, befindet sich seit 1915 am südwestlichen Eingang an der oberen Günthersburgallee. Die lebensgroße Figur stellt einen Bauern dar, der barfuß und mit bloßem Oberkörper aussät. In der Linken hält er einen Beutel mit dem Saatgut. Die Skulptur wurde aus dem Kulturfonds bezahlt, den der Unternehmer Leo Gans, damals Leiter der Cassella-Werke, gestiftet hatte. 1906 kaufte die Stadt Frankfurt zwei Arbeiten des kurz zuvor verstorbenen Meunier – den *Sämann* und den *Hafenarbeiter*. Letzterer steht auf der Balustrade der Friedensbrücke. Eine weitere Abformung des Sämanns befindet sich seit Juni 2010 in Besitz der Nationalgalerie in Berlin.

1950 wurde der gewaltige Stier aus getriebenem Kupferblech aufgestellt. Unübersehbar steht er im westlichen Teil des Parks unweit des Spielplatzes auf einer Wiese. Er ist ein Werk des Frankfurter Malers, Zeichners und Bildhauers Fritz Boehle (1873–1916). Bereits 1910 war der Stier auf der Brüsseler Weltausstellung mit dem »Grand Prix« ausgezeichnet worden.

Das Wasserbecken im Zentrum des Parks mit Wasser speienden roten Betonfiguren gestaltete der Frankfurter Bildhauer Reiner Uhl im Jahr 1985.

www.stalburg.de/stoffel, U 4 Bornheim Mitte, Straßenbahn 12 Günthersburgpark, Bus 34, 38, 43 und 69, Bornheim Mitte, Café, Kinderspielplätze, Wasserspielanlage, Bolz- und Streetballplätze, Hundefreie Zone.

Erholung für die Arbeiter: Der Ostpark

Nicht nur die Kaninchen lieben ihn und tummeln sich hier in Mengen, auch die Bewohner aus dem Ostend und aus Bornheim zieht es in Scharen in den Ostpark, der mit seinem alten Baumbestand und den großflächigen Sportplätzen den idealen Ort zur Erholung bietet. Frankfurts Hobby-Kicker jagen hier auf der ausgedehnten Wiese dem Ball hinterher. Deshalb passt auch F. W. Bernsteins Kunstobjekt *Elfmeterpunkt* wunderbar an diesen Ort. Es soll die Erdachse symbolisieren, auf der eine Elfmeterpunktstange steht, die unerreichbar für jeden Fußballer ist. Das Werk des Karikaturisten der *Neuen Frankfurter Schule* (s. S. 45) gehört zum GrünGürtelweg, der durch den Ostpark führt. Als »Grüngürtel« wird das Naherholungsgebiet rund um Frankfurt bezeichnet. Rund 80 Quadratkilometer gehören bisher dazu, darunter Wälder, Parkanlagen, Obstwiesen und Äcker. Rad- und Wanderwege führen durch das abwechslungsreiche Gebiet und Objekte der Künstler der *Neuen Frankfurter Schule* sind an manchen Stellen zu entdecken – die so genannten »GrünGürtelTiere«. Das eigentliche GrünGürtelTier, das als Logo des Grüngürtels immer wieder auftaucht, wurde von dem Zeichner und Dichter Robert Gernhardt erdacht.[65]

Der Ostpark entwickelte sich nicht aus einem prächtigen Landsitz oder einer mittelalterlichen Burg, sondern wurde 1907 bis 1911 nach Plänen des Gartenbaudirektors Carl Heicke (1862–1938) unter dem damaligen Oberbürgermeister Franz Adickes (1846–1915) gestaltet. Er sollte den Bewohnern der Arbeitersiedlung Riederwald und den Industriearbeitern, die um die Hanauer Landstraße und den Osthafen herum arbeiteten, als Erholungsraum dienen.

Im Zentrum des Parks liegt ein Weiher. Außerdem gibt es hier den Bürgergarten, zu dem ein Kräutergarten, ein Wäldchen, Blumenrabatten, ein Teich und ein künstlicher Bach gehören. Ursprünglich wurde er auch angelegt, um die Frankfurter Schulen mit Pflanzen für den Zeichen- und Biologieunterricht zu versorgen.

Zwei Arbeiten der Frankfurter Bildhauerin Marita Kaus (* 1940) stehen im südlichen Teil des Parks. Ihre abstrakten *Steinvariationen I+II* von 1967

---

65 Näheres unter www.gruenguerteltier.de.

sind aus Basalt geschlagen und ruhen auf großen Betonsockeln an einem Bach in der Nähe des Betriebshofes. Sie weisen rundliche, organische Formen auf. Marita Kaus studierte Bildhauerei am Städel und arbeitet mit unterschiedlichen Materialien, von Granit bis zu Papier.

Durch den Ostpark verläuft ein Zweig des deutschen Jakobswegs.

Von 1946 bis 1948 gab es eine Schienentrasse direkt am Park, über die der so genannte »Trümmerexpress« rollte. Unmengen von Schutt mussten aus der zerstörten Innenstadt gebracht werden. Die Feldbahn beförderte ihn zu dem Areal am Ratsweg, das dem Ostpark gegenüber liegt und auf dem heute die Dippemess stattfindet (»Dippe« ist der hessische Begriff für Keramikschüssel). Von 1920–1943 befand sich hier das Stadion am Riederwald der Eintracht Frankfurt. Bis 1965 stand dort die »Aufbereitungs- und Verwertungsanlage für Trümmerschutt« der Trümmerverwertungsgesellschaft.

U7 und Straßenbahn 12, Eissporthalle / Festplatz.

»Nizza am Main«

Wenn die Zeit nicht ausreicht, um in mediterrane Gefilde zu reisen, kann vielleicht ein Spaziergang am »Nizza« am nördlichen Mainufer Urlaubsgefühle aufkommen lassen.

Der Fußballweltmeisterschaft 2006 ist es zu verdanken, dass das Nizza wieder in einen reizvollen Ort verwandelt wurde. Dieses parkartige Gebiet am Fluss war über viele Jahrzehnte hinweg einer der schönsten und beliebtesten Plätze in Frankfurt. Im 19. Jahrhundert feierten die Reichen und Schönen hier rauschende Feste. Doch in den 1980er und 1990er Jahren hatte sich die Anlage zwischen Untermain- und Friedensbrücke zu einem desolaten Ort entwickelt, der hauptsächlich von Obdachlosen und Drogenabhängigen genutzt wurde.

Seinen Namen erhielt das Areal durch die mediterrane Bepflanzung, die 1860 von dem Frankfurter Stadtgärtner Sebastian Rinz konzipiert wurde. Allerdings brachte man damals einen Teil der Pflanzen zum Überwintern in Glashäuser. Seit 2000 wachsen hier frostharte mediterrane Pflanzen, die kein Treibhaus mehr benötigen.

Bis ins 19. Jahrhundert existierte hier eine Maininsel, die ein Seitenarm des Mains vom Ufer trennte. Dieser Seitenarm wurde »Kleiner Main« genannt und als Winterhafen genutzt. Über einen Steg gelangte man zur Insel. Seit 1832 befand sich am Mainufer ein viel besuchtes Lokal, dessen

Terrasse Heinrich Siesmayer mit mediterranen Gewächsen ausgestattet hatte. Seit Ende des 18. Jahrhunderts standen am Mainufer, außerhalb der Stadtgrenzen, prachtvolle Landhäuser vermögender Frankfurter Patrizier. Eines davon, das Guaitasche Landhaus, hatte der Gastwirt Ried erworben und sein Etablissement »Mainlust« eingerichtet. In dem prächtigen Garten am Fluss speisten die Gäste unter Platanen.

1858 musste der Kleine Main zugeschüttet werden, um die Gleisverbindung vom Haupt- zum Ostbahnhof zu bauen. Sebastian Rinz gestaltete die ehemalige Insel ab 1860 als Verlängerung der Wallanlagen und rettete sie damit vor einer Zukunft als Lagerplatz der Bahn. Sein Enkel Andreas Weber (1832–1901) wurde Gartendirektor der Stadt und beendete nach Rinz' Tod dessen Werk. Seitdem nannte man den Park mit dem großen Pavillon »Nizza.« 1873 wurde das Lokal Mainlust abgerissen und das Nizza bis zur Friedensbrücke erweitert.

Ab 1886 gurgelten gesundheitsbewusste Bürger mit dem schwefelhaltigen Wasser des Grindbrunnens in der Nizza-Anlage. Ein Pavillon mit Zapfsäulen wurde eigens für sie erbaut.

Beliebt war das Areal auch zum Baden. Seit 1898 konnten die Frankfurter dem Badevergnügen in der Schwimmanstalt Mosler frönen, die damals die größte in Deutschland war. Auf Pontons errichtet, wurde sie jeden Herbst wieder abgebaut. Zu Beginn des 20. Jahrhunderts eröffnete exklusiv für Damen die »Georg Dannhofsche Schwimm- und Badeanstalt.«

Eine weitere Attraktion kam 1933 hinzu: eine 3000 Quadratmeter große Rollschuhbahn. In den 1950er und 60er Jahren nutzte sie der Roll- und Eissportclub Frankfurt, sogar Marika Kilius drehte hier ihre Runden. Erst im Jahr 2005 wurde sie im Zuge der Neugestaltung abgerissen. Auch der alte Pavillon wurde durch einen kubischen Glasbau des Frankfurter Architekturbüros Köhler ersetzt. Darin befindet sich ein Café und Restaurant. Wenige Meter östlich davon stehen auf einem Sockel zwei sich aneinander reibende Eber aus Bronze in der Nizza-Grünanlage, die um 1900 entstanden. Ihr Schöpfer, der Bildhauer Paul Kratz, hatte am Städel studiert und wurde für seine naturalistischen Tierplastiken bekannt. Im Palmengarten ist die Skulptur *Panther* (1930) von ihm zu sehen. Eine riesige Äquatorialsonnenuhr, die 1950 von den Vereinigten Deutschen Metallwerkstätten gestiftet worden war, versetzte man in die Nähe der Flößerbrücke.

Mit etwas Fantasie erinnert die für Mitteleuropa ungewöhnliche Bepflanzung der Beete an vergangene Urlaubstage an der Côte d'Azur. Auf der Terrasse des Restaurants »Nizza« oder in einem der schlichteren

Cafés am Mainufer lässt es sich angenehm innehalten und von südlicheren Gefilden träumen.

Im »Bonobo-Land«: Grzimeks Zoo

»Genehmigung für ›das Halten wilder Tiere in geeigneten Behältern‹.«[66]

Eingang Zoologischer Garten mit Zoo-Gesellschaftshaus (Abb. 67)

Je schlechter das Wetter, desto schöner ein Besuch im Frankfurter Zoo. Stille liegt dann über dem Gelände und die Tiere lassen sich in Ruhe betrachten. Als Orte zum Aufwärmen bieten sich die vielen Tierhäuser an: das Raubtierhaus, das Bonobo-Land mit seiner tropischen Temperatur, die Affenhäuser, in denen manchmal alte Damen mit Dauerkarten lange Gespräche mit unseren tierischen Verwandten führen, das Vogelhaus mit dem erstaunlichen Farbenreichtum seiner Zweibeiner. Faszinierend sind auch die Bewohner des Nachttierhauses, wo in einer Höhle Fledermäuse schwirren, Erdferkel in einer Grube liegen und viele kleine Tiere eifrig graben, hüpfen, fressen und sehr beschäftigt wirken.

Das Exotarium lädt in ein anderes Universum mit leuchtend bunten Fischen und surrealen Unterwasserbewohnern ein, die aussehen als seien sie einem Science Fiction entsprungen.

Auch der Frankfurter Zoo verdankt sich einer Bürgerinitiative. Nach dem Berliner Zoo ist er der älteste Tierpark in Deutschland. Die ersten exotischen Tiere präsentierte die Zoogesellschaft 1858 im Leer'schen Garten an der Bockenheimer Straße im Westend. Bereits 1874 zog die Tierschau wegen Platzmangel auf das heutige Gelände um. Damals lag die Pfingstweide außerhalb der Stadt, früher hatten Soldaten hier exerziert. Das Zoogesellschaftshaus wurde 1876 fertig gestellt. In den nächsten Jahren entstanden Raubtierhaus, Affenhaus, Bärenanlagen und ein Aquarium. Während des ersten Weltkrieges übernahm die Stadt den Zoo, weil den

---

66 Aus einem Text der Polizeibehörde für die Eröffnung des Zoos im Jahr 1858.

Tieren der Hungerstod drohte. Es gab zu wenig Nahrung und zu wenige Tierpfleger. Ab 1933 erweiterte die Stadt die Anlage um das Elefantenhaus, die Robbenanlage und das Menschenaffenhaus.

Der Zweite Weltkrieg brachte fast allen Zootieren einen grausamen Tod. 1944 zerstörte ein Luftangriff die Anlage, die letzten überlebenden Tiere liefen frei herum, die Gehege waren ausgebrannt. Weder die Alliierten noch die Stadt verfügten in der Nachkriegszeit über die finanziellen Mittel, um den Zoo wieder in Stand zu setzen. Doch der damaligen Direktor Bernhard Grzimek gelang es dank seines Einfallreichtums mit ungewöhnlichen Mitteln Geld zu verdienen. Er eröffnete kurzerhand auf dem Gelände einen Vergnügungspark mit Achterbahn und Karussell, veranstaltete Eisrevuen und Sommernachtsbälle, Kinderfeste, Zirkusvorführungen und Tanzabende. Für dieses »unwürdige« Verhalten wurde er von anderen Zoodirektoren stark kritisiert. Doch unbeirrt gründete er 1950 die Zoologische Gesellschaft Frankfurt neu und organisierte Spendenaktionen und Tombolen, die Millionen einbrachten. Den gesamten Gewinn steckte er in den Wiederaufbau und die Erweiterung des Zoos. Bis 1974 blieb der sympathische Querkopf, dem der Frankfurter Zoo so viel zu verdanken hat, dessen Leiter.

Im klassizistischen Zoo-Gesellschaftshaus befinden sich das Fritz Rémond-Theater und ein Restaurant.

U6, U7, Straßenbahnlinie 14

Bernhard Grzimek
»Die angenehm knarzende – väterliche, opaeske, onkelische Stimme bzw. Vortragsweise segnet die Aufklärung mit etwas durchaus Gemüthaft-Gemütlichem. Ungefähr so stelle ich mir gern die Aufklärung im 18. Jahrhundert Kants und Linnés vor. Und trotz aller Revisionen des alten Tierbuchs von Alfred Brehm durch das Grzimeksche dürfte sich im Verstand und im Gestus von Wissenschaft nicht gar zu viel gewandelt haben.«[67]

Unvergessen sind seine annähernd 200 Fernsehauftritte in *Ein Platz für Tiere*, bei denen er das Publikum stets mit einem Zootier als Begleiter vor sich auf dem Schreibtisch oder seinem Schoß begrüßte.

Bernhard Grzimek (1909–1987) stammte aus Oberschlesien und hatte in Leipzig und Berlin Tiermedizin studiert. Zunächst leitete er einen landwirtschaftlichen Betrieb mit Spargelanbau und Geflügelzucht. Da sein Vater früh verstorben war, musste er schon in sehr jungen Jahren Geld verdienen. Ab den 1930er Jahren arbeitete er in Ministerien und galt dort als Fachmann für Geflügelzucht und Seuchenbekämpfung. Doch

---

67 Eckhard Henscheid: *TV-Zombies,* Zürich 1987, S. 119.

nebenbei begeisterte er sich für Verhaltensforschung und veröffentlichte Artikel zur Tierpsychologie. Im Zweiten Weltkrieg war er Veterinär bei der Wehrmacht und forschte über das Verhalten von Militärpferden; außerdem war er noch immer am Reichsernährungsministerium angestellt. 1945 floh er Hals über Kopf aus Berlin. Mehrfach hatte er versteckte Juden mit Nahrungsmitteln versorgt – und seine Wohnung war von der Gestapo durchsucht worden. In Frankfurt wollten ihn die amerikanischen Behörden zum Polizeipräsidenten ernennen, doch er lehnte ab. Es gelang ihm jedoch, die Position des Zoodirektors zu erhalten, obwohl der Zoo eigentlich stillgelegt werden sollte. Grzimek nutzte das Chaos der Nachkriegsmonate und verfolgte zäh seine eigenen Pläne. Er ließ Trümmer wegräumen und eröffnete seinen Vergnügungspark. Gerade mal zwanzig Tiere besaß der Zoo nach dem Krieg noch. Doch dank Grzimeks Ideenreichtum und seiner Energie wuchs der Zoo schnell. Grzimek wurde auch als Autor und Filmemacher außergewöhnlich erfolgreich. Seine vom HR produzierte Sendung *Ein Platz für Tiere* machte ihn ab 1956 zum bekanntesten Zoologen Deutschlands, sein Dokumentarfilm *Serengeti darf nicht sterben* erhielt 1960 als erster deutscher Film nach dem Zweiten Weltkrieg einen Oscar. Grzimeks Sohn Michael war 1959 bei den Dreharbeiten mit einem Flugzeug in den Tod gestürzt.

Anfang der 1970er Jahre war Grzimek Beauftragter der Bundesregierung für Naturschutz, 1975 gründete er gemeinsam mit Horst Stern und anderen den »Bund für Umwelt und Naturschutz«. Er starb am 13. März 1987 in Frankfurt. Die Todesumstände passten sich dabei auf skurrile Weise seinem Leben an, denn er tat seine letzten Atemzüge nicht in seinem eigenen Bett oder in einer Klinik, sondern während einer Zirkusvorstellung.

Auf dem Lohrberg

An Silvester zieht es viele Frankfurter auf den 185 Meter hohen Lohrberg – denn er bietet einen fantastischen Ausblick auf die Stadt und das Feuerwerk. Doch auch an Sommertagen ist hier viel los: Ein Wasserbecken, ein Spielplatz, das »MainÄppelHaus Lohrberg« mit Naturerlebnisgarten und Bistro locken Besucher an, große Rasenflächen laden zum Sonnen, grillen oder Ballspielen ein. Für einen Spaziergang oder einen Wochenendausflug ist der Lohrberg einer der schönsten Plätze Frankfurts. Er ist außerdem geschichtsträchtiger Boden. Über den Lohrberg verlief ein Teilabschnitt der Via Regia, eine seit dem Mittelalter bedeutende Pilger- und Handelsstraße. Zwischen Frankfurt und Leipzig hieß sie »Hohe Straße«, weil sie kaum durch Feucht- und Sumpfgebiete führte und zu allen Jahreszeiten begangen werden konnte. Die Via Regia war eine prähistorische Verbindung von Spanien nach Russland.

Der Lohrberg ist am besten mit dem Auto oder dem Rad zu erreichen. Durch Streuobstwiesen gelangt man in eine gepflegte Kleingartenanlage. Die Kolonie entstand 1919 unter dem Gartenbaudirektor Max Bromme. Ab 1924 wurde der Volkspark Lohrberg angelegt, die Pläne dafür entstanden schon 1902 unter dem Gartenbaudirektor Carl Heicke und seinem Gartenarchitekten Bernhard Rosenthal.

Vorbei an gepflegten Parzellen geht es zu einem Aussichtspunkt, einer Rotunde, die von großen Bäumen umfasst ist. Bei gutem Wetter blickt man über die Mainebene bis zu den Hügeln des Odenwalds und des Spessarts.

Auf dem Lohrberg wird Riesling angebaut; er ist das einzige Weinanbaugebiet auf Frankfurter Stadtgebiet (s. S. 36). Früher gehörte der Weinberg dem Frankfurter Karmeliterkloster. Seit dem 9. Jahrhundert ist Weinbau auf dem Lohrberg belegt, vermutlich versuchten sich aber schon die Römer daran, dem sonnigen Hang gute Tropfen abzuringen. Die Reste eines römischen Gutshofs, eines Heiligtums und einer Jupitergigantensäule wurden in der Nähe ausgegraben, die Funde sind im Historischen Museum zu sehen.

Die Gaststätte »Lohrberg-Schänke« gibt es seit 1933. Die Pläne für das Gebäude stammten aus den 1920er Jahren, ein zweigeschossiges Fachwerkhaus aus dem Jahr 1763 wurde integriert. Früher hatte dieses einzige Haus auf dem Lohrberg keinen Wasseranschluss und das kostbare Nass musste auf einem Esel hinaufgebracht werden.

Zwei Denkmäler stehen hier oben. Zu dem Ehrenmal für die Seckbacher Gefallenen der beiden Weltkriege gehört ein großes Holzkreuz, das in Richtung Seckbach weist. Zudem gibt es das »Friedrich-Ludwig-Jahn-Denkmal«, das seit 1953 den legendären Turnvater ehrt. Jahn war Abgeordneter des Vorparlaments und der Frankfurter Nationalversammlung in der Paulskirche.

Noch lange vor den Römern tummelten sich vierbeinige Bewohner in der Region: Die Senckenberg Gesellschaft für Naturforschung grub Ende des 19. Jahrhunderts zu Füßen des Lohrbergs die Überbleibsel eines fossilen Säugetieres aus. In der Nähe des Lohrbergs wurde Kohle abgebaut und die Relikte des Tieres fand man in etwa 17 Metern Tiefe in den Bergwerksschächten. Es soll so groß wie ein Flusspferd gewesen sein. Zunächst wurde es der Gattung Flussschwein zugeschrieben und Hippopotamus seckbachensis genannt. Als auch Zähne gefunden wurden, musste die Zuschreibung revidiert werden. Seither heiß es »Anthracotherium seckbachense«, Seckbacher Kohletier. Die Seckbacher nennen es rustikal »Seckbacher Kohlensau«

MainÄppelHaus

Schon 1947 entstand der städtische »Beispiel- und Beratungsgarten für Obstbau betreibende Bürger.« Der Verein Streuobstzentrum übernahm ihn 2005 und richtete das umweltpädagogische MainÄppelHaus Lohrberg ein, zu dem auch ein Hofladen und ein Bistro gehören. Kurse und Führungen werden angeboten, außerdem Naturerlebnisaktionen für Kinder und Schulklassen. Das MainÄppelHaus bewirtschaftet etwa 11 Hektar Streuobstflächen in Frankfurt.

www.mainaeppelhauslohrberg.de, Kirchgasse 9, 60388 Frankfurt, Tel. 069-479994,
Naturerlebnisgarten: Di - Fr 10 - 15 Uhr, Do bis 18 Uhr, Sa 11 - 14 Uhr,
Hofladen: Di, Mi, Fr 10 - 15 Uhr, Do 10 - 18 Uhr, Sa 11 - 14 Uhr
Bistro: 1. Mai bis 31.Oktober nur bei schönem Wetter geöffnet. Do - So 14.30 Uhr bis Einbruch der Dunkelheit.
Mit dem Auto: Friedberger Landstraße in Richtung Bad Vilbel, in den Berger Weg rechts abbiegen. Parkplätze vorhanden. Bus 43 Budge-Altenheim, Bus 30 oder 69 Heiligenstock. Jeweils 10 Minuten Fußweg.

»Frankfurt am Meer«: Die Schwanheimer Düne

„Der Struwwelpeter" von F.K. Waechter in den Schwanheimer Wiesen (Abb. 68)

Es sieht anders aus als in der Frankfurter Region, es riecht anders, Flora und Fauna unterscheiden sich deutlich von der mitteleuropäischen Vegetation und den bei uns beheimateten Tieren. Mit etwas Fantasie meint man, irgendwo in der Nähe der Mittelmeerküste zu sein. Tatsächlich gedeihen hier Pflanzen aus der Mittelmeerregion, die trockenes und heißes Klima lieben. Binnendünen mitten in Deutschland sind rar – Frankfurt hat mit der Schwanheimer Düne einen besonderen Schatz, der natürlich unter Naturschutz steht. Die Düne ist durch zwei teilweise mit Holzbohlen ausgelegte Wege erschlossen. Besucher sollten sie nicht verlassen, um das einzigartige Tier- und Pflanzenleben in diesem Gebiet nicht zu schädigen. Die Düne besteht nicht nur aus Sand, sondern auch aus Magerrasen und Wald sowie kleinen Seen. Infotafeln erläutern die Besonderheiten des Areals.

Vor etwa 10.000 Jahren, also nach dem Ende der letzten Eiszeit, bildete sich das Gebiet mit Quarzsand aus dem Main, der hierher geweht wurde. Auf der Düne wuchs zunächst Wald. Im 19. Jahrhundert befiel jedoch der Kiefernspanner die Bäume und Sturmschäden taten ihr Übriges. Der vorher geschützte Wald wurde nun gerodet, Nadel- und Laubbäume verschwanden. Daraufhin wanderte die Düne zwischen 1882 und 1890 an den Ort, an dem sie sich heute befindet. Zu Beginn des 20. Jahrhunderts entnahm man von ihr mit einer eigens gebauten Lorenbahn Sand. Betonblöcke zeugen als letzte Überreste davon. Nach dem Zweiten Weltkrieg baute der Unternehmer Otto Schmitt erneut Sand ab und dieser Tätigkeit verdankt sich die Schmitt'sche Grube, die heute der größte von etlichen, rund um die Düne gelegenen Seen ist. Die Grube ist für Besucher gesperrt, um den kostbaren Lebensraum für seltene Vögel und Amphibien zu schützten.

An der Schwanheimer Düne gedeihen Pflanzen mit so wunderbaren Namen wie Silbergras, Natternkopf, Nacktstängeliger Bauernsenf oder Frühlings-Hungerblümchen und außerdem kleine, buschartige Kiefern, wie sie sonst nur in Meeresnähe wachsen. Für die richtige Landschaftspflege sorgen Heidschnucken, die der BUND betreut. Insekten und Eidechsen schätzen den trockenen Lebensraum ebenso wie Heidelerchen und Goldammern.

Westlich vom Ortsteil Schwanheim über die B40-Brücke Richtung Naturschutzgebiet Schwanheimer Dünen, Bus 51, Schwanheimer Friedhof, dann etwa 10 Minuten zu Fuß, Straßenbahn 10 und 11, Bolongaro Palast (Höchst), 5 Minuten Fußweg zum Main, mit der Fähre nach Schwanheim und 5 Minuten Fußweg bis zum Naturschutzgebiet.

Grün im Industriegebiet: Der Schwedler See

Das Verblüffendste an diesem kleinen Idyll ist seine Lage. Der Schwedler See liegt im Industriegebiet zwischen Hanauer Landstraße und Main. Wer sich hier nicht auskennt, meint rasch, sich verirrt zu haben, denn es erscheint extrem unwahrscheinlich, dass sich in dieser Gegend eine grüne Oase befindet.

Der See gehört zu einem der ältesten Schwimmsportvereine Deutschlands, dem Ersten Frankfurter Schwimm-

Schwedlersee (Abb. 69)

club von 1891. Ab 1921 trainierten hier seine Mitglieder im Sommer, noch in den 1960er Jahren war der See fast dreimal so groß wie heute und mit Badestegen ausgestattet. Leider wurde ein Teil des Sees zugeschüttet, um Lagerhallen Platz zu machen. Bis heute dürfen hier nur Clubmitglieder ins Wasser, vor allem Familien nutzen diese Möglichkeit.

Ursprünglich sollte der Schwedler See ein mit sauberem Grundwasser gefülltes Hafenbecken werden. Noch vor dem Ersten Weltkrieg war geplant, das Nordbecken des Osthafens bis zur Intzestraße zu verlängern, doch dieser Plan wurde nicht realisiert. Übrig blieb eine längliche Grube, die sich mit Grundwasser füllte. Der EFSC, der bis 1921 an der Badeanstalt am Eisernen Steg trainierte, handelte den Hafenbetrieben das Gelände ab. Noch heute schwärmen viele ältere Frankfurter der Zwischen- und Nachkriegsgenerationen von unbeschwerten Sommertagen am Schwedler See.

Heute ist der See mit seinen dicht bewachsenen Ufern ein Mini-Biotop mit vielen Wasservögeln und heimischen Fischarten. Dass er nicht für jedermann zum Schwimmen frei gegeben ist, hat auch sein Gutes: Das empfindliche biologische Gleichgewicht wäre sonst schnell zerstört.

Die Bar und das Restaurant am See sind jedoch für jeden zugänglich und an einem heißen Sommerabend einer der nettesten Orte in Frankfurt. Man sitzt idyllisch am Wasser und wird durch ein Dach vor Regen geschützt. Das Ganze hat den etwas provisorischen Charme einer Strandkneipe in südlichen Gefilden. Die Preise sind moderat und das Essen ist sehr schmackhaft.

Bei Veranstaltungen legen DJs unterschiedlichster Musikrichtungen auf und es kann dabei sehr voll und sehr laut werden.

Schwimmclub Gastronomie, Schwedlerweg, 60314 Frankfurt, Tel. 069-30374097, kontakt@schwedlersee.de, www.schwedlersee.de

Baden in Licht- und Luft: Das »Lilu« in Niederrad

Nicht in Wasser, aber in Licht und Luft können die Besucher des Niederräder »Lilus« »baden«. Auf einer im Main gelegenen Halbinsel, die über einen kleinen Sandstrand verfügt, stellen sich unweigerlich Urlaubsgefühle ein. Boote liegen am Ufer, Wellen plätschern, der Blick gleitet über die Skyline am gegenüberliegenden Ufer. Die Halbinsel ist ein Rest der ehemaligen Frankfurter Schleuse.

Als das Bad im Jahr 1900 eröffnet wurde, schwammen die Frankfurter noch begeistert im Main. Vor allem Arbeiterfamilien genossen hier die

Sonne, das kühle Wasser und den schönen Strand. Dieses Bad war das letzte, das bis 1938 noch für jüdische Bürger zugänglich war.

Die Werkstatt Frankfurt am Main e. V. betreibt auf der grünen Insel ein Café auf einem Ponton. Die Gäste sitzen dort auf einer Holzterrasse, die bei Hochwasser angehoben wird. Die Insel ist

Lichtbad Niederrad (Abb. 70)

Überschwemmungsgebiet, allerdings nur im Winter. Dieser 2003 von den Frankfurter Architekten Meixner, Schlüter Wendt entworfene Imbiss-Ponton erhielt sogar eine Anerkennung zum »Deutschen Architekturpreis 2003« und wurde auf Landesebene mit der »Martin Elsaesser Plakette« prämiert.

Zwischen Friedensbrücke und Niederrad, Eingang auf der Niederräder Seite in Höhe des Wasser- und Schifffahrtsamtes. Straßenbahn 12/15/19/21, Heinrich-Hoffmann-Straße/Blutspendedienst
Licht- und Luftbad Niederrad, Werkstatt Frankfurt e.V., Niederräder Ufer 10, 60528 Frankfurt am Main, Tel. 069-67733653, Fax. 069-67733653, servicebetriebe@werkstatt-frankfurt.de, http://www.werkstatt-frankfurt.de/lilu.html, April 11 –18 Uhr, Mai bis 20 Uhr, Juni, Juli, August bis 22Uhr, September bis 20 Uhr
Imbiss von Mai bis September bis 20 Uhr. Eintritt frei. Volleyballnetze, Boulekugeln, Strandliegen sowie Schwenkgrill zu mieten. Boulebahn und Freiluft-Schach. Keine Hunde.

Wo Goethe ruhte: Der Goetheturm

»Arkadien, ein Königreich in Spartas Nachbarschaft.«[68]

Ob Goethe jemals hier ruhte, ist nicht belegt. Angeblich soll er in dieser Gegend spazieren gegangen sein und auf die Stadt hinabgeblickt haben. In einem Gedicht von Karl Heinrich Ehrt wurde daher eine Stelle im Sachsenhäuser Stadtwald 1860 als »Goethes Ruh« bezeichnet.

In dem Waldstück mit vielen Buchen erhebt sich der 43 Meter hohe, ganz aus Holz errichtete Goetheturm. Der Aufstieg lohnt sich trotz der 196 Stufen, denn vom Turm aus ist der Blick auf die Stadt ausgesprochen

---

68 Inschrift aus *Faust II* an der Goetheruh.

Goetheturm (Abb. 71)

eindrucksvoll. Bei klarem Wetter kann man sogar das gesamte Rhein-Main-Gebiet sehen.

Schon 1867 wurde dort ein kleinerer Holzturm errichtet, der nach dem Ersten Weltkrieg baufällig war. Der neue Goetheturm entstand 1931, dank einer Spende des jüdischen Kaufmanns Gustav Gerst, die Stadt spendierte das Bauholz.

Nördlich des Goetheturms liegen zwei kleine Hügel im Wald. Der größere, von dem man auch auf die Stadt blickt, wird als Goetheruh bezeichnet. Von dem schottischen Künstler Ian Hamilton Finlay stammt die Sandsteinsäule mit dem Goethezitat aus Faust II. Die Säule dient zugleich als Sitzbank.

Wer wissen möchte, wie die alte Stadtbefestigung einmal aussah, findet einige hundert Meter östlich der Goetheruh und des Goetheturms ein rekonstruiertes Stück der historischen Sachsenhäuser Landwehr (s. S. 91). Eine kleine Holzbrücke führt über einen Graben.

Ein großer Spielplatz mit Wasserbecken und ein Irrgarten mit Grün-Gürtel-Tieren machen den Goetheturm zu einem beliebten Ausflugsziel für Familien. Doch auch Kinderlose genießen auf den Freisitzen der Gaststätte an heißen Tagen den Schatten hoher Bäume und den Geruch des Waldes. Seit 1982 findet das Goetheturmfest am ersten Samstag im Mai am Fuße des Turms statt.

April bis September täglich 10 Uhr bis 18 Uhr
Sachsenhäuser Landwehrweg, 60599 Frankfurt am Main
Bus 954, 960, 961, 962 und 963, Sachsenhäuser Warte

XIII. Ernst May und das Neue Frankfurt

> »Die Baukunst als Gehäuse, als Umgebung, als Milieu, von Menschen geschaffen, strahlt bildende Kraft aus und gestaltet so wiederum von sich aus das Wesen der Menschen. Geformtes formt. Am kürzesten gefaßt: Neuer Mensch fordert neues Gehäuse, aber neues Gehäuse fordert auch neue Menschen.«[69]

Fast ein Jahrhundert ist es her, dass ein gewaltiges Bauprogramm Frankfurt architektonisch prägte und international Aufmerksamkeit weckte. Durchgesetzt und gestaltet wurde es von dem Architekten Ernst May, einem hünenhaften Mann mit enormer Durchsetzungskraft und kühnen Ideen. Wie revolutionär seine Bauprojekte waren, kann man heute nur ermessen, wenn man bedenkt, das Frankfurts gotische Altstadt damals noch intakt war und die Architektur des Bauhauses noch jung und von vielen angefeindet. Bäder waren in vielen preisgünstigen Frankfurter Mietwohnungen nicht üblich; für zehn Pfennig wuschen sich die ärmeren Bewohner Bornheims oder Bockenheims in öffentlichen Badehäusern. Licht und sauberes Wasser waren daher zwei wichtige Kriterien des *Neuen Bauens*. Diese moderne Stilrichtung im Städtebau und in der Architektur der 1920er Jahre wurde vom *Bauhaus*, der niederländischen *De Stijl*-Bewegung und der *Neuen Sachlichkeit* beeinflusst. Um ihre sachlichen und funktionellen Bauten entzündeten sich heftige Kontroversen. Ihre konservativen Gegner bevorzugten den traditionalistischen *Heimatschutzstil*.

In Frankfurt herrschte in den 1920er Jahren große Wohnungsnot. Ein zehnjähriges Wohnungsbauprogramm sollte Abhilfe schaffen. Es ging unter der Bezeichnung *Neues Frankfurt* in die Architekturgeschichte ein. Sein Planer Ernst May (1886–1970) ist eine der Lichtgestalten der Deutschen Architekturgeschichte, allerdings sind seine späten Entwürfe, wie der Stadtteil *Kranichstein* in Darmstadt, heute sehr umstritten. Von 1925 bis 1930 war May Siedlungsdezernent der Stadt Frankfurt unter Oberbürgermeister Ludwig Landmann.

Er hatte in London und Darmstadt Architektur studiert. Während eines Praktikums bei dem Architekten Sir Raymond Unwin in London nahm er an der Planung der Gartenstadt Hampstead teil. Diese entsprach einem neuen Ideal: eine Vorortsiedlung im Grünen, bei der es nicht nur um eine neue Architektur, sondern auch die Umsetzung sozialreformerischer Ideen ging. Unwin verfocht das Konzept einer Stadtplanung mit autonomen Trabantensiedlungen und May übersetzte Unwins Buch

---
69 Fritz Wichert: »Die neue Baukunst als Erzieher«, in: *Das Neue Frankfurt*, Heft 5, o.S.

Grundlagen des Städtebaus ins Deutsche. Seine Ausbildung vollendete May in München bei Theodor Fischer, einem Mitbegründer des *Werkbundes*.

Ab 1913 ließ May sich als selbstständiger Architekt in Frankfurt nieder, wurde aber bald zum Kriegsdienst eingezogen. Nach Kriegsende arbeitete er in Breslau, wo er bei einem Wettbewerb zu einem Bebauungsplan für die Stadt für dezentrale Trabantensiedlungen plädierte. Aufgrund dieses Plans wurde May die Leitung des Hochbau und Siedlungsamtes in Frankfurt angeboten. Als Mitarbeiter holte er fortschrittliche Architekten wie Martin Elsässer, Ferdinand Kramer, Karl Blattner, Franz Schuster, Margarete Schütte-Lihotzky und deren Mann Walter Schütte in die Stadt. Die Gartenarchitekten Max Bromme und Leberecht Migge waren für die Grünanlagen zuständig.

May plante Gartensiedlungen an der Peripherie, die durch einen Grüngürtel von der Stadt getrennt waren. Sie sollten über eine eigene Infrastruktur mit Schulen, Kindergärten, Kirchen und Krankenhäuser verfügen. Vorbild waren sowohl die englischen Gartenstädte, die er in seiner Zeit in London kennen gelernt hatte, als auch das Bauhaus. Gegen dessen modernen Architekturstil mit Flachdächern wurde von Konservativen heftig polemisiert.

May und seine Mitstreiter entwarfen minimalistische und funktionale Wohnungen mit niedrigen Baukosten und geringen Mieten. Der Architekt ließ seine Frankfurter Siedlungshäuser teilweise in hellem Blau, hellem Gelb oder Rot streichen, zumeist war Weiß die dominierende Farbe.

Unter May wurde aus Kies und Bims ein Material für Bauplatten entwickelt, das heute unter dem Schlagwort »Plattenbau« negativ besetzt ist. Doch das Ziel moderner Architekten und Stadtplaner war damals ein erschwinglicher Wohnraum, der das Sonnenlicht hineinließ, über eine Heizung und eine gute Belüftung, sowie sauberes Wasser verfügte. Wie wichtig es war, hygienische Wohnverhältnisse zu schaffen, zeigte in den 1920er Jahren allein die Tatsache, dass Krankheiten wie Tuberkulose noch unter den ärmeren Bevölkerungsschichten grassierten. Rationalisierungsmaßnahmen standen an der Tagesordnung. Der Produktionsprozess musste so effizient als möglich gestaltet werden. Um kostengünstig bauen zu können, wurden daher alle Bauteile normiert. Decken und Wände wurden in Fabriken hergestellt, ein Reihenhaus konnte von 18 Bauarbeitern in eineinhalb Tagen aufgestellt werden. Auch Details wie Türen und Fenstergriffe typisierte das Bauamt.

Um einen Teil der vielen Arbeitslosen zu beschäftigen, entstanden etliche Maysiedlungen aber nicht aus Platten, sondern aus gemauerten Backsteinen. Es war eine politische Entscheidung.

Alle Wohnungen wurden, soweit möglich, in Nord-Süd-Richtung geplant, damit sie viel Licht bekamen. Zu vielen Wohneinheiten gehörte ein Garten, der Obst- und Gemüseanbau für die Selbstversorgung ermöglichte. Auch vor den Häusern gab es schmale Grünstreifen, die bepflanzt werden konnten. Bleichwiesen für die Wäsche gehörten zu den Anlagen, zudem hatten alle May-Wohnungen fließendes Wasser. Seine Siedlung Römerstadt war überdies die erste, die voll elektrifiziert war.

Die ersten zehn Musterhäuser mit neuen Materialien entstanden in Praunheim. Heute stehen sie unter Denkmalschutz. Nicht in allen Siedlungen wurde akademisch gebaut, in Bornheim passte May seine Wohnungen an die bestehende Blockbebauung an, so dass das Ergebnis relativ untypisch ist. Kleingärten für die Bewohner waren am Bornheimer Hang vorgesehen.

Der Grundriss der Siedlung Römerstadt war von Dessau-Törten beeinflusst, das Walter Gropius entworfen hatte.

Die größten Siedlungen wurden im Rahmen des Niddatal-Projekts gebaut. Das Niddatal war Überschwemmungsgebiet, weshalb sich der »Frankfurter Architekten und Ingenieurverein« gegen seine Bebauung wehrte. Aber May setzte sein Konzept durch. Es entstanden die Siedlungen Römerstadt, Bornheimer Hang, Westhausen in Praunheim, Höhenblick am Ginnheimer Hang, Bruchfeldstraße in Niederrad, Praunheim (Ludwig-Landmann-Straße und westliche Seitenstraßen) und nach Plänen des Architekten Mart Stam die Hellerhofsiedlung im Gallusviertel (1929–1932, 1934–1938). May gab die Zeitung *Das Neue Frankfurt* heraus, die das ambitionierte Projekt begleiten und erklären sollte. 1929 tagte der *Congrès Internationale d'Architecture Moderne* in Frankfurt, die Avantgarde der europäischen Architektur nahm daran teil und Walter Gropius, der Gründer des Bauhauses, hielt einen Vortrag.

In den fünf Jahren von 1925 bis 1930 entstanden stattliche 15.000 neue Wohnungen. Dem Vorhaben setzte jedoch die Weltwirtschaftskrise ein abruptes Ende. May ging in die Sowjetunion, wo er von 1930 bis 1933 neue Industriestädte plante. Es kam indes zu Unstimmigkeiten und da May nicht nach Deutschland zurückkehren wollte, wo die Nationalsozialisten seinen modernen Baustil vehement ablehnten und einen volkstümelnden Heimatstil propagierten, entschied er sich, nach Kenia zu gehen. Als Kaffee und Getreidefarmer überstand er den Krieg.

Nach Kriegsende lebte er in Hamburg, wo er für den gewerkschaftseigenen Wohnungsbaukonzern »Neue Heimat« tätig war. In Hamburg, Bremen, Braunschweig und Darmstadt entstanden in den folgenden

Jahrzehnten Siedlungen nach seinen Plänen. Bremens »Neue Vahr«, ab 1956 erbaut, war mit zehntausend Einheiten die größte westdeutsche Wohnsiedlung der damaligen Zeit. Noch im hohen Alter wurde May Planungsbeauftragter in Mainz und in Wiesbaden. In einem Interview mit dem Spiegel sprach er sich bereits 1963 für autofreie Innenstädte aus. Er plädierte dafür, an der Peripherie große Parkplätze zu bauen, an denen die Menschen ihre Autos abstellen könnten um dann mit öffentlichen Verkehrsmitteln ihren Arbeitsplatz zu erreichen: *»Jedes Volk, jede Stadt erhält den Städtebau, den sie verdient. Es ist etwas hart ausgedrückt, aber jede Stadt ist der Spiegel der Mentalität der Bevölkerung. Und wenn eine Bevölkerung kein geistiges Interesse mehr hat, sondern nur noch ans Geldmachen denkt oder die Dinge treiben läßt, dann entsteht das, was wir heute haben.«* [70]

Heute zählen Mays Siedlungen in Frankfurt neben der Weißenhofsiedlung in Stuttgart und dem Bauhaus in Dessau zu den bedeutendsten Beispielen der frühen Moderne in Deutschland. Allerdings leben heute in den Wohneinheiten, die für Familien mit mehreren Kindern konzipiert wurden, viele Singles und kinderlose Paare.

Die Frankfurter Küche

> *»Das Problem, die Arbeit der Hausfrau rationeller zu gestalten, ist fast für alle Schichten der Bevölkerung von gleicher Wichtigkeit. Sowohl die Frauen des Mittelstandes, die vielfach ohne irgendwelche Hilfe im Haus wirtschaften, als auch Frauen des Arbeiterstandes, die häufig noch anderer Berufsarbeit nachgehen müssen, sind so überlastet, dass ihre Überarbeitung auf die Dauer nicht ohne Folgen für die gesamte Volksgesundheit bleiben kann.«* [71]

Sie erreichte das gesegnete Alter von 102 Jahren, sie war die erste Architekturstudentin Österreichs und die erste Architektin im Dienste der Stadt Frankfurt: Margarete Schütte-Lihotzky, die Entwicklerin der legendären *Frankfurter Küche*.

Ernst May hatte sie eingestellt und mit der Küchenplanung beauftragt. Ihre Küche war eine Vorläuferin aller Einbauküchen. Sie brach mit allen traditionellen Gewohnheiten, wie eine Küche auszusehen hatte. Auf kleinstem Raum wurde nach ausschließlich funktionalen Gesichtspunkten etwas völlig Neues realisiert. Als Vorbild dienten Schütte-Lihotzky die Küchen in den Speisewagen der Bahn, die auf engstem Raum möglichst gut

---

70 *Der Spiegel*, Nr. 52, 1963, S. 92f.
71 *Das Neue Frankfurt*, Heft 5, 1926–27.

zu nutzen sein mussten. Mit ihrer Neukonzeption wollte sie die Arbeit der Frauen erleichtern und es ihnen ermöglichen, mehr Zeit und Raum für ihre eigenen Bedürfnisse zu haben.

Die Hausfrau sollte in ihrer Küche kurze Wege zurücklegen oder im Sitzen arbeiten können und sie sollte jedes nötige Arbeitsgerät möglichst mit einem Griff erreichen. Jeder Arbeitsablauf in der Küche war von Schütte-Lihotzky optimiert, jeder Handgriff analysiert und jeder Vorgang mit der Stoppuhr gemessen worden. Bei der Konstruktion wurden Glas, Metall und Aluminium verwendet, Materialien, die damals als modern galten. Ein ausklappbares Bügelbrett war ebenso integriert wie eine Kochkiste. Die meisten der etwa 30.000 produzierten *Frankfurter Küchen* waren Blau angemalt, da diese Farbe Insekten abhält.

Für die damalige Zeit war die Frankfurter Küche ein gewöhnungsbedürftiges Novum. Der traditionelle Küchentyp war ein großer Raum mit einer zentralen Kochstelle. Meist bildeten diese Wohnküchen den Mittelpunkt des Familienlebens. Sie wurden mit klobigen, funktional unpraktischen Schränken und Anrichten möbliert. Dagegen erschien die *Frankfurter Küche* wie ein Produkt von einem anderen Stern. In den neuen Frankfurter Wohnungen kam es immer wieder vor, dass die Mieter ihre Küche kaum oder gar nicht nutzten und stattdessen versuchten, in anderen Räumen eine Wohnküche nach ihren Vorstellungen einzurichten.

Unterstützt von Ernst May, warb Schütte-Lohotzky für ihre Küche um Akzeptanz. Sie besuchte Frauenvereine, hielt Vorträge, schrieb Zeitungsartikel und organisierte Ausstellungen und Kochkurse.

Da die einzelnen Wohnungen unterschiedlich waren, gab es mehrere Varianten der *Frankfurter Küche*. In ungefähr zehntausend Frankfurter Wohnungen wurde sie eingebaut. Heute ist es äußerst schwierig, mit einer Original *Frankfurter Küche* zu Recht zu kommen, obwohl sie ein begehrtes Designobjekt ist und auf Auktionen teuer versteigert wird. Doch für Waschmaschinen, Spülmaschinen und Kühlschränke war damals noch kein Platz vorgesehen.

Aus den Tagebüchern des Harry Graf Kessler
Am 4. Juni des Jahres 1930 besuchte der Essayist, Kunstliebhaber und Diplomat Harry Graf Kessler mit dem französischen Bildhauer Aristide Maillol das Frankfurter Stadionbad. Maillol war begeistert, wie entspannt die Badenden sich nackt zeigten, während er selbst und Kessler vollständig angekleidet auf der Terrasse saßen. Kessler berichtete seinem französischen Freund von dem neuen Lebensgefühl, das sich in

Deutschland nach dem Ersten Weltkrieg ausgebreitet habe. Er meinte, die Menschen würden nun Licht, Sonne und ihre Körper genießen. Später zeigte er Maillol die neue Römerstadt. Maillol sei »*fast sprachlos vor Erstaunen*« gewesen und habe »*immerfort [...] die Ausdrücke seiner Bewunderung*« gesteigert. Bisher habe Maillol moderne Architektur als kalt empfunden, die Frankfurter Siedlung beweise jedoch das Gegenteil. Für Kessler entsprach diese Architektur jenem viel beschworenen neuen Lebensgefühl, und deshalb strahlte sie für ihn auch Wärme aus.[72]

Tatsächlich sind die May-Siedlungen keine seelenlosen Wohnblocks, wie sie die Moderne an vielen Orten hervorbrachte.

Das Ernst-May-Haus

Ernst-May-Haus (Abb. 72)

In der Römerstadt restaurierte die ernst-may-gesellschaft ein zweistöckiges Reihenhaus stilgerecht. Auch der Garten wurde wieder hergestellt, und natürlich ist eine *Frankfurter Küche* zu sehen. Mit Liebe zum Detail und viel Aufwand beschaffte man auch Tapeten und Möbel, die ursprünglich für die Frankfurter Projekte entworfen wurden. Das Ernst-May-Haus kann besichtigt werden, zudem werden Führungen durch die May-Siedlungen und Vorträge veranstaltet

ernst-may-gesellschaft e.V., Im Burgfeld 136, 60439 Frankfurt am Main, Fax 069-24006752, post@ernst-may-gesellschaft.de, www.ernst-may-haus.de,
Di–Do 11–16, Sa und So 12–17 Uhr

---

72 Wolfgang Pfeiffer-Belli (Hrsg.): Harry Graf Kessler, *Tagebücher 1918–1937*, Frankfurt am Main/Leipzig: Insel 1996.

XIV. Vom Weltkonzern zum Campus: Das I.G.-Farben-Haus

Johann Wolfgang Goethe-Universität, Haupteingang des Poelzig-Baus, ehemals IG Farben Haus (Abb. 73)

Er gilt als einer der schönsten Campi Europas und tatsächlich packt jeden, der noch in den alten Gebäuden in Bockenheim studierte, der Neid. Eingebettet in die Wiesen und die herrlichen alten Bäume des Grüneburgparks, mit einer Gartenanlage samt Wasserteich und Freisitzen mit Palmenkübeln ist die Universität in der Innenstadt einzigartig. Die neuen Gebäude wurden stilistisch an den gewaltigen Hauptbau von Hans Poelzig aus den 1920er Jahren angeglichen. Die Geisteswissenschaftler haben hier ihr Zentrum, die Naturwissenschaften sind auf dem Campus Riedberg untergebracht. Die Uni steht Besuchern offen und es lohnt sich, sowohl die Gesamtanlage als auch das legendäre Gebäude zu besichtigen. Bis in die 1950er Jahre galt es als das modernste Bürogebäude Europas. Es hat eine wechselvolle Geschichte.

Moderne Monumentalität: Das I.G.-Farben-Haus

>*»Die Deutschen haben einen Schatz zurückbekommen, doch die Gabe liegt ihnen im Magen. Das Haus ist zurückgekehrt wie ein versprengter Nazi-Onkel aus der Kriegsgefangenschaft, nun weiß die Familie nicht so recht, wie sie ihn behandeln soll.«*[73]

Die »I.G.-Farbenindustrie AG«, ein Zusammenschluss bedeutender Chemiefirmen, wurde 1925/26 in Frankfurt gegründet. Sie war damals das größte Chemieunternehmen weltweit. Der mächtige Konzern war zu Beginn der 1930er Jahre an vierhundert deutschen und etwa fünfhundert ausländischen Firmen beteiligt. Farben, Pharmazeutika, Gummi, Kunst-

---

[73] *Spiegel* Nr. 51, 1995.

stoffe, Sprengstoffe und Fotomaterialien gehörten zu den Grundpfeilern der Produktpalette.

Für seine zentrale Verwaltung mit zweitausend Mitarbeitern ließ das Unternehmen ein repräsentatives Bürogebäude bauen. Die Bauherren wünschten sich ein imposantes Symbol für die Wirtschaftskraft ihres Konzerns, ein nüchterner Bauhausstil war nicht in ihrem Sinne. Trotzdem sollte es modern sein. Ein Entwurf von Ernst May und Martin Elsässer wurde ebenso wie Pläne anderer namhafter Architekten abgelehnt. Hans Poelzig (1869–1936) verband Herrschaftsarchitektur mit modernen Stilelementen und erhielt den Auftrag für den größten Bau der Weimarer Republik. Als einziger hatte er kein Hochhaus geplant. Poelzig kombinierte bei diesem Großprojekt zwei Stilrichtungen: Form und Raumkonzept waren vom Bauhaus beeinflusst, die Werkstoffe und die Fassadengestaltung jedoch neoklassizistisch geprägt. Ein Vorbild war das zwischen 1917 bis 1921 erbaute General Motors Building in Detroit von Albert Kahn. Poelzigs ursprünglicher Entwurf sah noch zwei vorspringende Seitenflügel und Wandelgänge vor dem Gebäude vor, doch diese Elemente wurden nicht umgesetzt. Das Innere gestaltete seine Partnerin Marlene Moeschke-Poelzig und der Garten um das Gebäude wurde von dem Frankfurter Gartenbaudirektor Max Bromme geplant.

Während der Rekordbauzeit von weniger als zwei Jahren musste Poelzig immer wieder auf die von seinen Auftraggebern geäußerten Wünsche nach einer repräsentativen Wirkung eingehen und seinen Entwurf entsprechend abändern.

Außen ist das 250 Meter lange und 35 Meter hohe Gebäude mit gelblichen Travertin-Platten verkleidet. Darunter verbirgt sich eine Stahlskelettkonstruktion. Bei den neun Geschossen wird die Höhe der einzelnen Geschosse nach oben hin immer geringer, wodurch das Gebäude optisch noch höher scheint, als es tatsächlich ist. Von vorne wirkt es sehr massiv, im Inneren jedoch überwiegend hell und leicht.

Ungewöhnlich ist der Grundriss: Der konkave Bau besteht aus sechs Flügeln, die durch einen geschwungenen Flur miteinander verbunden sind. Alle Büros sollten Tageslicht bekommen und gut zu belüften sein. 2500 Fenster sorgen dafür, dass dieses Haus bis in die 1950er Jahre als das hellste Bürogebäude in Deutschland galt.

Den Haupteingang in der Mittelachse betont ein tempelartiger Portikus. Die pompöse Eingangshalle dahinter war den Direktoren vorbehalten, die Angestellten betraten die Verwaltung durch Hintertüren. An beiden Seiten der Halle führen breite, geschwungene Treppen nach oben.

Die Türen des Eingangs und der Fahrstühle sind aus Bronze, die Wände mit Marmor verkleidet. Mit dem Portal und der prächtigen Eingangshalle demonstrierte der Konzern seine Macht.

Durchquert man das Foyer, gelangt man in einen hellen und hohen Pavillon. Der runde Bau ist rundum verglast und beherbergt heute wieder ein Café, die so genannte »Rotunde«. Durch die gläsernen Wände blickt man auf ein Wasserbecken und Gartenanlagen. Treppen führen zu einem Gebäude auf einem kleinen Hügel, mit einer großen Terrasse. Heute sind in diesem Bau die Mensa und Hörsäle untergebracht, früher war es einmal die Kantine des IG-Farben-Konzerns.

Ein ganzer Stadtteil entstand um das Poelzig-Haus, da Wohnungen für die Mitarbeiter des Unternehmens benötigt wurden. Mehr als 450 Wohnungen wurden an Miquelallee, Raimundstraße und Heinrich-Bleicher-Straße errichtet. Die »Wohnkolonie Hundswiese« bei der Miquelallee entstand nach Plänen von Ernst May.

Die I.G.-Farben im Nationalsozialismus

Finster ist die Geschichte des Unternehmens zur Zeit des Dritten Reichs. Während des Nationalsozialismus wurde der Konzern immer stärker von den braunen Machthabern bestimmt, da das Unternehmen eng mit der faschistischen Diktatur verstrickt war. Im Aufsichtsrat wurden die jüdischen Industriellen verdrängt, viele jüdische Mitarbeiter emigrierten. Auch die jüdischen Unternehmer Carl und Arthur von Weinberg aus Frankfurt wurden aus der AG gezwungen.

Die I.G.- Farben AG profitierte schon früh von Hitlers Kriegszügen und sie übernahm viele Chemiefirmen in Osteuropa. 1941 begann sie mit dem Bau einer Fabrik in der Nähe von Auschwitz. Häftlinge des Konzentrationslagers wurden dabei als Arbeitskräfte eingesetzt. Die I.G.-Farben arbeitete direkt mit der SS zusammen, der sie für jeden Häftling etwa drei Reichsmark am Tag zahlte. Das Unternehmen richtete sogar ein eigenes privates Konzentrationslager direkt bei der Baustelle ein – das »Lager Buna«. Unter unsäglichen Bedingungen waren hier die Häftlinge in Baracken untergebracht. Sie hungerten, mussten unvorstellbar schuften und wurden von den Aufsehern gequält. Taugten sie schließlich nicht mehr als Arbeitskraft, wurden sie – bereits halb tot – in die Gaskammern von Auschwitz geschickt. Es wird angenommen, dass mehr als 25.000 Menschen in dem Lager Buna umkamen.

Pharmazeutische Produkte der IG Farben AG wurden zudem im Rahmen medizinischer Experimente im Konzentrationslager Buchenwald erprobt, bei denen viele Häftlinge qualvoll starben.

Ab 1942 setzten die Nationalsozialisten Zyklon B in den Gaskammern zur Ermordung von Menschen ein und die Führung des IG Farben Konzerns wusste davon. Produziert wurde es von der Firma Degesch, deren Verwaltungsausschuss aus Vertretern der Firma Degussa und der I.G.-Farben bestand. Beide Konzerne hatten jeweils über vierzig Prozent Aktienkapital an der Degesch. Über eine Million Menschen starben allein in Auschwitz unter furchtbaren Qualen durch Zyklon B.

Hauptquartier der Amerikaner

1945 wurden Vorstand und Aufsichtsrat der I.G.-Farben aufgelöst, einige Mitglieder wurden verhaftet. Im Rahmen der Nürnberger Prozesse kamen die angeklagten Manager jedoch mit kurzen Haftstrafen oder Freisprüchen davon. Manche waren schon in den 1950er Jahren wieder in führenden Positionen in Chemiefirmen tätig.

Das Vermögen des Konzerns wurde beschlagnahmt und von den Alliierten verwaltet. Im Januar 1952 begann ein Verfahren gegen den Konzern, und 1957 wurden dreißig Millionen Deutsche Mark als Entschädigung an den Dachverband jüdischer Organisationen gezahlt.

Das I.G.-Farben-Haus überstand den Zweiten Weltkrieg weitgehend unversehrt und bis heute wird darüber spekuliert, ob die Amerikaner es absichtlich verschonten, weil sie es bereits zu ihrem späteren Hauptquartier auserkoren hatten. Als die Amerikaner Ende März 1945 nach Frankfurt kamen, hausten in dem Gebäude um die zweitausend Menschen in chaotischen Umständen – viele davon befreite KZ-Häftlinge, Zwangsarbeiter und Kriegsgefangene.

Das Areal wurde aufgeräumt und eingezäunt. Noch 1945 bezogen die Amerikaner das Gebäude. General Dwight D. Eisenhower, bis 1945 Oberkommandant der US-Streitkräfte, richtete sein Büro in einem ehemaligen Konferenzraum der I.G.-Farben-Direktoren ein. Dort erarbeitete er die *Proklamation Nr. 2*, in der die Gründung der Länder Hessen, Württemberg-Baden und Bayern festgelegt wurde. Dieses Büro, das heute noch erhalten und nach Eisenhower benannt ist, war der Schauplatz bedeutsamer Ereignisse: In ihm wurde 1948 die Hessische Verfassung unterschrieben und die Ministerpräsidenten beauftragt, ein Grundgesetz zu erstellen und auch die neue Währung »Deutsche Mark« wurde hier vorgestellt.

Im Jahr 1955 kaufte die Stadt den Komplex für knapp vierzig Millionen Mark, die US-Armee behielt jedoch das Nutzungsrecht. 1949 hatte sie ihr Hauptquartier im I.G.-Farben-Haus eingerichtet. Ein halbes Jahrhundert nutzten die Amerikaner den Poelzig-Bau, den man auch »Pentagon of Europe« nannte.

Das I.G.-Farben-Haus wurde zum Mittelpunkt der amerikanischen Community, der *US Military Court* hatte hier seinen Sitz. Bis zu elftausend Soldaten lebten – zum Teil mit ihren Familien – im Frankfurter Raum. Zwischen Miquelalle, Hansaallee und Grüneburgweg entstand ein amerikanischer Mikrokosmos mit Einfamilienhäusern, Kirche, Kino, Post, Bank, Friseur, Spielsalon, einem Hotel und Clubs. Fitness Center wurden in ehemaligen Büroräumen eingerichtet. Der mit Holz vertäfelte Sitzungssaal im Hauptbau, in dem heute die Universitätsbibliothek untergebracht ist, wurde als Racket Court genutzt. In dem so genannten »Eisenhower-Saal« wurde die edle Waldnussvertäfelung im Laufe der Jahre mit sieben Schichten Decefix-Folie überklebt. Doch insgesamt gingen die Amerikaner mit dem Gebäude pfleglich um. Als Anfang der 1980er Jahre Fenster und Rollläden erneuert wurden, stimmte man sich mit dem Denkmalschutz ab.

Sowohl der Park als auch das I.G.-Farben-Gebäude waren zunächst frei zugänglich, bis die Proteste gegen den Vietnam Krieg in den 1960er Jahren zu eskalierenden Konflikten führten. Am 11. Mai 1972 detonierten Sprengsätze der Roten Armee Fraktion am Foyer, ein Soldat wurde getötet, dreizehn Menschen zum Teil schwer verletzt. 1976 gab es ein weiteres Bombenattentat, das sechzehn Verletzte forderte. Eine »Brigade Ulrike Meinhof« bekannte sich dazu. In den folgenden Jahren gehörte das Areal zu den am schärfsten bewachten Geländen der amerikanischen Armee. Ein Doppelzaun und Sicherheitsschleusen riegelten das Gebiet hermetisch ab.

Campus Westend

Ab 1994 zogen sich die Amerikaner zurück, im Mai 1995 übergaben sie das Gelände.

Über die Nutzung wurde heftig diskutiert. Die Stadt schlug vor, dort die Europäische Zentralbank unterbringen. Dagegen regte sich Widerstand im Ausland, denn man wollte unterbinden, dass diese europäische Organisation ihren Sitz an einem Ort hatte, der derart stark in den Nationalsozialismus verstrickt war. Eigentümer des Geländes war der Bund und dieser wollte zunächst an einen Makler für Büroimmobilien verkaufen, was weitere Proteste hervor rief. Nach harten Verhandlungen erwarb das Land Hessen das Areal zu einem günstigen Preis. Finanziert wurde der Kauf zum Teil mit Mitteln, die bereits für den Neubau der geisteswissenschaftlichen Fakultäten eingeplant waren.

Dass man sich mit der Vergangenheit dieses Ortes auseinandersetzen würde, zeigte sich daran, dass das »Fritz Bauer Institut«, das Studien- und Dokumentationszentrum zur Geschichte des Holocaust, im I.G.-Farben-Haus untergebracht wurde.

Das denkmalgeschützte Gebäude wurde den Bedürfnissen der Universität entsprechend restauriert und umgebaut. Eingangshalle, Treppenhäuser und der runde Pavillon im Hauptgebäude wurden in ihren ursprünglichen Zustand zurückversetzt, sogar die von Poelzig entworfenen Lampen und Türbeschläge zum Teil nachgebaut. Der Bürobereich wurde jedoch entkernt. Die Fassade blieb unverändert. Offiziell heißt es heute wieder I.G.-Farben-Haus, doch die Bezeichnung »Campus Westend« ist üblich. Für die Universität, deren geisteswissenschaftliche Institute und Bibliotheken vorher auf 28 Anwesen in Bockenheim und im Westend verteilt waren, ist der zentrale Komplex ein großer Gewinn.

Wer einmal mit einem Paternoster-Aufzug fahren möchte, hat hier die Gelegenheit dazu. Die denkmalgeschützten Aufzüge verbinden noch heute sieben der neun Stockwerke miteinander. Eine Dauerausstellung ist der Geschichte des Gebäudes gewidmet und setzt sich auch mit den Unternehmungen des IG Farben Konzerns kritisch auseinander. Vor dem Gebäude befindet sich eine Gedenktafel für die Zwangsarbeiter der I.G.-Farben.

Kunst im I.G.-Farben-Haus

Zwischen dem Hauptgebäude und dem Kasino des I.G.-Farben-Hauses ist die Bronzeskulptur *Am Wasser* von Fritz Klimsch aus dem Jahr 1930 zu sehen. Auf den Teich blickend, sitzt die lebensgroße Nackte mit übergeschlagenen Beinen auf einer Mauer. Unter ihr fließt Wasser aus einem kleinen Wasserfall in das Becken.

In einem Seminarraum des ehemaligen Casinos legte man ab 2005 ein großes Wandgemälde des Beckmann-Schülers Georg Heck (1897–1982) frei. 1935 war es übertüncht worden, weil das Bild im Geist der Reformbewegung nicht mehr erwünscht war. Motiv ist eine paradiesische Szene, eine Art Arkadien in blassen Grün-, Blau- und Gelbtönen. Heck malte in sich ruhende Menschen, die in antikisierender Kleidung musizieren oder Körbe mit Früchten tragen. Ein Hölderlin-Zitat ergänzt das Werk: »*Komm! Es war wie ein Traum! Die blutenden Fittiche sind ja schon genesen, verjüngt leben die Hoffnungen all!*«

Bei der Restaurierung des fünf Meter langen und dreieinhalb Meter breiten Freskos wurden an manchen Stellen Risse sichtbar gelassen und betont, wodurch die Geschichte des Werkes einbezogen und im buchstäblichen Sinn nicht weg retuschiert werden sollte.

Den Auftrag für das Fresko erhielt Georg Heck von Lily von Schnitzler, einer Frankfurter Kunstsammlerin und Mäzenin, deren Mann im Vorstand der I.G.-Farben war. Lily von Schnitzler durfte ab 1929 das Gebäude mit Kunstwerken ausstatten. Wahrscheinlich empfahl ihr Max Beckmann, mit dem sie befreundet war, seinen Meisterschüler Georg Heck.

Campus Westend, Grüneburgplatz 1, 60323 Frankfurt am Main
Führungen zu verschiedenen Themen der Universitätsgeschichte bei:
WWW.KULTUR-ERLEBNIS.DE, Kultur & Veranstaltung Services, Dr. Astrid Jacobs,
info@kultur-erlebnis.de, Tel. 0176-51223163

XV. Das Frankfurter Museumsufer

In nur einem Jahrzehnt, zwischen 1980 und 1990, entstand am Main eine einzigartige Museumslandschaft. Frankfurt hatte in den 1980er Jahren den höchsten städtischen Kulturetat in Deutschland. Von dieser Glanzzeit zehrt die Stadt noch immer, an ihren Folgekosten trägt sie aber auch schwer. Treibende Kraft hinter dem ambitionierten Projekt war der damalige Kulturdezernent Hilmar Hoffmann. Am südlichen Mainufer stehen auf der Sachsenhäuser Seite acht sehenswerte Museen dicht beieinander: das Museum Giersch, das Liebighaus, das Städel, das Museum für Kommunikation, das Deutsche Architekturmuseum, das Deutsche Filmmuseum, das Museum der Weltkulturen sowie das Museum für Angewandte Kunst. Einige sind in klassizistischen Villen untergebracht, die entsprechend umgebaut wurden. Architektonisch einzigartig sind der Neubau für das Museum für Kommunikation von Günter Behnisch, der Richard-Meier-Bau für das Museum für Angewandte Kunst und das Deutsche Architekturmuseum von Oswald Mathias Ungers.

Am nördlichen Mainufer befindet sich im ehemaligen Rothschild-Palais das Jüdische Museum (s. S. 110) sowie am Römerberg das Historische Museum (s. S. 38), beide sind zu Fuß gut zu erreichen. In Sachsenhausen ist das im Deutschordenshaus gelegene Ikonenmuseum nicht allzu weit entfernt (s. S. 57).

Museum Giersch

»Es bleibt einem nur, was man verschenkt.«[74]

Museum Giersch (Abb. 74)

Ungewöhnlicher Natur ist das jüngste Museum am Museumsufer, das ausschließlich auf privates Engagement zurückgeht und damit einmal mehr die bewährte Frankfurter Stiftertradition verdeutlicht: Das Museum Giersch befindet sich in einer neoklassizistischen Villa am

---

74 Motto des Stifterehepaars Giersch.

Schaumainkai, die sich der Bauunternehmer Philipp Holzmann 1910 errichten ließ. Das Kunstmuseum präsentiert Künstler, die entweder direkt aus dem Rhein-Main-Gebiet stammen oder in einem Bezug zu dieser Region stehen. Spezialgebiet ist hierbei die regionale Kulturgeschichte des 19. und frühen 20. Jahrhunderts.

Das Stifterehepaar Carlo und Karin Giersch stammt aus Frankfurt, beide kommen aus einfachen Verhältnissen. Gierschs Vater war Gärtnermeister. Nach einer kaufmännischen Lehre und einem Praktikum in den USA gründete Sohn Carlo mit seinem damaligen Chef die Firma *Spoerle Electronics*, die mit Elektronikbauteilen handelte. Seine Frau Karin, eine ehemalige Fleischfachverkäuferin, arbeitete von Beginn an tatkräftig mit. Das Unternehmen wuchs zu einem verschachtelten Imperium und machte schließlich Milliardenumsätze. Giersch zog sich im Jahr 2000 aus der Unternehmensgruppe zurück und widmete sich seinen Stiftungen in den Bereichen Wissenschaft und Forschung, Kunst und Kultur sowie der Kindermedizin. Die »Stiftung Giersch« gründete das Ehepaar 1994, sie ist der Träger des Museums. Aber auch andere Projekte wurden von ihr finanziert, darunter der Bau des Portikus auf der Maininsel, in dem zeitgenössische Kunst von der Städelschule ausgestellt wird (s. S. 243), ein Forschungszentrum an der Goethe-Universität, ein Technologiezentrum an der TH Darmstadt und ein Neubau für eine Frankfurter Kinderklinik.

Die Villa am Mainufer ließen die Gierschs zu einem modernen Museumsgebäude umgestalten. Die Fassade steht unter Denkmalschutz, doch im Inneren erwarten die Besucher auf drei Etagen große Ausstellungsflächen. Zwei Sonderausstellungen im Jahr ziehen viel Publikum an. Manche Ausstellungen entstehen auch in Kooperation mit anderen Kulturinstituten. 2011 beeindruckte die Präsentation »Expressionismus im Rhein-Main-Gebiet«, die fast einhundertvierzig Werke von etwa sechzig Künstlern zeigte und auch die Rolle der Händler und Sammler im Kunstmarkt beleuchtete.

Museum Giersch, Schaumainkai 83, 60596 Frankfurt am Main, Tel. 069-63304128, Fax 069-63304144, museum-giersch@schaumainkai.de, www.museum-giersch.de, www.stiftung-giersch.de, Di–Do 12–19 Uhr, Fr–So 10–18 Uhr, Straßenbahn 15, 16, 21 Stresemannallee/Gartenstraße oder Städel, U1, U2, U3 Schweizer Platz, Bus 46

Das Liebieghaus

> »Gott weiß, dass ich die Magerkeit nicht liebe und die Nacktheit nicht hasse, aber die Ariadne ist zu dick und zu nackt.«[75]

Liebieghaus (Abb. 75)

Die klassizistische *Ariadne auf dem Panther* von Johann Heinrich von Dannecker war einmal Frankfurts begehrtestes Kunstwerk. Simon Moritz von Bethmann baute in seinem Park ein eigenes Museum für sie, das so genannte »Areadnum« (s. S. 186). Wer sie heute im Liebieghaus zu Gesicht bekommt, kann das damalige Entzücken sicherlich nachempfinden. Doch nicht nur die restaurierte marmorne Dame auf ihrem ungewöhnlichen Reittier, auch eines der schönsten Cafés der Stadt mit Freisitzen auf einer Terrasse und der parkartige Garten des Liebighauses verführen zusätzlich zu der hochkarätigen Skulpturensammlung zu einem Besuch des Museums.

Ein gewisser Baron von Liebieg ließ sich 1896 eine repräsentative Villa am Mainufer erbauen, die an jene düster-unheimlichen Häuser aus alten Spukfilmen erinnert. Wie im späten 19. Jahrhundert üblich, vereint der Bau Elemente aus verschiedenen Stilepochen wie der Gotik und der Renaissance. Der gekachelte Boden des Cafés stammt noch aus der alten Villa und der hintere Gastraum war ehemals die große Küche. Auch im Museum wurden einige Räume wieder im Stil der Zeit hergerichtet. Ein Teil des erhaltenen Mobiliars befindet sich im Obergeschoss der Villa, so dass man einen Eindruck gewinnen kann, wie sie als Privathaus einmal ausgesehen haben muss. Das Liebieghaus ermöglicht zudem einen Gang durch die Geschichte der Bildhauerei, angefangen im alten Ägypten bis in die Epoche des Klassizismus.

1909 wurde die Skulpturensammlung der Städtischen Galerie Frankfurt als Pendant zu der bereits bestehenden Gemäldesammlung des Städel eröffnet. Wie so vieles in Frankfurt ist auch diese Sammlung der Unter-

---

75 Wilhelm von Humboldt in einem Brief an seine Frau 1816.

stützung der Bürger zu verdanken. Bereits Anfang des 20. Jahrhunderts wurden zahlreiche Werke angekauft und auch aus Frankfurter Privatsammlungen gelangten viele Objekte in das Museum.

Einen besonderen Reiz bietet das Schaudepot im Keller, in dem Werke aus unterschiedlichsten Zeiten und Materialien ausgestellt sind. Das Schaudepot ist hierbei ein Zwischending zwischen Magazin und Ausstellungsraum, die Objekte sind vor allem nach Größe, Material und konservatorischen Aspekten geordnet. Die üblichen Anordnungskriterien, wie eine zeitliche Chronologie oder ein Ordnungsverfahren, das sich an dem jeweiligen Herkunftsland orientiert, spielen hier keine Rolle. Daher stehen Objekte nebeneinander, die sonst nie zusammen zu sehen sind, was überraschende Querverbindungen und neue Blickrichtungen ermöglicht. So stehen etwa ägyptische Mumienmasken neben mittelalterlichen Köpfen und weibliche Statuetten aus unterschiedlichen Epochen sind gemeinsam in einer Vitrine untergebracht.

Schaumainkai 71, 60596 Frankfurt am Main, Tel. 069-6500490, Fax 069- 650049150, info@liebieghaus.de
www.liebieghaus.de, Café im Liebieghaus, Dienstag–Sonntag 10–19 Uhr, Tel. 069-635814, info@cafe-im-liebieghaus.de, www.cafe-im-liebieghaus.de

Städel Museum

> »Man wird nie für das Schaffen selbst Regeln aufstellen können, man kann aber immer, wenn man es will, sie in den fertigen Werken ablesen. Jeder Meister hat seine ihm allein angehorenden. Sie sind das einzig sichere Argument, diesen vom Stümper und vom raffinierten Eklektiker zu unterscheiden.«[76]

Die Gemäldesammlung dieses Museums, das zu den bedeutendsten deutschen Kunstmuseen gehört, zeigt Meisterwerke aus sieben Jahrhunderten, von der Malerei des 14. Jahrhunderts bis zur Gegenwart. Eine Stiftung von Johann Friedrich Städel (1728–1816) bildete die Grundlage für das Museum und die Städelschule, die inzwischen staatliche Frankfurter Kunsthochschule.

Städels Vater hatte einen Gewürzhandel betrieben, den sein Sohn zunächst weiterführte. Doch Johann Friedrich betätigte sich auch erfolgreich als Bankier. Am Roßmarkt ließ er sich ein repräsentatives Haus bauen. Ab 1770 sammelte er in Paris, London und Amsterdam Gemälde und Zeichnungen. Goethe besuchte ihn mehrmals, um sich an den

---

76 Ernst Ludwig Kirchner, *Tagebuch*, Davos 1919.

Städel Museum (Abb. 76)

Kunstschätzen zu ergötzen. Städel war ein ebenso leidenschaftlicher wie kenntnisreicher Sammler. Bei seinem Tod hinterließ er um die zweitausend Druckgrafiken und etwa fünfhundert Gemälde, überwiegend von flämischen, holländischen und deutschen Künstlern des 17. und 18. Jahrhunderts. In seinem Testament verfügte er, dass sie in einer öffentlichen Kunstsammlung gezeigt werden sollten. Außerdem sollte eine Kunstschule mit seinem Nachlass gegründet werden. Sie sollte sowohl Frauen als auch Männern offen stehen, jede Religionszugehörigkeit akzeptieren und ihre Studenten kostenlos unterrichten. Um das Testament des Frankfurter Bankiers und Kunstliebhabers gab es zunächst einen Prozess, da es von entfernten Verwandten angefochten wurde. Erst zwölf Jahre nach seinem Tod wurde das Verfahren beendet. Zunächst wurde die Sammlung in Städels Haus am Roßmarkt gezeigt, 1833 übersiedelte sie in die Mainzer Straße. Unter dem Direktor Gerhard Malß zog das Städel 1878 schließlich in das Gebäude am Schaumainkai um, das von dem Semper-Schüler Oskar Sommer entworfen wurde. Es ist im Stil der Neorenaissance gehalten und orientiert sich an florentinischen Bauwerken. In Frankfurt wurde es wiederum Vorbild für die Alte Oper und den Hauptbahnhof. Die Sandsteinfassade zeigt im Erdgeschoss Bogenfenster, im Obergeschoss sind die Fenster durch ionische Säulen getrennt. Das Portal flankieren Statuen von Hans Holbein und Albrecht Dürer.

Einige bekannte Kunsthistoriker bekleideten den Direktorenposten des Städels und prägten die Sammlung. Zweiter Direktor war 1830 der Maler und Nazarener Philipp Veit. In seiner Zeit wurden Stefan Lochners Apostelmartyrien erworben. 1840 folgte auf Veit Johann David Passavant, ein Kunstschriftsteller, der mit den Nazarenern eng befreundet war und sich mit der florentinischen Kunst auskannte. Unter ihm kamen das berühmte weibliche Idealbildnis von Botticelli und die Flémaller Tafeln ins Städel. Auf der Versteigerung der Sammlung des niederländischen Königs Wilhelm II. erstand er die Lucca-Madonna Jan van Eycks und Raffael-Zeichnungen. 1889 wurde Henry Thode Direktor, der vor allem italienische Werke ankaufte. Er war mit Hans Thomas befreundet und mit einer Tochter von Cosima Wagner verheiratet. Zehn Jahre später gründete sich der »Städelsche Museums-Verein«, in dem sich Frankfurter Bürger engagieren, um Ankäufe zu ermöglichen. Initiator des Vereins war Leopold Sonnemann, der Verleger der *Frankfurter Zeitung*.

Ein erstes Monet-Gemälde erstand Ludwig Justi, der seit 1904 Leiter der Sammlung war. Er kaufte auch das großformatige Rembrandt Bild *Die Blendung Simsons,* für das eine öffentliche Sammelaktion stattfand.

Sein Nachfolger war ab 1906 Georg Swarzenski. Unter ihm erweiterte sich die Sammlung sowohl um mittelalterliche Kunst als auch um viele Werke der französischen Impressionisten und zeitgenössischer Maler wie Franz Marc, Ernst Ludwig Kirchner, Edvard Munch, Oskar Kokoschka, Pablo Picasso und Georges Braque. Von Max Beckmann, der damals an der Städelschule lehrte, erstand Swarzenski viele Arbeiten. Auch der Aufbau einer Skulpturensammlung im Liebieghaus begann in Swarzenskis Zeit.

Zwischen 1915 und 1921 entstand ein neuer Flügel an dem Museum, in dem die neue Städtische Galerie mit dem Schwerpunkt »Zeitgenössische Kunst« untergebracht wurde. Aus dem Historischen Museum kamen als Dauerleihgaben bedeutende Werke der altdeutschen Malerei wie das berühmte *Paradiesgärtlein*, der *Dominikaneraltar* von Hans Holbein d. A. oder Grünewalds Flügel vom *Heller-Altar* ins Städel. Als im Jahr 1928 die Hohenzollern-Sammlung aus Sigmaringen im Städel ausgestellt und anschließend verkauft wurde, erwarb Swarzenski herausragende Arbeiten der altdeutschen Malerei, darunter das Porträt Holbeins d. Ä. und Altdorfers *Königsanbetung*. Im selben Jahr wurde Swarzenski Generaldirektor der Frankfurter Museen. Doch die Machtergreifung der Nationalsozialisten 1933 beendete seine erfolgreiche Tätigkeit. Da er jüdischer Abstammung war, verlor er seine öffentlichen Ämter. Nur in der privaten Städelstiftung konnte er sich weiter engagieren, bis er 1938 in die USA emigrierte. Eine Katastrophe für das Städel war die Beschlagnahmung »Entarteter Kunst« im Juli 1937, bei der knapp achtzig Gemälde und fast vierhundert Grafiken der Moderne verschwanden. Unter den Gemälden waren Arbeiten wie Max Beckmanns *Kreuzigung*, die heute im MoMA in New York ist, oder Vincent van Goghs *Porträt des Dr. Gachet.*

Unter Ernst Holzinger, der ab 1938 Direktor des Städels war, wurde die Sammlung um politisch unverfängliche Arbeiten von Malern wie Hans Thoma oder Victor Müller erweitert. Doch schließlich mussten die Kunstwerke in den Kriegsjahren ausgelagert werden. Man brachte sie an verschiedene, möglichst abgelegene Orte in der Umgebung der Stadt. Nur dank dieser Maßnahme überstanden die Kunstschätze den Krieg, denn das Museumsgebäude wurde ebenso wie die Städelschule durch Bomben schwer beschädigt. In der Nachkriegszeit gelang es, einen Teil der beschlagnahmten Werke zurück zu kaufen. Stiftungen und Spenden trugen viel zum Wiederaufbau der Sammlung bei. Für den Ankauf von Max Beckmanns *Synagoge in Frankfurt am Main* wurde 1972 sogar auf Frankfurts Straßen gesammelt.

Seit 1990 existiert der von Gustav Peichl entworfene Erweiterungsbau an der Holbeinstraße, in dem Kunst des 20. Jahrhunderts untergebracht ist und Sonderausstellungen stattfinden.

Ernst Ludwig Kirchners Behauptung, dass jeder große Künstler seinen eigenen, unverwechselbaren Stil schafft, und dass dieser an seinen Werken zu erkennen ist, kann der Besucher hier bei einem Rundgang überprüfen.

Im Jahr 2009 war Baubeginn für eine unterirdische Erweiterung des Städels um eine Ausstellungsfläche von dreitausend Quadratmetern.

Mit dem »Holbeins« verfügt das Museum über eine gehobene Gastronomie und bei gutem Wetter kann man in sehr schönem Ambiente auf der Terrasse sitzen.

Als Teil des Museumsufers gilt auch der 1990 von dem Architekten Albert Speer realisierte Holbeinsteg, der das Bahnhofsviertel mit Sachsenhausen verbindet und auf Höhe des Städels endet. Für viele Frankfurter ist der zierliche Fußgängersteg, eine an Stahltrossen aufgehängte Hängebrücke, die schönste Brücke der Stadt.

Holbeinstraße 1, 60596 Frankfurt, Tel. 069-605098-0, www.staedelmuseum.de, Di–So 10–18 Uhr, Mi und Do bis 21 Uhr

Museum für Kommunikation

>*»Wenn man Bauen als vorwiegend administrativen Akt betrachtet, entsteht eben eine administrative Architektur, die aussieht wie ein Formular.«*[77]

Es war eines der ersten Museen am Mainufer und trug zunächst den wenig reizvollen Namen »Bundespostmuseum«, erst seit 1990 heißt es

---

77 Günther Behnisch, Architekt.

»Museum für Kommunikation«. Betreiber war die Deutsche Bundespost und den Grundstock des Museums bildete die Sammlung des Reichspostmuseums in Berlin, das 1872 mit dem ursprünglichen Ziel gegründet wurde, Postbeamte zu schulen. Zwei Weltkriege überstand die Berliner Sammlung durch Auslagerung. In den 1950er Jahren sollte ein neues Bundespostmuseum entstehen und mehrere Städte bemühten sich darum, doch die Wahl fiel auf Frankfurt. Das Postarchiv und das Museum wurden zunächst in der Villa Neufville am Schaumainkai untergebracht. Doch das großbürgerliche Wohnhaus war als Museumsgebäude denkbar ungeeignet. Heute arbeitet in der Villa, die Franz von Hoven erbaute, die Museumsverwaltung.

Museum für Kommunikation
(Abb. 77)

1990 wurde der außergewöhnliche Neubau neben der Villa eröffnet. Das durchsichtige Gebäude mit seinen großen Glasflächen umfasst vier Etagen und bietet genug Raum für Dauer- und Sonderausstellungen. Sein Gestalter, der Stuttgarter Architekt Günter Behnisch (1922–2010), wurde 1972 mit dem Bau des Olympiageländes weltberühmt und gehörte zu den originellsten modernen Architekten Deutschlands.

Sein Markenzeichen sind transparente, schwebend-leicht wirkende Gebäude mit viel Glas und nur wenigen geschlossenen Wandflächen. Behnisch wurde als »Baumeister der Demokratie« bezeichnet, da seinen Gebäuden jedes Stein gewordene Machtbewusstsein und jede Symbolik von Status und Hierarchie fehlen. Behnischs Ideal war ein »freiheitliches Bauen«, das Grenzen aufheben und neue Räume schaffen sollte – sowohl im materiellen als auch im geistigen Sinne.

Als Soldat und Kriegsgefangener hatte er die Folgen einer Diktatur schmerzlich am eigenen Leib erfahren müssen und daher sollte sein architektonischer Stil niemals Züge eines Macht-Paradigmas tragen. Überbetonte Symmetrien, die Dominanz und Schwere konnotieren, sowie andere Merkmale einer Herrschaftsarchitektur lehnte er vehement ab. Das Museum für Kommunikation ist einer der interessantesten Bauten der Stadt.

Träger ist die Museumsstiftung Post- und Telekommunikation, dahinter verbergen sich die Aktiengesellschaften Deutsche Telekom und Deutsche

Post. Die Stiftung betreibt auch noch Museen in Berlin und Nürnberg sowie ein Archiv für Philatelie (Briefmarkenkunde) in Bonn.

Alles rund um das Thema Kommunikation ist im Museum zu sehen, die Sammlungen zu den Themen Post, Telefonie, Nachrichtentechnik, Fernsehen und Radio, Verkehr und Philatelie und zu den neuen Informationstechniken und -medien werden ständig erweitert. Zahlreiche Handy-Modelle, die jeder von uns im digitalen Zeitalter bereits benutzte, liegen hier schon unter Glas.

Außerdem gibt es interessante Sonderausstellungen zu wechselnden Themengebieten. Auch eine Kunstsammlung mit Gemälden und Skulpturen, Fotos und neuen Medien gehört dazu, wobei alle Arbeiten etwas mit Kommunikation, Verkehr, Nachrichtenwesen oder Postgeschichte zu tun haben.

Vorm Museumseingang begrüßt der *Pre-Bell-Man* des südkoreanischen Künstlers Nam June Paik die Besucher – eine Reiterskulptur aus Medienschrott, für die der Medienkünstler alte Fernseher, Radios und Transistoren zusammen montierte. Nachts wird die Arbeit von Neonlicht erleuchtet. Der Titel bezieht sich auf die Ära vor der Erfindung des Telefons durch Graham Bell.

In Heusenstamm befindet sich ein riesiges Depot, in dem Exponate untergebracht sind, die in Frankfurt nicht gezeigt werden können. Am ersten Freitag im Monat ist das Depot zugänglich. Von Postkutschen bis zu Bussen gibt es dort vieles zu entdecken. Wer sich für Fernmelde- oder Nachrichtentechnik interessiert, findet auch in der umfassenden Objektdatenbank der Stiftung im Internet fundierte Informationen.

Die verschwundenen Marken

Die kostbarsten Stücke der Briefmarkensammlung des Berliner Reichspostmuseums wurden 1945 in zwei Bergwerksschächten in Eisleben in Sicherheit gebracht. Die Amerikaner beschlagnahmten den Schatz, als sie einrückten, und gaben ihn 1949 an die Deutsche Post zurück. Doch die wertvollsten Marken, darunter die legendäre Mauritius, fehlten. Erst über ein Vierteljahrhundert später, im Jahr 1976, bot ein Mister Sweeney die Marken auf einer Messe an. Sweeney hatte einst als Offizier die Aufgabe gehabt, die Briefmarken aus dem Bergwerk in Eisleben abzutransportieren.

Auch die DDR beanspruchte die Marken, und erst nach der Wiedervereinigung kehrten die blaue Mauritius und andere Kostbarkeiten in das Archiv für Philatelie zurück.

Schaumainkai 53, 60596 Frankfurt, Tel. 069-60600, Fax 069-6060666,
mfk.frankfurt@mspt.de, www.mfk-frankfurt.de
Führung im Depot: Jeden 1. Freitag im Monat um 14 Uhr, Philipp-Reis-Straße 4-8,
63150 Heusenstamm, Anmeldung erforderlich Tel. 06104-4977210 oder m.wolff@mspt.de

Das Deutsche Architekturmuseum

> »Schon einige Jahre hatte ich einen Plan im Kopf und entwickelte nun die Idee eines Ausstellungs- und Sammlungsortes, den die Architektur ebenso nötig hätte wie ein Diskussionszentrum. Es müsste ein Museum aktueller Auseinandersetzung entstehen, das gleichzeitig in historischen Rückblenden die Architekturgeschichte bis hin zu den Domen des Mittelalters und den griechischen Tempeln dem Publikum erklären sollte.«[78]

Architektur nicht nur für Fachleute in verständlicher Form zu präsentieren, ist eines der Ziele des Museums. Das Deutsche Architekturmuseum definiert sich dabei als Ausstellungshalle und nicht als Museum, da es keine Dauerausstellung hat, sondern regelmäßig Sonderausstellungen zeigt. Die Stadt unterhält das Haus und das Personal, doch die Ausstellungen müssen über Sponsorengelder finanziert werden.

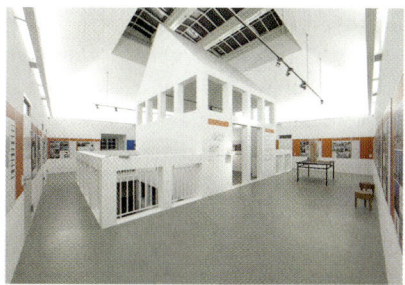

Deutsches Architekturmuseum, Haus im Haus
(Abb. 78)

Neben Kulturdezernent Hilmar Hoffmann engagierte sich der Kunsthistoriker Heinrich Klotz nachdrücklich für die Idee eines deutschen Architekturmuseums und wurde schließlich auch der erste Direktor des 1984 eröffneten Frankfurter Hauses. Im Rahmen der Umsetzung des Museumsufer-Konzepts der Stadt in den 1980er Jahren wurde es möglich, einen Plan in die Tat umzusetzen, der seit dem Beginn des Jahrhunderts Gestalt angenommen hatte.

Schon in den 1920er Jahren hatte sich Ernst May in Frankfurt dafür eingesetzt, ein »Museum für Städtebau« einzurichten und bereits in den Jahren vor dem Ersten Weltkrieg gab es erste Bestrebungen von Architektenvereinen und Ingenieuren, ein »Museum der Baukunst im

---

78 Heinrich Klotz: *Weitergegeben – Erinnerungen,* DuMont: Köln 1999.

deutschnationalen Sinne« zu gründen. Doch es dauerte viele Jahrzehnte, bis diese Vision in Frankfurt Realität werden konnte.

Eine Villa mit vier mächtigen ionischen Säulen an der Fassade wurde von dem Kölner Architekten Oswald Mathias Ungers auf Wunsch von Heinrich Klotz umgebaut. Ungers gestaltete einen programmatischen Entwurf, der sich auf die Geschichte der Architektur bezieht. Es ging nicht nur darum, ein möglichst funktionales Ausstellungsgebäude zu errichten, sondern vor allem die gesellschaftliche Rolle der Architektur bereits im Gebäude zu zitieren. Im Inneren der entkernten Villa betritt man eine weiße Haus-im-Haus Konstruktion mit quadratischem Grundriss. Diese ungewöhnliche Lösung entspricht sehr treffend der Aufgabe des Museums, sich mit der Geschichte und den Formen der menschlichen Behausung auseinander zu setzen. Das weiße Haus mit dem steilen Satteldach, das in seiner schlichten, geraden Form die Urform eines Haus symbolisiert, wird durch ein gläsernes Dach gut ausgeleuchtet. Unten befindet sich ein Auditorium, das für Vorträge geeignet ist.

Die Ausstellungsfläche erweiterte Ungers durch eine umlaufende gläserne Halle, die bis an die Grenzen des Grundstücks reicht. Alle Bauteile gehen auf quadratische Grundformen zurück, die Farbe Weiß und gerade Linien bestimmen den Gesamteindruck. Durch die gläsernen Flächen fällt viel Licht ins Innere.

Eine Halle für Ausstellungen entstand, wo früher einmal der Garten der Gründerzeitvilla war. Vor den Eingang wurde ein breiter, offener Vorbau mit Pfeilern aus rotem Sandstein gesetzt, so dass die klassizistische Fassade darüber kaum noch auffällt.

Im ersten Obergeschoss ist eine weitere Ausstellungshalle, die durch Stützen, wie etwa eine Basilika, in drei Schiffe geteilt ist. Im Jahr 2001 wurde das Haus renoviert, nachdem in den 1990er Jahren seine Zukunft bereits unsicher erschien.

Im zweiten Obergeschoss zeigt die Dauerausstellung »Von der Urhütte zum Wolkenkratzer« fünfundzwanzig Modelle von Behausungen – angefangen bei der ersten Hütte bis zum Main Tower im Jahr 1999. Insbesondere für Schulklassen ist es ein interessantes Anschauungsmaterial.

Schaumainkai 43, 60596 Frankfurt, Tel. 069-21238844, Fax 069-21237721, info.dam@stadt-frankfurt.de, www.dam-online.de, Di, Do bis Sa 11–18 Uhr, So bis 19 Uhr, Mi bis 20 Uhr

Das Deutsche Filmmuseum

> *»Gehirne der Serie 9000 sind die besten Computer, die jemals gebaut worden sind. Kein Computer der Serie 9000 hat jemals einen Fehler gemacht oder unklare Informationen gegeben. Wir alle sind hundertprozentig zuverlässig und narrensicher - wir irren uns nie.«*[79]

Stanley Kubrick und Romy Schneider, Karl Valentin und Akira Kurosawa, Klaus Kinski und Audrey Hepburn, Alfred Hitchcock und Heinz Rühmann – ihnen allen widmete das Filmmuseum neben vielen weiteren bedeutenden Repräsentanten des Films Sonderausstellungen. Fast zweihundert Ausstellungen wurden seit der Eröffnung präsentiert, die teils thematisch ausgerichtet waren und beispielsweise den Indianerfilm oder Filmkommissarinnen in den Fokus rückten, teils allgemein gehalten und auf Schauspieler oder Regisseure, Filmpioniere oder Fotografen Bezug nahmen. Das Frankfurter Filmmuseum entstand 1984 als eines der ersten Ausstellungshäuser am Mainufer in einer klassizistischen Villa. Seine Fassade steht unter Denkmalschutz. Im August 2011 eröffnete das Filmmuseum nach einem Umbau neu. Nicht nur räumlich, auch programmatisch wurde es neu gestaltet. Träger des Museums ist seit 2006 das Deutsche Filminstitut.

1971 hatte Kulturreferent Hilmar Hoffmann das zweite Kommunale Kino Deutschlands gegründet. Viele Städte in der Bundesrepublik folgten seinem und dem Duisburger Beispiel. Eine große nichtgewerbliche Kinoszene entstand bundesweit, zum Teil mit ehrenamtlichem Engagement betrieben, zum Teil von Städten und durch Zuschüsse der Bundesländer finanziert. In Frankfurt gründete sich die Organisation »Bundesverband kommunale Filmarbeit.« Doch Kinobetreiber in Frankfurt klagten gegen die subventionierte Konkurrenz. Es gab ein Gerichtsurteil, in dem entschieden wurde, auch ein Kino sei »ein Träger von Kulturgut« und somit von der öffentlichen Hand förderbar. Außerdem setze ein Kommunales Kino andere Schwerpunkte und sei daher keine direkte Konkurrenz.

Fassade des neuen Filmmuseums (Abb. 79)

---

79 »Computer HAL 9000«, in 2001: *Odyssee im Weltraum* von Stanley Kubrick.

In Frankfurt wurde das Kommunale Kino in das Filmmuseum integriert. Das Museum erhielt einen großen Teil seiner Exponate aus den Nachlässen von Schauspielern, Kostümbildnern oder Filmproduzenten.

In den beiden ersten Etagen des Gebäudes ist die Dauerausstellung untergebracht. Natürlich gehören viele Filmausschnitte und eine Black Box zur Inszenierung. Die Ausstellung beginnt mit den Vorläufern der bewegten Bilder im 19. Jahrhundert, Geräten, die mit optischen Täuschungen, Illusionen und Effekten spielten. Filmischen Ausdrucksmitteln ist ein weiterer Teil der Dauerausstellung gewidmet – aufgeteilt in die vier Themen Bild, Ton, Montage und Schauspiel.

In der dritten Etage werden Sonderausstellungen gezeigt, die sich mit Regisseuren, Schauspielern oder Themen rund um das Filmemachen beschäftigen und bei den Besuchern stets auf große Resonanz stoßen. Nachdem die Fassadenverkleidung zum Main hin entfernt wurde, kann die unverstellte Aussicht auf die Skyline der Stadt genossen werden.

Im vierten Geschoss befinden sich Medien- und Werkstatträume. Der museumspädagogische Bereich kann am Wochenende auch ohne Anmeldung von den Besuchern genutzt werden.

Das Kino präsentiert sich in Rottönen und technisch auf dem neusten Stand. Es zeigt ein ambitioniertes und außergewöhnliches Programm, mit vielen Filmen internationaler Regisseure. Hier können Filmliebhaber neben Klassikern der Filmgeschichte auch viele ungewöhnliche Werke anschauen, die nie ihren Weg in die kommerziellen Kinos der Stadt finden. Ein Festival des italienischen Films, junge britische Filme, ein französisches Jugendfilmfestival und Filmreihen zu einzelnen Regisseuren oder Ländern finden regelmäßig statt.

Schaumainkai 41, 60596 Frankfurt, Tel. 069-961220220, www.deutschesfilmmuseum.de,
Buslinie 46 (Museumsuferlinie), U1, U2, U3 Schweizer Platz, Straßenbahn 16 Gartenstraße

Das Museum der Weltkulturen

Tierfiguren, Thronsessel, Skulpturen, die an moderne Kunstwerke erinnern, Waffen, kunstvoll bemalte Masken, Kleider und Kanus, Alltags- und Kultgegenstände aus Afrika, Südamerika, Südostasien und Ozeanien gehören zum Bestand des Museums der Weltkulturen, dass früher einmal »Völkerkundemuseum« hieß. Faszinierend ist die Ausdruckskraft und die Schönheit vieler Objekte, aber auch ihre Funktion in ihrer Ursprungskultur. Viele farbige Geschichten ließen sich über manche Exponate und ihr wechselvolles Schicksal erzählen. Die Frankfurter Sammlung mit über sechzigtausend Objekten aus aller Welt konnte jedoch mangels Platz seit 1945 nicht angemessen präsentiert werden, möglicherweise erhält sie in den kommenden Jahren jedoch einen adäquaten Rahmen. Bis 2009 residierte das

Museum der Weltkulturen (Abb. 80)

Museum der Weltkulturen in drei historistischen Villen am Schaumainkai. Demnächst sollen dort nur noch die Verwaltung und das Künstlerlabor untergebracht sein. Für das Museum der Weltkulturen ist ein unterirdischer Neubau geplant. Zwei Geschosse tief soll er unter dem Park entstehen, in dem dann lediglich einige gläserne Pavillons Raum beanspruchen. Insgesamt würden so mehr als sechstausend Quadratmeter Ausstellungsfläche entstehen. Das Kutscherhaus an der Metzlerstraße soll das Café beherbergen und für die Museumspädagogik entsteht ein Neubau direkt neben dem Kutscherhaus. Das Bauvorhaben ist jedoch umstritten, weil um den Bestand des Parks mit seinen alten Bäumen gebangt wird.

Bereits 1904 wurde das Museum für Völkerkunde gegründet und vier Jahre später im barocken Palais Thurn und Taxis in der Innenstadt untergebracht. Der erste Direktor war Dr. Bernhard Hagen (1853–1919). Wie zu dieser Zeit üblich, wurden die Objekte dicht gedrängt präsentiert, so dass Einzelstücke in der Masse untergingen und alles einen stark überladenen Eindruck machte. 1925 kaufte die Stadt Sammlungen von dem berühmten Afrikaforscher Leo Frobenius, der das Völkerkundemuseum ab 1934 leitete. Bei den Bombardierungen des Zweiten Weltkriegs sank das Palais in Schutt und Asche.

Von 1910 bis 1917 war Margot Benary-Isbert Sekretärin im Völkerkundemuseum. Sie berichtete: *»Es standen sich damals zwei Schulen gegenüber: die alte, sozusagen klassische, deren Hauptbestreben es war, auf engem Raum dem Besucher möglichst viel zu zeigen; und die neuere, die gerade erst anfing, sich durchzusetzen: diese wollte [...] nur ausgewählte Stücke, die gelegentlich gewechselt werden konnten, gut sichtbar und deutlich bezeichnet ausstellen.*

[...] Der Hofrat aber, wie damals noch die meisten Museumsdirektoren, konnte nie genug in einen Schrank hineinbekommen.«[80]

Viele Exponate waren ausgelagert und überstanden den Krieg, doch es gab auch große Verluste. In den Nachkriegsjahren führte das Museum in Frankfurt ein Schattendasein, die Sammlung war in einem Bunker eingelagert, die Verwaltung auf verschiedene Gebäude verteilt. Erst Anfang der 1970er Jahre zog das Museum, das eng mit dem Frobenius-Institut und dem Institut für Ethnologie der Universität verbunden ist, in eine alte Villa am Schaumainkai. Der Platz genügte bei weitem nicht, um auch nur einen Teil der umfassenden Sammlung in angemessener Form zu präsentieren. So wurden lediglich Sonderausstellungen durchgeführt, die alle unter der Raumnot litten.

In die Sammlungen zu Afrika gingen auch Bestände der Senckenbergischen Gesellschaft für Naturforschung ein. Die Ozeaniensammlung verdankt viele einzigartige Stücke dem Missionar Carl Strehlow, der in Zentralaustralien tätig war. Doch die meisten Exponate stammen von Missionaren, Händlern, Kolonialbeamten, Forschern, Zoologen und Botanikern. Auch Randgruppen der europäischen Gesellschaften sind repräsentiert, wie die Sinti und Roma. Viele Frankfurter hinterließen ihre privaten Sammlungen dem Museum. Im Auftrag des Museums wurde auch gezielt gesammelt, unter anderem in Neuguinea und Australien. Noch in den 1990er Jahren unternahmen Museumsmitarbeiter Reisen, um Alltags- und Kultgegenstände zu erwerben.

Die Rolle der Ethnologie und der Völkerkundemuseen hat sich von Grund auf gewandelt. Im Zentrum steht nicht mehr die exotische Völkerschau, sondern das Zusammenführen von Kulturen, der Diskurs über die Rolle von Objekten in unterschiedlichen Bedeutungszusammenhängen sowie Fragen der Ästhetik und der Kunsttheorie. Gerade in einer Stadt wie Frankfurt, in der viele Nationalitäten leben, und viele internationale Besucher zu Gast sind, ist ein solches Haus eine Bereicherung. Auch der zeitgenössischen Kunst wird dabei Raum gegeben, denn das Weltkulturen Labor organisiert vielfältige Projekte mit internationalen Künstlern.

Schaumainkai 29–37, 60594 Frankfurt am Main, Tel. 069/21235913, Fax 069/21230704, museumweltkulturenffm.com

---

80 Margot Benary-Isbert: *Mädchen für alles*. Frankfurt am Main: Josef Knecht 1973.

Das Museum für Angewandte Kunst

>»Architektur ist eine Kunst. Wir machen dreidimensionale Konstrukte, in denen wir existieren, die wir beleben und gebrauchen. Aber ein Architekt hat zudem eine soziale, eine juristische und moralische Verantwortung, die sich von derjenigen anderer Künstler unterscheidet. Diese Verantwortung ist die wichtigste Aufgabe jedes Architekten. Daneben muss die Architektur eine anregende Qualität haben. Nur dann wird sie zur Kunst. Sie beeinflusst Stimmungen, unsere Sinne und die Art, wie wir mit Leuten umgehen.«[81]

Das Englische Speisezimmer ziert eine Nillandschaft, das Musikzimmer schmücken die Niagarafälle: Panoramatapeten waren im Biedermeier modern. Neun Räume wurden in der Villa Metzler, die zum Museum für Angewandte Kunst gehört, im Stil verschiedener Epochen eingerichtet. Sie sind

Museum für Angewandte Kunst rechts, Villa Metzler links (Abb. 81)

stilecht möbliert und mit wenigen Accessoires dekoriert. Möbel, Tapeten, Vorhänge, Geschirr, Teppiche und sogar die Holzböden sind aufeinander abgestimmt und im Stil der jeweiligen Zeit – von Barock bis Jugendstil – gehalten. Es ist ein einzigartiger Einblick in historischer Wohnkultur. Als eines der wenigen klassizistischen Gebäude in Frankfurt hat die Villa Metzler den Bombenhagel des Zweiten Weltkriegs überlebt. 1803 erbaut, war sie einst ein Landhaus am Mainufer, das von einem riesigen Garten umsäumt wurde. Das Grundstück hatte Peter Salzwedel erworben, der eine florierende Apotheke am Römerberg besaß. Seine Frau starb, noch bevor die im französischen Stil erbaute Villa vollendet war. Salzwedel war begeisterter Botaniker und pflanzte auf dem tausend Hektar großen Areal neben Kastanien und Buchen auch seltene Bäume wie Ginkgo, Tulpenbaum, Riesenmammutbaum und Granatapfelbäume. Auch Goethe soll diesen Garten gekannt haben. Nachdem die Wallanlagen niedergerissen waren, erweiterte Salzwedel sein Grundstück noch beträchtlich. Wer nach seinem Tod in der Villa wohnte, ist unklar. Bekannt ist, dass ab 1841 der russische Schriftsteller Wassili Schukowski in der Villa lebte und dort Homer übersetzte. Schukowski soll als Hauslehrer des späteren Zaren Alexander II. großen Einfluss gehabt haben, ihm sind vermutlich einige liberale Reformen zu verdanken.

---

81 Richard Meier im Interview mit Peter Hossli am 1. Mai 2002.

Er kam wegen seiner angeschlagenen Gesundheit nach Frankfurt, wo er die Tochter des Malers Gerhardt von Reutern heiratete, der wiederum in die Villa einzog, nachdem Tochter und Schwiegersohn 1848 nach Baden Baden umsiedelten. Seine Familie wohnte im Obergeschoss, im Erdgeschoss richtete er Ateliers ein. Er war mit Philipp Veit befreundet, dem ersten Direktor des Städel, der in der Villa malte, und korrespondierte mit Goethe.

Ab 1851 war das Landhaus mit dem parkartigen Garten im Besitz der Bankiersfamilie Metzler. Georg Friedrich Metzler ließ 1855 das Schweizerhaus im Fachwerkstil errichten, das noch heute im Park steht. In diesem Gartenhaus fanden Konzerte und Theateraufführungen statt. Die dreigeschossige Villa auf quadratischem Grund ließ Metzler ausbauen, das Walmdach wurde nach allen Seiten vergrößert, der Eingang auf die Ostseite verlegt. Für Tore und Gitter wurden Schmiedearbeiten der Würzburger Residenz kopiert. Der Garten wurde zu einem Rosengarten in englischem Stil mit Brunnen umgestaltet.

1889, nach dem Tod Georg Friedrichs, zog seine Tochter Mathilde Schmidt-Metzler ein, deren Ehemann ein erfolgreicher Arzt war. Er behandelte Kaiser Wilhelm II., was ihm den Titel »Exzellenz« einbrachte. Mathilde wurde 92 Jahre alt, überlebte ihren Gatten um viele Jahre und wohnte bis zu ihrem Tod 1932 in der Villa, die sie vier Jahre zuvor an die Marburger Diakonissen verkauft hatte, die dort ein Altenheim einrichteten. Das Schweizer Haus nutzten sie zeitweise als Kapelle.

Ab 1961 gehörte die Villa der Stadt und sechs Jahre danach zog das Museum für Kunsthandwerk ein, von dessen Bestand auch einige Objekte aus der Sammlung der Familie Metzler stammen. Zwanzig Jahre später entstand der große, strahlend weiße Neubau von Richard Meier. Er ist nur durch eine schmale verglaste Brücke im ersten Obergeschoss mit der klassizistischen Villa verbunden. Bei seinem Grundriss orientierte sich Meier an dem quadratischen Grundriss der Villa. Im Inneren des lichtdurchfluteten Gebäudes erklimmen die Besucher keine Treppen, sondern erreichen die Geschosse über schräg ansteigende Rampen. Auch den Brunnen im Park entwarf Richard Meier. Bei gutem Wetter ist der Park des Museums ein beliebter Ort, um auf der Terrasse des Museumscafés in der Sonne zu sitzen oder an dem Brunnen die Füße ins kalte Nass zu tauchen.

Die umfangreichen Sammlungen des Museums reichen vom europäischen Mittelalter bis zur Moderne. Ein Schwerpunkt ist die Kunst Ostasiens und des Vorderen Orients sowie Buchkunst und Grafik. Dauerausstellungen beschäftigen sich mit Themen zum zeitgenössischen Design, aber auch mit Buchkunst, Schmuck oder dem Kunsthandwerk außereuropäischer Kulturen. Angewandte Kunst bedeutet immer eine Verbindung von Ästhetik und Funktionalität. Wie diese Verbindung in verschiedenen Epochen und Kulturen umgesetzt wurde, ist anhand von Möbeln, Porzellan und Gläsern im Museum zu erkennen.

Seit 2007 befindet sich im Park ein weißes Gebilde, dessen gerundete Form aus einer mit Luft befüllten textilen Haut besteht. Der japanische Architekt Kengo Kuma hat es entworfen, wobei er sich an dem traditionellen japanischen Teehaus orientierte, bei den Materialien jedoch modernste Technik verwendete. Kengo Kuma faszinieren flexible Bauten, sein Teehaus entfaltet sich wie ein aufgeblasener Ballon. Im Inneren ist es mit Tatamimatten und anderen Utensilien im Stile eines klassischen Teehauses ausgestattet. Es ist nur an bestimmten Tagen zugänglich.

Villa Metzler, Musikzimmer (Abb. 82)

Schaumainkai 17, 60594 Frankfurt, Tel. 069-21234037, Fax 069-21230703, www.angewandte-kunst-frankfurt.de, Info.angewandte-kunst@stadt-frankfurt.de

Die Polytechnische Gesellschaft

Frankfurter Bürger gründeten 1816 die Polytechnische Gesellschaft »zur Beförderung der nützlichen Künste und der sie veredelnden Wissenschaften«, zu deren Programm es auch gehorte, Kunsthandwerk zu fördern. 1864 fand im Frankfurter Saalbau die erste Ausstellung von Frankfurter Kunst- und Industrieerzeugnissen statt. Elf Jahre später präsentierte die Polytechnische Gesellschaft Kunsthandwerk im ehemaligen Palais Thurn und Taxis. Sogar Kaiser Wilhelm I. und Kaiserin Augusta besuchten die erfolgreiche Ausstellung. Den Veranstaltern wurden fünfzig Objekte überlassen, um ein Kunstgewerbemuseum zu gründen. 1877 war es so weit: Der »Mitteldeutsche Kunstgewerbeverein« in Frankfurt entstand als selbstständiges Institut der Polytechnischen Gesellschaft. Von 1881 bis 1921 betrieb der Verein ein Museum und eine Kunstgewerbeschule in der Neuen Mainzer Straße. Infolge der Inflation verlor er sein Vermögen und die Stadt übernahm die Einrichtungen, die sie 1936 in »Museum für Kunsthandwerk« umbenannte. Da die Bestände ausgelagert wurden, überstanden sie die Luftangriffe von 1944. In Wechselausstellungen präsentierte man sie im Karmeliterkloster, bis das Museum in die Villa Metzler einziehen konnte.

XVI. Zeitgenössische und moderne Kunst in Frankfurt

In Frankfurt existiert eine lebendige, junge Kunstszene. Junge Künstler betreiben Ausstellungsräume oft temporär und an wechselnden Orten. Zudem gibt es die kommerziellen Galerien, von denen etliche in der Braubachstraße, in der Nähe des Museums für Moderne Kunst und der Kunsthalle Schirn angesiedelt sind. Ihre aktuellen Ausstellungen findet man im Internet unter www.frankfurt-galerien.de.

Einmal jährlich besteht bei der Veranstaltung *Open Doors* die Gelegenheit, viele Künstler Frankfurts in ihren Ateliers zu besuchen. Die Städelschule veranstaltet zudem Rundgänge durch die Ateliers ihrer Studenten.

Kunsthalle Schirn

Sie erhielt ihren Namen von den Metzgerständen, die bis weit ins 19. Jahrhundert in den schmalen Gässchen der Altstadt ihren Standort hatten: Nahe beim Dom steht in der Frankfurter Altstadt seit 1986 die Kunsthalle, die überwiegend zeitgenössische und klassische moderne Kunst ausstellt. Außerdem präsentiert sie große Themenschauen zu Stilrichtungen oder Künstlerbewegungen des 19. und 20. Jahrhunderts wie *Expressionismus* oder *Surrealismus*, *Jugendstil* oder *Dada*. Oft kooperiert sie mit internationalen Ausstellungshäusern. Matisse, Giacometti, Frida Kahlo, Chagall, Courbet und Seurat sind nur einige der vielen bedeutenden Künstler, deren Werk in der Schirn gezeigt wurde. Zeitgenössische Künstler wie Jonathan Meese konzipierten Ausstellungen speziell für die Frankfurter Kunsthalle.

Unter ihrem Leiter Max Hollein entwickelt sich die Schirn stärker zu einem Ort aktueller Themen und zeitgenössischer internationaler Kunst und grenzt sich immer mehr von Museumsausstellungen ab.

Kunsthalle Schirn (Abb. 83)

Römerberg, 60311 Frankfurt, Tel. 069-299882-0, Fax 069-299882-240, www.schirn.de, welcome(@)schirn.de, Di, Fr, Sa, So 10–19 Uhr, Mi und Do bis 22 Uhr, U-Bahn 4, 5, Dom/Römer, Straßenbahn 11, 12 Paulskirche

Kunstraub in der Schirn

Für einen der spektakulärsten Kunstdiebstähle in Deutschland wurden die Verbrecher nie zur Rechenschaft gezogen, obwohl ihre Identität bekannt war. Stattdessen kauften die Museen heimlich die gestohlenen Bilder von Hehlern zurück. Aus der Ausstellung »Goethe und die Kunst« in der Frankfurter Schirn waren 1994 zwei Gemälde von William Turner, die der Tate Gallery gehörten und ein Bild von Caspar David Friedrich aus der Hamburger Kunsthalle entwendet worden. Die Diebe hatte sich nachts in der Schirn einschließen lassen und dann einen Wächter gefesselt. Zwar wurden ein Hehler und zwei Mitglieder einer Bande rasch gefasst und angeklagt, doch die Bilder erhielt man nicht zurück und dem Drahtzieher und Hauptverdächtigen aus dem Umfeld der jugoslawischen Mafia konnte man vor Gericht nichts nachweisen. Vierzig Millionen Euro erhielten die beiden Kunsthäuser von den Versicherungen. Doch Sir Nicholas Serota, der Leiter der Tate Gallery, war ebenso ausdauernd wie geschickt. Mit der Hilfe von Scotland Yard entstand ein geheim gehaltener Kontakt zum Anwalt des jugoslawischen Hauptverdächtigen, gegen den es nicht genug Beweise gab. Über diesen Anwalt liefen die Verhandlungen mit dem Täter, die schließlich dazu führten, dass ein Turnergemälde gegen die Zahlung von fünf Millionen Mark zurückgegeben wurde. Mit der Versicherung hatte sich Serota schon vorher geeinigt, die Tate bezahlte acht Millionen Pfund, als sie das Gemälde wieder erhielt.

Danach geschah eine Weile nichts; erst im Herbst 2002 meldeten sich zwei Besitzer einer Frankfurter Autowerkstatt und behaupteten, die beiden anderen Bilder seien in ihrem Besitz. Tatsächlich hatte der Organisator des Raubs die Gemälde zeitweise in einer Werkstatt in der Nähe des Zoos deponiert. Die Tate kaufte nun auch den zweiten Turner zurück, die beiden Werkstattbesitzer machten Ferien auf Kuba. Als sie zurückkamen, bemühte sich auch die Hamburger Kunsthalle um den Rückkauf ihres Gemäldes. Nach dieser Transaktion verschwanden die beiden Hehler endgültig nach Brasilien. Die Tate hatte etliche Millionen Gewinn an der Aktion gemacht.

Museum für Moderne Kunst

Museum für Moderne Kunst (Abb. 84)

Museum für Moderne Kunst, Brücke (Abb. 85)

Das 1991 eröffnete Museum entwarf der Wiener Architekt Hans Hollein. Das außergewöhnliche Gebäude, das die Form eines Tortenstücks hat, ist schon allein wegen seiner Architektur sehenswert. Die eigenartige Form entstand aufgrund des dreieckigen Grundstücks. Im Inneren erwarten den Besucher überraschende Blickperspektiven, eine eindrucksvolle Lichtführung und eine einzigartige Verbindung von insgesamt vierzig Räumen. Der charismatische Schweizer Kunsthistoriker Jean Christophe Ammann leitete das Museum ein Jahrzehnt. Er baute die Sammlung auf, die bis heute regelmäßig erweitert wird. Zudem entwickelte er ein ganz eigenes Konzept mit seinen »Szenewechseln«, bei denen er zwanzig Mal im Jahr die Ausstellung umgestaltete und mit geliehenen oder neuen Werken ergänzte. Die Stadt finanziert keine Ankäufe, sie sind nur mit Spendengeldern oder der Hilfe von Sponsoren möglich. Das Museum besitzt ungefähr viereinhalbtausend Werke, die von Kunstwerken der 1960er Jahre bis zu Arbeiten junger zeitgenössischer Künstler reichen. Die Sammlung des Darmstädters Karl Ströher mit Arbeiten der *Pop Art* und des *Minimalismus* bildete die Grundlage; die Stadt Frankfurt hatte sie 1981 gekauft. 2006 erstand das MMK gemeinsam mit zwei anderen Museen die Sammlung des Kölner Galeristen Rolf Ricke, der ebenfalls ab den 1960er Jahren vor allem amerikanische Kunst sammelte.

Dem Museum gegenüber befindet sich seit 2007 das MMK Zollamt, ein Ausstellungsraum für junge Kunst im einstigen Frankfurter Hauptzollamt.

Domstraße 10, 60311 Frankfurt, Tel. 069-21230447, Fax 069-21237882, www.mmk-frankfurt.de, mmk(@)stadt-frankfurt.de, Di–So 10–18 Uhr, Mi bis 20 Uhr

Frankfurter Kunstverein im Steinernen Haus

Die ersten Kunstvereine bildeten sich im 19. Jahrhundert in Deutschland. Der Frankfurter Verein entstand 1829 und war zunächst dem Städel eng verbunden. Er stellte jedoch in späteren Jahren auch eigenständig aus und bot eine Plattform für Künstler, die noch nicht bekannt waren. Seit 1945 zeigt der Kunstverein im Steinernen Haus (s. S. 41) Einzel- und Gruppenausstellungen internationaler zeitgenössischer Künstler. Mit Lesungen, Führungen, Gesprächsrunden, Vorträgen und Konferenzen bemüht sich der Verein insbesondere um die Vermittlung aktueller Kunstpositionen und Strömungen.

Steinernes Haus, Markt 42-44, 60311 Frankfurt, Tel. 069-219314-0, Fax 069-219314-11, www.fkv.de, post@fkv.de

Der Portikus an der Alten Brücke

Neben Brücken wie der Ponte Vecchio in Florenz und der Krämerbrücke in Erfurt war sie eine der bekanntesten Brücken Europas und fast 900 Jahre lang das Wahrzeichen der Stadt Frankfurt: Die Alte Brücke, um 1150 als Holzkonstruktion, später aus Stein gebaut. Der ganze Verkehr in und aus der Stadt drängte sich über diesen Zugang. Zu beiden Seiten flankierten die Brücke prächtige Türme. Auch Goethe schwärmte von ihr und lobte ihre Länge, ihre Festigkeit und ihr gutes Ansehen. Ende des Zweiten Weltkriegs jagten die Nationalsozialisten sie in die Luft. Wiederaufgebaut wurde sie nach Kriegsende als schlichte Stahlkonstruktion.

Portikus an der Alten Brücke (Abb. 86)

Seit 2006 befindet sich an der Brücke auf der angrenzenden Maininsel der Portikus, eine Ausstellungshalle für zeitgenössische Kunst. Der Entwurf stammt von dem Frankfurter Architekten Christoph Mäckler.

Unzählige Spender, vor allem aber die Stiftung Giersch, finanzierten den über zehn Millionen Euro teuren Bau des Neuen Portikus, der seinen Namen deshalb trägt, weil die Kunstausstellungen vorher in dem Alten Portikus stattfanden, der heute das Literaturhaus beherbergt.

Das ungewöhnliche Gebäude ist an den Stil der Spätgotik angelehnt. Der schlanke, steil aufragende Bau mit den schmalen, hohen Fenstern erinnert an mittelalterliche Architektur. Das steile Satteldach ist mit Schiefer gedeckt. Auf der Nordseite leuchtet ein großes Oberlichtfenster, Olafur Eliasson hat unter dem Glasdach des Gebäudes eine Lichtinstallation realisiert. Das Bauwerk ist in einem dunklen Ochsenblutrot gehalten. Mäckler wollte mit seinem Bau die Tradition der alten Tor- und Mühlenhäuser zitieren, die sich einst an der Mainbrücke befanden.

Vom Straßenniveau der Brücke betritt man das Haus über einen schmalen Steg wie über eine Zugbrücke. Nach wenigen Schritten gelangt man in eine hohe, nüchterne Ausstellungshalle mit umlaufender Galerie. Die weißen Wände und das helle Innere lassen alle mittelalterlichen Anmutungen der äußeren Hülle vergessen. Passend dazu wird junge, aktuelle Kunst präsentiert. Der Portikus gehört zur Städelschule und Städelschüler können hier ihre Werke ausstellen. Aber auch viele renommierte internationale Künstler werden gezeigt. Das Gebäude ist ebenso sehenswert wie die Ausstellungen darin.

Alte Brücke 2 / Maininsel, 60594 Frankfurt am Main, Tel. 069-96244540, Fax 069-962445424, www.portikus.de, Di–So 11–18 Uhr, Mi bis 20 Uhr, Eintritt frei, Bus 30, 36 Schöne Aussicht

Wo Kunst entsteht

Wer sich für junge aktuelle Kunst interessiert und sie außerhalb von Galerien am Entstehungsort genießen möchte, sollte die Frankfurter Atelierhäuser basis und ATELIERFRANKFURT besuchen. Hier kommt man mit den Künstlern ins Gespräch und erlebt sie dort, wo sie arbeiten. Die Ausdrucksmedien sind bunt gemischt und reichen von Malerei über Skulptur und Filmkunst bis zu Installationen, Performances und Druckgrafik.

Basis und Atelierfrankfurt

Der gemeinnützige Verein basis bietet in der Elbestraße und in der Gutleutstraße insgesamt 120 Ateliers, die Künstler und Kreative günstig mieten können. Zu den Mietern gehören sowohl freie Künstler als auch

Designer und Grafiker, die stärker im angewandten Bereich tätig sind. Synergieeffekte sind gewünscht. Beide Anwesen gehören der Stadt. Das Geld, das mit der Miete verdient wird, kommt spannenden Ausstellungen zugute. Junge internationale Gegenwartskunst wird in der Gutleutstraße präsentiert, häufig Medienkunst, wobei sowohl Einzelpositionen als auch thematische Gruppenausstellungen vorgestellt werden. Hier sind oft Künstler und Positionen zu sehen, die noch keine internationale Bekanntheit erlangt haben, aber bereits auf dem Weg dazu sind. Workshops, Vorträge und Gesprächsrunden begleiten die Ausstellungen und diskutieren die Rolle der Kunst und aktuelle Veränderungen in der Gesellschaft.

Gutleutstrasse 8–12, 60329 Frankfurt, Tel. 069-400376 17, Fax 069-400398 39, basis-frankfurt.de, info@basis-frankfurt.de, Di–Fr 11–19 Uhr, Sa, So 12–18 Uhr

ATELIERFRANKFURT e.V.
Auch dieses Künstlerzentrum betreibt ein gemeinnütziger Verein, der etwa 45 Ateliers im ehemaligen Polizeipräsidium vermietet. Die Mischung aus Künstlern, Designern, Architekten und Filmemachern belebt die Frankfurter Kunstszene. Jeweils drei internationale Künstler stellen gleichzeitig aus, insgesamt gibt es fünf Ausstellungsblöcke im Jahr. Filmvorführungen und Diskussionen gehören zum Programm. Ausstellungsräume, ein Vortragssaal und ein Clubraum für Partys oder Performances stehen zur Verfügung und können gemietet werden.

Hohenstaufenstraße 13-25, 60327 Frankfurt, Tel. 069-7430 37 71, Fax 069-74 303772, www.atelierfrankfurt.de, kontakt(@)atelierfrankfurt.de

XVII. Ausflug nach Höchst

Mit einer kleinen Fähre kann man von Schwanheim nach Höchst über den Main setzen. Der Blick auf die im 14. Jahrhundert erbaute Stadtmauer, die Höchst zum Fluss hin schützte, mit der sie überragenden karolingischen Justinuskirche, die malerisch auf einer Anhöhe liegt, ist sehr romantisch. Ebenso schön ist der Schlossplatz in der Altstadt, in der noch viele Fachwerkhäuser stehen, da Höchst im Zweiten Weltkrieg kaum zerstört wurde. Sehenswert sind außerdem der barocke Bolongaropalast mit dem Bolongarogarten an der Nidda, das Porzellanmuseum im Kronberger Haus und der expressionistische Peter-Behrens-Bau der ehemaligen Hoechst AG im Industriepark Höchst, der jedoch nur im Rahmen besonderer Führungen zugänglich ist.

Goethe unternahm als junger Mann mit Freunden häufig Ausflüge mit dem Marktschiff nach Höchst und kehrte in den Gasthöfen am Schlossplatz ein.

Höchst gehört erst seit 1928 zu Frankfurt. Der Ort entwickelte sich an einer strategisch wichtigen Stelle, an der Mündung der Nidda in den Main. Schon die Römer bauten hier ein Kastell. Die nächsten urkundlichen Belege stammen aus dem achten Jahrhundert, als auch die Justinuskirche entstand. Höchst gehörte ein Jahrtausend hindurch dem Mainzer Erzbischof, einem Rivalen der Stadt Frankfurt, der in Höchst Zölle am Main eintreiben ließ und eine Zollburg errichtete, die von den Frankfurtern 1396 zerstört wurde. An der Stelle der Zollburg steht heute das Höchster Schloss. Im Mittelalter entwickelte sich um diese Zollburg der Mainzer ein Dorf, das 1355 die Stadtrechte erhielt. Höchst wurde nie lutherisch; da es zum Bistum Mainz gehörte ist es traditionell katholisch. Im 18. Jahrhundert war es ein Zentrum des Handels. Die berühmte Porzellanmanufaktur wurde 1746 gegründet und war fünfzig Jahre in Betrieb. Bundesweit ist Höchst vor allem für eine Firma bekannt: die Farbwerke Hoechst, die in den 1920er Jahren einen von dem deutschen Architekten Peter Behrens konzipierten, spektakulären Verwaltungsbau errichten ließen.

Seit 1957 findet ab Mitte Juni für vier Wochen das Höchster Schlossfest statt, zu dem auch ein Jazz-Festival im Schloss gehört. Im Sommer bietet zudem der Bolongarogarten den perfekten Rahmen für das Freilufttheater »Barock am Main« (s. S. 264).

Die Justinuskirche

Es gibt nicht viele Kirchen in Deutschland, die seit über einem Jahrtausend ununterbrochen als Gotteshaus genutzt wurden. Die Justinuskirche in Höchst entstand zur Zeit der Karolinger in den Jahren 830 bis 850 und seitdem werden hier katholische Messen gefeiert. Das Besondere an der Justinuskirche ist, dass der Originalbau größtenteils noch erhalten und sie die älteste Kirche Frankfurts ist. Die dreischiffige Basilika, die hoch über dem Main thront, leuchtet in warmem rötlichem Sandstein. Zum Fluss hinunter schließt sich der idyllische Justinusgarten mit Blumen und Heilkräutern an. Man wählte für die Anlage Kräuter, die von den Antonitern gezogen wurden, da die Kirche diesem Orden zeitweise als Klosterkirche diente.

Der Erzbischof von Mainz hatte sich in Italien in den Besitz der Reliquien des Heiligen Justinus gebracht und ließ ihm eine Kirche bauen. Der Bau sollte hierbei Ausdruck der Macht gegenüber der Stadt Frankfurt sein. Höchst lag ziemlich genau in der Mitte zwischen Mainz und Frankfurt, zwei Machtzentren, die erbittert miteinander konkurrierten und zuweilen auch gegeneinander kämpften. Im Jahr 1090 erhielten die Benediktiner von St. Alban in Mainz die Kirche als Geschenk; sie war nun Pfarr- und Klosterkirche. Ungefähr zweihundert Jahre später brachten die Benediktiner die Gebeine von Justinus nach St. Alban und die Höchster Kirche wurde der heiligen Margarethe geweiht. Die Benediktiner gaben die Kirche 1419 auf, dafür kamen etwa zwanzig Jahre später die Antoniter nach Höchst, die sie fortan als Klosterkirche nutzten und um 1441 den Hochchor erbauten.

Das ehemalige Westportal ist zugemauert, heute betritt man die Kirche durch das um 1442 entstandene Spitzbogenportal mit den gotischen Krabben und Kreuzblumen von Norden her. Ihr Hochchor weist spätgotische Formen auf und auch die Fenster und die Kapellen im Norden stammen aus dieser Zeit. Der hohe Chorraum ragt über die Basilika hinaus. Ein Schwiegersohn des Frankfurter Stadtbaumeisters Madern Gerthener war vermutlich für die gotischen Bauteile an der Justinuskirche zuständig, außerdem ein Steinmetz, der mit Gerthener am Frankfurter Dom arbeitete.

Das Mittelschiff mit der flachen Decke, den Rundbogenfenstern und den zehn runden Säulen mit den korinthischen Kapitellen gehört ebenso wie die Seitenschiffe zu den wenigen erhaltenen Bauwerken der Karolinger in Deutschland. Sogar von der karolingischen Wandbemalung sind noch Reste erhalten. Der Altar im Hochchor aus dem Jahr 1726 ist barock. In der schlichten, massiven Kirche aus dem frühen Mittelalter mutet seine Bauweise theatralisch und ein wenig übertrieben an. Von 1485 stammt der Kreuzaltar mit Szenen von der Kreuzigung bis zur Auffindung des Kreuzes durch Kaiserin Helena, der in einer Seitenkapelle steht. Zwei weitere barocke Altäre und eine vollbärtige Antoniusfigur aus dem Jahr 1485 ergänzen die Ausstattung. Die lebensgroße Statue stand einst auf dem Hochaltar.

Am Nordportal begrüßen die Skulpturen des Heiligen Paulus von Theben und des Heiligen Antonius die Besucher. Antonius Eremita war ein ägyptischer Einsiedler im 4. Jahrhundert, nach ihm benannten die Antoniter ihren Orden. Einer Legende nach traf er in der Wüste auf Paulus von Theben, weshalb die beiden auf Kunstwerken der Antoniter oft zusammen dargestellt werden.

Obwohl die Justinuskirche nicht mit dem Raumeindruck der Hochgotik oder der Üppigkeit des Barock mithalten kann, verleiht ihr gerade die schlichte Bauweise eine erhabene und maßvolle Schönheit.

Justinusplatz 3 (Höchster Altstadt), 65929 Frankfurt am Main, www.justinuskirche.de, April bis Okt Di–So 14–17 Uhr, Nov bis März Sa, So 14–16 Uhr

Beim Höchster Orgelsommer geben internationale Künstler Konzerte in der Kirche.

Das Porzellanmuseum im Kronberger Haus

Wie schön und kostbar Porzellan sein kann, wird dem Besucher in Zeiten von preiswerter Massenproduktion in Erinnerung gerufen, wenn er die kunstvoll bemalten Geschirrteile im Höchster Museum betrachtet. Die verschiedenen künstlerischen Stile, die sich je nach aktueller Mode auch auf die Porzellangestaltung auswirkten, sind deutlich zu erkennen. Sie reichen von den verspielten Formen des Rokoko bis zu den strengen Mustern des Klassizismus. Zum Teil von der Chinamode beeinflusst, zum Teil von der einheimischen Flora inspiriert, kann man hier hinreißende Blumendekore entdocken. Faszinierend sind auch die Figuren: perfekte Miniaturnachbildungen von Schäfern und Komödianten, Tänzern und Musikanten, Chinesen, Jagdszenen und Bauernkindern, oft als Gruppen konzipiert.

Die Luxusgüter Tee, Kaffee und Schokolade, die im 17. Jahrhundert nach Europa kamen, veränderten die Gewohnheiten des Adels und des gehobenen Bürgertums nachhaltig, so dass für ihren Genuss eigenes Geschirr entstand.

In der Dependance des Historischen Museums im Kronberger Haus, einem Spätrenaissance-Bau aus dem 16. Jahrhundert, präsentiert eine Dauerausstellung viele Exponate aus der Zeit der alten Manufaktur. Die Familie von Kronberg hatte hohe Ämter in der kurmainzischen Verwaltung inne. Ihr ehemaliges Wohnhaus diente unterschiedlichen Zwecken, bis die Hoechst AG seine Sanierung finanzierte. Seit 1994 gehört es zum Historischen Museum. Die Porzellansammlung soll in den nächsten Jahren in den Bolongaropalast umziehen.

Kronberger Haus (Abb. 87)

Kronberger Haus, Dépendance des Historischen Museums Frankfurt, Bolongarostraße 152, 65929 Frankfurt-Höchst, Tel. 069-212-45474/-45740, Fax 069-212-30702, info.historisches-museum@stadt-frankfurt.de, www.historisches-museum.frankfurt.de/kronbergerhaus, Sa, So 11–18 Uhr, S1, S2 Bhf.-Höchst, Bus 54 Bolongaropalast

Höchster Porzellanmanufaktur

Wie vor zweihundert Jahren produziert die Manufaktur hier in Handarbeit Porzellanfiguren und hochwertige Services. Nach der 1710 in Meißen entstandenen Manufaktur war sie die zweite Manufaktur in Deutschland und blieb die einzige in Hessen. Das Unternehmen befand sich in der Altstadt, in der heutigen Antoniterstraße. Goethe war mit Johann Caspar Melchior befreundet, der als Modellmeister in der Manufaktur tätig war. Er schuf ein Porträt Goethes, das noch heute verkauft wird.

1756 machte die Manufaktur Bankrott und musste ihre Tore schließen; drei Jahre später wurde sie wieder eröffnet, ging 1796 jedoch endgültig in Konkurs. Nach dem Zweiten Weltkrieg wurde der Betrieb allerdings wieder aufgenommen. Heute ist sie in Privatbesitz und fertigt edles Porzellan für anspruchsvolle Kunden. Im Dalberger Haus, einem Adelssitz aus dem Jahr 1577, befindet sich ein Verkaufsgeschäft der Manufaktur, früher war hier auch die Produktion untergebracht.

Bolongaropalast und Bolongarogarten

Bolongaropalast und Garten (Abb. 88)

Einer Legende nach soll die Familie Bolongaro den Grundstock zu ihrem enormen Vermögen mit einem dressierten Murmeltier gelegt haben. Auf den Messen in Frankfurt habe Joseph Maria Marcus Bolongaro (1712–79) sein talentiertes Murmeltier vorgeführt und sei damit reich geworden. Doch dafür gibt es keinen Beleg. Die Brüder Bolongaro kamen aus Stresa am Lago Maggiore und gelangten durch den Handel mit Tabak und Gewürzen, Tee und Kaffee zu Wohlstand. Ab 1734 arbeiteten neben Joseph Maria auch seine Brüder Franz Maria und Jakob Philipp Bolongaro in Frankfurt. Aus dem Familienbetrieb entwickelten sie das größte Tabakgeschäft Europas und eine Manufaktur für Schnupftabak. Außerdem betätigten sie sich im Bankwesen. Trotz ihres Reichtums und ihres kaufmännischen Erfolgs verweigerte die Stadt ihnen das Bürgerrecht – zum einen, weil sie katholisch waren, aber auch, weil der Rat seit dem Mittelalter die eigenen Kaufleute vor unliebsamer Konkurrenz schützte. Für die Bolongaros hatte die Ablehnung zur Folge, dass sie nie politischen Einfluss haben würden und keine öffentlichen Ämter ausüben konnten, denn dies war den Bürgern vorbehalten. Nach lange schwelenden Konflikten mit der Stadt Frankfurt bot der Kurfürst von Mainz den italienischen Einwanderern an, in Höchst zu bauen und lockte mit zwanzig Jahren Steuerfreiheit. Er träumte davon, in Höchst eine Neustadt zu erbauen, die zu einem Handels- und Industriezentrum werden sollte. Doch diese idealistischen Pläne verliefen im Sande. Die Bolongaros nahmen jedoch das Angebot an und ließen sich ab 1772 in Höchst einen gewaltigen barocken Palast bauen, der fürstlichen Residenzen nachempfunden war. Er blieb das einzige verwirklichte Bauwerk der Neustadt. Die Familie nutzte ihren imposanten Palast indes nicht lange, denn 1783 wurden ihre Mitglieder schließlich doch noch Frankfurter Bürger. Der Rat der Stadt hatte begriffen, wie viele Steuergelder ihm entgingen, wenn er die vermögende Handelsfamilie aus der Stadt trieb.

In dem verwaisten Palast quartierten sich Heerführer ein – darunter auch Napoléon Bonaparte, der hier 1813 auf dem Rückzug von Russland seine letzte Nacht in Deutschland verbrachte. Sein Verfolger Marschall Blücher bezog kurz nach ihm für einige Wochen den Palast.

Erst 1862 verkauften die Bolongaros ihr Anwesen und eine Fabrik für Wasser- und Gasleitungen wurde dort eingerichtet. Später diente der Palast auch als Messinggießerei und zur Produktion von Bettfedern. Die Stadt Höchst erwarb den herunter gekommenen Palast zu Beginn des zwanzigsten Jahrhunderts, ließ ihn renovieren und nutzte ihn als Rathaus. Heute sind Teile der Stadtverwaltung hier untergebracht, der Frankfurter Oberbürgermeister hat ein Büro im Palast.

Der Palast ist eine Dreiflügelanlage in Hufeisenform. Von der schmalen Straße aus kommt die Fassade des über hundert Meter langen Gebäudes nicht zur Geltung, da man es kaum als Ganzes betrachten kann. Im Geländer des schmiedeeisernen Balkons an dem betonten Mittelbau sind die Buchstaben FB zu erkennen, sie stehen für »Fratelli Bolongaro.« Ungewöhnlich ist ein golden leuchtender Pelikan auf dem Dachreiter des Mittelteils. Die katholische Familie wählte ihn als Symbol für die Liebe Gottes. Seit dem Mittelalter galt der Pelikan in der christlichen Ikonografie als Inbegriff der Hingabe und Aufopferung, weil man glaubte, dass er sich in Notzeiten die Brust aufreiße, um seine Jungen mit dem eigenen Blut zu füttern.

Im Erdgeschoss befanden sich die Geschäftsräume der Bolongaros, im Keller Vorratslager. Der erste Stock diente zur Repräsentation und für Feste und Empfänge, im zweiten Stock lagen die privaten Schlaf- und Wohnzimmer. Die Diener hausten in den Mansarden unter dem Dach, in den Seitenflügeln des Palastes hatten Angestellte des Unternehmens ihre Wohnungen. Heute ist fast nur noch das erste Geschoss unverändert.

Das Innere des Palastes beeindruckt mit geschwungenen Freitreppen, prächtigen Geländern, Fresken, Stuckdecken, Seidentapeten und edlen Parkettböden. Besonders sehenswert ist die Hauskapelle, in der die

Bolongaros von einer Empore aus den Gottesdienst verfolgten, sowie der ehemalige Festsaal. Eine Sammlung mit Höchster Porzellan ist in mehreren Räumen ausgestellt.

Zur Nidda hin, die wenige Meter weiter in den Main mündet, liegt ein prächtiger terrassierter Garten. Die Gartenpavillons zu beiden Seiten der Anlage haben Dächer, die an Pagoden erinnern. Sie sind der Begeisterung des Rokoko für alles Chinesische zu verdanken.

In dem prächtigen Garten prangt auf der oberen Terrasse der neobarocke Neptunbrunnen von 1909. Auf einem Delfin reitet Triton, der Sohn Poseidons. Er hat einen Fischschwanz und bläst in eine Muschel.

Zwischen den beiden Gartenebenen verläuft eine Balustrade, die ein Dutzend Skulpturen von Knaben in türkischer Tracht mit Instrumenten in den Händen zieren. Eine Muschelgrotte mit einem Wasser speienden Drachen aus Sandstein, der seine Flügel ausgebreitet hat und auf einem Felsen thront, ergänzt den Gartenschmuck. Das Standesamt vom Höchst befindet sich im westlichen Pavillon, der prunkvoller ausgestattet war als der östliche, weil der Kurfürst von Mainz ihn ursprünglich zeitweise als Wohnung nutzten wollte.

Die untere Terrasse endet in einem Geländer mit einem vorspringenden Balkon in der Mitte. Dort halten zwei Löwen aus Sandstein Schilde mit dem Wappen der Bolongaros.

Außer dem Freilufttheater im Sommer finden im Palast Konzerte und Lesungen statt, er soll in Zukunft noch häufiger kulturellen Zwecken dienen. Nach einem Umbau sollen das Porzellanmuseum und ein Museum zur Geschichte des Stadtteils einziehen.

Bolongarostraße 109, 65929 Frankfurt, Tel. 069-21245521, Fax 069-21245763, Mo– Fr 9–16 Uhr

Der Peter-Behrens-Bau

Mit einem repräsentativen Neubau, in dem alle Abteilungen zusammengeführt werden sollten, beauftragten die Farbwerke Hoechst 1920 den Berliner Architekten Peter Behrens. Vier Jahre später war das einzigartige Gebäude fertig gestellt, das jedoch stiefmütterlich behandelt wurde, da die Hoechst AG nun Teil der I.G.-Farben war und daher in den Poelzig-Bau im Westend zog (s. S. 215).

In dem einzigartigen Backsteinbau sitzt heute die Leitung der Infraserv Höchst, ein Nachfolgeunternehmen der Hoechst AG. Das Unternehmen ließ den Behrensbau so weit wie möglich wieder in den Originalzustand versetzen. Der expressionistische Bau ist mit Elementen des Jugendstils angereichert und in seiner Funktionalität auch vom Bauhaus beeinflusst. In seiner außergewöhnlichen stilistischen Mischung spiegelt sich die Virtuosität seines Architekten, der in vielen künstlerischen Medien reüssierte und mit allen modernen Kunstrichtungen verbunden war.

Als er das Gebäude für die Farbwerke Hoechst errichtete, entstanden in seinem Atelier auch die Entwürfe für die Türen, Türgriffe und Lampen des Bauwerks. Sogar die Ziffern der Uhr an dem Turm des Gebäudes gestaltete Behrens selbst, der einige Schrifttypen entwickelt hatte.

Der fast 150 Meter lange Hoechst-Bau besteht aus einem kubischen Mitteltrakt und zwei länglichen Flügelbauten.

Peter-Behrens-Bau im Industriepark Höchst (Abb. 89)

In dem fünfgeschossigen Mittelbau befinden sich die repräsentativen Räume: eine gewaltige Kuppelhalle, ein Ausstellungsraum, ein Vortragssaal und ein Sitzungszimmer. Der Mittelrisalit wird durch einen quadratischen Turm und eine Brücke betont, diese prägnanten Bauteile wurden zur Vorlage für das bekannte Logo der Farbwerke Hoechst. Die Brücke verbindet den Behrens-Bau mit dem alten Hauptkontor von 1892.

Die Ziegel des Baus aus den 1920er Jahren haben unterschiedliche Farben, was die monumentale Fassade auflockert und gliedert. Als Vorbild für die Fassade soll Behrens die antike Stadtmauer von Konstantinopel gedient haben. Die Fenster der Fassade erinnern zum Teil an gotische Spitzbögen. Ursprünglich war geplant, dass ein Glockenspiel den Schichtwechsel der Arbeiter mit einer Melodie aus Lohengrin von Richard Wagner anzeigen sollte – diese eigenwillige Idee wurde jedoch nie umgesetzt.

Peter-Behrens-Bau im Industriepark Höchst, Ausstellungshalle (Abb. 90)

In den beiden dreigeschossigen Gebäudeflügeln waren die Büros der Verwaltung untergebracht, sie waren daher weniger repräsentativ gestaltet. Im Mittelbau erreicht man durch einen niedrigen, dunklen Zugang die imposante expressionistische, dreijochige Kuppelhalle, den spektakulärsten Bauteil des Gebäudes. Die fünfzehn Meter hohe, fünfgeschossige Haupthalle mit ihren schlanken Pfeilern erinnert an eine Kathedrale. Drei große Kristallkuppeln lassen Licht in den Raum. Im gesamten Gebäude wiederholt sich die Form des Kristalls, der in der expressionistischen Architektur eine große Rolle spielte und in vielen Formen und Baudetails zitiert wurde. Die Zerlegung des Lichts in die Spektralfarben durch die Kristallform nutzte Behrens als gestalterisches Element. In der Halle setzte er intensive Farben ein, er verwendete grüne und blaue, rote, violette, orangefarbene und gelbe Klinkersteine. Ein Bodenmosaik und farbige Stukkaturen an der Decke ergänzen das Farbprogramm. Behrens Nähe zur Künstlergruppe De Stijl ist auch an einigen Fenstern aus buntem Glas erkennbar. Mit seiner farbigen Gestaltung verwies Behrens zugleich auf die Bedeutung der Farbproduktion für das Unternehmen Hoechst. In der Halle meint man in einem Stein gewordenen Filmabschnitt von Fritz Langs legendärem Werk *Metropolis* zu sein. Durch die außergewöhnlichen Pfeiler, die mit jedem Geschoss etwas weiter in den Innenraum auskragen, erinnert die Gestaltung an einen gotischen Sakralraum oder an eine Tropfsteinhöhle.

Nüchtern zeigt sich heute der Hörsaal im ersten Stock im Stil der 1950er Jahre. Er brannte im Zweiten Weltkrieg aus, wobei die ehemals wertvolle Holzvertäfelung in Flammen aufging. Behrens hatte in dem Saal, dessen Zuhörer in ansteigenden Reihen wie in einem antiken Theater saßen, in treppenartigen Holzelementen die Abstufungen der Pfeiler in der Kuppelhalle zitiert.

Im so genannten »Marmorsaal«, einem ehemaligen Sitzungsraum, existiert ungeachtet des Namens kein Marmor, sondern eine Wandverkleidung aus Travertin (Muschelkalk). Die kassettenartigen Formen dieser Wandverkleidung wiederholten sich in den Stukkaturen der Decke und in den eigens entworfenen Lampen.

Von dem Mittelbau gehen die Bürotrakte ab, die einen Innenhof umschließen. Dieser ist in Weiß gehalten, damit möglichst viel Licht in die Gänge und Räume reflektiert wird. In den Nebentreppenhäusern der Bürotrakte sind noch zwei Paternosteraufzüge im Einsatz. Viele Details wie Türgriffe oder Geländer ließ Behrens manuell anfertigen, worin seine Wertschätzung des Kunsthandwerks, das alle Lebensbereiche verschönern sollte, zum Ausdruck kam. Vor allem in ihnen sind Formen des Jugendstils erkennbar.

Brüningstraße 45, 65929 Frankfurt, Führungstermine: www.ihr-nachbar.de/behrensbau, Besuchsanfragen: Infraserv Höchst, Unternehmenskommunikation, Dagmar Demmig, Tel. 069-305-5413, Fax 069-305-80025, dagmar.demmig@infraserv.com
Robert Woggon, Tel. 069-305-7179, Fax 069-305-80025, robert.woggon@infraserv.com

Allroundtalent Peter Behrens

Eigentlich hatte er Malerei studiert, vielleicht erklärt das den starken Einsatz der Farbe bei seinem Bau für die Hoechst AG. Peter Behrens (1868–1940) beschäftigte sich nach dem Studium mit Grafik und Kunsthandwerk und engagierte sich in Künstlervereinigungen. Er war Mitbegründer der *Münchner Sezession* und gründete bald darauf mit Max Slevogt und Lovis Corinth die *Freie Vereinigung Münchner Künstler*. Außer der Malerei beschäftigte er sich mit Kunsthandwerk, und 1899 wurde er an die Mathildenhöhe in Darmstadt berufen, wo gerade ein Zentrum des Jugendstils entstand. Der hessische Großherzog Ernst Ludwig versammelte dort junge Künstler, die in einer Gemeinschaft leben und arbeiten und mit ihren Produkten die Wirtschaft der Region beleben sollten. Alle Alltagsgegenstände und auch die Gebäude entwarfen die Künstler selbst. Erst in Darmstadt begann Behrens Beschäftigung mit Architektur, sein eigenes Haus, das »Haus Behrens«, war ein erstaunlich gelungenes Projekt für ein Erstlingswerk. Es zeigt noch die Formen des Jugendstils. Doch schon nach vier Jahren verließ Behrens die Künstlerkolonie und wurde Direktor an der Kunstgewerbeschule Düsseldorf. Im Jahr 1907 gründete er ein Architekturbüro in Berlin, das Gleichgesinnte anzog. Zu seinen Mitarbeitern gehörten zeitweise Walter Gropius, Mies van der Rohe und Le Corbusier. Bekannt wurde Behrens als Produktdesigner für die *Allgemeine Electricitäts-Gesellschaft* (AEG), für die er ab 1907 arbeitete. Er war der erste Gestalter dessen, was man heute als »Corporate Design« bezeichnet, denn für die AEG prägte er von den Fabrikgebäuden bis zum Briefpapier alles mit seiner individuellen Handschrift.

In den 1920er Jahren lehrte er an der *Kunstakademie Düsseldorf* und an der *Wiener Akademie der Bildenden Künste* Architektur, ab 1936 an der *Akademie der Künste* in Berlin. Städtebauliche Aufgaben in Berlin bildeten den Schwerpunkt seiner letzten Schaffensjahre.

XVIII. Theater in Frankfurt

Seit dem 16. Jahrhundert kamen fahrende Schauspieltruppen nach Frankfurt, die hier besonders zu Messezeiten oder während der Kaiserkrönungen ein großes Publikum fanden. Schwänke und Stegreifkomödien wurden in Zelten oder Wirtshäusern aufgeführt. 1736 spielte die berühmte Truppe um Caroline Neuber in der Stadt. Im 18. Jahrhundert beschloss der Frankfurter Rat, ein festes Theater zu bauen. Die Kirchenvertreter protestierten vehement, denn für die Protestanten waren Komödien Werke der Sünde. Alles, was mit dem Theater in Zusammenhang stand, wurde daher misstrauisch beäugt und man unterstellte den Schauspielern Amoral und Leichtlebigkeit. Doch unter dem Einfluss der Aufklärung und des Humanismus änderte sich in der Periode des *Sturm und Drang* die Haltung des Bürgertums.

Am heutigen Rathenauplatz wurde 1782 das Comoedienhaus, ein von dem Stadtbaumeister Johann Andreas Liebhardt konzipierter klassizistischer Bau, eröffnet. Zwei Jahre später wurde Schillers *Kabale und Liebe* hier uraufgeführt. Auch Mozart trat im Comoedienhaus auf. Vor allem Opern und Operetten waren beliebt.

Schauspiel Frankfurt

Schauspielhaus Großes Haus (Abb. 91)

Zu Beginn des 20. Jahrhunderts wurde das Comoedienhaus abgerissen und durch das Schauspielhaus ersetzt, das seinen Standort am Willy-Brandt-Platz hat. Der Jugendstilbau wurde 1902 eröffnet und entwickelte sich bald zu einer der wichtigsten Spielstätten Deutschlands. Die Oper war inzwischen in das repräsentative Gebäude im Westend gezogen (s. S. 139).

In den 1920er Jahren war das Frankfurter Schauspiel unter der Leitung des Max Reinhardt Schülers Richard Weichert ein Zentrum des

Expressionismus. Damals war Frankfurt neben Berlin die lebendigste Theaterstadt.

Mit der Machtergreifung der Nationalsozialisten im Jahr 1933 verlor das Haus an Bedeutung; viele jüdische Autoren und Schauspieler erhielten Berufsverbot und emigrierten, viele wurden ermordet. Bis 1939 fanden jedoch noch die Freilichtaufführungen auf dem Römerberg statt, die es seit 1932, Goethes hundertstem Todesjahr, gab. Die Nationalsozialisten nutzten die Wirkung dieser Römerberg-Festspiele, bei denen unzählige Frankfurter Bürger als Statisten teilnahmen. Auf Tribünen fanden 1500 Zuschauer Platz, weitere 1000 sahen aus den Fenstern der Häuser am Römer zu. Über 350 Aufführungen in acht Jahren verhalfen den Festspielen zu internationalem Ruf. 1939 war es auch mit ihnen vorbei.

Auch das Schauspielhaus wurde im Zweiten Weltkrieg zerstört. Die städtischen Bühnen inszenierten in den ersten Nachkriegsjahren ihre Stücke zunächst in der Frankfurter Börse und in dem ehemaligen Reichssender Frankfurt an der Eschenheimer Landstraße. Nach dem Krieg wurde Richard Weichert noch einmal Generalintendant. Von 1946 bis 1960 gab es Freilichtaufführungen im Hof des schwer beschädigten Karmeliterklosters an der Münzgasse.

Das Schauspielhaus wurde bis 1951 restauriert und vor allem für Opernaufführungen genutzt. Da es zu klein war, kam es von 1959 bis 1963 zu einem Neu- und Umbau. Das neu gebaute Kleine Haus beherbergte danach das Theater, im Großen Saal des alten Schauspielhauses wurden Opern aufgeführt. Die alte Jugendstilfassade ersetzte man durch eine 120 Meter lange Fassade aus Glas.

Heute befinden sich drei Spielstätten im Haus, der Eingang zu den Kammerspielen mit 185 Plätzen liegt in der Neuen Mainzer Straße. In der Box, einer kleinen kastenartigen Spielstätte im Foyer des Gebäudes, finden sechzig Zuschauer Platz, im Großen Saal knapp siebenhundert. Es gibt auch Inszenierungen im Bockenheimer Depot am Carlo-Schmid-Platz.

Im Chagallsaal hängt das zweieinhalb mal vier Meter große Gemälde *Commedia dell Arte* von Marc Chagall, das dieser 1959 für das Theaterfoyer malte. Die Motive sollen an das italienische Volkstheater erinnern. Turnende Akrobaten, ein geflügeltes kleines Pferd, eine Trapezkünstlerin, ein Liebespaar und eine Figur mit einem weiblichen Körper und einem Pferdekopf, die in einer Manege Geige spielt, sind zu sehen; im Hintergrund erkennt man Ränge mit Zuschauern. Das Motiv, das in leuchtend bunten Farben gehalten ist, erinnert an eine Zirkusdarbietung. Wie üblich in Frankfurt, wurde die Auftragsarbeit durch Spenden finanziert.

Bereits von außen durch die gläserne Front gut zu sehen ist die gewaltige Deckenskulptur *Wolken* von Zoltan Kermeny, die im Foyer von der Decke schwebt. Das 116 Meter lange Gebilde ist aus Kupferblech und bietet besonders am Abend, bei hereinbrechender Dunkelheit, einen beeindruckenden Anblick. Im Frankfurter Volksmund heißt das Schauspielhaus wegen dieses Kunstwerks despektierlich *Dosenpalast*.

Henry Moores Skulptur *Knife Edge* aus dem Jahr 1961 kann ebenfalls im Foyer bewundert werden: Eine abstrahierte menschliche Figur aus Bronze steht auf einem hölzernen Sockel. Kopf und Arme sind nur angedeutet. Dennoch erinnert sie an eine Frau in einem wallenden, langen Gewand.

Zwei Theater, die es nicht mehr gibt

Ausschließlich privat finanziert war das 1911 erbaute Neue Theater an der Mainzer Landstraße 55 mit knapp achthundert Plätzen. Es bot dank seines engagierten Direktors Arthur Hellmer modernen Autoren eine Bühne. Jede Woche gab es eine Premiere und oft fanden hier Uraufführungen statt, darunter Leo Tolstois *Der lebende Leichnam* (1913), Arthur Schnitzlers *Komödie der Worte* (1915) und Georg Kaisers *Die Bürger von Calais* (1917). Dadurch nahm das Theater eine besondere Rolle im Deutschen Reich ein. Es war aufgrund seiner herausragenden Stellung immer ausverkauft und konnte es sich leisten, die besten Schauspieler zu engagieren. Doch auch viele junge Talente spielten hier ihre ersten Rollen, so etwa Hans Albers, Theo Lingen, Heinrich George, Marianne Hoppe, Käthe Dorsch, Lucie Englisch, Trude Hesterberg, Victor de Kowa, Günther Lüders und Helene Weigel. Die Nationalsozialisten beendeten die erfolgreiche Arbeit des Privattheaters. Es wurde 1934 den bereits gleichgeschalteten Städtischen Bühnen zugeordnet und der jüdische Direktor Arthur Hellmer musste emigrieren. 1944 wurde das Theater durch einen Bombenangriff zerstört.
Das Schumanntheater

Berühmte Clowns feierten hier große Erfolge: Charlie Rivel, Grock und die Fratellinis traten hier auf. Im Jahr 1905 wurde gegenüber dem Hauptbahnhof das Schumanntheater eröffnet, dass der Wiener Zirkusdirektor Albert Schumann betrieb. Das Theater bot Platz für viertausend Zuschauer, es war nach dem Circus Renz das zweite feste Haus für einen Zirkus in Deutschland und mit modernster Technik ausgestattet. Sein erster Direktor war Schumanns Schwager, der Löwendompteur Julius Seeth. Schumann selbst trat mit dressierten Pferden auf. Doch Zirkusvorstellungen machten nur einen Teil der Attraktionen aus, die ein riesiges Publikum ins Haus zogen. Die meisten Monate im Jahr gab es

Varieté-Darbietungen und einige Wochen standen Operetten auf dem Programm. Das Theater hatte einen gewaltigen Erfolg und konnte seinen Darstellern hohe Gagen zahlen. In den 1920er Jahren trat auch der Sänger Otto Reuter für die immens hohe Monatsgage von fünfzehntausend Mark auf. Neben Varietékünstlern standen auch klassische Darsteller auf der Bühne, darunter die gefeierte russische Balletttänzerin Anna Pawlowa.

Der prunkvolle Bau hatte eine weiße Sandsteinfassade, die mit Statuen, vor allem mit Tierfiguren, mit geschwungenen Bogenformen und ornamentalen Blumenranken geschmückt war. Er war eines der wenigen Gebäude mit Elementen des Jugendstils in Frankfurt.

Im Inneren war das Theater mit Skulpturen und Wandgemälden versehen, es gab mehrere Restaurants und sogar einen Wassergraben, der zu einer Reitbahn umfunktioniert werden konnte. Unter der Bühne befand sich ein großer Pferdestall.

Nach einem Bombenangriff 1944 blieben nur Teile des Gebäudes stehen, welche die amerikanische Armee bis 1958 nutzte. Schließlich riss man das weltberühmte Theater 1961 ab.

Das Künstlerhaus Mousonturm

In einem ehemaligen Fabrikgebäude der Seifenfabrik Mouson befindet sich seit 1988 ein freies Theater – das Künstlerhaus Mousonturm. 1972 verkaufte man die einst erfolgreiche Seifenfirma und bald darauf wurden alle Fabrikgebäude bis auf den Turm mit seinen neun Geschossen abgerissen. In den Turm mit der expressionistischen Klinkerfassade zog die darstellende Kunst ein. Der mit seinen markanten Zacken- und Dreiecksornamenten äußerst markant anmutende Bau steht unter Denkmalschutz. Zwischen 1921 und 1926 erbaut, war der Mousonturm Frankfurts erstes Hochhaus.

Das Programm des Künstlerhauses reicht von Tanz und Theater über Musik, Performance, Bildende Kunst, Medienkunst, Literatur, Film und Hörspiel bis hin zur Clubart. Das Theater hat sich als bedeutendes Zentrum zeitgenössischer darstellender Kunst etabliert. Träger des Theaters ist die Künstlerhaus Mousonturm Frankfurt GmbH.

Mousonturm (Abb. 92)

Die Creme mit der Tiefenwirkung

Als Wandergeselle kam er 1791 nach Frankfurt: August Friedrich Mouson (1768–1837) hatte den Beruf des »Seifensieders und Lichtterziehers« erlernt. Bei der Seifensiederei Held in der Frankfurter Breitegasse fand er Arbeit. 1798 übernahm er den Betrieb und erhielt das Bürgerrecht. In den nächsten vier Jahrzehnten expandierte seine Firma, die vor allem feine Seifen produzierte. Unter der Führung seines Sohnes Johann Georg (1812–1894) entwickelte sich die Firma J.G. Mouson & Co zu einem weltweit bekannten Großunternehmen. Johann Georg war 1833 in Zusammenhang mit dem Frankfurter Wachensturm festgenommen und zu einer Haftstrafe verurteilt worden, weil er aufständischen Studenten zur Flucht verholfen hatte. Daher konnte er die Firmengeschäfte erst drei Jahre nach dem Tod seines Vaters übernehmen. Ab 1843 kooperierte er mit dem Kaufmann Friedrich Bachfeld, der sein Erbe in das Unternehmen einbrachte. Nun wurden auch Parfüm und Kosmetika hergestellt.

Um 1880 bauten Mouson und Bachfeld nordwestlich der Pfingstweide an der späteren Mousonstraße eine neue Fabrik.

Johann Georg Mouson blieb Junggeselle und nahm seine beiden Neffen Johann Jakob genannt Jacques (1842–1915) und Johann Daniel (1839–1909) als Teilhaber in die Firma auf. Ab 1890 leiteten sie das Geschäft. Johann Daniel gehörte der Stadtverordnetenversammlung an und setzte sich für den Hafenbau ein.

Auf den Weltausstellungen des 19. Jahrhunderts wurden Seifen und Parfüms der Firma ausgezeichnet. Der Katalog aus dem Jahr 1898 führt über 600 Produkte auf – neben Haushaltsseifen, Feinseifen, medizinischen Seifen und Parfüms auch Zahnpulver, Mundwasser, Haarwasser, Rasierseifen und andere Kosmetika. Die Artikel wurden weltweit verkauft, das Unternehmen hatte Niederlassungen in Paris und London.

Für neue Produkte war seit der Jahrhundertwende Johann Daniels Sohn Friedrich August (1874–1958) zuständig. Als Chefparfümeur schuf er kurz vor dem Ersten Weltkrieg die legendäre Creme Mouson – »die Creme mit der Tiefenwirkung.« Friedrich August Mouson prägte die Firmengeschichte ein halbes Jahrhundert.

In den 1930er Jahren wurde »Mouson Lavendel« mit dem Motiv der Postkutsche auf dem Etikett entwickelt, das neben »Creme Mouson« bekannteste Produkt des Unternehmens.

Obwohl 1943 drei Viertel der Fabrik der Zerstörung durch Luftangriffe zum Opfer fielen, wurde die Produktion unmittelbar nach Kriegsende wieder aufgenommen. In den nächsten Jahrzehnten entwickelte das Unternehmen viele neue Produkte und es gelang ihm, an seine Erfolge der Vorkriegszeit anzuknüpfen. Im Jahr 1965 hatte es mehr als tausend Mitarbeiter und exportierte in über achtzig Länder.

In den 1970er Jahren kam es jedoch zu Massenentlassungen. Das Unternehmen wurde in der sechsten Generation von einem Mitglied der Familie geführt. 1972 musste das Firmengelände im Ostend verkauft werden, in den nächsten Jahren wurde die Firma aufgeteilt und die Fabrikation von Frankfurt wegverlagert. Schließlich ging das traditionsreiche Unternehmen endgültig unter.

Mousonturm, Waldschmidtstraße 4, 60316 Frankfurt, Tel. 069-405895-20, Fax 069-405895-40, info@mousonturm.de, www.mousonturm.de

Gallustheater in den Adlerwerken

Gallustheater (Abb. 93)

Seinen Namen verdankt es dem Stadtteil, in dem es seine Spielstätte hat. Das Gallustheater befindet sich im historischen Gebäude der ehemaligen Adlerwerke. Es ist eine Bühne für freie Theatergruppen, internationale Gastspiele bereichern das Programm. Seine Anfänge gehen zurück auf das *teatro siciliano,* eine Theatergruppe, die 1978 aus einem Workshop von im Gallusviertel lebenden italienischen Jugendlichen hervorging, und großen Erfolg hatte.

Musik und Tanzaufführungen gehören zum Programm, viele bekannte Schauspieler und Sänger traten hier schon auf, darunter Michael Quast und Jo van Nelsen.

Ein Konzentrationslager in der Stadt

Der Konstrukteur Heinrich Kleyer gründete im Jahr 1880 eine hinter der Galgenwarte gelegene Velocipedhandlung, in der er Hochräder baute und einige Jahre später auch Fahrräder in der heute üblichen Höhe herstellte. Ab 1893 existierten Räder mit Luftreifen, vorher radelte man noch ungepuffert über Stock und Stein. Außer Rädern produzierte er auch Schreibmaschinen. Ab 1895 nannte sich sein Unternehmen »Adler-Fahrradwerke AG«, jedoch blieb es nicht bei diesem Transportmittel, denn im Jahr 1900 bauten die Adlerwerke das erste Auto und ein Jahr später das erste Motorrad. Bereits 1914 war ein Fünftel aller in Deutschland neu zugelassenen Autos in den Adlerwerken produziert worden. Zwei Jahre später hatten die Werke insgesamt eine halbe Million Fahrräder hergestellt, zeitweise beschäftigte das Unternehmen zehntausend Mitarbeiter. Im Zweiten Weltkrieg produzierten die Adlerwerke Ketten und Motorteile für Panzer und andere Geräte für das Militär. Kriegsgefangene mussten nun in der Fabrik schuften. Doch es gab nicht genug Gefangene, die man zwangsverpflichten konnte, und so begann eine der grausamsten Episoden der Stadtgeschichte: Ab August 1944 wurden KZ-Häftlinge unter furchtbaren Bedingungen zur Geräteherstellung gezwungen und man richtete eine eigene KZ-Außenstelle namens »Katzbach« in den Adlerwerken ein. Von 1600 Häftlingen, die nach »Katzbach« gebracht wurden, überlebten nur sechzig. Die Unterkunft der Häftlinge war, nachdem Luftangriffe große Schäden hinterlassen hatten, eine Ruine. Es regnete hinein und der eisige Winterwind pfiff hindurch. Die Häftlinge konnten sich nicht waschen, ihre Ernährung war katastrophal und bestand aus Abfällen. Viele starben an Krankheiten und Unterernährung. Ungefähr ein Dutzend Leichen wurden jede Nacht in einem Krematorium verbrannt. Wer versuchte, zu fliehen, wurde hingerichtet, wie die beiden jungen Ukrainer Adam Golub und Georgij Lebedenko, die man bei einem Fluchtversuch auf offener Straße erschoss. Ein kleiner Platz im Gallus ist heute nach ihnen benannt.

Kleyerstr. 15, 60326 Frankfurt, Tel 069-758060-20, www.gallustheater.de, info@gallustheater.de

Kellertheater Frankfurt

Im Jahr 1957 gründete Werner Andreas die »Junge Bühne 57 e.V.« als Verein. Das junge Ensemble führte moderne und progressive Stücke von Fassbinder, Arrabal oder Turrini auf. Zunächst spielte man im Amerika-Haus. Es war üblich, nach der Aufführung mit dem Publikum hitzig zu diskutieren. Als die Gruppe 1975 aus dem Amerika-Haus in ein Bürgerhaus im Nordwestzentrum abgeschoben wurde, stand die Zukunft der »Jungen Bühne« auf dem Spiel. Doch 1980 fand der Verein ein neues Domizil in einem Gewölbekeller in der Mainstraße. Seitdem nennt er sich »Kellertheater.« Auf seiner Bühne sind jedes Jahr mehrere Eigenproduktionen, aber auch Gastspiele zu sehen. Das Programm reicht von geistreichen Komödien über Klassiker bis zu den Stücken junger Dramatiker. Gespielt wird jeweils freitags und samstags.

Mainstraße 2, 60311 Frankfurt, Tel. 069-288023, www.kellertheater-frankfurt.de

Frankfurter Volkstheater

Bis zu ihrem Tod prägte die Schauspielerin und Gründerin Liesel Christ (1919–1996) dieses Theater, das auf unterhaltsame Stücke in hessischer Mundart spezialisiert ist und 1971 ins Leben gerufen wurde. Auch Klassiker werden bearbeitet, Goethe, Zuckmayer und Brecht kommen zur Aufführung. Im Sommer spielt das Volkstheater unter freiem Himmel im Hof des Dominikanerklosters, bei Regen weicht man in den Cantatesaal, die feste Spielstätte im Großen Hirschgraben neben dem Goethe-Haus, aus. Alle zwei Jahre wird der *Urfaust* im Historischen Garten vor der Schirn gespielt. Das hessische Theater wurde auch durch Fernsehaufzeichnungen bekannt und beschäftigt ein festes Ensemble. Bundesweit bekannt wurde Liesel Christ in ihrer Rolle als *Mama Hesselbach*.

Volkstheater Frankfurter e.V., Szenenfoto aus: Altweiberfrühling (Abb. 94)

Großer Hirschgraben 21, 60311 Frankfurt am Main, Tel. 069-283676, www.volkstheater-frankfurt.de, info@volkstheater-frankfurt.de

Michael Quasts Fliegende Volksbühne im Paradieshof

Er ist einer der bekanntesten Künstler Frankfurts und hat eine große Anhängerschar. Michael Quast ist als Allroundtalent sowohl Schauspieler als auch Sänger, Regisseur und Kabarettist. In Frankfurt trat er mit Soloprogrammen oder Ensemblestücken schon am Schauspiel, im Mousonturm und im Gallustheater auf und er war nach seinem Studium in Stuttgart unter anderem an der Frankfurter Oper und im Tigerpalast engagiert. Quast hatte aber auch in

Fliegende Volksbühne, Einakter, Michael Quast (Abb. 95)

anderen Großstädten Engagements – er spielt, tanzt und singt an etlichen großen Häusern. Seit 1998 existiert seine »Fliegende Volksbühne«, 2011 wurde beschlossen, dass sie im Paradieshof in Sachsenhausen ein eigenes Theater bekommen soll.

Quast ist Mitbegründer und einer der Hauptdarsteller des Sommerfestivals »Barock am Main« im Bolongarogarten in Höchst (s. S. 246). Der 2011 verstorbene Autor und Regisseur Wolfgang Deichsel übersetzte seit den 1970er Jahren Molières geistreiche, durch ihren Wortwitz bestechende Komödien ins Hessische. Die Übersetzungen gelangen ihm dabei so meisterlich, dass sie ihm den Ehrennamen »hessischer Molière« eintrugen. Der Bolongarogarten ist der ideale Ort für die Aufführungen dieser Komödien. Der barocke Garten passt zur Entstehungszeit der Stücke und bietet zugleich eine romantische Kulisse für die Freiluftaufführungen.

Fliegende Volksbühne
Logo (Abb. 96)

Büro Fliegende Volksbühne Frankfurt Rhein-Main e.V., Große Rittergasse 33, 60594 Frankfurt am Main, Tel. 069-66575779, Fax 069-95932366, info@barock-am-main.com, www.fliegendevolksbuehne.de, www.barock-am-main.com

Maximilian Leopold Langenschwarz, einen Frankfurter Autor, der einen außergewöhnlichen Lebenslauf als Revolutionär, Vortragskünstler und naturheilkundlicher »Wasserdoktor« hatte, entdeckte Michael Quast neu. Das Frankfurt der 1830er Jahre beschrieb der 1808 in Rödelheim geborene und etwa sechzig Jahre später in New York verschollene Langenschwarz humoristisch in Groschenheften. Quast hat aus diesen Texten originelle Lesungen zusammengestellt.

Theater Willy Praml

In der großen, desolaten Naxoshalle hat dieses Theater seit 2000 eine feste Spielstätte gefunden. Sein Gründer Willy Praml inszenierte in Frankfurt 1994 in der Paulskirche Goethes *Faust* unter Beteiligung von vielen Frankfurter Laien. Auch mit den Bewohnerinnen eines Altenheims und mit Schülerinnen inszenierte der umtriebige Theatermann schon Stücke, wobei er gerne auch an außergewöhnlichen Orten spielt. Seine Projekte führt er häufig mit großen Laiengruppen durch, wobei er sich in seiner Arbeit ebenso auf die Mythen des europäischen Theaters wie auf traditionelle Volkskultur bezieht, die er im Rahmen von Theaterprojekten in der hessischen Provinz erkundete. Die Fabrikhalle der Naxos-Union an der Wittelsbacher Allee steht unter Denkmalschutz. Das Industriedenkmal besticht dabei durch seinen ganz speziellen, morbiden Charme. In der Halle werden neben Theaterstücken auch Filme präsentiert, jedoch kein Unterhaltungskino, sondern ausgefallene und oft sehr bewegende Dokumentationen, die nur an wenigen Orten gezeigt werden. Hierzu zählen experimentelle Filme, Dokumentationen zu politischen Themen sowie Arbeiten von noch weitgehend unbekannten Regisseuren.

Wittelsbacher Allee 29, 60327 Frankfurt, Tel. 069-43054733, Fax 069-43054734, www.theater-willypraml.de, theater.willypraml@t-online.de

Auch die experimentelle Bühne teAtrum VII spielt mitunter in der Naxos-Halle. Daneben tritt sie auch im Gallustheater oder in der Kunsthalle »lola montez« auf.

teAtrum VII......., frankfurt am main / berlin, Tel. 069–13874521, www.teAtrumVII.de, info@teAtrumVII.de

Die Naxos-Union

Benannt wurde das Unternehmen nach der griechischen Insel, auf der Schmirgel abgebaut wurde. Schmirgel ist ein feinkörniges Gemisch, das lange Zeit das wichtigste Schleifmittel war. Julius Pfungst, der Gründer der Naxos-Union, durfte als einziger in Deutschland diesen Schmirgel verkaufen. Pfungst beschränkte sich jedoch nicht auf den Handel, sondern entwickelte und baute auch Schleifmaschinen. Seinem Unternehmen bescherte diese Initiative einen einzigartigen Aufstieg. Er erstand ein großes Grundstück an der Wittelsbacher Allee, wo er ab 1873 eine Fabrik und ein Wohnhaus bauen ließ. Im Jahr 1880 produzierte sein Unternehmen 250 Schleifmaschinen. Sein Sohn Arthur (1864–1912) und seine Tochter Marie (1862–1942) übernahmen nach seinem Tod die Leitung des Unternehmens. Beide waren außergewöhnliche Persönlichkeiten, beide blieben unverheiratet. Arthur promovierte in Chemie und Mathematik, doch seine Leidenschaft galt der altindischen Philosophie und dem Buddhismus. Er war als Übersetzer und Herausgeber altindischer Literatur aktiv. Zudem begeisterte er sich für die freidenkerische Bewegung und publizierte deren Sprachrohr, die Zeitschrift *Das freie Wort*. Als Lyriker veröffentlichte er unter einem Pseudonym. Seine Schwester war eine engagierte Frauenrechtlerin. Nach Arthurs frühem Tod leitete sie mit ihrer Mutter die Naxos-Union, die zu einem Weltunternehmen aufgestiegen war. Im Rahmen der von ihr ins Leben gerufenen »Arthur-Pfungst-Stiftung« engagierte sie sich für Bildung, 1936 richtete sie in ihrem Haus das »Marie-Pfungst-Heim« für Notleidende und Verfolgte ein. Schon ein Jahr zuvor hatte sie die Firmenleitung und ihre Stiftungsarbeit aufgeben müssen, denn die Familie war jüdischer Herkunft. 1942 deportierten die Nazis Marie Pfungst in das Konzentrationslager Theresienstadt, wo sie wenige Monate später starb. Die Naxos-Union beschäftigte ab 1942 Hunderte von Zwangsarbeitern in Frankfurt, über deren weiteres Schicksal nicht viel bekannt ist. Die Firma blieb nach Kriegsende noch lange erfolgreich, wurde jedoch in den achtziger Jahren als Aktiengesellschaft mehrmals verkauft und umbenannt.

Die Käs

Als Krankenpfleger kam er vor mehr als drei Jahrzehnten nach Deutschland. Doch dann wurde Sinais Dikmen der erste bekannte deutsch-türkische Kabarettist, Dieter Hildebrandt förderte ihn. Mit dem ersten türkischen Kabarett »Knobi-Bonbon« verschaffte er sich ab 1985 auch bei einem größeren Publikum Aufmerksamkeit. Seit 2002 betreibt Dikmen mit seiner Frau Ayse Aktay und seinem Sohn Oktay Acet das politische Kabarett »Die Käs« auf dem Gelände der Naxos-Union. Der Name hat nichts mit Käse zu tun, sondern ist die Abkürzung von »Kabarett Änderungsschneiderei.« Er ist eine Anspielung darauf, dass viele türkische Familien in Deutschland ihren Lebensunterhalt mit Änderungsschneidereien bestreiten.

Alle bedeutenden Akteure des deutschen Kabaretts treten hier auf, so etwa Hagen Rether, Georg Schramm, Urban Priol, Gerhard Polt, Emil Steigenberger und Dieter Hildebrandt. Zudem schreibt Dikmen eigene Programme, die sich mit einer gesunden Mischung aus Humor und Polemik dem deutsch-türkischen Spannungsfeld stellen.

Waldschmidtstr. 19, 60316 Frankfurt, Tel. 069-550736, www.die-kaes.com, info@die-kaes.com

Fritz Rémond Theater

Fritz Rémond Theater (Abb. 97)

Er war ein Freund von Bernhard Grzimek und kam nach dem Zweiten Weltkrieg mit einer Wanderbühne nach Frankfurt: Fritz Rémond. Seiner Freundschaft mit dem umtriebigen Zoodirektor verdankt sein privates Theater den ungewöhnlichen Standort in dem klassizistischen Gesellschaftshaus im Zoo. Bei seiner Gründung 1947 hieß es noch »Kleines Theater im Zoo« und brachte zeitgenössische internationale Dramen zur Aufführung. Strindberg, Shaw, Ibsen, Schnitzler und Anouilh standen neben anderen modernen Meistern auf dem Programm. Später verlagerte sich der Schwerpunkt hin zur leichteren Kost. Auf der Bühne standen immer wieder Berühmtheiten wie Heinz Rühmann, Curd Jürgens, Werner Finck oder Inge Meysel, die ein großes Publikum anzogen. Das Boulevard-Theater spielt heute auch klassische Stücke, wobei das Repertoire vielfältig ist und von Stefan Zweigs *Schachnovelle* über *Rain man* – dem erfolgreichen US-amerikanischen Film mit Dustin Hoffmann aus den 1980ern – bis zu Komödien wie Daniel Glattauers *Gut gegen Nordwind* reicht. Rémond leitete das Theater bis zu seinem Tod im Jahr 1976, danach schien dessen Existenz bedroht. Sein Lebenswerk konnte jedoch dank der Übernahme durch die Frankfurter »Komödie« fortgesetzt werden.

Bernhard-Grzimek-Allee 1, 60316 Frankfurt, Kasse: 069-435166, Büro: 069-444004, Fax: 069-4950969, www.fritzremond.de, info@fritzremond.de

Die Komödie

Die Komödie (Abb. 98)

Seit 1972 biete sie ihrem Publikum mit der Aufführung von Komödien, leichter Unterhaltung, Schlagerrevuen und Musicals den idealen Raum zur Zerstreuung fernab des täglichen Einerlei. In der Regel laufen die Komödien mehrere Wochen täglich, außer montags.

Neue Mainzer Straße 14–18, 60311 Frankfurt, Kasse 069.284580, Büro 069-284330, Fax 069-284838, www.diekomoedie.de, info@diekomoedie.de

Stalburg Theater

Michael Herl, bekannt aus der HR3 Sendung *Late Lounge,* gründete das Theater 1998. Die Stalburg ist eine beliebte rustikale Apfelweinkneipe mit Garten im Nordend, die seit 1876 besteht. Das Theater spielt in einem ehemaligen Tanzsaal im angrenzenden Gebäude. Auch Musik und Kabarett stehen gelegentlich auf dem Programm. Jedes Jahr erarbeitet das feste Ensemble zwei bis drei eigene Stücke, Gastkünstler ergänzen das Angebot. Satirisches und schwarze Komödien überwiegen. Im Sommer präsentiert das Stalburg-Theater ein vierwöchiges Freilichtprogramm im Günthersburgpark (s. S. 195)

Glauburgstr. 80, 60318 Frankfurt, Tel. 069-25627744, Fax: 069-25627743, www.stalburg.de, info@stalburg.de
Postadresse und Stalburg Theater Laden:, Spohrstr. 39, 60318 Frankfurt, Mo–Fr 14–19 Uhr, Sa 16–19 Uhr

Die Schmiere

Seine Glanzeiten hatte das »schlechteste Theater der Welt«, wie sich die Bühne mit einer Mischung aus Süffisanz und Selbstkarikierung betitelt, als politisches Kabarett unter der Leitung seines Gründers Rudolf Rolfs (1920–2004) und dessen Partner Reno (Regnauld) Nonsens. Rolfs schrieb die Texte zu allen aufgeführten Stücken selbst und war auch der Hauptdarsteller, außerdem machte er sich als Autor und Aphorist mit vielen Buchveröffentlichungen einen Namen. In seinem Privathaus außerhalb von Frankfurt unterhielt er einen Salon. Bevor er 1950 sein privates Theater im Kellergewölbe des Karmeliterklosters gründete, zog er in den Nachkriegsjahren mit einer Wanderbühne durch die sowjetische Besatzungszone. Auch in Frankfurt spielte die Truppe zunächst aus einem Bauwagen heraus und war dann kurzzeitig – bereits unter dem Namen »Schmiere« – im Steinernen Haus untergebracht. Früher musste in der Schmiere keinen Eintritt zahlen, wer einen Stuhl mitbrachte. Nach dem Tod von Rolfs und Nonsens übernahm Rolfs Tochter Effi die Leitung; nach wie vor bildet politisches Kabarett den Themenschwerpunkt.

Die Schmiere (Abb. 99)

Die Schmiere, Szenenfoto aus: Aufschwung (Abb. 100)

Seckbächer Gasse 4, 60311 Frankfurt, Tel. 069-281066, Fax 069-91399970,
www.die-schmiere.de, info@die-schmiere.de

The English Theatre

Für Muttersprachler und jeden, der Freude an der englischen Sprache hat, existiert in Frankfurt bereits seit 1975 ein englischsprachiges Theater. 2003 zog es in den Gallileo-Turm der Commerzbank und ist nun auch technisch auf dem neusten Stand. Auf dem Programm steht überwiegend Unterhaltsames – von Krimis über Musicals bis zu Klassikern wie Oscar Wilde.

Gallusanlage 7, 60329 Frankfurt, Tel. 069-242-31620, www.english-theatre.de

Internationales Theater

Das Internationale Theater bringt nicht nur Stücke moderner und zeitgenössischer Autoren zur Aufführung, sondern auch Konzerte, Tanz, Musiktheater und Kleinkunst. So umfassend und vielfältig wie das inhaltliche Programm sind auch die Sprachen, in denen es dargeboten wird, denn es gibt Aufführungen in Deutsch, Englisch, Französisch, Spanisch, Italienisch und Russisch. Afrikanische, australische, indische, japanische Sänger und Tänzer treten auf, auch werden jiddischer Klezmer, portugiesischer Fado, Chansons oder Musik vom Balkan dargeboten. Aus einer multikulturellen Stadt wie Frankfurt ist das Internationale Theater nicht wegzudenken, denn es ist sowohl Schauplatz der unterschiedlichsten Kulturen als auch deren Vermittler.

Hanauer Landstraße 5 – 7 (Zoo-Passage), 60314 Frankfurt, Tel. 069-4990980, www.internationales-theater.de, Info@ITF-Frankfurt.de

Antagon TheaterAKTion

Seit mehr als zwanzig Jahren existiert die freie Gruppe AntagonTheaterAKTion. Ihre spektakulären und effektvollen Auftritte setzt sie mit Akrobatik und Stelzenläufern, Feuerwerk und Feuerschluckern, viel Trockeneis, Ausdruckstanz und Musik in Szene. Die Aufführungen haben oft mehr den Charakter einer performance als eines traditionellen Theaterstücks.

In Fechenheim hat das Antagon TheaterAKTion seinen Sitz in der Halle des Kulturvereins protagon e.V.

Mehr als einen Besuch wert ist das von protagon organisierte Open-Air-Festival am Mainufer, das jedes Jahr unter dem Namen »Sommerwerft – Theaterfestival am Fluss« ungefähr auf der Höhe der ehemaligen Großmarkthalle stattfindet. Das Festival bietet ein beeindruckendes und vielfältiges Programm, das von internationalen Musikern und Straßentheatergruppen auf die Beine gestellt wird. Die Atmosphäre am Mainufer gibt dem ungewöhnlichen Projekt einen großartigen Rahmen. Die vielen Helfer arbeiten ehrenamtlich, daher ist es möglich, keinen Eintritt für die oft sehr guten Aufführungen zu verlangen. Eine Cocktailbar, Filme, Silent Disco, ein Beduinenzelt für die Musiker und ein vegetarischer Imbisswagen ergänzen das Angebot. Die Theatergruppen spielen meist erst bei Einbruch der Dunkelheit. Das aktuelle Programm kann man im Internet unter www.sommerwerft.de einsehen.

Orber Straße 57, 60386 Frankfurt, Tel. 069-417041, Fax 069-94147719, www.antagon.de, office@antagon.de, www.protagon.net

Die dramatische Bühne

Jeden Sommer veranstaltet die dramatische Bühne ein Open-Air-Festival im Grüneburgpark. Ein Dutzend Schauspieler gehören zur festen Besetzung des Ensembles. Ihre Interpretation klassischer Stücke wie *Hamlet* oder *Cyrano de Bergerac* zeichnet sich durch hohes Tempo, Akrobatik und Gesangseinlagen aus. Burleskes und Unterhaltsames, Spektakuläres und Tiefschürfendes liegen dabei dicht beieinander. Das Ensemble möchte alle Sinne ansprechen, unterhalten und ein gemischtes Publikum anziehen. Musik, bizarre Kostüme und komödiantische Stilmittel runden das Ganze ab. Zum Repertoire gehören Shakespearestucke, Goldonis *Diener zweier Herren, Der Graf von Monte Christo, Die drei Musketiere, Moulin Rouge* und *Nosferatu*. Vorbild ist das Theater Shakespeares, das volksnah, ausdrucksstark und lebendig war.

Die dramatische Bühne, Szenenfoto aus: „Was ihr wollt" (Abb. 101)

Exzess-Halle, Leipziger Str. 91, 60487 Frankfurt, Tel. 069-15629037, kontakt@diedramatischebuehne.de, www.diedramatischebuehne.de

Freies Schauspiel Ensemble

Freies Schauspiel Ensemble, Szenenfoto aus:
Die heilige Johanna der Schlachthöfe (Abb. 102)

Siebzehn Jahre lang spielten die Ensemblemitglieder im Philanthropin (s.S. 121), bis dort wieder eine jüdische Schule einzog. Seit 2010 ist das FSEF nun im Bockenheimer Titania untergebracht. Seit 1984 besteht die engagierte Gruppe, die sich nach eigenen Angaben als ein »*Theater der Nacktheit, der Wahrheit und der absoluten Authentizität in der Darstellung*« versteht, aus wenigen festen und einigen freien Mitgliedern. Das Programm ist ebenso anspruchsvoll wie die Umsetzung. Stücke von Franz Kafka, Ingmar Bergman, Albert Camus und Stefan Zweig gehören ebenso zum Repertoire wie die Werke zeitgenössischer Autoren wie etwa Botho Strauß, Christa Wolf oder Yasmina Reza. Nur zwei bis drei Produktionen im Jahr werden einstudiert.

Titania, Basaltstr. 23, 60487 Frankfurt am Main, Tel. 069–719130 20, Fax 069–719130 24, www.freiesschauspiel.de

Die Katakombe

Eine Marlene-Dietrich-Revue und Oscar Wildes *Salome* stehen hier auf dem Programm, aber auch Kleists *Prinz von Homburg* und die *Dreigroschenoper*. Die Katakombe existiert seit 1960, sie ist mit knapp hundert Sitzplätzen das kleinste private Theater Frankfurts. Die aufgeführten Stücke werden meist mit Musik und Tanzelementen angereichert. Einen Schwerpunkt bildet das Kindertheater.

Pfingstweidstr. 2, 60316 Frankfurt, Tel. 069/491725, Fax 06172/983766, info@katakombe.de, www.katakombe.de

Die Katakombe (Abb. 103)

Landungsbrücken Frankfurt

Es nennt sich das »Theater für Sehnsüchtige.« In einer ehemaligen Druckfarbenfabrik wird seit 2004 vor allem Darstellern aus Frankfurt und der Region eine Möglichkeit gegeben, ihre Projekte zu präsentieren. Ganz unterschiedliche Veranstaltungen werden dargeboten – von modernen und klassischen Theaterstücken über Tanzperformances und Konzerte bis zu finnischen Tangoabenden.

Die Lagerhalle, in der sich die Bühne befindet, hat einen rauen Charme, alles wirkt improvisiert und doch sehr professionell. Wie bei vielen kleineren Bühnen ist das Engagement aller Mitwirkenden beeindruckend.

Gutleutstraße 294, 60327 Frankfurt am Main, Tel. 069-27133993,
post(@)landungsbruecken.org, www.landungsbruecken.org

Frankfurter Autoren Theater

Das Frankfurter Autoren Theater ist noch jungen Datums, denn erst seit 2007 gastiert es in der Brotfabrik in Hausen. Es beschäftigt sich mit Autoren, die in Frankfurt arbeiten oder lange in der Stadt gelebt haben. Friedrich Karl Waechter war der erste, dessen Theaterstücke inszeniert wurden. Im Programm sind aber auch Stücke wie *Buback* oder Bühnenwerke von Fassbinder, außerdem das Schauspiel *Kaiserhofstraße*, eine

Bearbeitung nach dem Roman von Valentin Senger, der beschreibt, wie er und seine Familie als Juden zwölf Jahre Naziherrschaft in Frankfurt überlebten.

Bachmannstr. 2-4 (Brotfabrik), 60488 Frankfurt am Main, Tel. 069-7675 2459, www.fat-web.de

Tigerpalast

Tigerpalast (Abb. 104)

Das Varieté von Johnny Klinke ist bundesweit bekannt für seine außergewöhnlichen Artisten und ihre atemberaubenden Vorführungen. In dem relativ kleinen Raum erlebt der Zuschauer die unglaublichen Fähigkeiten der Akrobaten hautnah. 1988 öffnete das Varieté seine Pforten und verzaubert seither mit Musik, Tanz und Artistik sein Publikum. Einer der Mitbegründer war der 2002 verstorbene Frankfurter Kabarettist Matthias Beltz. Wie sein Mitstreiter Johnny Klinke kam er ursprünglich aus der linken Studentenszene. Klinke gehörte zu den 68ern und zur Frankfurter Hausbesetzerszene – mit Joschka Fischer und Daniel Cohn-Bendit war er in einer Gruppe namens »Revolutionärer Kampf« aktiv. Sein erfolgreiches Varieté gründete er idealistisch unter dem Motto »Liberté, Égalité, Varieté.« Doch die Eintrittspreise sind ebenso wie das Angebot der gehobenen Gastronomie im dazugehörigen Restaurant eher etwas für gut Verdienende.

Heiligkreuzgasse 16–20, 60313 Frankfurt, Tel. 069-920022-0, Fax 069-920022-17, info(@)tigerpalast.de, www.tigerpalast.de

Neues Theater Höchst

Auch in diesem 1987 gegründeten Theater bildet das Varieté einen Schwerpunkt. Jeweils im Frühling und im Herbst wird einen Monat lang ein Varietéprogramm mit deutschen und internationalen Darstellern präsentiert. Ansonsten treten viele Kabarettisten und Musiker auf, verschiedene Kleinkunst-Darsteller zeigen hier ihre Bühnenprogramme – von *Badesalz* über Georg Schramm oder Gerd Dudenhöffer bis zu internationalen Größen. Chansonabende und A-capella-Gruppen sowie Lesungen ergänzen das abwechslungsreiche Programm. Aus einem kommunalen Kino ging das »Filmforum Höchst« hervor, das im ersten Stock des Theaters zu günstigen Eintrittspreisen ein anspruchsvolles Programm organisiert. Das in plüschigem Rot gehaltene Kino ist auch mit digitalen Projektionsmöglichkeiten ausgestattet.

Emmerich-Josef-Straße 46a, 65929 Frankfurt, Tel. 069-3399990, Fax 069-33999977, www.neues-theater.de, service@neues-theater.de

Literaturverzeichnis

Bücher

Barr, Helen/May, Ulrike: *Das Neue Frankfurt. Spaziergänge durch die Siedlungen Ernst Mays und die Architektur seiner Zeit.* Frankfurt am Main: B 3 Verlag 2007.

Bauer, Thomas: *Johann Christian Senckenberg. Eine Frankfurter Biographie 1707–1772.* Frankfurt am Main: Societäts-Verlag 2007.

Benary-Isbert, Margot: *Mädchen für alles, Sieben Jahre Sekretärin im Völkerkundemuseum.* Frankfurt am Main: Josef Knecht 1973.

Bergdolt, Klaus: *Der schwarze Tod in Europa.* München: C.H. Beck 1994.

Beurmann, Eduard: *Frankfurter Bilder.* Mainz: Kupferberg 1835.

Börne, Ludwig: *Briefe aus Frankfurt 1820–1821.* Frankfurt am Main: Waldemar Kramer 1986.

Brüder Grimm: *Deutsche Sagen.* München: Winkler Verlag 1956.

Dehio, Georg/Gall, Ernst: *Handbuch der deutschen Kunstdenkmäler. Hessen.* Deutscher Kunstverlag 1966.

Diehl, Robert: *Frankfurt am Main im Spiegel alter Reisebeschreibungen vom 15. bis 19. Jahrhundert.* Frankfurt am Main: Diesterweg 1939.

Diehl, Siegfried: *Frankfurt. Acht literarische Spaziergänge.* Frankfurt am Main: Insel 1998.

Drolshagen, Ebba D.: *Der melancholische Garten.* Frankfurt am Main: Dieter Fricke 1987.

Drummer, Heike/Zwilling, Jutta: *Von der Grüneburg zum Campus Westend. Die Geschichte des IG-Farben-Hauses.* Begleitbuch zur Dauerausstellung. Frankfurt am Main: Johann Wolfgang Goethe-Universität 2007.

Dumas, Alexandre der Ältere: *Excursions sur les bords du Rhin.* Leipzig: G. Wigand 1838.

Gall, Lothar (Hrsg.): *FFM 1200. Traditionen und Perspektiven einer Stadt.* Sigmaringen: Thorbecke 1994.

Gersdorff, Dagmar von: *Marianne von Willemer und Goethe, Geschichte einer Liebe.* Frankfurt am Main/Leipzig: Insel 2003.

Goethe, Johann Wolfgang von: *Dichtung und Wahrheit.* Stuttgart/Leipzig: Reclam 1998.

Handbuch für Reisende auf dem Maine, Würzburg: Stahel 1845.

Grebenstein, Fritz (Hrsg.): *Friedrich Stoltze. Werke in Frankfurter Mundart.* Frankfurt am Main: Waldemar Kramer 1990.

Häring, Friedhelm/Klein, Hans-Joachim: *Hessen,* Köln: Du Mont Kunst-Reiseführer 1979.

Heine, Heinrich: *Über Ludwig Börne.* Hamburg: Hoffmann und Campe 1840.
Heinrich, Brigitte (Hrsg.): *Die Wasser von Frankfurt.* Frankfurt am Main: Heinrich & Hahn 2005.
Henscheid, Eckhard: *TV-Zombies.* Zürich: Haffmanns 1987.
Herl, Michael: *Heimatkunde. Frankfurt.* Hamburg: Hoffmann und Campe 2007.
Hildebrandt, Irma: *Tun wir den nächsten Schritt – 18 Frankfurter Frauenporträts.* München: Hugendubel/Diederichs 2000.
Hugo, Victor: *Sämmtliche Werke, Bd. 14 bis 18, »Der Rhein. Briefe an einen Freund.«* München: Rieger'sche Verlagsbuchhandlung 1859.
Kirchner, Anton: *Geschichte der Stadt Frankfurt am Main. Theil I.* Frankfurt am Main: Jäger und Eichenberg 1807.
Klein, Tim: *Der Vorkampf deutscher Einheit und Freiheit 1848. Briefe Berichte Erinnerungen.* München: Langewiesche-Brandt 1942.
Klötzer, Wolfgang: *Zu Gast im alten Frankfurt.* München: Hugendubel 1990.
Klotz, Heinrich: *Weitergegeben – Erinnerungen.* Köln: DuMont 1999.
Koch-Gontard, Clotilde: *Clotilde Koch-Gontard an ihre Freunde 1843–1869. Briefe und Erinnerungen aus der Zeit der deutschen Einheitsbewegung.* Frankfurt am Main: Waldemar Kramer 1969.
Kutscher, Markus: *Rund um den Römer. Ein Spaziergang durch die historische Frankfurter Altstadt.* Gudensberg-Gleichen: Wartberg 2006.
Lohne, Hans: *Mit offenen Augen durch Frankfurt.* Frankfurt am Main: Waldemar Kramer 1969.
Lübbecke, Fried: *Der Muschelsaal.* Frankfurt am Main: Waldemar Kramer 1960.
Lücke, Elisabeth: *Frankfurt am Main, Rundgänge durch die Geschichte.* Erfurt: Sutton 2008.
Mausbach-Bromberger, Barbara: *Arbeiterwiderstand in Frankfurt am Main 1933–1945.* Frankfurt am Main: Röderberg 1976.
Mayer, Eugen: *Die Frankfurter Juden.* Frankfurt am Main: Waldemar Kramer 1966.
Meier, Ude /Senger, Valentin: *Die jüdischen Friedhöfe in Frankfurt.* Frankfurt am Main: Waldemar Kramer 1985.
Naujoks, Horst/Preiser, Gert (Hrsg.): *225 Jahre Dr. Senckenbergische Stiftung 1763–1988.* Hildesheim: Olms-Weidmann, 1991.
Paquet, Alfons: *Auf Erden. Ein Zeit- und Reisebuch in fünf Passionen.* Jena: E. Diederichs 1908.
Pfeiffer-Belli, Wolfgang (Hrsg.): *Harry Graf Kessler, Tagebücher 1918–1937.* Frankfurt am Main/Leipzig: Insel 1996.
Plochmann, Johann Georg/Irmischer, Johann Conrad: *Dr. Martin Luthers sämtliche Werke,* Bd. 22. Frankfurt am Main: Heyder & Zimmer 1833.

Rittweger, Franz: *Das alte Frankfurt am Main.* Petersburg: Imhof 2006.

Selbmann, Rolf: »Dichterdenkmäler im 19. Jahrhundert und das Dichterdoppeldenkmal in Weimar«, in: *Das Denkmal. Goethe und Schiller als Doppelstandbild in Weimar.* Tübingen: Wasmuth 1993.

Vogt, Barbara: *Siesmayers Gärten.* Frankfurt am Main: Societäts-Verlag 2009.

Weidhaas, Peter: *Zur Geschichte der Frankfurter Buchmesse.* Frankfurt am Main: Suhrkamp 2003.

Weiß, Christoph (Hrsg.): *Ludwig Börnes Goethe-Kritik. Nach den Handschriften und Erstdrucken.* Hannover: Wehrhahn 2004.

Werner, Johannes (Hrsg.): *Maxe von Arnim, Tochter Bettinas, Gräfin Oriola, 1818-1894. Ein Lebens- u. Zeitbild aus alten Quellen geschöpft.* Leipzig: 1937.

Zeitschriften

Hoechst AG (Hrsg.): *Hoechst Heute Nr. 97,* Frankfurt am Main, o.D.

Das Neue Frankfurt, Heft 5, Frankfurt am Main 1926–27.

Internet

Institut für Stadtgeschichte, Frankfurt am Main: www.stadtgeschichte-ffm.de

Seite der Stadt Frankfurt am Main: www.kunst-im-oeffentlichen-raum-frankfurt.de

Stadtgeschichte-Blog der Frankfurter Rundschau: www.frankfurt.frblog.de

Frankfurter Allgemeine Zeitung online: www.faz.net

Bildnachweis

Bilder in Reihenfolge
Vorwort
1   © Wolfgang Günzel, Offenbach

Einleitung Kurze Geschichte der Stadt
2   © Tourismus und Congress GmbH Frankfurt am Main, Foto: Holger Ullmann
3   © Wolfgang Günzel, Offenbach

Kapitel 1 Auf den Spuren des Mittelalters
4   © Tourismus und Congress GmbH Frankfurt am Main, Foto: Holger Ullmann
5   © Arbeitskreis Tourismus Region Frankfurt Rhein-Main
6   © Hella Bissantz Fotografie, Frankfurt am Main
7   © Hella Bissantz Fotografie, Frankfurt am Main
8   Historische Fotografie des Leinwandhauses, um 1880

Kapitel 2 Klöster in Frankfurt
9   © Hella Bissantz Fotografie, Frankfurt am Main
10 © Institut für Stadtgeschichte Frankfurt am Main
11 © Institut für Stadtgeschichte Frankfurt am Main
12 © Institut für Stadtgeschichte Frankfurt am Main

Kapitel 3 Kirchen in der Innenstadt
13 © Arbeitskreis Tourismus Region Frankfurt Rhein-Main
14 © Hella Bissantz Fotografie, Frankfurt am Main
15 © Hella Bissantz Fotografie, Frankfurt am Main
16 © Tourismus und Congress GmbH Frankfurt am Main, Foto: Holger Ullmann
17 © Tourismus und Congress GmbH Frankfurt am Main, Foto: Holger Ullmann

Kapitel 4 Landwehr, Warten, Türme
18 © Tourismus und Congress GmbH Frankfurt am Main, Foto: Holger Ullmann
19 © Hella Bissantz Fotografie, Frankfurt am Main
20 © Hella Bissantz Fotografie, Frankfurt am Main
21 © Hella Bissantz Fotografie, Frankfurt am Main
22 © Hella Bissantz Fotografie, Frankfurt am Main

Kapitel 5 Hinrichtungen in Frankfurt
23 © Institut für Stadtgeschichte Frankfurt am Main

Kapitel 6 Jüdisches Leben
24 © Jüdisches Museum Frankfurt am Main
25 © Jüdisches Museum Frankfurt am Main
26 © Jüdisches Museum Frankfurt am Main
27 © Jüdisches Museum Frankfurt am Main
28 © Hella Bissantz Fotografie, Frankfurt am Main

Kapitel 7 Goethe in Frankfurt
29 © Tourismus und Congress GmbH Frankfurt am Main, Foto: Holger Ullmann
30 © Tourismus und Congress GmbH Frankfurt am Main, Foto: Holger Ullmann
31 © Frankfurter Goethe-Haus – Freies Deutsches Hochstift, Foto: David Hall
32 © Institut für Stadtgeschichte Frankfurt am Main
33 © Wolfgang Günzel, Offenbach
34 © Förderverein Petrihaus Frankfurt am Main

Kapitel 8 Wahrzeichen 19. Jahrhundert
35 © Hella Bissantz Fotografie, Frankfurt am Main
36 © Tourismus und Congress GmbH Frankfurt am Main, Foto: Holger Ullmann
37 © Tourismus und Congress GmbH Frankfurt am Main, Foto: Goest A.C. Ruehl

Kapitel 9 Frankfurter und ihre Museen
38 © Senckenberg Naturmuseum, Senckenberg Gesellschaft für Naturforschung, Frankfurt am Main
39 © Institut für Stadtgeschichte Frankfurt am Main
40 © Struwwelpeter-Museum Frankfurt
41 © Stoltze-Museum der Frankfurter Sparkasse, Foto: Frank Seifert
42 © Stoltze-Museum der Frankfurter Sparkasse, Foto: Frank Seifert

Kapitel 10 Wallanlagen
43 © Hella Bissantz Fotografie, Frankfurt am Main
44 © Hella Bissantz Fotografie, Frankfurt am Main
45 © Hella Bissantz Fotografie, Frankfurt am Main
46 © Wolfgang Günzel, Offenbach
47 © Hella Bissantz Fotografie, Frankfurt am Main
48 © Wolfgang Günzel, Offenbach
49 © Hella Bissantz Fotografie, Frankfurt am Main
50 © Hella Bissantz Fotografie, Frankfurt am Main

51 © Hella Bissantz Fotografie, Frankfurt am Main
52 © Wolfgang Günzel, Offenbach
53 © Wolfgang Günzel, Offenbach
54 © Hella Bissantz Fotografie, Frankfurt am Main
55 © Hella Bissantz Fotografie, Frankfurt am Main
56 © Hella Bissantz Fotografie, Frankfurt am Main
57 © Hella Bissantz Fotografie, Frankfurt am Main
58 © Hella Bissantz Fotografie, Frankfurt am Main
59 © Hella Bissantz Fotografie, Frankfurt am Main
60 © Uwe Dettmar, Frankfurt

Kapitel 11 Frankfurter Oasen
61 © Hella Bissantz Fotografie, Frankfurt am Main
62 © Wolfgang Günzel, Offenbach
63 © Hella Bissantz Fotografie, Frankfurt am Main
64 © Hella Bissantz Fotografie, Frankfurt am Main
65 © Hella Bissantz Fotografie, Frankfurt am Main
66 © Tourismus und Congress GmbH Frankfurt am Main, Foto: Holger Ullmann
67 © Tourismus und Congress GmbH Frankfurt am Main, Foto: Holger Ullmann
68 © Hella Bissantz Fotografie, Frankfurt am Main
69 © Hella Bissantz Fotografie, Frankfurt am Main
70 © Hella Bissantz Fotografie, Frankfurt am Main
71 © Hella Bissantz Fotografie, Frankfurt am Main

Kapitel 12 Ernst May
72 © Ernst-May-Gesellschaft e.V. Frankfurt am Main, Foto: Eckhard Herrel

Kapitel 13 Campus Westend
73 © Goethe-Universität Frankfurt am Main

Kapitel 14 Museumsufer
74 © Museum Giersch Frankfurt am Main, Foto: Uwe Dettmar
75 © Liebieghaus Skulpturensammlung Frankfurt am Main, Foto: Norbert Miguletz
76 © Tourismus und Congress GmbH Frankfurt am Main, Foto: Holger Ullmann
77 © Museum für Kommunikation Frankfurt am Main, Foto: H. & D. Zielske
78 © Deutsches Architekturmuseum, Frankfurt am Main, Foto: Uwe Dettmar
79 © Deutsches Filminstitut Frankfurt am Main, Foto: Uwe Dettmar
80 © Museum der Weltkulturen Frankfurt am Main

81 © Museum für Angewandte Kunst Frankfurt am Main
82 © Museum für Angewandte Kunst Frankfurt am Main

Kapitel 15 Kunst in Frankfurt
83 © Tourismus und Congress GmbH Frankfurt am Main, Foto: Goest A.C. Ruehl
84 © MMK Museum für Moderne Kunst Frankfurt am Main, Foto: Axel Schneider
85 © MMK Museum für Moderne Kunst Frankfurt am Main, Foto: Axel Schneider
86 © Tourismus und Congress GmbH Frankfurt am Main, Foto: Holger Ullmann

Kapitel 16 Höchst
87 © historisches museum frankfurt, Frankfurt am Main, Foto: Peter Schäfer
88 © Hella Bissantz Fotografie, Frankfurt am Main
89 © Industriepark Höchst, Infraserv GmbH & Co. Höchst KG
90 © Industriepark Höchst, Infraserv GmbH & Co. Höchst KG

Kapitel 17 Theater
91 © Schauspiel Frankfurt, Frankfurt am Main, Foto: Birgit Hupfeld
92 © Künstlerhaus Mousonturm, Frankfurt am Main, Foto: Jörg Baumann
93 © Gallus Theater Frankfurt am Main
94 © Frankfurter Volkstheater e.V., Frankfurt am Main, Foto: STUGRAPHO
95 © Fliegende Volksbühne Frankfurt e.V., Frankfurt am Main, Foto: Wonge Bergmann
96 © Fliegende Volksbühne Frankfurt e.V., Frankfurt am Main
97 © Fritz Rémond Theater Frankfurt am Main
98 © Die Komödie, Frankfurt am Main
99 © Die Schmiere im Karmeliterkloster, Frankfurt am Main, Foto: Anja Skazel
100 © Die Schmiere im Karmeliterkloster, Frankfurt am Main, Foto: Anja Skazel
101 © Die Dramatische Bühne Frankfurt am Main, Foto: Uwe Dettmar
102 © Felix Holland
103 © Katakombe, Frankfurt am Main
104 © Tigerpalast Varieté Theater, Foto: Bernd Grundmann

Discover Frankfurt am Main

Frankfurt Card – Die Fahr- und Sparkarte

Einzelkarte
1-Tageskarte € **9,20**   2-Tageskarte € **13,50**

Gruppenkarte*
1-Tageskarte € **19,00**   2-Tageskarte € **28,00**

*Maximal 5 Personen

- Freie Fahrt mit dem öffentlichen Nahverkehr im Stadtgebiet Frankfurt am Main einschließlich Flughafen
- Bis zu 50% Ermäßigung in Frankfurter Museen, Zoo, Palmengarten, Flughafen-Besucherterrasse, auf Stadtrundfahrten und Schiffstouren, auf Tickets für Oper Frankfurt und schauspielfrankfurt
- Freigetränke, Rabatte oder Präsente in Gastronomie und Einzelhandel

Erhältlich: Tourist Information Römer und Hauptbahnhof, Verkehrsinsel Hauptwache, Flughafen Frankfurt Main und in ausgewählten Hotels.

Tourismus+Congress GmbH Frankfurt am Main
Kaiserstraße 56, 60329 Frankfurt am Main
Tel. +49 (0) 69/21 23 08 08
Fax +49 (0) 69/21 24 05 12
info@infrankfurt.de, www.frankfurt-tourismus.de

Information: www.frankfurt-tourismus.de

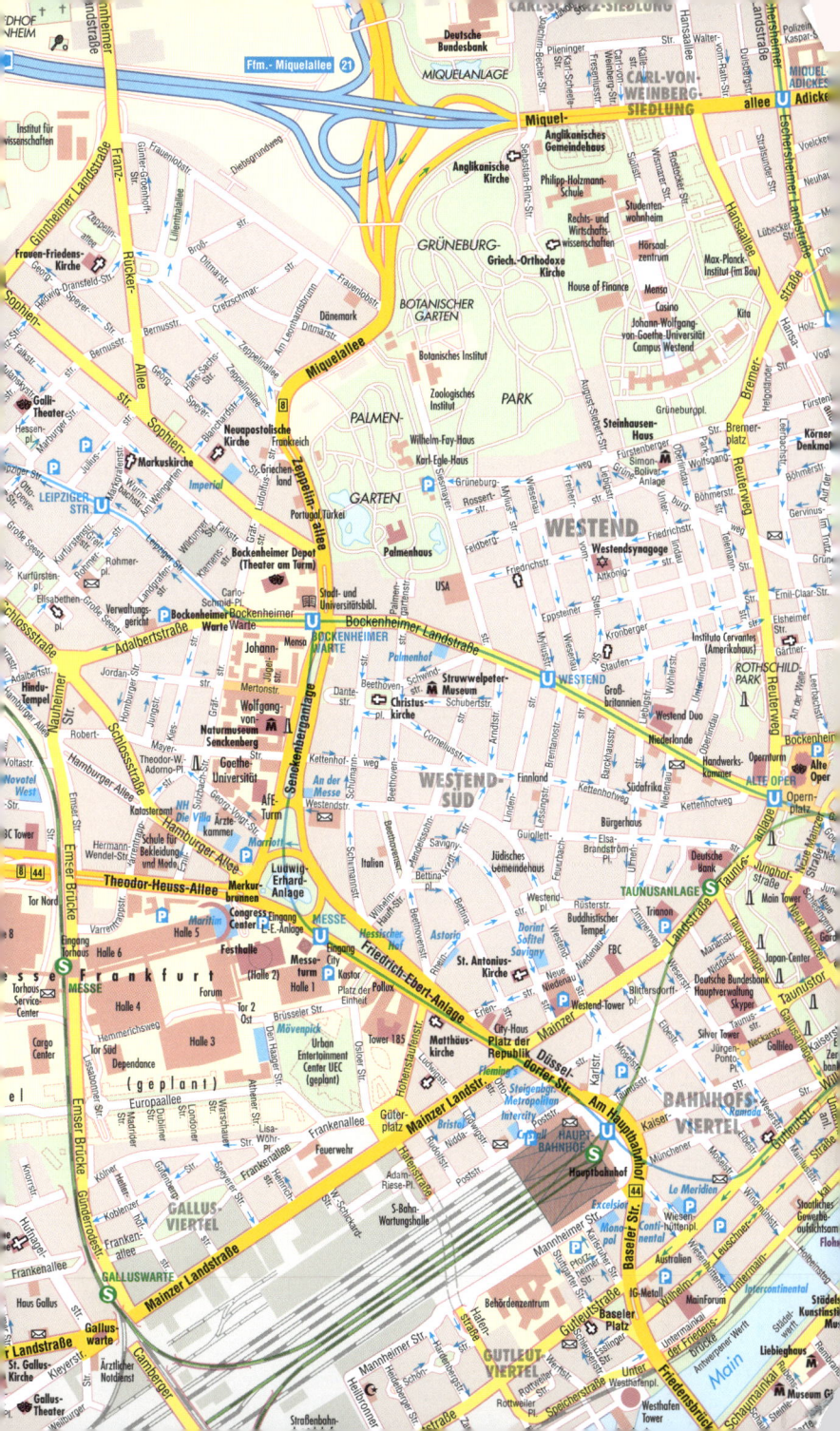

Hella Bissantz
Onlineredakteurin

konzipiert

recherchiert

fotografiert

verfasst Texte

Kontakt:
Fon: 0049 (0)69 61 75 63
EMail: hella.bissantz@web.de
www.kunst-im-oeffentlichen-raum-frankfurt.de
www.textversorger.de
www.ethikkooperation.de

REGION **FRANKFURT RHEIN-MAIN**

Eine Region.
Unzählige Möglichkeiten.

Sie möchten mehr über die Region Frankfurt Rhein-Main erfahren?
Unter **www.frankfurt-rhein-main.de** finden Sie eine Vielzahl an Veranstaltungstipps sowie Informationen zu Sehenswürdigkeiten, Freizeitaktivitäten u.v.m.

Mathias Jung

Mein Charakter – mein Schicksal?

Die Kunst, sich zu erkennen
und sich zu entwickeln

> *Im tiefsten Innern hat jeder noch*
> *die Nöte seiner Kindheit in sich …*
> *Sage mir, wie du als Kind warst,*
> *und ich sage dir,*
> *welche Probleme du im Leben hast.*
>   Josef Rattner,
>   Der schwierige Mitmensch

„Aus der Sprechstunde" Band 33